湖北省学术著作出版专项资金
Hubei Special Funds for Academic Publications

新媒体与数字出版研究丛书

Research on the Legal Aspects of
Digital Publishing

数字出版法律制度研究

黄先蓉 编著

WUHAN UNIVERSITY PRESS
武汉大学出版社

图书在版编目(CIP)数据

数字出版法律制度研究/黄先蓉编著.—武汉:武汉大学出版社,
2023.10
新媒体与数字出版研究丛书
湖北省学术著作出版专项资金资助项目
ISBN 978-7-307-23569-4

Ⅰ.数…　Ⅱ.黄…　Ⅲ.电子出版物—出版法—研究—中国
Ⅳ.D922.164

中国国家版本馆 CIP 数据核字(2023)第 015763 号

责任编辑:程牧原　　　责任校对:李孟潇　　　版式设计:马　佳

出版发行:武汉大学出版社　　(430072　武昌　珞珈山)
(电子邮箱:cbs22@ whu.edu.cn　网址:www.wdp.com.cn)
印刷:武汉中远印务有限公司
开本:720×1000　　1/16　　印张:23　　字数:331 千字　　插页:2
版次:2023 年 10 月第 1 版　　2023 年 10 月第 1 次印刷
ISBN 978-7-307-23569-4　　　定价:92.00 元

前　　言

　　党的十九大报告明确指出"全面依法治国是中国特色社会主义的本质要求和重要保障","要加强党对全面依法治国的领导"。建设社会主义法治中国不仅是发展社会主义市场经济的客观需要，更是社会主义现代化建设的重要目标。在全面推进依法治国的背景下，数字出版法制建设无疑是实现社会治理逻辑在技术推动下向新兴领域的自然延伸，也是加强党对新闻出版工作领导的题中之义。

　　作为文化产业的重要组成部分，数字出版产业继承着传统出版传承文明、传递知识、传达思想的历史职责，也承担着技术推动下网络时代赋予的新使命。一方面，基于数字出版的产业属性，随着数字出版产业收入的逐年增加，其已经占据行业发展的制高点，在推动文化产业和整个国民经济发展中日益发挥着不可忽视的重要作用；另一方面，信息技术的发展使得网络成为文化传播的重要渠道和维护文化安全的重要工具，权力形态完成了从"资本密集"向"信息密集"的转移，数字出版产业发展的好坏直接影响着我国主流意识形态、中华民族文化与传统文化的安全与否。

　　因此，从法制国家建设、国家经济发展和国家安全保障的内在需求出发，探讨我国数字出版法律制度的现状与问题，意义重大。

　　从目前来看，我国数字出版产业虽然保持着较快的发展速度，但仍存在一些问题，总体上呈现出"数字"大于"出版"、"技术"牵引"内容"的特点。就数字出版法律制度而言，则存在诸如法律效力层级较低、数字出版标准不统一、版权制度不完善、法律实际可操作性不强等问题。随着中国特色社会主义进入新时代，我国社会主要矛盾已经转化为人民日益增长的美好生活需要和不平衡不充分的发展之间的矛盾。这一关系全局的历史性变化也对整个出版产业的发展提出了新的要求。在 2018 年的《政府工作报告》中，"为人民过上美好生活提供丰富精神食粮"成为文化建设的重要目标，数字出版产业发展不仅要解决发展速度和规模的问题，更要解决质量问题。而法律法规确立着一个行业经济活动的基本准则，直接影响着行业发展的秩序。因此，有必要从法律层面入手，对我国数字出版产业发展面临的问题加以解决，以推动新时代数字出版产业的进一步发展。

本书内容安排在结构上呈现为"总分总"式，即在对我国数字出版法律法规发展历程和现状整体概述的基础上，以最新颁布且现行有效的法律法规为依据，以法规内容集中规制的领域为指导，从数字出版主体与从业人员、数字出版产品、数字出版合同、数字版权、数字出版政策、数字出版标准等入手，深入剖析构成我国数字出版法律制度各重要组成部分的立法状况，最后以技术发展与法律制度之间的动态协调关系为视角，回归到如何完善我国数字出版法律制度的核心问题上。具体章节安排如下：

第一章"数字出版法律制度概述"，从"数字出版"概念辨析出发，到"数字出版法律制度"内涵与外延的明确，从整体上确定了本书研究的范围，给后续章节的分类讨论以宏观指引。首先，梳理了"数字出版"概念近年来在学界和业界的发展流变，在与相似概念对比辨析的基础上，结合相关政策与官方报告对"数字出版"的概念、特征与主要产品形态予以确定。其次，以此为出发点将探讨延伸至"数字出版法律制度"的概念、特征及价值取向，并以标志性法规的颁布为分界点对我国数字出版法律法规的发展历程进行阶段划分，详细阐述了每一阶段颁布的主要法律法规及发展特点。

第二章"有关数字出版主体的法律规定"，主要阐述数字出版行业主体应当遵循的法律规范，主体包括数字出版企业和数字出版行业从业人员。在有关数字出版企业的法律规定中，主要围绕数字出版企业的生产经营过程，从三个方面对相关法规展开叙述，即数字出版企业进入、退出市场的相关规定，以及数字出版企业在生产经营过程中享有的权利和应当履行的义务等；在有关数字出版行业从业人员的法律规定中，主要对从业人员的职业资格、继续教育以及应当遵循的职业道德规范等进行介绍。

第三章"有关数字出版产品的法律规定"，对法律法规中与数字出版产品息息相关的条文进行归纳总结，将分析的重点集中在数字出版产品内容、制作技术、质量标准和规范要求，以及进出口活动等方面。在数字出版产品内容方面，以规定的"禁载"内容和重大选题备案制度为研究对象；在数字出版产品制作方面，围绕制作技术、产品格式和产品形式罗列和分析了相关数字出版标准和规定的内容，包括元数据及技术标准、国家及行业格式标准、书号及标识符等；在进出口活动方面，着重分析了有关进口活动主体设立与进口产品内容审查方面的规定。除一般规定外，还尤其注意现行法规中对网络游戏、网络音乐等重要数字出版产品的特殊规定。

第四章"有关数字出版合同的法律规定"，从《中华人民共和国民法典》《中华人民共和国著作权法》《信息网络传播权保护条例》的相关规定出发，对数字时代出版合同的概念、种类和订立原则加以明确。针对传统出版合同在处理和规范出版者与版权所有者责权利相关问题上的局限性，以民法典的理论韧性为依托，从协调传统出版合同条款内容与新增数字规则之间的价值差异与冲突的视角入手，详细探讨了数字出版合同必须具备的主要内容和订立程序，并对当前不同行业领域的数字出版合同示范文本及条款加以解释。

第五章"有关数字版权的法律规定"，以《中华人民共和国著作权法》（2020年修订）、《中华人民共和国著作权法实施条例》、《信息网络传播权保护条例》、《计算机软件保护条例》、《最高人民法院关于审理涉及计算机网络著作权纠纷案件适用法律若干问题的解释》、《网络著作权行政保护办法》等若干法律、行政法规、司法解释为支撑，针对我国数字版权法律制度体系中的基本法律问题做了系统研究，在对数字版权基本概念进行辨析与界定的基础上，对数字版权的获得方式、权利归属、权利主体、权利客体、权利内容、权利限制、侵权行为界定及其所需承担的法律责任等方面的内容做细致梳理。本章在探讨有关数字版权基本问题的同时，亦分析了涉及数字版权的相关热点话题。

第六章"数字出版政策"，由数字出版政策的概念出发，细述我国数字出版政策的发展历程及其制定原则、目标和功能。在呈现基础性资料之后，本章着重对 2006 年以来，国务院、中宣部、国家发展和改革委员会、文化部、新闻出版总署、新闻出版广电总局、国家版权局等部门出台的数字出版相关政策进行梳理，以政策内容为划分依据，将我国数字出版政策归纳为数字出版宏观指导性政策和数字出版专门性政策两类。在此基础上，总结我国数字出版政策的主要特征，并就提高数字出版政策水平提出了一些可供参考的意见。此外，作为国家管理数字出版活动的主要依据，数字出版政策和数字出版法律法规之间的关系值得关注。故本章对两者关系予以梳理并对比分析其异同，从协调二者发展的角度入手，探讨如何构建科学、完善的数字出版法律制度体系，以更好地促进数字出版产业发展。

第七章"数字出版标准"，以我国数字出版标准化机构和数字出版标准的主要类别为出发点，对我国数字出版标准化概况做简单介绍，描述近几年我国数字出版标准化发展的趋势；进而根据数字出版标准内容类别的划分，在介绍具有重要影响的主要数字出版标准的基础上，对其存在的问题进行分析，同时提出制定数字出版标准应遵守的原则。鉴于数字出版标准与数字出版法律法规在为行业的发展创造良好的市场环境方面具有公共目的的一致性，故本章将两者之间的关系纳入分析，从必要性和应解决的主要问题两方面探讨两者协调发展的问题。

第八章"数字出版法律制度的完善"，通过详细阐述技术进步与法律制度完善之间所存在的本质冲突与协同共进现象，引出技术发展与出版活动的繁荣、出版法律制度演进之间存在着密不可分的联系，并进一步指明积极完善或修订现有出版法律制度以寻求制度创新，是发展数字出版新兴产业的必然之道。因此，本章内容以前文所梳理的我国数字出版领域法律制度建设现状为基础，确立了完善我国数字出版法律制度的整体思路，并从基本制度和具体制度层面对我国数字出版法律制度的完善提出建议。

　　本书在对数字出版法律法规进行归纳叙述时，主要根据现行有效的法律法规具体内容和产业发展的实际需求，将分析的重点集中在有关数字出版主体、数字出版客体、数字出版合同、数字版权、数字出版政策、数字出版标准的规定上，同时立足于网络时代数字出版产业的技术属性，就相关法律制度的完善方面从技术与法律制度协调发展的角度给出一定的建议。但有几点问题需要说明：其一，技术催生下的数字出版天生具有动态性和融合性的特征，使得学界与业界从不同角度对其内涵与外延加以阐释，众说纷纭。时至今日，也并没有关于数字出版的权威或官方标准界定，以至于在开放性的概念指导下的数字出版产品形态的界定并不统一、明晰。因此，本书主要以国家新闻出版管理机构出台的相关政策和中国新闻出版研究院每年公布的官方研究报告为依据，对相关概念和产品类型加以确定。其二，随着国务院机构改革的推进，国家新闻出版广电总局不再保留，新闻出版与广播电视的管理职能分别划归中宣部和国家广播电视总局。在此背景下，一方面，本书在有关产品形态、相关政策法规的叙述中，去除了涉及广播、电影、电视，以及网络直播和网络试听等方面的内容；另一方面，虽然主管部门更换，但原有的具体管理制度并不能在很短的时间内理顺，故本书依据现行有效的相关政策法规，依旧保留具体条文中关于国务院行政主管部门或新闻出版行政部门的称呼。其三，我国的数字出版法律制度是从传统出版法律制度沿袭而来的，是建立在对原有法律条文修补基础之上而不是另起炉灶的。因此，二者是继承与发展的关系，而不是割裂与对立的。故本书对数字出版法律制度的研究是建立在对传统出版法律制度梳理的基础之上，并有所侧重。其四，数字出版无疑是一门实践性很强的学科，而法律制度的研究必然要以行业实际发展状况为依托，面对变化性和应用性很强的数字出版实务，本书能够搜集到的资料不免有限，这也是研究的局限所在。

　　在本书的编写过程中，由黄先蓉拟定编写大纲，博士研究生马兰、张窈、程梦瑶、常嘉玲、硕士研究生冯思雨、李鑫、储鹏参与本书的编写。具体按章节顺序，黄先蓉、张窈负责第一章，第二章第一节、第二节，第三章第一节、第二节，第四章第一节的编写；

黄先蓉、李鑫负责第二章第三节、第四节的编写；冯思雨负责第三章第三节、第四节、第五节的编写；黄先蓉、常嘉玲负责第四章第二节、第三节及第五章、第八章的编写；程梦瑶负责第六章第一节的编写；黄先蓉、储鹏负责第六章第二节、第三节的编写；黄先蓉、马兰负责第七章的编写。最后由黄先蓉负责全书的统稿。在此特感谢同学们的辛勤劳动。

　　鉴于我国数字出版产业发展的时间尚短，同时受制于法律制度本身的滞后性，有关数字出版方面的立法仍在摸索中前行，学界对于我国数字出版法律制度的宏观研究也并不多见。因此，本书的出版旨在细致梳理我国有关数字出版各细分领域的立法现状，从而呈现整个数字出版当前的立法版图，为学者们的进一步研究抛砖引玉。期望本书的出版能够对完善我国数字出版法律制度、推动数字出版产业在新时代的发展有所贡献。其中的不足之处，还望各位读者批评指正。

黄先蓉

2022 年 5 月 1 日

目　　录

第一章　数字出版法律制度概述

每一次技术革命总能带来文明发展轨迹的变迁，出版作为对人类文明发展历程的记录，是社会生产力水平发展到一定阶段的产物，更是科学技术与实践活动互动的成果。从结绳记事到移动出版，从活字印刷到激光照排技术的应用，从传统出版单位单打独斗到传媒集团数字化转型，技术变革改变着出版的内涵与外延，影响着各环节参与人的生存状态，也冲击着传统出版时代确立的出版法律体系。

随着《文化产业振兴规划》《国家"十二五"时期文化改革发展规划纲要》《数字出版"十二五"时期发展规划》《国家"十三五"时期文化发展改革规划纲要》等一系列党和国家重要政策的颁布，数字出版产业的国家战略地位不断加强。文化产业成为国民经济支柱产业目标的实现离不开数字出版产业的繁荣，数字出版产业的健康有序发展更离不开法律制度的保驾护航。改革开放以来，我国颁布了一系列关于出版方面的法律法规，在《宪法》基础上形成了以"一法五条例"为主的出版法律体系框架。网络化、信息化、数字化使传统出版在表现形式、内容载体、传播方式、阅读方式等方面都产生了深刻的变革，而相关法律制度的构建无法跟上产业变革的脚步，略显滞后，存在数字版权制度不健全、现有法律制度可操作性不强、缺乏统一的数字化标准等问题。① 因此，无论是从经济发展角度，还是从国家文化安全角度，构建完善且有效的数字出版法律制度都显得意义重大。

---

① 郝婷. 我国数字出版法律制度的现状、问题及对策研究 [J]. 中国出版，2011（8）：49-50.

本章主要包括四部分内容——数字出版的概念与特征，数字出版产品的形态，数字出版法律制度的概念、特征及价值取向，以及数字出版法律制度的发展，旨在介绍有关数字出版、数字出版法律制度的基本概念和特征，在厘清各种基础和相关概念的基础上，为后文更深层次的论述做好铺垫。

第一节　数字出版的概念与特征

作为一种新兴事物，变化性与不确定性是数字出版与生俱来的特质，这使其与印刷出版物有着本质上的区别。近年来，数字出版作为一种新兴产业取得了飞速发展，关于数字出版本身的研究方兴未艾。虽然目前学界并没有统一的界定与解释，但是多元化的研究角度无疑推动着数字出版的现实发展。对数字出版发展历程的回顾与对数字出版特征的剖析，有助于使我们在复杂的时代环境下对其概念有更深层次的认识，从而理解数字出版的本质。

一、数字出版的演进

自世界上第一台电子计算机诞生起，研究者对其用于文献信息处理的尝试从未停歇。1951 年美国麻省理工学院的巴格利（P. R. Bagley）对利用该校计算机检索代码做文摘进行的可行性研究，[①] 可以看作是数字出版的萌芽。1954 年，IBM701 计算机信息检索系统的研制成功，标志着计算机用于批式检索成为可能。1961 年美国化学文摘服务社用计算机编制的《化学题录》（*Chemical Titles*）成为世界上首个电子出版物。此后，电子文献的商业市场空间不断被拓展。1987 年 5 月，世界上第一张整页输出的中文报纸诞生，王选主持的第四代激光照排技术的成功研制功不可没。激光照排技术的发展使录入与排版开始借助于电脑完成，早期数字印前出版系统逐渐形成，出版业开始进入桌面出版时代。武汉大学陈光祚教授于 1991 年发行的以磁盘为载体的《国共两党关系通史》，

---

① 谢新洲. 数字出版技术［M］. 北京：北京大学出版社，2002.

是中国第一部以电子形式出版的作品。伴随着个人多媒体计算机标准（Multimedia Personal Computer Level 1，MPC1）的产生，只读光盘（CD、CD-ROM）开始逐步取代软磁盘而成为封装型电子出版的主流载体，① 手持阅读器如雨后春笋般纷纷涌现。作为一种过渡性的电子出版物，只读光盘的市场活力远不及20世纪90年代中期互联网普及带来的数字出版新形式所表现出的强劲生命力。

2004年，把用户的交互作用作为核心关注点的Web2.0时代逐渐崛起，标志着以用户生产内容为核心的数字出版时代的到来。原创文学网站突破了传统出版社与出版流程的限制大规模出现，付费阅读方式取得了良好的效益，数字阅读开始普及。互联网搜索引擎技术的进步成为推动数字出版产业的重要动力，满足了用户对精准信息的获取需求。从全球范围来看，谷歌学术搜索迅速占领全球市场，以亚马逊为代表的网络零售商凭借其先天性优势开始逐渐掌握信息传播的主导权，冲击着传统出版产业链。3G技术大大提升了读者多屏阅读的需求，基于XML的协同编辑平台与基于内容碎片化的资源管理平台的探索与建立，实现了手机、平板电脑、手持阅读器、互联网与传统图书的"复合出版""全媒体出版"。近年来，以豆瓣、知乎为主的社会化阅读网站和以微博、微信为首的社交媒体的兴起与发展，推动着以受众为核心的自出版时代的到来。其无论是出版流程、盈利方式，还是出版的产品与服务形态，均与传统出版有着本质上的差别。大数据技术支持抓取网络用户内容信息使用数据，据此可分析用户行为习惯与偏好，从而为定制化、个性化的出版内容设计与提供打下了基础。从2011年开始，以方正Apabi、中国知网等为代表的技术服务商与内容提供商就将兴趣点投注到了云出版领域，基于云计算技术的云出版成为当前数字出版发展的新趋势。

总体来说，数字出版大致经过了三个发展阶段。一是传统出版物数字化的发展阶段，二是以网络原创文学、数据库产品为代表的信息碎片化发展阶段，三是以语义标引、云计算、大数据为技术支

---

① 徐丽芳.数字出版：概念与形态［J］.出版发行研究，2005（7）：5.

撑的体系化发展阶段。数字出版在日趋成熟的信息技术的推动下不断呈现出新的样态，未来的产品形态、商业模式并不可知，但随着数字信息内容拆分、标引、解析技术的进步与深度应用，建立在数据结构化与用户关系社会化基础之上的未来出版业将不仅仅停留在"数字"层面。

二、数字出版的概念

数字出版的演变与信息技术的革新始终保持着同一步调，变化性是其常态属性。数字出版这一概念最初从"电子出版""网络出版"衍生而来，随着互联网的传播功能日趋成熟开始逐渐被分化，2005 年起，学界及业界逐渐提出并认同了"数字出版"这一新概念。由于其发展时间尚短，还处于初创和发展期，相关理论和实践仍在探索中。无论是学界还是业界，都并未对其内涵、外延达成广泛的共识，以《中国大百科全书》《辞海》等为首的权威工具书也未收录这一概念并给出精确定义。新闻出版界、信息产业界及政府部门、立法机构则分别从不同角度对这一概念作出定义，以至于对数字出版概念的界定呈现多元化的特点。因此，在给数字出版的概念进行界定的时候，有必要对以往的观点进行梳理和总结。

（一）概念综述

国内最早进行数字出版研究的是北京大学谢新洲教授，他认为，所谓数字出版，是指在整个出版过程中，从编辑、制作到发行，所有信息以统一的二进制代码的数字化形式存储于光、磁等介质中，信息的处理与传递，必须借助计算机或类似设备来进行的一种出版形式。① 武汉大学信息管理学院的徐丽芳教授认为这是数字出版最重要的一个特点，在此基础上与出版的数字化加以区分。② 二者都强调传播介质和载体形式的重要性。

中国新闻出版研究院张立教授强调，所谓数字出版即"用数

---

①　谢新洲. 数字出版技术［M］. 北京：北京大学出版社，2002.

②　徐丽芳. 数字出版：概念与形态［J］. 出版发行研究，2005（7）：7.

字化技术从事的出版活动"①，从广义上说，只要是用二进制这种技术手段对出版的任何环节进行的操作都是数字出版的一部分。它包括原创作品的数字化、编辑加工的数字化、印刷复制的数字化、发行销售的数字化和阅读消费的数字化。这一定义突出了数字技术在整个出版环节的应用，这是数字出版与其他出版形式最核心的区别。中国出版科学研究所在《2005—2006 中国数字出版产业年度报告》中将数字出版定位为出版活动，而非出版介质。数字出版就是"用数字化（二进制）的技术手段从事的出版活动"，强调不论终端阅读介质是什么，只要是记录在介质上的内容是数字化的，并且记录方式是数字化的，这种出版活动就是数字出版。《2007—2008 中国数字出版产业年度报告》进一步阐释了数字出版概念，并划定了数字出版的边界——"它包括传统出版业数字化的全部过程和结果，同时也包括新兴的数字媒体"，并指出传统出版业的数字化和新兴的数字媒体产业已开始出现相互渗透、相互整合的趋势。

2010 年，新闻出版总署《关于加快我国数字出版产业发展的若干意见》中将数字出版解释为"利用数字技术进行内容编辑加工，并通过网络传播数字内容产品的一种新型出版方式"，将定义的视角从技术转向内容，数字技术仅仅是作为一种技术手段，目的是为了更好地服务于内容生产，突出了以内容为核心的出版的本质。②

此外，张大伟立足于信息的组织生产方式，提出"数字出版即全媒体出版"的观点。他认为数字出版是"以标记语言为基础，以全媒体为显示形式，以链接搜索功能和个性化定制功能为特征的知识组织和生产方式"③，强调了媒介的整合。人民邮电出版社的

---

① 张立. 数字出版的若干问题讨论 [J]. 出版发行研究. 2005（7）: 13-18.

② 新闻出版总署. 关于加快我国数字出版产业发展的若干意见 [Z]. 新出政发〔2010〕7 号.

③ 张大伟. 数字出版即全媒体出版论——对"数字出版"概念生成语境的一种分析 [J]. 新闻大学，2010（1）: 113-120.

安达则从出版流程出发，认为图书或期刊内容简单的网络化并不是真正意义上的数字出版，还需要包括传播方式的数字化和基于整个流程的数字化。就全流程数字出版的观点而言，北京方正电子有限公司的赵冰等人也有过类似的表述。①

　　在既有的关于数字出版的各种研究中，学者们着眼于不同角度，多维度地对数字出版的概念加以解释。有的从传播介质方面来区分数字出版与传统出版，着重强调光、电、磁等载体形式；有的基于数字技术，认为二进制即为数字化技术的本质，也是数字出版的核心；有的着眼于整个出版流程，认为数字出版是借用数字技术对传统的出版产业链进行更新与颠覆，② 因而主张"全流程"的运作；有的依旧坚持以内容为核心，将数字出版聚焦在数字内容的生产上，更加突出其文化属性与传播属性；还有的则直接提出将数字出版等同于全媒体出版。但在现实的发展中，关于数字出版的外延也存在一定的争议。中国新闻出版研究院每年发布的数字出版产业发展年度报告里，都将诸如在线教育、网络游戏、互联网广告、在线音乐等囊括在内。而在国家统计局颁布的《文化及相关产业分类（2018）》中，数字出版被划归为出版服务大类下，指"利用数字技术进行内容编辑加工，并通过网络传播数字内容产品的出版服务"，同图书出版、期刊出版、音像出版、电子出版并列。可在与出版服务并列的类目中又出现了数字内容服务的类别，其下则包括动漫、游戏数字内容服务、互联网游戏服务，以及多媒体、游戏动漫和数字出版软件开发等。从官方的这两种划分来看，本身就存在着一定的重合和矛盾。

　　综上所述，广义上数字出版可以从"全媒体出版"的角度来理解，指以数字技术为支撑，以对内容的编辑加工为核心，并可通过网络进行出版产品传播的新型出版方式。在媒介融合的时代背景下，数字出版的边界无疑被扩大，囊括了如微博客、移动应用程

---

　　① 赵冰.构建全流程数字出版平台 [J].出版参考，2009 (21)：15.

　　② 罗秉雪.数字出版：新语境下的概念演变与界定 [J].出版发行研究，2016 (1)：26-29，22.

序、网络直播、网络视听等在内的诸多新兴数字媒体。而狭义上的数字出版外延则有所缩小，只是在传统出版概念的基础上强调内容资源生产和传播的数字化。

给数字出版下一个准确且能被大家广泛接受的定义，是一件很困难的事情，缺乏统一科学的规范，也在一定程度上造成了数字出版立法、执法、司法的不便，从而限制了数字出版产业的健康发展。此外，由于统计口径存在一定的问题，也间接造成了数字出版产业数据虚假繁荣的现象。根据数字出版的一些要件，我们对此概念总结如下：一是对以二进制为核心的数字技术的运用；二是可通过网络进行传播；三是立足于内容层面的多方位呈现。故本书认为，数字出版是指在整个出版过程中，从编辑、制作到发行，所有信息都以统一的二进制代码的数字化形式存储于光、磁等介质中，信息的处理与传递，必须借助于计算机或类似设备来进行的一种出版形式。

另外，考虑到 2018 年国家机构改革，原国家新闻出版广电总局不再保留，新闻出版与广播影视拆分，国家新闻出版署划归中宣部，在后文相关产品、法规、政策等的叙述中，我们更偏向于狭义的数字出版概念，去除了有关网络直播、网络视听的内容，而将关注的焦点放在与出版本质息息相关的内容上。

（二）相关概念的辨析

2000 年之前，行业中比较流行的概念是"电子出版""桌面出版"等，"数字出版"的概念几乎没有人提及。互联网与信息通信技术的发展带来了更多元化的产业形态表达，如"网络出版""跨媒体出版""手机出版""网页出版""在线出版""复合出版""全媒体出版"等概念相继出现。各种概念的混用、滥用给从业者和学术研究造成了一定困扰。因此，在明晰数字出版演进历史与基本内涵的基础上，厘清其与这些概念的差别十分必要。本书选取了在学术领域与数字出版概念极为相似的两个概念，即电子出版、网络出版，对这两者与数字出版的关系加以说明。

1. 电子出版与数字出版

"电子出版"（Electronic Publishing）这一称法源自 20 世纪 50 年代末出版业的数字化革命，这也是国外对数字出版的理解中接受度最高的用词。1978 年 4 月，厄查特在卢森堡"科技出版的未来"研讨会上首次提出了"电子出版"的概念，并将电子出版定义为利用电子手段创建、管理、传播出版物的过程。① 《大英百科全书》界定电子出版是"计算机网络或磁盘上的出版，指以计算机可读的形式生产文献，并通过计算机网络或者其他载体如 CD-ROM 等发行"。微软的电子百科全书《因卡塔》认为"电子出版是出版以计算机网络来分销的信息或者以计算机来使用的信息"，这里虽然采用了电子出版的说法，但更像是对网络出版的定义。日本电子出版协会（JEPA）以出版过程为视角，将电子出版定义为"将文字信息、图像信息等数字化，设计、建立能够随机读取的数据库，通过编辑软件对创作的作品进行编辑，并通过电子媒体进行出版的行为"。

电子出版物最初是指一种以"机读"读物为主的出版活动，载体形式经过了磁带、软盘、光盘等形式的变迁，到后来通过计算机网络发行。有学者认为电子出版是一个比较宽泛的概念，不仅指利用多媒体和计算机技术进行的出版活动，也指利用互联网等新型工具进行的出版活动，甚至说一切与计算机有关的出版活动都可以被称作电子出版。2008 年，新闻出版总署颁布的《电子出版物出版管理规定》对电子出版物给出了这样的定义："指以数字代码方式，将有知识性、思想性内容的信息编辑加工后存储在固定物理形态的磁、光、电等介质上，通过电子阅读、显示、播放设备读取使用的大众传播媒体，包括只读光盘（CD-ROM、DVD-ROM 等）、一次写入光盘（CD-R、DVD-R 等）、可擦写光盘（CD-RW、DVD-RW 等）、软磁盘、硬磁盘、集成电路卡等，以及新闻出版总署认定的其他媒体形态。"以 LCD 等为代表的模拟电子出版物退出历史舞台后，电子出版的概念就变得与数字出版极为相似，甚至我们可

---

① 唐乘花. 数字出版基础操作教程［M］. 北京：清华大学出版社，2016.

以认为数字出版是电子出版的一种延伸发展，这两者基本可以通用。

2. 网络出版与数字出版

互联网兴起带来的网络出版（Network Publishing）的兴盛，使其成为当下最炙手可热的出版形态。在早期，也被称为"在线出版"，现在也称"互联网出版"，最早可追溯到20世纪60年代晚期的联机检索。直到1994年，我国才引入这一概念。由于"网络"这一概念本身就很泛化，既包括局域网又包括互联网，甚至还有发布信息的通信网络，所以我们常说的网络出版更偏向于互联网出版，而不包括单位局域网上的出版物和通信信息。

从产生至今，各界对网络出版的定义有着许多不同的版本。总的来说可归纳为以下几种观点：一是认为网络出版是传统出版流程的延续；二是认为网络出版是电子出版的特殊形式；三是认为网络出版并不是出版，且强调其不等同于网络信息传播。①

本书选取了其中几个有代表性的观点加以陈述和分析。谢新洲在《数字出版技术》一书中认为："网络出版是出版者采用一定的技术手段将其待出版的作品存放网络服务器上，以有偿或无偿的方式提供给用户的出版模式。"② 匡文波认为："所谓网络出版物是指将信息以数字形式存贮在光、磁等存贮介质上，通过计算机网络高速传播，并通过计算机或类似设备阅读使用的出版物，网络出版物亦是电子出版物的一种类型。"③而后，其在《数字出版教程》中又提出，不论出版主体是谁，只要以互联网为载体、以计算机或智能终端阅读使用的出版行为和形式都是网络出版。④ 这一主张与北京大学信息管理系的肖东发教授一贯主张的"公之于众即为出版"不谋而合。周荣庭教授在专著《网络出版》中指出，网络出版的概念有广义与狭义之分，通过数字内容创造价值是二者本质上

---

① 刘绪衡. 网络出版概念综述 [J]. 民族论坛，2010（4）：38-39.

② 谢新洲. 数字出版技术 [M]. 北京：北京大学出版社，2002.

③ 匡文波. 论网络出版物 [D]. 武汉：武汉大学，2000.

④ 匡文波. 数字出版教程 [M]. 北京：中国人民大学出版社，2016.

的共同点。从广义上来说，网络出版即"利用互联网创建、管理和传递（或）数字内容，并为组织或个人创造价值的过程和技术"①。2002 年，新闻出版总署联合信息产业部出台的《互联网出版管理暂行规定》，第一次从法律上界定了网络出版，即"互联网信息服务提供者将自己创作或他人创作的作品经过选择和编辑加工，登载在互联网上或者通过互联网发送到用户端，供公众浏览、阅读、使用或者下载的在线传播行为"。

由此可知，网络出版更强调互联网这一媒介，也就是出版物传输的条件，离开网络就无从谈起。网络出版产品是以数字化传播的虚拟信息，超越了"实物出版"的概念，在这一点上明显区别于电子出版。网络出版的定义在网络文学发展的初始阶段，即 2000 年前后被采用较多，现在无论是法律法规的条文还是政府官方文件，抑或是行业领域内的日常表达，都更倾向于使用"数字出版"这一名词来囊括。

值得说明的是，我们在此对电子出版、网络出版、数字出版之间的区别加以说明，并不是想表达其是各自独立的概念，而是在解析其各自概念发展与本质内涵的基础上，更加关注其与数字出版的联系。数字技术的发展并不是一蹴而就的，在其并不算长久的发展史上，每个阶段都留下了其独有的印记，所以，我们似乎无法将电子出版、网络出版与数字出版完全割裂开来。

三、数字出版的特征

《数字出版"十二五"时期发展规划》中将数字出版的特征描述为"内容生产数字化、管理过程数字化、产品形态数字化和传播渠道网络化"。数字出版是高新技术与出版业相结合的新兴出版业态，与传统出版相比，它既保留了出版以内容为核心的本质使命，也具备了信息时代特有的"数字化"的行业特性。了解数字出版所具有的本质特征，有助于加深对其内涵外延的理性思考。

---

① 周荣庭. 网络出版［M］. 北京：科学出版社，2004.

（一）融合性

数字技术发展与其在出版领域的应用，极大地丰富了出版的内容、形式以及产品形态，也增强了整个产业的融合。一方面是媒体的融合。传统纸媒时代的出版活动从始至终都是以纸张的形式存在，以文字、图画表达为主。数字时代的媒介无处不在，媒体的融合极大地丰富了信息内容，增强了信息的表现力。出版物能够跨越单一的媒体形态，使同一出版内容在不同媒体上显示，如电影、光盘、纸书、手机、电子阅读器等；也可以是同一出版载体里融合了包括文字、图形、图像、音频、视频等多种形式的信息呈现形态。另一方面是产业的融合。生存大环境的改变极大地降低了生产和销售的成本，扩展了传统出版业所拥有的营销渠道和市场空间，出版流程和产业链均出现了不同程度的变化。以移动运营商、科技公司、硬件生产商等为主的行业纷纷踏足出版领域，以当当书城、亚马逊网上书店、移动游戏网站、数字音乐平台等为主的数字营销与服务提供者逐渐成为数字出版环节上不可缺少的一部分，出版业务主体和出版方式多元化，数字时代的出版边界不断扩展并表现出与其他行业相互渗透和融合的趋势。在资本与制度的推动下，渠道融合、市场融合、资本融合、机构融合，这些都已经成为数字出版最显著的特征。

（二）动态性

数字出版的演进历程就是一部技术发展史，因而对信息技术依赖性明显，每一种产品或产业形态的生命周期有限。信息技术的发展是一个日新月异且没有止境的过程，数字出版物以技术创造出来的东西为载体，随着对新技术的追求、对现有技术运用的不断扩展与延伸，数字出版的内涵在改变、外延在扩展。由于技术、工具处在不断的更新换代中，数字出版本身也身处淘汰旧技术和发现运用新技术的循环上升过程中。因而，数字出版及其整个产业的生命周期均较短，动态性表现显著。从这一角度讲，数字出版产业的生命周期远远短于传统纸质媒介出版产业的生命周期，而其较快的更新换代速度是为了最大限度地提升出版物的质量，这一点与数字出版产业的内涵形成了完美的契合。① 我们也可以把数字出版动态性等同于技术性特征，二者在本质上是一致的。数字技术在改变着出版物的产品形态的同时，更改变了用户需求。出版活动除了要提供包括电子书、数字报刊、在线音乐、网络动漫等多种形式的数字出版产品，更需要满足新技术条件下用户非线性结构的阅读需求。如爱思唯尔运用语义网技术开发的 Reflect，实现了论文中科学术语的自动标注，并关联了多个生命科学领域的数据库。此外，它还把谷歌地图引入在线期刊库，完成了学术论文的可视化，满足了人（读者、作者）与内容双向互动的需求。

（三）产业性

出版活动与一个国家的文化发展息息相关。作为第三产业的重要组成部分，数字出版的产业性质也是与生俱来的，并承担着物质和精神的双重使命。我们常把具有某同一属性的经济活动组织或企业的集合称为产业。围绕数字出版聚集了一群企业或组织，它们以知识和信息为生产对象，在市场中创造着商业价值，数字出版的产业属性得以体现。所谓数字出版产业，就是数字出版企业或组织开展出版活动的集合，是所有参与数字出版产品及服务的生产、传播活动的企业或组织所组成的国民经济生产部门，是出版产业、文化产业的重要组成部分。② 数字出版的产业性主要表现在以下几点：一是知识产权属性。作为以信息、知识生产为主的内容产业，数字出版本质上属于创意产业范畴，对创新有着较高的要求。而从经济学角度来看，数字出版产品的公共属性明显，具备非排斥性和非竞争性，对版权的保护和管理也有着较高的要求。众所周知，商业社会的发展是建立在交易双方共同遵守规则的基础之上，知识产权属

---

① 赵永强 . 产业经济视域下数字出版的商业属性与系统化［J］. 出版发行研究，2014（6）：18-19.

② 方卿，曾元祥，敖然 . 数字出版产业管理研究［M］. 北京：电子工业出版社，2013：3.

性的内在要求与此相符。二是成本——价值属性，这主要源于数字出版动态性的特征。与传统出版不同，数字出版产业无论在技术开发还是平台建设上，都需要大规模的前期投资，有着高投入、高回报的特点。待相关软硬件设施齐备后，复制成本便会呈明显的下降趋势，成本的关注点随之转移到如何增强用户黏性和扩大销售规模上，因而对规模经济有着较大的依赖。三是边际效益递增属性，这是数字出版信息经济特征的表现。依据数字经济范式，由于信息、知识的可重复、加工、共享使用的特性，其在交易积累的过程中产生了增值，使得在固定成本不变的基础上，随着知识与技术要素投入的增加，产出越多，生产者的收益越多。

第二节　数字出版产品的形态

国际上对"数字出版物"概念的理解呈泛化趋势。国际图书馆协会联合会（IFLA）发布的《15个国家图书馆数字保存网络》将数字出版物和电子出版物视为同义词，即为公共获取目的发布的、可以免费或通过付费方式获取的数字资料。随着信息技术的不断发展，数字出版物的形式日益多样，内涵不断丰富。

新闻出版总署《关于加快我国数字出版产业发展的若干意见》罗列了我国目前数字出版产品的主要形态，包括电子图书、数字报纸、数字期刊、网络原创文学、网络教育出版物、网络地图、数字音乐、网络动漫、网络游戏、数据库出版物、手机出版物（彩信、彩铃、手机报纸、手机期刊、手机小说、手机游戏）等。从中国新闻出版研究院近几年发布的《中国数字出版产业年度报告》来看，互联网期刊、电子书、数字报纸、博客类应用、在线音乐、网络动漫、移动出版（移动阅读、移动音乐、移动游戏等）、网络游戏、在线教育、互联网广告是其进行产业发展规模统计的主要细分板块。其中，互联网广告、移动出版、网络游戏常年占据收入榜前三。

在我国，数字出版是2000年以后才逐渐被广泛使用的一个概念。伴随着相关技术的发展与革新，出版业先后经历了电子出版、

13

网络出版和数字出版阶段，不同发展阶段的产品都有着其或不同或相似的形态。出版产品从本质上来讲具有一定的时代继承性，数字时代的出版物并不全部是从未出现过的新兴产品，因此我们有必要将其放置在连续的历史阶段中去认识。在前文对数字出版概念解析的基础上，我们可以确定本书所称的"数字出版物"的几个构成要件。首先，是数字化内容。不同于以往读者可以直接触摸其阅读内容的实物载体，数字时代的内容存在形态更为抽象，其载体形式趋于虚拟化、远程化、云端化。其次，是数字化消费。读者需要使用计算机或类似设备，通过软件完成对内容的翻阅、检索与批注，同时可与他人进行网络社交互动。最后，是数字化服务。数字化时代的作者、编者、读者可基于网络，围绕同一内容资源实现贯穿整个出版流程的沟通与互动。

综合以上所有因素考虑，本书对数字出版的产品形态进行了一定的取舍与整合，主要包括电子书、移动出版物、网络游戏、网络动漫、网络文学、数字报纸、数字期刊和数据库出版物。为了避免理解上的混乱，我们对部分数字产品名称进行了处理，如统一电子图书为电子书，将手机出版物并入移动出版物中，等等。但需要指出的是，数字出版产品的形态远不局限于此。随着科学技术的进步和出版生态环境的变化，更加多样化的产品会涌现，它们无一例外地承担着传递内容与记录人类文明发展变迁的职责。

一、电子书

电子书，是将信息以数字形式存储在光盘、磁盘等介质上，通过计算机网络进行传播，并借助计算机或类似设备来阅读的电子图书。作为一种重要的数字信息资源，电子书是以互联网为流通渠道、以数字内容为流通介质、以网上支付为主要交换方式的一种信息传播方式，是互联网时代的产物，也是目前的主流出版方式之一。

完整电子书的概念主要包括三个要素。一是电子书的内容，即文字、图书、声音、影像的数字化信息，集中表现为电子文档。二是电子书阅读器，即阅读的载体，包括各种计算机、专门为读取电子书而开发的阅读器等终端阅读设备。国外最早推出的电子书阅读器有 SoftBook、RocketBook 等。三是电子书的阅读软件，这是保证数字化信息内容能够为阅读设备所读取的关键。常见的阅读软件有 Adobe 公司的 Adobe Reader 和超星的 SSReader 等。一般来说，电子书具有搜索和交叉引用、超文本链接、书签、注释、高亮显示、多媒体对象和互动工具等功能。

二、移动出版物

移动出版物，是指服务提供者将自己或他人创作的产品经过选择和编辑加工，以文字、图片、音频、视频等为表现形态，通过无线、有线网络内嵌在移动终端上，供用户利用手机或类似的移动终端进行阅读或下载的出版产品。即通过手机或其他移动终端进行阅读的数字出版物。

以手机出版物为代表的移动出版物，最早在日本产生并发展。日本最大的移动通信公司 NTT DoCoMo 推出 I-Mode 数据业务，遵循其传输标准的手机可以很方便地从互联网上订阅或下载特定的信息，这为日本新闻、广告和增值服务奠定了技术基础，许多出版社纸本出版物通过 I-Mode 同步出版，为其他国家移动出版物的发展树立了榜样。中国移动出版物诞生于世纪之交，伴随着移动互联网启动、门户网站入驻移动互联网，催生了彩信、彩铃、手机报等早期的移动出版物。2005 年后，手机出版产业的快速发展极大丰富了移动出版物的样态。微博、微信诞生，以苹果 iPhone 为代表的手机应用商店强势入驻推动了 App 类出版物的崛起，移动阅读市场也迅速扩张。常见的移动出版物包括手机彩信、手机彩铃、移动游戏、移动阅读、移动音乐等。与其他数字出版形式相比，移动出版在技术上更侧重于对数字化内容进行数据化转换、数据挖掘和数据的交叉重复使用，能够更精准地向使用者推送符合其个人需求的内容产品。以用户体验为设计理念和服务中心，以数据化为关键技术，是移动出版的两大特征。① 随着数字出版的重心逐渐从电子设

---

① 郝振省．2012—2013 中国数字出版产业年度报告［M］．北京：中国书籍出版社，2013.

备和台式电脑向智能手机和平板电脑转移，移动端的收入逐渐成为数字出版收益的重要来源。①

三、网络游戏

网络游戏，是指由软件程序和信息数据构成，通过互联网、移动通信网等信息网络提供的游戏产品和服务。其主要形式包括但不限于大型角色扮演类网络游戏（MMORPG）、网页游戏（Web Game）、网络休闲游戏、从网上下载的单机游戏、具有联网功能的游戏、联网的对战游戏平台、手机网络游戏等。

第一款网络游戏起源于 20 世纪 60 年代末，瑞克·布罗米（Rick Blomme）以麻省理工学院开发的游戏"太空大战"（Space War）为蓝本，嵌入联网技术，编写了新版的"太空大战"，可支持两人同时远程连线。随着计算机硬件、软件设备的升级与换代，网络游戏的兼容性得到很大的提升，网络游戏进程可保存且支持跨系统运行。越来越多的软件开发商抓住商机开始涉足网络游戏，网络游戏行业逐渐形成，开始进入收费时代。目前，网络游戏已经成为数字出版产业最重要的盈利点，保持着较高的增速。除了传统的客户端游戏、网页游戏，以及最近几年发展势头较好的移动游戏之外，虚拟现实游戏、电子竞技产业不断升温，成为新的行业增长点。作为一种通过信息网络传播实现的互动娱乐形式，网络游戏是一种文化和网络相结合的产业，是伴随着信息技术发展和文化与科技深度融合而诞生的新兴产业，更是网络文化建设的重要内容。

四、网络动漫

网络动漫，是指通过门户网站、视频分享网站、网络点播台等互联网网站进行传播的动漫产品。其英文全称为"Original Net Anime"，译为"原创网络动漫"，简称为"网络动漫"或 Web 动漫。相比传统的电视动画和原创动画录像带（OVA），网络动漫通

---

① 张立．2014—2015 中国数字出版产业年度报告［M］．北京：中国书籍出版社，2015.

常具有成本低廉、收看免费，带有实验性质等特点。

网络动漫由中国网络初期的"闪客文化"演变而来，最早可追溯到1996年诞生的Flash软件。1999年Flash软件在中国登陆后，基于这一软件创作的漫画、动画迅速占领互联网，而网民收看Flash动漫的主要网站就是当时被称为"中国闪客第一站"的"闪客帝国"。然而随着主流视频网站的陆续兴起，Flash动漫的热度随之减弱。2009年，"有妖气中国原创漫画梦工厂"上线，这是中国首个原创动漫网络平台，其推出的《十万个冷笑话》至今热度不减。除了"有妖气"这样的原创动漫网络平台，更多的动漫公司则是通过出售产品给视频网站的方式进行商业运营。网络动漫是一种以营利为目的的、又经过艺术加工制作的动漫流行文化，兼具艺术性、时尚性和商业性。其具有的时代性、娱乐性贴近现实生活，与青年人的文化审美观产生共鸣，是一种大众文化载体。

五、网络文学

网络文学，是指首发于网站或张贴于BBS创作版并带有网络性质的新型文学，又可称为超文本文学。一般来说，其主要有三种常见形态：一是在电脑上进行创作，以网络为媒介进行发表、传播、阅读和反馈的文学作品；二是将传统纸质印刷作品电子化后在网络上进行传播的作品；三是依赖于多媒体和网络交互技术的多媒体、超文本作品，以及借助特定软件自动生成的文学作品。与传统文学相比，网络文学在与其载体形式和传播媒介不同的基础上，更加强调网络原创和网络首发。也有学者认为，严格意义上的网络文学更倾向于直接在网络上进行创作，并以创作的交互性、阅读的多媒体性和参与的虚拟性为特征。

由于互联网技术和网络文化发展的地区性不平衡，我国网络文学始发于北美。1992年6月28日，美国印第安纳大学的魏亚桂为推广汉字（HZ）码建立了一个名为"alt. Chinese. text"的网络新闻组，参与者被规定只能用华语发表习作、讨论聊天，随后逐渐有

一些文学爱好者输入传统经典作品以供大家浏览阅读。① 20 世纪
90 年代，以"新丝雨"网站为代表，一批比较有影响力的网络文
学网站相继涌现，以中国为主的作者逐渐取代海外创作群体成为中
国网络文学创作的中坚力量。21 世纪初，中国网络文学有了极大
的发展。一方面，网络文学作者成倍增加；另一方面，知名网络文
学原创网站逐渐脱颖而出，如起点中文网、晋江文学城、潇湘书
院、红袖添香等，关注女性阅读成为网络文学内容发展的一个趋
势。2015 年，由盛大文学和腾讯文学整合而成的阅文集团成立，
以 IP 运营为方向的网络文学进入新的发展阶段。网络文学的出现
打破了传统创作与出版的管理模式，催生了新的文学内容与表达形
式，为文学提供了更加自由、包容的生存空间，也为大众争取到了
文学表达的话语权，但也因进入门槛低而导致内容质量不佳、秩序
混乱等问题。

六、在线音乐

在线音乐，是用户通过互联网（包括移动互联网）在在线音
乐平台上获取的包括收听、下载在内的数字音乐服务。其又称网络
音乐、网络歌曲，是数字音乐的主要表现形式之一，也是网民日常
使用的重要网络应用类型。

在线音乐按终端可分为 PC 端音乐和移动端音乐。其中手机是
网络用户收听音乐最重要的终端选择。20 世纪 90 年代，互联网与
音乐结合，形成新的音乐收听模式。1993 年，MP3 音频压缩技术
诞生，CD 音乐被转换成 MP3 格式上传至互联网供用户自由下载和
使用。20 世纪 90 年代后期，专门的音乐网站开始涌现，如
MP3.com、eMusic、Napster 等。2003 年，苹果公司创立在线音乐
商店，创造了将播放器与音乐捆绑销售的数字音乐商业模式，即
"iPod+iTunes"模式。从最初的纯网站到各大 IT 公司的介入，伴
随着在线音乐市场主角扮演者的更替，其市场的潜在价值向深层演
进。

---

① 梅红. 网络文学［M］. 成都：西南交通大学出版社，2016.

互联网的普及与信息技术的升级，为音乐的创作、传播拓展了发展空间，提供了更广阔的平台。在线音乐以其崭新的面貌为音乐的发展注入了新的活力，既丰富了音乐作品的出版形式和用户体验，又延伸了数字出版产业内容，是其重要的产业发展形态和产值来源。

七、数字报纸

数字报纸，即采用数字技术手段采集、编辑新闻稿件、图片资料等信息，通过计算机网络进行传输，借助计算机、移动阅读设备、公共展示设备等终端阅读设备进行读取的一种新型媒介形态。数字报纸是在数字技术基础上发展起来的一种新兴出版业态，是在数字技术条件下对报纸价值的提升和结构的再造，其最初兴起于报纸采编和印刷领域的数字化，即计算机激光照排技术的应用，随后扩展到了产品形态和内容表现形式。

1977 年，世界上第一份联机报纸诞生，加拿大《多伦多环球邮报》首次通过 Info Globe 提供报纸文本的自由检索。这一时期的数字报纸主要表现为通过电子技术手段出版、发行联机型和封装型电子报纸。1989 年，《克莱瑞新闻》以世界上第一份基于互联网的数字报纸的身份问世，数字报纸步入网络发展阶段。2006 年，宁波日报报业集团创办的《播报 2.0》成为中国第一份多媒体数字报。数字报纸以报纸网站为基础，以报纸内容数据库为核心，开始向出版平台方向转变。数字报纸既传承了纸质报纸的版面信息和阅读体验，又融合了互联网快速互动和多媒体等特点，提供 Flash、HTML、下载浏览等多种阅读方式，有利于丰富受众的阅读体验，增加阅读的便捷性、直观性和趣味性，并通过广告增值、数字发行、数字报纸 B2B 等手段拓展盈利空间，为数字出版产业的发展贡献力量。但纵观整个数字出版的蓝图，数字报纸的发展相对滞缓，内部发展有失平衡。其中，手机报纸占据了绝对份额，电子报、数字报数据库等其他形态发展则相对落后。如何突破收费模式的限制，在深度开发上凸显更加个性化和专业化的服务，是数字报纸未来发展中需要重点解决的问题。

八、数字期刊

数字期刊，是指以数字化的方式编辑、出版、发行的期刊。自20 世纪 70 年代诞生，其发展主要历经了四个阶段。一是电子期刊阶段。最早的电子期刊是 1976 年美国国家科学基金 NSF 支持的"电子信息交换系统"（ELES）项目中的电子期刊实验。20 世纪80 年代初发行的《化学期刊》《生物学期刊》磁带版本进一步推动了电子期刊的发展。二是单极型数字期刊。其产生的主要缘由是数字期刊的介质发生了改变，信息内容存储在磁盘、光盘介质上并直接提供给用户使用。三是网络数字期刊。其强调以数字化方式在互联网上出版。中国第一份网络数字期刊是 1995 年创刊的《神州学人》。四是多媒体数字期刊。它强调多媒体特性，提供多元化阅读方式，并注重用户的个性化需求。

九、数据库出版物

数据库出版物，是指运用以数据库技术为主的多种技术，将零散的数据、独立作品或其他材料，经过系统、有序编排，并最终通过计算机或者类似设备获取的数字化产品。① 数据库出版物是重要的数字出版物之一，主要用于学术出版市场，通常由数据库出版商售卖给图书馆，再由图书馆提供给研究者、学习者。

早期的数据库产品以磁带、磁盘为载体，以按字母顺序排列的书目数据库为主，只能提供简单的文摘和书目信息，即二次文献数据库。此种数据库类型单一，规模较小，检索功能薄弱。政府机构是数据库的主要生产者。1961 年，美国化学文摘服务社利用计算机编制的《化学题录》是最早的数据库产品，也是公认的数字出版物的雏形。进入 20 世纪 80 年代以后，世界各国的数据库数量加速增长，光盘数据库取代磁盘数据库在这一阶段占据主导地位，并在文献信息检索中发挥着举足轻重的作用。营利性组织逐步领跑数

---

① 贺子岳．数字出版形态研究 [M]．武汉：武汉大学出版社，2015：35-71.

据库出版产业，数据库类型从单一走向多样，出现了涉及不同主题的声音型数据库和文字型数据库。其中，作为文献数据库重要类型之一的全文数据库异军突起。兴起于20世纪90年代的互联网给数据库注入了新的活力。从1995年起，数据库出版产业借助计算机和通信技术的发展逐渐走向成熟。应运而生的网络数据库以互联网为信息操作平台，数据管理、发布和传输能力得到了极大的提升，表现出了强劲的增长势头，其他载体形式的数据库式微。数据库出版商由提供文献服务向提供更高层次的个性化智能服务转变，主要服务方式包括知识服务、一站式检索服务等。数据库内容覆盖广泛，就其收录的出版物类型来看，主要是期刊全文数据库，报纸和图书数据库次之。此外，会议录、学位论文、工具书、专利文献和多媒体资料等多种文献类型也都有相应的数据库产品。

第三节　数字出版法律制度的概念、特征及价值取向

法律的产生不是一蹴而就的，而是一个随着生产力的发展出现并更新的长期社会历史过程。马克思主义法学认为，私有制和商品经济的出现是法律产生的根源之一。人们每天重复的生产、分配和交换行为在长期的实践中可以用同一个规则所概括，这个规则首先表现为习惯，然后伴随着阶级和公共权力机关的出现被固定为法律，并在当下的社会结构中被用于解决社会资源的有限性与人类需求的无限性之间的矛盾。因此，法律产生的根源决定了其滞后性。社会是变化发展的，但法律并不总是能同步反映社会的变化，这一方面是立法无法克服的局限，另一方面也对法律的预见性、稳定性、合理性提出了较高的要求，同时也为其适时的修正、进步与改革留出了空间。

一、数字出版法律制度的概念解析

在探讨数字出版法律制度之前，必须要从理论上梳理清楚"法律制度是什么"这一核心问题。《牛津法律大辞典》将"法律

21

体系"定义为"该社会制定的所有的法律，也就是一个国家或者一个共同体的全部法律"①。《辞海》中将"法律"与"制度"分别解释为"拥有立法权的国家机关依照一定的立法程序制定和颁布的规范性文件"与"经制定而为大家共同遵守认同的办事准则"。据沈宗灵主编的《法理学》所述："静态意义上的法律和制度，或简称法律制度。在现代社会中，与中世纪不同，重要的制度通常都有相应法律规定或都在相应法律范围内发生作用，就这一意义上讲，'法律和制度'和'法律制度'这两个词组可以说基本上是同义的。"②当然，这只是一家之言，法律制度作为法理学中的一个专业名词，对其的探讨应该要回到专业领域中。学界关于法律制度定义的研究从未停止过，不同学者从不同立场都给出了自己的解释：如以法律专业人员和机构为核心的机构类观点，主张法律是国家的基本准则；也有持职能性观点的学者，认为从某种广泛意义上来说，能够承担解决争端职责的规则都可以被称为法律制度；还有学者从关系角度着眼，认为法律制度是指有共同调整对象从而相互联系、相互配合的若干法律规则的组合。③ 此外，还有程序类、规则类观点等。

弗里德曼在《法律制度》一书的开篇中便声明，我们并没有办法对"法律制度"下一个真实的定义，学者和公众都同意的定义是不存在的。因此，比起定义本身，把握制度的"边界"则显得更为重要，这是将法律制度与其他社会制度区分开来的关键。他将自己归纳总结的众多学界定义作为描述法律制度的质料，提出"结构和实体是法律制度的真实组成部分"这一观点。法律制度在某种程度上可以被界定为"一种有无数人（法官与当事人）在这样的结构中运用实体（规则）进行输入输出的动态的过程"，这也是我们探讨和解析数字出版法律制度的概念与内涵的理论基础。

① ［英］戴维·M.沃克.牛津法律大辞典［M］.北京社会与科技发展研究所，译.北京：光明日报出版社，1988.

② 沈宗灵.法理学［M］.北京：北京大学出版社，2014.

③ 孙国华.法理学教程［M］.北京：中国人民大学出版社，1994.

数字出版扩大了传统出版活动的外延,越来越多的主体介入数字出版的产业链,越来越丰富的内容资源与载体形式成为数字出版物,原有出版生态被打破。新生态的形成需要健康有序的发展环境,其中,制度与法律无疑是最有力的保障。这也要求我们在一个更加开阔的视野下研究数字出版法律制度。

根据弗里德曼对"法律制度"本身的主张,我们试图在一个具体的框架内,抛开动态层面对"输入输出"过程的解析,就数字出版法律制度的真实组成部分——结构与实体加以剖析。

数字出版法律制度的结构是其两种要素中的骨架,主要指程序法中那些涉及机构、人员、管辖的部分,用于保障实体规则的顺利有效实现,主要包括《新闻出版总署立法程序规定》《互联网信息内容管理行政执法程序规定》《著作权行政处罚实施办法》《互联网著作权行政保护办法》《著作权行政投诉指南》等。实体法则由实质性规则及有关机构运作的规则组成,主要规范权利与义务。从这一角度来看,数字出版法律制度涵盖的内容主要涉及三个方面。首先,是关于数字出版单位准入的法律法规,包括机构的准入、人员的准入以及数字出版业务的准入;其次,是与数字出版物内容有关的法律法规,如《出版管理条例》中第 25 条规定的不得含有的内容、重大选题备案制度等;最后,是与数字出版活动相关的法律法规,针对数字出版活动的不同环节有不同的规定,如网络游戏的前置审批、进口网络游戏的内容审查、网络游戏经营单位的自审制度等。

当然,数字出版法律制度也有广义与狭义之分。从广义上来说,是用于调整人们在数字出版活动中所产生的各种社会关系的行为规范体系的总称,包括宪法的有关规定、有关法律、有关行政法规与规章等各种法律规范性文件;而狭义上的数字出版法律制度则专指仅用于调整与规范数字出版活动中的各种关系的法律规范性文件。① 本书所研究的数字出版法律制度更倾向于广义上的概念,是

---

① 黄先蓉,郝婷. 浅议数字出版法律法规的制定原则 [J]. 中国编辑,2012(5):59-63.

指经由我国立法机关制定、颁布的，参与数字出版各个环节的单位、个人必须共同遵守的，以数字出版活动和产品为规制对象的一系列法律、法规的总和。

二、数字出版法律制度的特征

数字出版法律制度脱胎于传统出版法律制度，不仅需要面对传统出版行业尚未解决的难题，还需要面对技术发展对版权制度带来的冲击。为了实现权益上的平衡，兼顾技术、经济和社会三者的同步发展，保证有效开发和合理利用数字出版资源，必须形成完备的数字出版法律法规体系，调整和平衡不断变化的经济结构和各种利益关系，促进数字出版产业的发展。目前，我国尚未出台专门针对数字出版的法律，但已经形成了以《中华人民共和国著作权法》（以下简称《著作权法》）为基础，以若干行政法规为补充，辅之以部门规章和司法解释的相对独立的数字出版法律法规体系。其中既有针对网络出版领域的《网络出版服务管理规定》《互联网信息服务管理办法》，也有针对特定数字出版产品的《网络游戏管理暂行办法》《文化部关于网络音乐发展和管理的若干意见》，还有针对数字版权问题的《信息网络传播权保护条例》《互联网著作权行政保护办法》等，法律法规覆盖的内容范围较广。

我国数字出版业起步较晚，但发展势头一直很好，既创造了新产品、新业态、新终端，又创新了传统出版业生产、传播和盈利模式。在数字出版业发展如此良好的态势之下，我国数字出版法律制度也在不断完善和健全之中，并在整体上呈现出以下特征。

（一）从颁布和执行法律法规的机构来看，从分散联合逐渐走向集中统一

根据法的效力、适用范围的差别和制定程序的不同，我国数字出版法律法规的制定主体主要有全国人民代表大会及其常务委员会、国务院及其各部委，以及省、直辖市、自治区的人民代表大会及其常务委员会等。根据权力属性、管辖范围和职责任务的不同，

我国可以对数字出版行业进行管理的行政部门主要包括：新闻出版管理机构，即国家新闻出版管理部门、地方新闻出版管理部门；文化管理机构，即国家文化管理部门、地方文化管理部门；信息产业管理机构，即国家工业和信息化管理部门、地方工业和信息化管理部门、通信管理部门；著作权管理机构，即版权管理部门。

自1994年我国接入互联网以来，互联网内容管理涉及国家公安部、文化部、广播电视总局、新闻出版署、工业和信息化部、工商行政管理总局以及国务院新闻办公室等多个部委。2000年国务院颁布的《互联网信息服务管理办法》规定，国家和地方的信息产业主管部门负责网络信息服务管理，新闻、出版、教育、卫生等有关部门，在各自职责范围内对网上内容实施监管。1998年至2018年期间，国务院经历了几次机构改革，部门名称与职能随之调整，互联网内容管理主体也表现出精简规模、提高重要部门的行政级别、合并职能相近的主体等趋势。

在这些演化变革中，互联网内容监管主体的层级、分工都日益清晰、成熟，颁布和执行数字出版法律的机构也逐渐从分散联合走向集中统一。尤其是2011年，国家互联网信息办公室成立，成为我国网络信息内容的专门管理协调机构。2014年，国务院授权国家互联网信息办公室管理全国互联网信息内容工作，并负责监督管理执法。2013年，国家新闻出版广电总局组建成立，主管新闻、出版、广播、电影、电视领域。在2018年的国务院机构改革中，作为直属机构的国家新闻出版广电总局不再保留，重新组建的国家广播电视总局负责广播电视、网络视听节目内容和质量的监督管理和审查，中宣部则统一管理新闻出版、电影工作，加挂国家新闻出版署（国家版权局）牌子。由此，新闻出版、广播电视、电影等领域都逐渐有了各自的专项管理部门，各部门也启动了职责范围内的内容管理行动。其中，国家新闻出版署和国家互联网信息办公室集中制定了多项关于互联网信息服务和数字出版方面的有关规定，成为制定和执行数字出版法律法规的核心部门。在此阶段，多主体合作颁布和实施的政策法规逐渐减少，从大量主体、多头分散监管发展为有专门机构协调组织、多部门有机合作的格局。

（二）从数字出版法律法规的内容来看，互联网管理专业化趋势加强

从近年来出台的数字出版法律法规来看，互联网管理专业化趋势在不断加强。目前互联网内容管理的法律体系已涵盖法律、行政法规和规章各个层级，贯穿刑法和行政法等各个领域，包括司法解释在内，覆盖的内容涉及网络安全、信息服务、社交媒体管理等各个方面。不仅颁布了《中华人民共和国网络安全法》这样一部与互联网密切相关的基础性法律，而且针对各细分领域管理的专门性规章与规范性文件也相继出台。有关数字出版的政策法规也越来越具体化和有针对性。在新闻信息服务方面，主要有《互联网信息服务管理办法》《互联网新闻信息服务管理规定》等。在数字版权方面，主要有《著作权法》《著作权法实施条例》《信息网络传播权保护条例》《互联网著作权行政保护办法》等。在网络及数字出版方面，主要有《网络出版服务管理规定》。此外，还有诸如《电子出版物出版管理规定》《网络游戏管理暂行办法》《文化部关于网络音乐发展和管理的若干意见》等针对特定细分领域的法律法规。

互联网管理专业化趋势还体现在关注新技术、新应用的发展，强化社会化媒体管理。国家互联网信息办公室出台的《互联网新闻信息服务新技术新应用安全评估管理规定》除监管网络文字信息外，还拓展到图片、"弹幕"、符号、表情、音视频等内容形态。《互联网用户公众账号信息服务管理规定》《互联网群组信息服务管理规定》《微博客信息服务管理规定》等对微博、微信公众号、社群等分享类或社交类社会媒体均作出了规定，规范了网络媒体平台的业务活动。另外，互联网管理还注意加强对互联网人员的管理，《互联网跟帖评论服务管理规定》《互联网论坛社区服务管理规定》规范了网民的跟帖、评论等参与式表达的互联网行为。《互联网新闻信息服务管理规定》《互联网新闻信息服务单位内容管理从业人员管理办法》规范了信息服务和相关业务从业人员的行为活动。这些趋势体现了政府机构顺应时代和网络发展的环境，针对

具体的内容、平台、技术相关问题制定政策，适用性和可操作性更强。

（三）从数字出版法律法规制定的动力来看，由外部动力向内生动力转变

早期我国数字出版法律法规制定的动力主要来自国际环境和外部力量的推动。改革开放之后，为了缩小与发达国家在版权保护方面的差距，提高我国知识产权保护水平，我国于 1992 年 10 月分别加入《伯尔尼公约》和《世界版权公约》。2001 年，为适应加入WTO 后的出版业新趋势、新要求，我国根据《与贸易有关的知识产权协定》与 WTO 的贸易规则中的相关条件对《著作权法》进行了修订，有关"信息网络传播权"的内容被纳入修订条文中。2006 年，为了满足数字环境下版权保护的迫切需要，我国又加入《世界知识产权组织版权条约》与《世界知识产权组织表演和录音制品条约》。2010 年，受中美知识产权争端影响，我国对《著作权法》进行了第二次修改。这些举措都一定程度上体现了初期我国在制定数字出版法律法规上的被动性。

在我国数字出版业发展到一定阶段之后，相关法律法规制定的动力，逐渐由以国际环境决定的外部动力转为以解决产业发展现实问题为目的的内生动力。2012 年，为了适应我国社会经济发展和科技进步的需要，我国开始对《著作权法》进行第三次修改，这是根据我国国情主动做出的修改，也是对新技术的发展和实践的需要做出的积极回应。2020 年 11 月 11 日，十三届全国人大常委会通过了《关于修改〈中华人民共和国著作权法〉的决定》，新修正内容于 2021 年 6 月 1 日起施行。为了加快发展数字出版，推动传统新闻出版业转型升级，国家新闻出版总署印发了《关于加快我国数字出版产业发展的若干意见》（2010 年）、《关于发展电子书产业的意见》（2010 年）、《关于推动新闻出版业数字化转型升级的指导意见》（2014 年）来支持数字出版业。另外，由于我国数字出版业务起步比较晚，但发展速度比较快，因此，相关法律制度不可避免地表现出一定的滞后，产业发展的法治环境并不健全，存在

数字出版版权的保护、技术措施的保护、海量数据传播等一系列急需法律制度解决的问题，这也促使相关部门陆续出台或补充修订各类部门规章、规范性文件，以为其提供一个健康、稳定、可持续的发展环境，推动数字出版产业的创新升级。

三、数字出版法律制度坚持的价值取向

数字技术和信息网络的发展，使得原来支撑出版立法的基本框架发生改变。面对数字出版市场日益增长的新问题，传统出版法律制度能够维持的平衡被打破，融合发展成为出版产业转型升级的必由之路。互联网法治是现实社会治理逻辑在技术推动下向网络空间的自然延伸，是实现网络空间中利益平衡与价值协调的重要保障，因而在"互联网+"时代下的数字出版法律制度必须以平衡为首要价值取向，从而一方面协调好技术、经济、社会的发展，另一方面兼顾文化发展与文化安全，以人民诉求为出发点，着力解决现实问题。

（一）平衡性

数字出版活动不仅仅是单纯的文化创造与传播活动，更是一种多方主体参与的经济活动。一个完整的数字出版活动应有负责文化产品内容生产的创造者、负责产品推广营销的传播者、想从产品中获取知识和产品功能的使用者。而这三种主体在参与经济活动过程中行使各自权利时，不可避免地会出现一定程度的冲突。主体因为受益对象的不同而产生权益冲突，一方主体在维护自己的权益时，必定会与他方主体的权益产生冲突。法理学强调法的价值目标，而"公平正义"是法律的基本原则，在数字出版相关的法律法规制定中，"权益平衡"正是"公平正义"的体现。所以数字出版法律制度在实现其对数字出版活动的规范与调节、管理与协调，促进和推动产业良性发展等作用的过程中，必须统筹兼顾、平衡各种可能相互冲突的因素。

"平衡"这一精神在我国《著作权法》及与著作权保护相关的法律法规中体现得尤为明显。从人类交往本性和人类文明的发展来看，知识和信息应该得到尽可能广泛的传播，智力成果应得到尽可

能广泛的应用，即需要强调智力成果的社会共享性，但同时又必须承认著作权是属于著作权人的一种"私权"。从经济学的角度来讲，只有充分尊重和保护知识创造者的权益，才能有效地激励个体的创造性，并最终推动社会的发展和进步。一方面，它通过赋予文化内容创作者著作权来维护创作者的权益，又通过合理使用、法定许可和权利转让制度来维护传播者和使用者的权益，在法律上作出对各方权利界限的划分；另一方面，它既有效地保护著作权人的合法权益，又积极地促进数字内容的传播和人类文化的交流，同时兼顾社会公共利益。

此外还应注意，各方主体权益上的平衡应该是一种"动态平衡"。数字出版是由新技术产生的新的产业形态，而技术的不断发展使得数字出版法律法规所体现的利益平衡不断受到冲击和挑战，从原来的平衡变为失衡。因此在数字出版法律法规协调、规范数字出版活动时，权益的分配永远都应在动态中保持平衡。追求各方主体权益上的平衡的价值目标，使得不断修正既有的数字出版法律法规成为必然。

（二）协调性

协调是数字出版法律制度所坚持的一个价值取向，这既体现在对技术、经济、社会的兼顾，促进三者的协调发展上，又表现在对文化发展与文化安全的兼顾，促进优秀文化的繁荣上。

科学技术是第一生产力，技术的进步能带动经济的发展。一般来说，市场经济下的企业在利益驱使下，会通过对技术的保护与加密来保持自己的竞争优势，这种对技术的垄断从长远来看并不利于社会经济的发展。而法律制度的作用在于对这种占有进行规制，在保护技术研发创造的基础上以规定期限的方式兼顾社会发展，从而既能保证企业依靠技术获得经济利益，又能保证技术在一段时间后向社会公开，使技术带来的红利惠及整个社会。数字出版从本质上来说就是一场文化与科技的变革，技术既是数字出版的动力和引擎，也在某种程度上成为数字出版进一步发展的障碍。一方面，重大的技术进步会深刻地改变传统出版业的生产、传播和消费方式，催生新的文化生产方式、信息传播方式和阅读消费方式，并带来文化交流上的空前发展。数字出版作为国民经济和社会信息化的重要组成部分，给我国经济和社会的发展带来了积极的影响。另一方面，伴随着各种新技术的层出不穷，数字出版产业正面临着严峻的盗版和知识产权保护问题。数字版权保护是数字出版产业和社会主义市场经济发展的一个薄弱环节，盗版和侵犯知识产权的行为、案件时有发生，并且屡禁不止。数字出版的特质使得作者在数字环境下对于其作品的下载、复制、传播的控制和管理都很难实现。同时，数字技术也使得维权难度增大，这也给我国经济和社会发展带来了负面影响。因此，数字出版法律法规的出发点应是在适应技术发展要求的同时，谋求新的经济和社会利益，兼顾技术、经济和社会三者的同步发展。

从另一个角度来看，随着文化作用的日益凸显，其作为民族凝聚力和创造力的重要源泉，不仅是经济社会发展的支撑，也是国际政治斗争和意识形态较量的主战场，越来越多的国家把提高文化软实力作为重要的发展战略。① 从内部来说，文化的发展需要一个宽松且内容丰富的环境来促进思想的交流融合，但在此过程中不免有极端、不良的内容掺入。我国先后颁布了《网络出版服务管理规定》《互联网文化管理暂行规定》《互联网新闻信息服务管理规定》等一系列针对互联网文化内容管理的规章制度，用以保障我国文化内容的质量。法律条文明确规定了文化产品不得含有"反对宪法确定的基本原则，宣扬邪教、迷信，宣扬淫秽、色情、赌博、暴力或者教唆犯罪等"内容。同时，对提供与文化内容相关服务的人员、企业资质进行限制，以营造健康有序的文化发展环境，促进文化的发展。从外部来说，数字出版产业作为文化产业的重要组成部分，在社会主义文化建设中承担着重要的文化传承、交流功能和产业经济功能。一方面，优秀的民族文化是国家精神的体现，数字出

---

① 黄先蓉. 数字环境下的出版业政府规制与制度创新 [C] //数字出版与出版教育（第二届数字时代出版产业发展与人才培养国际学术研讨会论文集）. 北京：高等教育出版社，2009.

版法律法规要以促进民族文化的繁荣为目的，把发展民族文化作为其价值目标。通过法律的形式确保中华民族文化的地位，借助网络传输快捷、覆盖广泛和无国界特性，加快推动优秀出版物通过数字出版方式进入国际市场，参与国际竞争，提高中华文化的国际影响力，推动我国文化的大发展大繁荣。另一方面，在信息技术高度发展的时代，数字化、网络化所体现的先进传播手段和强大传播能力，使得不同思想文化和价值观念的流传和普及更加迅速，民族文化将会面临更多外来文化的冲击。文化安全的核心是意识形态和价值观的安全。因此，数字出版法律法规同时也要保证我国的文化安全，将促进文化发展与保证文化安全作为其追求的价值目标。

（三）现实性

在数字出版实际运作中，技术革新与信息爆炸式增长所带来的问题层出不穷，这也对我国数字出版法律制度的构建与完善提出了迫切要求。

首先，是个人信息安全问题。由于网络空间的开放特性，信息网络技术的发展在给数字出版产品提供数据转换、传输便利的同时，也大大增加了个人隐私遭受侵犯的可能性。如数字出版企业在使用用户信息过程中恶意获取、非法倒卖、失职外泄个人信息的事件频发，直接威胁到了公民经济安全和人身安全。从 2012 年《全国人民代表大会常务委员会关于加强网络信息保护的决定》颁布，到 2013 年《电信和互联网用户个人信息保护规定》的出台，再到 2016 年《中华人民共和国网络安全法》的实施，与数字出版有关的网络信息安全立法滞后的问题逐步得到关注与解决。

其次，应运而生的新型数字出版物需要法律制度的保驾护航。在出版产业转型升级过程中，以电子书、网络动漫、网络游戏、网络音乐、网络文学等为代表的数字出版物逐渐被人们所认可，并成为数字出版产业发展的主要推动力。根据不同类型数字出版物的特点及现实问题，我国的数字出版法律制度也逐步从宏观布局向细分领域规制转变，在构建统一的行业技术标准基础上进一步推动产业的发展。如随着《互联网文化管理暂行规定》《网络游戏管理暂行办法》《关于移动游戏出版服务管理的通知》《互联网广告管理暂行办法》《网络出版服务管理规定》等的相继出台与不断修订，与此对应的数字出版活动开始摆脱盲目与混乱，数字出版物赖以生存的市场秩序有了法律制度的规范。

最后，网络环境下言论自由的表达与规制需要合理的数字出版法律制度加以平衡。互联网对作为公民基础权利的传统表达权的保护与规制提出了新的挑战，而数字出版作为文化的重要组成部分，必须承担相应职责。计算机和网络技术的发展降低了信息生产和传播的门槛，使过去由政府、出版企业、广播公司所掌握的文学、艺术和科学作品的生产与传播权利通过网络与各种应用程序转移到了用户个人手中。信息的无障碍与瞬时传播给不良数字出版物的肆意传播开了方便之门，个人在享受言论自由的同时也存在缺乏约束的问题，如发布或传播国家法律所禁止的内容等。针对这种现象，我国有关部门先后制定出台了《互联网信息服务管理办法》《互联网上网服务营业场所管理条例》《互联网新闻信息服务管理规定》等，对网络表达的内容、时间、地点和方式等进行了不同程度的限制，建立了事先限制与事后审查制度。

第四节　数字出版法律制度的发展

数字出版法律制度是对数字时代一系列出版活动进行调节和规范的法律体系，也是相关行政机构对出版行业进行管理的依据。社会主义市场经济与数字信息技术的发展，加速了出版产业与信息科技的融合，伴随着出版模式的转变与出版形态质的飞跃，数字出版逐渐成为出版产业发展的主要推动力。根据《2010 年中国数字出版年会年度报告》，2009 年我国数字出版产业以 799.4 亿元的收入，① 首次超过传统书报刊出版行业，开始逐渐占据行业发展的制

---

① 郝振省. 2010 中国数字出版产业年度报告 [EB/OL]. 中国出版网 [2018-11-21]. http：//www.chuban.cc/rdjj/2010sznh/zlt/201007/t20100720 _ 74316. html.

高点。我国的数字出版法律制度无疑是在传统出版法律制度的基础上发展而来，作为数字技术、信息技术发展冲击下出版产业稳定、健康、可持续发展的有力保障。梳理我国数字出版法律制度的发展与现状，在当下环境显得格外重要。一方面，鉴于法律制度滞后性的特点，了解数字出版法律制度发展历史，有利于从法律制度的本质与历史规律出发，找到现状与现实需求之间的差距；另一方面，数字出版产业的发展带来了文化产业发展形态与方向的巨大变化，网络、科技与文化的融合放大了国家安全问题在文化领域的重要性，因而站在文化安全的角度来梳理和探究我国数字出版法律制度的发展与构建，意义重大。

以美国为代表的西方发达国家，凭借其发达的出版产业和领先世界的数字技术，率先迈开了数字出版立法的步伐。作为知识产权大国，走在技术发展前沿的美国总会针对不断变化的新环境就数字出版法律制度作出相应调整，从《1976 年版权法》开始，到《2009 年数字消费者知情权法》，再到每三年一次对《1998 年千禧年数字版权法》的集中修订，它们都在不同时期保护着本国数字出版产业的健康发展。我国的数字出版产业随着时代发展的洪流逐渐步入法制轨道，基本形成了以《宪法》为基础，以《著作权法》《出版管理条例》《信息网络传播权保护条例》等为核心，以《电子出版物出版管理规定》《网络出版服务管理规定》《互联网信息服务管理办法》等其他相关法律规范为框架的体系雏形。就目前来看，我国数字出版法律制度的发展以标志性法规的颁布为分界点，大致可划分为三个时期。

一、数字出版法律制度建设的起步阶段

1990 年 9 月，《中华人民共和国著作权法》颁布，《中华人民共和国著作权法实施条例》和《计算机软件保护条例》也于次年相继颁布，这"一法两条例"成为我国该时期出版法制建设的重要成果。但此时的法律法规并没有把信息技术发展带来的变化纳入具体条文制定的考量中。《著作权法》及其实施条例主要就文学、

艺术和科学作品作者的著作权，以及与著作权有关的权益作出了基础性的规定。《计算机软件保护条例》则依据著作权法的有关规定，主要就软件的开发者或者其他权利人，对于软件作品所享有的各项专有权利作出了相应规定。

此后，我国颁布的与数字出版相关的法律法规主要呈现出两方面的发展趋势。一方面，注重计算机与国际联网的安全问题，逐步建立相应的管理制度。如 1994 年国务院颁布的《中华人民共和国计算机信息系统安全保护条例》，围绕计算机信息系统的安全问题，以促进其应用与发展为目的，以法律条文的形式确立了计算机信息系统安全等级保护制度与计算机信息系统国际联网备案制度，公安部依法对计算机信息系统安全保护工作行使监督职权。1996年的《中华人民共和国计算机信息网络国际联网管理暂行规定》，明确了国际出入口信道提供单位、互联单位、接入单位和用户的权利、义务和责任，就行政主管部门而言，主要由国务院经济信息化领导小组负责日常协调、监督、管理，以及解决有关国际联网工作中的重大问题。另一方面，具体的法律条文逐渐对网络内容有了一定程度的关注。1997 年 12 月，由国务院批准、公安部发布的《计算机信息网络国际联网安全保护管理办法》正式实施，该办法中的"九不准"① 条文对禁止用户制作、复制、查阅和传播的网络内容进行了明确的规定。鉴于其对计算机、信息网络、国际联网安全的内容涵盖，以及对网络内容的管理，从某种程度上揭开了我国数字出版法律法规制定的序幕，不少学者也因此将其看作中国首部

---

① 指任何单位和个人不得利用国际联网制作、复制、查阅和传播下列信息：①煽动抗拒、破坏宪法和法律、行政法规实施的；②煽动颠覆国家政权，推翻社会主义制度的；③煽动分裂国家、破坏国家统一的；④煽动民族仇恨、民族歧视，破坏民族团结的；⑤捏造或者歪曲事实，散布谣言，扰乱社会秩序的；⑥宣扬封建迷信、淫秽、色情、赌博、暴力、凶杀、恐怖，教唆犯罪的；⑦公然侮辱他人或者捏造事实诽谤他人的；⑧损害国家机关信誉的；⑨其他违反宪法和法律、行政法规的。

网络舆情治理的法规。①

　　为规范互联网信息服务活动，国务院于 2000 年 9 月分别发布了《互联网信息服务管理办法》和《互联网上网服务营业场所管理条例》。该办法首次提出了"互联网出版"的概念，并对从事经营性互联网信息服务、负责互联网上网服务营业场所经营单位的资质作出了明确规定，确立了单位准入的审批登记制度。从事经营性互联网信息服务，必须向信息管理机构或者国务院信息产业主管部门申请办理《互联网信息服务增值电信业务经营许可证》。而互联网上网服务营业场所经营单位则需向文化行政部门提出申请，经检查审核合格后获取网络文化经营许可证；此外，公安机关、工商行政管理和电信管理等其他有关部门，则需针对经营单位活动的不同内容在本部门职责范围内实行相应的监督管理。2003 年 5 月，文化部出台了《互联网文化管理暂行规定》，以加强对互联网文化的管理，保障互联网文化单位的合法权益，促进我国互联网文化健康、有序地发展。互联网文化产品有了法律上的定义，即通过互联网生产、传播和流通的文化产品，主要包括音像制品、游戏产品、演出剧（节）目、艺术品和动画等其他文化产品。经营性的互联网文化单位必须具备相应的设立条件，接受主管部门的审批，获取网络文化经营许可证并完成备案登记后，方可提供相关服务。文化部依法对全国互联网文化活动进行监督管理。针对互联网新闻信息服务，2005 年 9 月，国务院新闻办公室联合信息产业部共同发布《互联网新闻信息服务管理规定》，用于保护互联网新闻信息服务单位的合法权益，从而满足公众对互联网新闻信息的需求，促进互联网新闻信息服务健康、有序发展。国务院新闻办公室负责全国互联网新闻信息服务的监督管理工作。该规定就不同类别互联网新闻信息服务单位的设立条件、提供服务的范畴以及应承担的法律责任作出了详细说明，并强调了新闻信息内容管理责任制度。

---

　　① 刘怡君，蒋文静，陈思佳. 中国网络舆情治理的主客体实证分析——基于 1997—2016 年网络舆情治理政策［J］. 管理评论，2017，29（11）：227-239.

　　除了针对新兴领域和网络活动的监督管理类的基础法律法规外，数字技术的发展对版权保护方面的影响也格外明显。2000 年11 月，最高人民法院颁布了《最高人民法院关于审理涉及计算机网络著作权纠纷案件适用法律若干问题的解释》，明确了数字化形式的作品及其各项权利也同样受到著作权法的保护与制约，著作权人可获得通过网络向公众传播作品应得的报酬。① 该解释中的部分条款因数字版权迅速发展所带来的诸多新问题，分别于 2003 年和2006 年被再次修改。我国司法部门在实务中遭遇的网络侵权和盗版日益猖獗的现实问题，切实推动着我国版权保护进一步发展。2001 年，为适应加入 WTO 后的版权保护需求，我国根据《与贸易有关的知识产权协定》与 WTO 的贸易规则中的相关条件，对《著作权法》进行了修订，有关"信息网络传播权"的内容被纳入修订条文中。2002 年，《最高人民法院关于审理著作权民事纠纷案件适用法律若干问题的解释》中的第 16 条，就通过大众传播媒介传播的单纯事实消息的著作权进行了相关说明。2003 年，《著作权集体管理条例》的颁布，进一步完善了我国在著作权保护方面的法制建设。2004 年，《最高人民法院、最高人民检察院关于办理利用互联网、移动通讯终端、声讯台制作、复制、出版、贩卖、传播淫秽电子信息刑事案件具体应用法律若干问题的解释（一）》出台，针对互联网和电子信息的相关违法犯罪行为给出了详细说明，并规定了有力的惩处措施。2005 年 4 月，国家版权局与信息产业部联合颁布了《互联网著作权行政保护办法》，就著作权人同网络内容提供者的通知与反通知条款，权利人、内容网络传播者的责任与义务以及其免责情况作出了明确规定，著作权行政管理部门依法对其实施行政保护，国务院信息产业主管部门和各省、自治区、直辖市电信管理机构则依法配合相关工作。

---

　　① 高鑑知. 版权法律制度演进与发展策略［J］. 中国出版，2014（6）：49-52.

二、以信息网络传播权为核心的发展阶段

互联网与人们生活的融合，给著作权的网络传播提供了更广阔的空间。2006 年 5 月，国务院发布实施《信息网络传播权保护条例》，用于调整著作权人、网络服务提供者和作品使用者之间的关系，进一步完善网络时代著作权人依法享有的权利。从规定的主要内容及权能来看，信息网络传播权主要呈现出权利行使方式的特定性、权利主体的专有性、权利内容的复合性与权利行使的限制性的特点。① 该《条例》基本上涵盖了以前与信息网络传播权相关的行政规章与司法解释等内容，也突破了《著作权法》第一次修订中对作品著作权人享有权利的限制，把保护对象扩展到互联网上的表演和录音录像制品，完善了著作权法保护的对象。从此，我国的著作权保护进入网络时代。2010 年，我国《著作权法》完成了第二次修订，距第一次修订已有将近十年的时间。其中的一些条款在互联网迅猛发展的挑战下显得力不从心、不合时宜，当时未能考虑到的问题逐渐凸显。但由于著作权制度内容庞杂、涉及面广，难以一次性做出重大调整。因此，无论是理论界还是实务界都逐渐将此次修订定位于"小修"，修改内容集中体现在已经没有多少争议的条款上，如作品登记制度和著作权质押登记部门的明确。我国立法机关则倾向于把更多的精力放在《著作权法》的一些配套法规的制定或完善方面。

此阶段数字出版法律法规的特点主要表现在以下几个方面：一是数字化与出版行业不同领域的深入融合推动相关立法的完善；二是与著作权现实发展进度相匹配的我国行政执法相关规定的出台、调整；三是更加注重互联网信息的管理，加强信息保护逐渐成为法律制度建设的重点内容。

相关立法的完善主要涵盖网络音乐、数字印刷业、图书馆和网络游戏。2006 年，文化部联合信息产业部发布了《文化部关于网

---

① 鲁晓慧. 论我国信息网络传播权的法律保护及完善 [J]. 科技资讯，2008 (13)：201，203.

络音乐发展和管理的若干意见》，首次向社会表明了国家关于网络音乐的发展和管理政策。作为网络产业与音乐产业、信息产业与文化产业的融合和跨越发展的产物，网络音乐也因此有了其正式的概念界定。随后，《文化部关于加强和改进网络音乐内容审查工作的通知》着重对进口网络音乐产品经营主体、审查方式、交易及音乐产品搜索等方面作出详细规定。2007 年 8 月，国家新闻出版总署、公安部、工商行政管理总局和信息产业部共同颁布了《关于规范利用互联网从事印刷经营活动的通知》，用于应对快速发展的数字印刷业，规范诸如"印客"类网站的印刷经营活动，促进数字时代产业的健康发展；同时用实际行动响应《新闻出版业"十一五"发展规划》中"鼓励采用快速、按需、高效、个性化的数字印刷"的发展要求。谷歌"版权门"事件给我国敲响了一记警钟，在一定程度上促使国家把图书馆著作权问题提高到国家知识产权的战略高度来认识。随着国内图书馆使用著作权引发的侵权纠纷案件愈演愈烈，国家版权局等部门于 2009 年联合发布了《关于加强图书馆著作权保护工作的通知》，以明确图书馆著作权的使用规则，这也成为指导图书馆著作权保护工作的重要文件。① 作为平衡社会公共利益与著作权私权利益的重要阵地，图书馆使用著作权应遵守"先授权，后传播"的原则，并在版权、文化、教育行政部门的指导下逐渐建立著作权管理的自律机制，主动开展自查自纠。同年，网络游戏市场的不断扩大日益带来诸多深层次的问题，从本质上呼吁与网络游戏产业相关的管理制度的建立。在文化部、商务部联合印发《关于加强网络游戏虚拟货币管理工作的通知》后，新闻出版总署也随即印发了《关于加强对进口网络游戏审批管理的通知》，针对网游业出现的一些问题明确规定"未经过审批的网游不许在我国境内展出"。2010 年，《网络游戏管理暂行办法》出台，首次系统地对网络游戏的内容、市场主体、经营活动、运营行为、管理监督和法律责任作出详细规定，文化部作为其主管部门依

---

① 秦珂.图书馆著作权保护工作的思考——基于《关于加强图书馆著作权保护工作的通知》精神［J］.情报理论与实践，2010，33（7）：18-21.

法履行日常监管职责。该《办法》的主要目的，在于通过规范网络游戏经营单位的经营行为来加大对未成年人的保护力度。此外，为加强音像电子出版物专用书号的规范管理，提高音像电子出版单位书号信息的报送效率，新闻出版广电总局推出了音像电子出版物专用书号实名申领信息系统。出版物的行政管理也逐渐与数字时代的信息技术接轨。而在信息网络传播权方面，《最高人民法院关于审理侵害信息网络传播权民事纠纷案件适用法律若干问题的规定》中，就网络服务提供者所涉及的一些侵权行为作出了详细说明与责任界定。

随着我国著作权保护相关法律法规的建立与完善，与著作权保护相关的行政执法的规定也随之不断规范与优化，主要涉及相关主管部门的合作、增设，管理职责范围的厘清，以及行政执法程序的规范等。2006 年 3 月，公安部与国家版权局联合下发了《关于在打击侵犯著作权违法犯罪工作中加强衔接配合的暂行规定》，要求各地方政府建立打击侵犯著作权违法犯罪衔接配合机制，就两个部门在执法工作中的配合给出了原则性的要求，并规定了部门合作执法的基本程序。同年，国家版权局下发了《著作权行政投诉指南》，用于指导著作权人和与著作权有关的权利人就侵权行为向有关行政机关投诉，规范了投诉的范围和步骤。2008 年，新闻出版总署进行机构调整，内设机构由原来的 11 个增加到 12 个，同时新设科技与数字出版司对相关事务进行专项管理。这次调整一方面重在坚持一件事情原则上由一个部门负责，减少职责交叉重叠；另一方面，进一步突出新闻出版工作的特点，从而在产业规划、法制建设、内容管理、质量监督等方面顺应数字时代的需求，以着力解决广大人民群众关注的热点、难点问题。同年，《电子出版物出版管理规定》发布，替代了 1997 年出台的《电子出版物管理规定》，此次修订将调整内容集中于与电子出版物出版有关的管理问题，重在精简内容和规定与出版活动相关或其他规章没有规定的内容，以避免部门规章在内容上交叉重复，理顺职能部门间的管理权责。2009 年，与《著作权法》相配套的程序性规章《著作权行政处罚实施办法》完成第二次修订，针对著作权行政执法过程中出现的新问题和新情况作出了相应的调整，一定程度上扩大了行政执法的种类与范围，加大了执法力度，以便于规范著作权行政管理部门的行政处罚行为，保障执法工作有效开展，更好维护公民、法人和其他组织的合法权益。

我国对网络信息及其服务提供者的专项管理规定早在 2000 年就出现了，本阶段与此相关的法律制度建设主要表现在两个方面。首先，是对原有法规的修订。如在 2011 年的《互联网文化管理暂行规定》中，增加对网游企业注册资金不低于 1000 万元等规定，并对部分违规情况加大处罚力度；在《互联网信息服务管理办法》和《互联网上网服务营业场所管理条例》中，对关于治安管理处罚的规定作出修改。其次，是新规定的制定出台。如《规范互联网信息服务市场秩序若干规定》在互联网信息服务竞争日益激烈的背景下应运而生，通过明确禁止实施的侵犯其他互联网信息服务提供者权益以及禁止实施的侵犯用户合法权益的行为，规范互联网"评测"活动和在用户终端上安装运行或者捆绑软件的行为，强化对用户个人信息的保护等，使互联网信息服务规则和行为边界逐渐明晰化，从而起到对产业发展的保障作用。值得注意的是，个人信息保护问题在大数据时代得到越来越多的关注，虚拟社会中的每一个数据经过数据采集、存储、分析阶段，最后在应用阶段必然会对接到现实社会中的每个人，① "数据失控"危机也因此变得更为突出。2012 年年底，《全国人民代表大会常务委员会关于加强网络信息保护的决定》颁布，明确指出"国家保护能够识别公民个人身份和涉及公民个人隐私的电子信息"，并对网络服务提供者和其他企业事业单位及其工作人员在搜集、使用公民个人信息过程中的行为提出了一系列禁止性要求。2013 年 9 月，工业和信息化部发布《电信和互联网用户个人信息保护规定》，进一步加强了用户个人信息保护的立法，使得网络隐私保护有法可依。该规定在具体的保

① 以互联网立法规范网络秩序——四中全会"依法治国"系列评论之十七自言［EB/OL］．人民网［2014-11-02］．http：//opinion. people. com. cn/n/2014/1102/c1003-25957285. html.

护内容上更加细化，如明确了电信和互联网用户个人信息的保护范围、收集和使用原则，确立了相应的代理商管理制度、安全保障制度和监督检查制度等。

三、以互联网特征为指向的新阶段

2014 年，《国务院关于授权国家互联网信息办公室负责互联网信息内容管理工作的通知》（后简称"网信办"）发布，互联网从此有了专门的行政管理部门，网信办依法负责与互联网信息内容相关的日常监督、管理、检查。国家机构调整是信息技术发展的结果，既表明了互联网在人民日常生活、产业发展和社会经济中举足轻重的地位，也毫不掩饰文化产业与互联网融合过程中所暴露出的法律法规的空白之处。该通知的发布，标志着我国数字出版法律制度建设进入一个新的发展阶段。国家在对原有重要法律规章小修小改的基础上，更侧重于针对互联网信息技术发展不断涌现的新问题制定更加细致的管理规定，以规范网络发展秩序，营造清朗的网络空间。此阶段法律制度以互联网特征为指向，在立法、修订上都有一定程度的发展。

就新颁布的法律法规而言，主要涉及网络出版服务业和广告业。2016 年 3 月，《网络出版服务管理规定》出台，原国家新闻出版总署、信息产业部于 2002 年颁布的《互联网出版管理暂行规定》随即废止。新规定在责任主体、适用范围、监管制度等方面均作出较大调整，也结合近年来的执法实践增加了不少新的内容。从监管对象来看，地图、游戏、动漫、音视频读物及网络文献数据库被明确纳入网络出版物的管理范畴；从监管制度来看，新增了网络出版服务单位的年检制度，以及对网络游戏上网出版的事前审批；从监管力度来看，不仅对从事网络出版活动的主体提出了较为严格的资格准入条件，还增加了内容审校制度和除出版单位的其他相关方的责任要求。同年 7 月，国家工商行政管理总局发布了《互联网广告管理暂行办法》，以顺应广告业与互联网的融合发展、弥补《广告法》中涉及互联网立法的不足，直面互联网广告监管的难题。互联网广告因此有了其法律上的定义，广告主的范围被扩大到自然人并强化了其第一责任，明确了互联网广告业务的承接登记、审核、档案管理制度。

就修订的法规而言，2017年颁布的《互联网新闻信息服务管理规定》相比2005年出台的规定，在章节篇幅上增加了50%左右，内容调整幅度大。在过去的十年中，互联网新闻信息服务经历着高速的颠覆式发展，从新闻门户到博客、微博及微信公众号，互联网新闻服务业态对传统新闻业态造成了巨大的冲击，这些现实变革推动着相关法规的进一步完善。从具体修订的内容来看，主要包括以下几点：首先，原先由国务院新闻办公室和信息产业部联合颁布的规章变为网信办的单部门规章，各地方网信办负责本行政区域内互联网新闻信息服务的监督管理工作；其次，互联网新闻许可范围大幅扩充，各类新媒体被纳入管理范畴；最后，申请提供互联网新闻信息服务的条件细化，明确总编负责制、内容管理制等多重机制。此外，还明确指出"不得传播涉个人隐私信息"。此次修订，一方面顺应国家机构调整，将原先分散的主管的职权集中于新成立的网信办，进行专项管理；另一方面，就互联网发展的多元化进行信息服务内容的重新界定，延伸了管理的范围和边界，使更多现存的网络活动有法可依。

就网信办的工作而言，在其成为互联网信息内容的行政主管部门后，相继颁布了一系列规范性文件用于规范层出不穷的网络活动，更好履行监管职责。如2016年的"魏则西事件"引发了社会公众对于互联网付费搜索是否为互联网广告的热议。当年6月，网信办就针对搜索结果中存在的误导和影响公众判断的问题，出台了《互联网信息搜索服务管理规定》，以规范互联网信息搜索服务，促进互联网信息搜索行业健康有序发展。如表1-1所示，从网信办被授权管理互联网信息内容的2014年至今，法律规范的颁布数量大致呈线性增长，2018年有所回落。这些规定契合了互联网发展速度快的特性，因而表现出更多的灵活性，具体呈现出以下特点：一是法律层级普遍较低，以部门规范性文件为主；二是相关法律规范颁布速度快、时间短、数量多；三是涉及互联网信息内容更多细分领域，既包括平台管理，也涵盖业务范围的规定，还涉及相关从业人员资格的认定以及社会效益和安全的评估。

表 1-1　**2014—2017 年国家互联网信息办公室部门规范性文件颁布情况**

颁布时间	名　　　称
2014 年	《即时通信工具公众信息服务发展管理暂行规定》（"微信十条"）
2015 年	《互联网用户账号名称管理规定》（"账号十条"）
	《互联网新闻信息服务单位约谈工作规定》（"约谈十条"）
2016 年	《互联网信息搜索服务管理规定》
	《移动互联网应用程序信息服务管理规定》
	《互联网直播服务管理规定》
2017 年	《互联网新闻信息服务许可管理实施细则》
	《网络产品和服务安全审查办法（试行）》
	《互联网新闻信息服务管理规定》
	《互联网新闻信息内容管理行政执法程序规定》
	《互联网跟帖评论服务管理规定》
	《互联网论坛社区服务管理规定》
	《互联网用户公众账号信息服务管理规定》
	《互联网群组信息服务管理规定》
	《互联网新闻信息服务单位内容管理从业人员管理办法》
	《互联网新闻信息服务新技术新应用安全评估管理规定》
2018 年	《微博客信息服务管理规定》
	《具有舆论属性或社会动员能力的互联网信息服务安全评估规定》

第二章 有关数字出版主体的法律规定

数字出版企业进入市场之前，需要依法获得经营资格。我国围绕数字出版企业获取经营资格的流程建立了一套完整的制度体系，即数字出版企业的市场准入制度。

数字出版企业的市场准入制度是为了加强对数字出版市场的管理，促进数字出版市场的健康发展，通过确认数字出版企业的生产能力与生产资质而建立的一套制度体系，也是数字出版企业从事经营活动时必须进行的首要步骤。有进入，必然存在退出。我国实行社会主义市场经济体制，在当前的市场经济条件下，市场应在资源配置中起决定性作用。数字出版企业在参与市场竞争时自负盈亏，以企业自身全部资产承担经济责任，优胜劣汰的市场机制意味着部分企业将会因为经营不善等原因退出数字出版市场。退出市场同样需要制度规范，完善的市场主体退出制度不仅有利于优化数字出版行业的市场结构，保障数字出版行业的运行效率，还能够激发市场主体的竞争活力，维护市场体系的安全与稳定，推动数字出版产业的进一步发展。

数字出版企业获批进入市场之后，具体业务的执行主要由内部工作人员完成，工作人员专业能力的高低直接影响着数字出版产品的质量。作为数字出版产品的"把关人"，数字出版行业的从业人员不仅负责对产品内容进行审核，同时肩负着数字出版产品的策划、编辑、生产与制作等任务，而数字出版产品作为承载知识、传播思想的重要媒介，对弘扬社会主流价值观念起着非常重要的作用，因此，规范从业人员的任职资格，提升从业人员的专业能力，树立和培养从业人员的职业道德十分必要。但是在市场交易过程中，数字出版企业是一个整体，它享有法律赋予企业法人的权利，同时也必须承担法律规定的相应义务。这既是为了保障数字出版企业在市场运行过程中的合法利益，推动数字出版企业运用知识资源创造出更大的社会价值，同时也是为了敦促企业履行相应的社会责任，保障数字出版行业的发展秩序。

因此，本章将围绕关于数字出版企业经营活动的流程，对有关数字出版企业的市场准入制度与市场退出制度，有关数字出版行业从业人员的相关规定以及数字出版企业自身的权利与义务等内容，对数字出版企业开展市场经营的相关法律法规进行详细论述。

第一节　数字出版主体进入市场的法律规定

目前，我国数字出版主体大致可分为两大类：一类是传统的图书、期刊、报纸、音像、电子等出版单位向数字化转型，提供数字出版服务，一般以内容服务为核心；另一类是新兴的数字出版单位，包括提供数字出版物交流发布平台的单位、提供数字出版物技术服务的单位等。我国对这些单位进入市场实行准入制度，即既规定进入市场所应具备的法定条件，也规定进入市场所必须经过的法律程序。这些单位的设立条件就是法律法规规定数字出版单位进入市场时所必须具备的基本条件，是数字出版单位设立的实质要件，只有符合实质要件的数字出版单位才能提出申请获得法人资格。而主管部门在审批设立数字出版内容单位、平台单位、技术服务单位时，除要求具备法定条件外，还应当符合国家关于数字出版单位总量、结构、布局的规划。

一、数字出版主体准入制度的法律依据

法律是一切市场经济活动的前提。市场经济行为应该是法律范畴内的社会活动。数字出版主体作为市场经济主体的一种，其所进行的数字出版活动也应在法律的规范下进行。而规范数字出版活动的最高指导性法律是宪法，宪法作为国家的根本大法，对数字出版市场起方向性的指导作用；其次是《民法典》，《民法典》对进入数字出版市场的数字出版主体的身份作了明确的规定；各类市场主

体法、市场主体登记管理法和其他有关法律法规规定了数字出版主体设立的具体条件和申请设立程序。在各类法律、法规的共同约束下，我国形成了比较完善的数字出版主体准入制度。

（一）宪法

宪法是国家的根本大法，具有最高的法律地位和法律效力，一切法律、行政法规、地方性法规、自治条例和单行条例、规章都不得同宪法相抵触。我国于1982年制定的《中华人民共和国宪法》，在1988年、1993年、1999年、2004年、2018年由全国人民代表大会作了修改与补充。现行《宪法》在其第11、16、17、18条分别明确了个体经济、私营经济、国有企业、集体经济组织以及外商投资企业的合法地位。其关于市场主体的规定有：

（1）国有企业在法律规定的范围内有权自主经营。

（2）集体经济组织在遵守有关法律的前提下，有独立进行经济活动的自主权。

（3）在法律规定范围内的个体经济、私营经济等非公有制经济，是社会主义市场经济的重要组成部分。国家保护个体经济、私营经济等非公有制经济的合法的权利和利益。国家鼓励、支持和引导非公有制经济的发展，并对非公有制经济依法实行监督和管理。

（4）中华人民共和国允许外国的企业和其他经济组织或者个人依照中华人民共和国法律的规定在中国投资，同中国的企业或者其他经济组织进行各种形式的经济合作。在中国境内的外国企业和其他外国经济组织以及中外合资经营的企业，都必须遵守中华人民共和国的法律。它们的合法的权利和利益受中华人民共和国法律的保护。

宪法是数字出版主体获得合法地位的法律依据，数字出版主体准入所涉的法律、行政法规和部门规章都在宪法的总指导下制定。

（二）《中华人民共和国民法典》

《中华人民共和国民法典》（以下简称《民法典》）是我国民

事法律行为关系的重要法律。《民法典》第 2 条明确规定："民法调整平等主体的自然人、法人和非法人组织之间的人身关系和财产关系。"《民法典》对市场主体的规定有：

（1）明确市场主体的范围和法律地位。《民法典》将数量众多、品类繁杂的商品经营者概括为个体工商户、法人和非法人组织，法人包括营利法人、非营利法人和特别法人等，同时对各种民事主体获得合法地位所应具备的基本条件作出了明确规定。它以法律条文的形式对民事主体实行平等的保护，赋予其民事主体资格，从而为各类市场主体进入市场创造了前提条件。

（2）规定市场主体依法进入市场。《民法典》第 54 条规定："自然人从事工商业经营，经依法登记，为个体工商户。个体工商户可以起字号。"第 58 条规定："法人应当依法成立。法人应当有自己的名称、组织机构、住所、财产或者经费。法人成立的具体条件和程序，依照法律、行政法规的规定。设立法人，法律、行政法规规定须经有关机关批准的，依照其规定。"第 76 条规定："以取得利润并分配给股东等出资人为目的成立的法人，为营利法人。营利法人包括有限责任公司、股份有限公司和其他企业法人等。"第 77 条规定："营利法人经依法登记成立。"第 87 条规定："为公益目的或者其他非营利目的成立，不向出资人、设立人或者会员分配所取得利润的法人，为非营利法人。非营利法人包括事业单位、社会团体、基金会、社会服务机构等。"第 96 条规定："本节规定的机关法人、农村集体经济组织法人、城镇农村的合作经济组织法人、基层群众性自治组织法人，为特别法人。"第 97 条规定："有独立经费的机关和承担行政职能的法定机构从成立之日起，具有机关法人资格，可以从事为履行职能所需要的民事活动。"第 102 条规定："非法人组织是不具有法人资格，但是能够依法以自己的名义从事民事活动的组织。非法人组织包括个人独资企业、合伙企业、不具有法人资格的专业服务机构等。"第 103 条规定："非法人组织应当依照法律的规定登记。设立非法人组织，法律、行政法规规定须经有关机关批准的，依照其规定。"

数字出版主体是市场主体的一种，所以应遵循《民法典》对于市场主体的要求，建立数字出版主体准入制度，对进入市场的数字出版单位规定具体的条件和程序，并遵循国家有关机关的规定。

（三）各类市场主体法

数字出版主体，无论是内容出版商，还是平台、技术服务提供商，大多是企业单位法人，都应遵守市场主体法的规定。根据各类市场主体法的规定，这些组织进入市场应具备法定的条件、符合法定的程序。

我国企业法对市场进入者明确规定，设立企业，必须依照法律和国务院规定，报请政府或者政府主管部门审核批准。经工商行政管理部门核准登记，发给营业执照，企业取得法人资格。企业应当在核准登记的经营范围内从事生产经营活动。数字出版单位作为一个市场进入者，应当遵循相关企业法的要求，因为数字出版单位只有具备了法定的条件，才能取得法人资格，才能以法人的名义独立地享有权利并承担义务。

对市场进入者，《中华人民共和国公司法》规定，设立公司，应当依法向公司登记机关申请设立登记。符合规定的设立条件的，由公司登记机关分别登记为有限责任公司或者股份有限公司，并由公司登记机关发给公司营业执照；对不符合《公司法》规定条件的，不予登记。公司营业执照签发日期，为公司成立日期。

此外，我国还颁布了一系列与数字出版活动相关的法规，例如《网络出版服务管理规定》《互联网信息服务管理办法》《互联网文化管理暂行规定》《互联网新闻信息服务管理规定》等。这些法规明确规定进入该出版活动领域的企业的法律地位、设立条件和申请程序以及应承担的法律责任等。这些市场主体法在宪法和《民法典》的指导下构建了一个完整的数字出版主体准入制度。

（四）市场主体登记管理法和其他有关法律法规

我国《企业法人登记管理条例》规定，具备企业法人条件的全民所有制企业、集体所有制企业、联营企业、在中国境内设立的外商投资企业（包括中外合资经营企业、中外合作经营企业、外资企业）和其他企业，应当根据国家法律、法规和本条例有关规定，申请企业法人登记。除《企业法人登记管理条例》外，还有《企业名称登记管理条例》等；其他有关法律有企业破产法、民事诉讼法等。

数字出版主体作为上述企业的一种，应当在具备了数字出版准入制度规定的法人条件后，遵循市场主体登记管理法，向主管机关申请企业法人登记，经过合乎法律、法规的程序后，才能进入数字出版市场，从事数字出版相关活动。

二、数字出版主体准入制度的适用范围

从我国现行有效的法律法规可知，数字出版准入制度集中体现在《网络出版服务管理规定》《互联网信息服务管理办法》《互联网文化管理暂行规定》《互联网新闻信息服务管理规定》等规定中。根据本书对数字出版的定义和对数字出版产品的划分，网络视听类不属于核心数字出版业，因而有关于此的法规，如《互联网视听节目服务管理规定》《专网及定向传播视听节目服务管理规定》等并不在本书的讨论范围内。数字出版准入制度适用于提供电子出版物、网络出版服务、互联网信息服务、互联网新闻信息服务以及从事互联网文化活动等的数字出版主体。

电子书，作为一种知识信息传播的重要载体和新型出版物形态，是指将文字、图片、声音、影像等信息内容数字化的出版物。依据《出版管理条例》《电子出版物出版管理规定》《网络出版服务管理规定》《出版物市场管理规定》等法规，我国对从事电子书相关业务的企业实施分类审批和管理。对从事电子书内容原创、编辑出版和电子书内容资源投送平台运营业务的企业，作为电子出版物出版单位和网络出版服务单位进行审批和管理；对从事出版物内容的数字转换、编辑加工、芯片植入的企业，作为电子出版物复制单位进行审批和管理；对从事电子书的批发、零售业务的销售企业，作为电子出版物发行单位进行审批和管理；对从事电子书进口

经营业务的企业，作为电子出版物进口单位进行审批和管理。

网络出版服务，是指通过信息网络向公众提供网络出版物。网络出版物是指通过信息网络向公众提供的，具有编辑、制作、加工等出版特征的数字化作品，范围主要包括：（1）文学、艺术、科学等领域内具有知识性、思想性的文字、图片、地图、游戏、动漫、音视频读物等原创数字化作品；（2）与已出版的图书、报纸、期刊、音像制品、电子出版物等内容相一致的数字化作品；（3）将上述作品通过选择、编排、汇集等方式形成的网络文献数据库等数字化作品；（4）原国家新闻出版广电总局认定的其他类型的数字化作品。网络出版物与电子书都是包含文字、图片、声音等多种媒体的数字化作品，但网络出版物依托于网络，没有具体的载体，而电子书本身就可作为承载数字化作品的载体。

互联网信息服务，是指通过互联网向上网用户提供信息服务的活动。互联网信息服务分为经营性和非经营性两类。经营性互联网信息服务，是指通过互联网向上网用户有偿提供信息或者网页制作等服务的活动；非经营性互联网信息服务，是指通过互联网向上网用户无偿提供具有公开性、共享性信息的服务活动。数字出版单位以网站、网页的形式向社会宣传自己的产品与服务，这些活动都会涉及互联网信息服务，所以网站应根据法律规定取得经营许可证后才可顺利维护网站的运营。

互联网新闻信息服务，包括互联网新闻信息采编发布服务、转载服务、传播平台服务。新闻信息，包括有关政治、经济、军事、外交等社会公共事务的报道、评论，以及有关社会突发事件的报道、评论。从事该服务的数字出版单位是互联网中新闻信息类型出版物的主要提供者，要经过严格的审核后才能进行相关活动。

互联网文化活动，是指提供互联网文化产品及其服务的活动，主要包括：（1）互联网文化产品的制作、复制、进口、发行、播放等活动；（2）将文化产品登载在互联网上，或者通过互联网、移动通信网等信息网络发送到计算机、固定电话机、移动电话机、电视机、游戏机等用户端以及网吧等互联网上网服务营业场所，供用户浏览、欣赏、使用或者下载的在线传播行为；（3）互联网文化产品的展览、比赛等活动。从事互联网文化活动的单位分为经营性的单位和非经营性的单位。经营性互联网文化活动是指以营利为目的，通过向上网用户收费或者以电子商务、广告、赞助等方式获取利益，提供互联网文化产品及其服务的活动。非经营性互联网文化活动是指不以营利为目的向上网用户提供互联网文化产品及其服务的活动。从事此项活动的单位是互联网文化产品、服务的主要提供者、传播者，它们的文化活动有利于弘扬民族优秀文化，丰富人民的精神生活。

三、主体准入的条件

数字出版主体，无论是传统出版单位从事数字出版服务，还是新的单位从事数字出版服务，作为企业法人，都应按照《民法典》的基本原则设立。因此，根据法律、法规、部门规章的规定，这些组织进入市场应具备法定的条件，符合法定的程序。

（一）数字出版单位设立的基础条件

我国《出版管理条例》中明确了出版单位的设立条件，数字出版单位也应满足条例规定的设立条件。具体如下：（1）有出版单位的名称、章程；（2）有符合国务院出版行政主管部门认定的主办单位及其主管部门；（3）有确定的业务范围；（4）有注册资本和固定的工作场所；（5）有适合业务范围需要的组织机构和符合国家规定的资格条件的编辑出版专业人员；（6）法律、行政法规规定的其他条件。此外，《出版管理条例》中对出版单位的设立提出了一项特殊条款，即国家对出版单位的宏观调控。要求出版管理部门审批设立出版单位，除应审查是否符合上述6项条件外，还应审查是否符合国家关于出版单位总量、结构、布局的规划。数字出版单位的设立也应满足这一特殊条款。

具体而言，我国设立数字出版单位应具备以下条件：

（1）有数字出版单位的名称、章程。名称对于数字出版单位具有代表意义，是一家数字出版单位与另一家数字出版单位以及其他任何主体的标志性区别，所以法律才要求设立数字出版单位必须有自己的名称。我国《民法典》第 58 条规定，法人应当有自己的名称、组织机构、住所、财产或者经费。《企业法人登记管理条例》第 7 条也作了类似的规定，申请企业法人登记的单位应当具备名称。名称作为数字出版单位的标志，是数字出版单位诚信经营和良好业绩得以传播的基础，是商业价值、企业信誉累积的前提。久而久之，名称就会形成品牌，具有一定的经济价值。所以从法律上讲，数字出版单位的名称作为文学、艺术领域内具有独创性并能以有形形式复制的作品，享受著作权的保护，所以它既是一种人身权，也是一种财产权。作为人身权的名称，一经登记注册，数字出版单位便对其享有专有权，他人不得使用相同或者容易与其名称相混淆的名称进行商业活动。因此，法律禁止数字出版单位盗用他人的名称进行数字出版活动，为防止数字出版单位名称相同或相似设立了相关的法律条文。作为财产权的名称，是一种可以转让的无形财产。法律禁止擅自转让、出租企业名称。

章程是规定数字出版单位组织和行为准则的书面文件，经登记主管机关批准后具有法律效力。章程是数字出版单位设立的最主要和最重要的文件。数字出版单位章程，是根据数字出版单位的业务性质和工作需要而制定的内部的规章制度，主要包括经济性质、业务范围、经营管理方式、组织原则等，它集中反映和规定了数字出版单位的基本情况和主要事项，是从事数字出版活动的准则和纲领，对数字出版单位业务工作起着主导作用。数字出版单位的章程应当包括以下内容：数字出版单位的名称和住所、经营范围、注册资本、主办单位、组织机构及其产生办法、职权、议事规则、数字出版单位的法定代表人等。

（2）有符合国务院出版管理部门认定的主办单位及其主管机关。主办单位，是指创设、开办数字出版单位的单位，即通常向出版管理部门提出数字出版单位设立申请的单位。主管机关，是指主办单位的上级机关。

（3）有确定的业务范围。数字出版单位的业务范围，是其数字出版经营活动的界限。数字出版单位的业务范围，由数字出版单位的申请者确定，并依法由出版管理部门或文化行政部门等有关部门核定。业务范围一经核定，即在数字出版单位的经营许可证和营业执照上载明。数字出版单位有权并应当在此特殊范围内从事网络出版服务、电子出版物出版服务、互联网信息服务、互联网新闻信息服务，互联网文化活动等数字出版活动。数字出版单位在其特定的业务范围内从事的数字出版活动，法律保护其权利；其超出特定业务范围的数字出版活动，不受法律保护，有关的出版管理部门和市场监督管理部门应当依法予以查处。

（4）有注册资本和固定的工作场所。数字出版单位要开展正常的营业活动，享有数字出版权利，履行应承担的义务，就必须有其可以独立支配的财产，包括资金、必备的技术和设备、固定的工作场所等。资金是保证数字出版活动正常进行的经济基础。不同的数字出版服务所需要的注册资金不同，根据数字出版活动范围而制定。注册资本包括固定资产和流动资金。技术和设备是数字出版主体从事数字出版活动的必要条件。除拥有相应的设备和资金之外，固定的工作场所也是必不可少的物质条件。场所是进行数字出版物编辑、制作、上载发行的地方。

（5）有适应业务范围需要的组织机构和符合国家规定的资格条件的编辑出版专业人员。数字出版物的出版是专业性很强的行业，根据数字出版活动的特征，从事数字出版活动应当具备适应业务范围需要的组织机构，有获得国家新闻出版主管部门认可的出版及相关专业技术职业资格的专职编辑出版人员。因此，组织机构和专业人员是数字出版单位的基本要素，也是决定数字出版活动的最主要因素。

数字出版单位的组织机构是对数字出版物内容制作、平台与技术服务等活动实行计划、组织、指挥、协调和控制的内部管理组织，是依法设立数字出版单位的决策、管理和执行、监督体系。

专业人员包括编辑、技术、发行和管理人员四类。编辑、技术和发行人员是指具有相应的专业知识和技能的编辑，数字出版产品设计与制作、发行人员等；管理人员是指行政、后勤人员和财务人员等。

（6）法律、行政法规规定的其他条件。此项规定是一个兜底条款，旨在为以后的立法规定新的设立审批条件留下一定的空间。

（二）数字出版单位设立的其他条件

从事数字出版活动，除上述基本的六项规定以外，还应根据活动范围满足不同的条件，只有这样才能进入某项数字出版活动的市场。

从事网络出版服务的单位，根据《网络出版服务管理规定》，还应满足：（1）有确定的从事网络出版业务的网站域名、智能终端应用程序等出版平台；（2）有从事网络出版服务所需的必要的技术设备，相关服务器和存储设备必须存放在中华人民共和国境内。

从事互联网信息服务的单位，根据《互联网信息服务管理办法》，其中从事经营性互联网信息服务的，还应满足：（1）有业务发展计划及相关技术方案；（2）有健全的网络与信息安全保障措施，包括网站安全保障措施、信息安全保密管理制度、用户信息安全管理制度；（3）服务项目属于从事新闻、出版、教育、医疗保健、药品和医疗器械等互联网信息服务的，须已取得有关主管部门审核同意的文件。

从事互联网新闻信息服务的单位，根据《互联网新闻信息服务管理规定》，应满足：（1）主要负责人、总编辑是中国公民；（2）有健全的互联网新闻信息服务管理制度；（3）有健全的信息安全管理制度和安全可控的技术保障措施。

从事电子出版物出版服务、经营性互联网文化活动的单位，根据《电子出版物出版管理规定》《互联网文化管理暂行规定》，只需满足数字出版单位设立的6项基础条件即可，不再另加条件。

四、主体准入的程序

数字出版单位的设立程序是数字出版单位设立的形式要件。按照《民法典》《出版管理条例》《网络出版服务管理规定》等的规定，具备法人资格实质要件的数字出版单位，在取得主管部门审核批准，并通过登记程序后，才能取得法人资格。

（一）提出申请

申请设立数字出版单位，应按规定向主管部门提交申请书、章程及有关证明材料。不同类型的数字出版单位所需要提交的相关材料各有不同，具体如下：

设立从事网络出版服务的单位，根据《网络出版服务管理规定》，应当向所在地省、自治区、直辖市出版行政主管部门提出申请。传统的出版企业应提交的材料包括：（1）《网络出版服务许可证申请表》；（2）工作场所使用证明；（3）网站域名注册证明、相关服务器存放在中华人民共和国境内的承诺。其他单位从事数字出版服务，还应提交以下材料：（1）单位章程及资本来源性质证明；（2）网络出版服务可行性分析报告，包括资金使用、产品规划、技术条件、设备配备、机构设置、人员配备、市场分析、风险评估、版权保护措施等；（3）法定代表人和主要负责人的简历、住址、身份证明文件；（4）编辑出版等相关专业技术人员的国家认可的职业资格证明和主要从业经历及培训证明等。

设立电子出版物出版单位，根据《电子出版物出版管理规定》，经其主管单位同意后，由主办单位向所在地省、自治区、直辖市新闻出版行政部门提出申请；经省、自治区、直辖市新闻出版行政部门审核同意后，报新闻出版总署审批。应当提交下列材料：（1）按要求填写的申请表，应当载明出版单位的名称、地址、资本结构、资金来源及数额，出版单位的主管、主办单位的名称和地址等内容；（2）主办单位、主管单位的有关资质证明材料；（3）出版单位章程；（4）法定代表人或者主要负责人及本规定第六条要求的有关人员的资格证明和身份证明；（5）可行性论证报告；（6）注册资本数额、来源及性质证明；（7）工作场所使用证明。

设立从事互联网信息服务的单位，根据《互联网信息服务管理办法》，从事经营性互联网信息服务，应当向省、自治区、直辖市电信管理机构或者国务院信息产业主管部门申请办理互联网信息服务增值电信业务经营许可证。从事非经营性互联网信息服务，应当向省、自治区、直辖市电信管理机构或者国务院信息产业主管部门办理备案手续。办理备案时，应当提交下列材料：（1）主办单位和网站负责人的基本情况；（2）网站网址和服务项目；（3）服务项目属于从事新闻、出版、教育、医疗保健、药品和医疗器械等互联网信息服务的，已取得有关主管部门的审核同意文件。

设立从事互联网新闻信息服务的单位，根据《互联网新闻信息服务管理规定》，申请主体为中央新闻单位（含其控股的单位）或中央新闻宣传部门主管的单位的，由国家互联网信息办公室受理和决定；申请主体为地方新闻单位（含其控股的单位）或地方新闻宣传部门主管的单位的，由省、自治区、直辖市互联网信息办公室受理和决定；申请主体为其他单位的，经所在地省、自治区、直辖市互联网信息办公室受理和初审后，由国家互联网信息办公室决定。提交的材料有：（1）主要负责人、总编辑为中国公民的证明；（2）专职新闻编辑人员、内容审核人员和技术保障人员的资质情况；（3）互联网新闻信息服务管理制度；（4）信息安全管理制度和技术保障措施；（5）互联网新闻信息服务安全评估报告；（6）法人资格、场所、资金和股权结构等证明；（7）法律法规规定的其他材料。

设立从事经营性互联网文化活动的单位，根据《互联网文化管理暂行规定》，应当向所在地省、自治区、直辖市人民政府文化行政部门提出申请，由省、自治区、直辖市人民政府文化行政部门审核批准。提交的材料有：（1）申请表；（2）营业执照和章程；（3）法定代表人或者主要负责人的身份证明文件；（4）业务范围说明；（5）专业人员、工作场所以及相应经营管理技术措施的说明材料；（6）域名登记证明；（7）依法需要提交的其他文件。设立非经营性互联网文化单位，应当自设立之日起60日内向所在地省、自治区、直辖市人民政府文化行政部门备案，并提交下列文件：（1）备案表；（2）章程；（3）法定代表人或者主要负责人的身份证明文件；（4）域名登记证明；（5）依法需要提交的其他文件。

（二）审批和许可

设立从事网络出版服务的单位，根据《网络出版服务管理规定》，经出版行政主管部门审核同意后，报国家新闻出版广电总局审批。国家新闻出版广电总局应当自受理申请之日起 60 日内，作出批准或者不予批准的决定。审核批准的，颁发网络出版服务许可证；不予批准的，应当说明理由。

设立电子出版物出版单位，根据《电子出版物出版管理规定》，新闻出版总署自受理设立电子出版物出版单位的申请之日起 90 日内，作出批准或者不批准的决定，直接或者由省、自治区、直辖市新闻出版行政部门书面通知主办单位。审核批准的，颁发电子出版物出版许可证；不批准的，应当说明理由。

设立从事互联网信息服务的单位，根据《互联网信息服务管理办法》，对于从事经营性互联网信息服务的单位的申请，省、自治区、直辖市电信管理机构或者国务院信息产业主管部门应当自收到申请之日起 60 日内审查完毕，作出批准或者不予批准的决定。予以批准的，颁发互联网信息服务增值电信业务经营许可证；不予批准的，应当书面通知申请人并说明理由。从事非经营性互联网信息服务，省、自治区、直辖市电信管理机构对备案材料齐全的，应当予以备案并编号。

设立从事互联网新闻信息服务的单位，根据《互联网新闻信息服务管理规定》，国家或省、自治区、直辖市互联网信息办公室决定批准的，核发互联网新闻信息服务许可证。

设立从事经营性互联网文化活动的单位，根据《互联网文化管理暂行规定》，省、自治区、直辖市人民政府文化行政部门应当自受理申请之日起 20 日内作出批准或者不批准的决定。批准的，核发《网络文化经营许可证》，并向社会公告；不批准的，应当书面通知申请人并说明理由。设立从事非经营性互联网信息服务的单位，所在地省、自治区、直辖市人民政府文化行政部门对备案材料齐全的，应当予以备案并编号。

（三）登记并领取营业执照

设立从事网络出版服务的单位，根据《网络出版服务管理规定》，其网络出版服务经批准后，申请者应持批准文件、网络出版服务许可证到所在地省、自治区、直辖市电信主管部门办理相关手续。

设立电子出版物出版单位，根据《电子出版物出版管理规定》，主办单位应当自收到批准决定之日起 60 日内，向所在地省、自治区、直辖市新闻出版行政部门登记，领取新闻出版总署颁发的电子出版物出版许可证。电子出版物出版单位持电子出版物出版许可证向所在地工商行政管理部门登记，依法领取营业执照。

设立从事互联网信息服务的单位，根据《互联网信息服务管理办法》，申请人取得互联网信息服务增值电信业务经营许可证后，应当持经营许可证向企业登记机关办理登记手续。

设立从事互联网新闻信息服务的单位，根据《互联网新闻信息服务管理规定》，申请人领取互联网新闻信息服务许可证后就可从事相关服务。

设立从事经营性互联网文化活动的单位，根据《互联网文化管理暂行规定》，申请从事经营性互联网文化活动经批准后，应当持网络文化经营许可证，按照《互联网信息服务管理办法》的有关规定，到所在地电信管理机构或者国务院信息产业主管部门办理相关手续。

第二节　数字出版主体退出市场的法律规定

数字出版主体，是数字出版业务活动的参与者。数字出版主体同任何市场主体一样，会受到市场经济规律的制约。自由进入和退出，是市场经济的必然要求，也是市场经济发展的规律。在市场经济中，只有适应市场的主体才能生存，而低效、浪费资源的市场主体也必须通过一定的方式被淘汰退出市场，从而推动经济运行效率和质量的提升。所以顺畅的市场退出通道是新旧循环的保证，是市场发挥决定性作用的重要环节和重要实现机制。

一、数字出版主体退出市场的法律依据

我国的《民法典》《公司法》《企业破产法》等法律以及各类登记管理条例等法规都对企业法人退出市场作出了相应规定，它们或是对企业退出市场的事由进行了列举，或是对企业法人的退出行为进行了条件限制，都体现出对市场主体退出市场的重视及对其进行规范的决心。数字出版主体作为出版业市场主体，也必须遵守这些法律法规。通常情况下，市场主体退出市场的事由一般有破产、解散、被撤销以及其他事由。这里主要介绍企业破产的有关规定。

（一）《企业破产法》

出版业从 1983 年开始转企改制，主要目的就是重塑市场主体，建立现代企业制度，实现出版主体自主经营、自负盈亏。我国《企业破产法》中关于企业破产问题的规定也适用于作为企业法人的数字出版主体。数字出版企业破产退出机制是指数字出版企业利用破产退出这种重整社会资产的形式，将经营失败企业的资源解放出来，促使它们更有效地利用，进一步使出版业从整体上建立起优胜劣汰、自由竞争的退出机制。其宗旨是要通过优胜劣汰的企业竞争机制和破产压力促使数字出版企业实现经营理念和创新机制的转变，并完成走向市场的自我革新过程。

1.《企业破产法》概述

《企业破产法》是对什么情况下宣告企业破产，又怎样宣告企业破产作出规定的法律。它是商品经济社会法律体系中不可缺少的部分，从我国初步确定要建立商品经济体制开始，我国就对破产法进行了起草制定工作。

我国企业破产法颁布的历程主要可以分为四个阶段：第一个阶段是初步建立商品经济体制到 1986 年，标志是 1986 年，全国人大常委会通过《中华人民共和国企业破产法（试行）》［以下简称《企业破产法（试行）》］，确立了国有企业法人破产制度，标志着新中国有了自己的破产法，但该法是计划经济的产物，服务于当

时的商品经济政策。第二阶段是 1986—1994 年，标志是 1991 年颁布的《中华人民共和国民事诉讼法》第十九章"企业法人破产还债程序"，使非国有的企业法人的破产有法可依。第三阶段是 1994—2002 年，标志是从 1994 年开始，国务院发布一系列关于国有企业破产的文件，对国有企业进行计划性破产，即政策性破产。第四阶段是 2002—2006 年，2002 年最高人民法院发布《关于审理企业破产案件若干问题的规定》，2006 年第十届全国人大常委会第二十三次会议通过《中华人民共和国企业破产法》（以下简称《企业破产法》）。

破产法是中国市场经济的"宪法"，它对市场经济主体的市场退出与重整等问题作出了一系列的规定。新的《企业破产法》，填补了市场经济规则体系中关于退出法与再生法的一大缺口，是一个历史性的进步。它既警醒企业经营者切实完善企业的经营管理，以免处于破产的境地；又使一些经营管理不善、资不抵债的企业及时破产，以保护债权人、债务人的利益。数字出版企业应当知晓《企业破产法》，在面临经营不济的情况时，应按照《企业破产法》的相关规定实行破产，退出出版市场。

2.《企业破产法》内容

1986 年的《企业破产法（试行）》分为六章，共 43 条，其适用对象为全民所有制企业。而 2006 年新的《企业破产法》共十二章，136 条，其将破产主体从全民所有制企业扩展至承担有限责任的各种所有制企业法人，将单一的破产清算程序增加为破产清算、和解、重整三个程序并行，构建了破产重整和破产管理人制度，进而为我国破产立法借鉴和引进发达国家的先进经验并且在未来发展中与国际立法接轨创造了条件。与 1986 年的《企业破产法（试行）》相比，2006 年的《企业破产法》适用范围扩大、程序趋于完整、制度更加健全，既与国际管理接轨，又兼顾中国国情。

政策性破产也称计划破产，是纳入国家计划调整的国有企业破产，指国有企业破产时，将全部资产首先用于安置破产企业的失业和下岗员工，而不是用来偿还企业所欠债务。自 1994 年到 2006 年，国务院发布了一系列政策性破产的文件，以指导政策性破产的顺利进行。在特定的历史时期，政策性破产对于国民经济结构的调整和国有企业的发展起到了一定的促进和保护作用，但是它在保障国有企业利益的同时却忽略了担保债权人的利益。2006 年，《关于进一步做好国有企业政策性关闭破产工作的意见》指出，2008 年以后不再实施政策性关闭破产，所有企业将依照新修订的《企业破产法》实施商业性破产。2008 年，所有的政策性破产全面结束，这意味着政府主导的这一特殊时期的产物退出历史舞台。

市场经济以自由竞争为重要特征，竞争的结果是优胜劣汰。《企业破产法》的颁布，规范了企业的破产程序，为所有的企业法人破产提供了统一的规则，并且为法制体系提供了总括性的清理债权债务关系的法律程序，为市场经济条件下中国企业提供了一个正常新陈代谢的机制，并在一定程度上保证了社会公共利益的实现，维护了社会主义经济秩序。

（1）破产界限/原因。

破产界限/原因，是指认定债务人丧失清偿能力，当事人得以提出破产申请，法院据以启动破产程序，作出破产宣告的法律事实。破产原因也是和解程序与重整程序开始的原因。在破产界限/原因的界定上，世界各国主要采用两种标准：一是资产负债表标准，即将企业资产不足以清偿全部债务作为企业破产原因；另一种是现金流标准，即将企业不能清偿到期债务作为企业破产原因。

我国《企业破产法》第 2 条规定："企业法人不能清偿到期债务，并且资产不足以清偿全部债务或者明显缺乏清偿能力可能的，依照本法规定清理债务。"这一规定实际上涵盖了两类破产原因，其一是"不能清偿到期债务并且资产不足以清偿全部债务"，另一类是"不能清偿到期债务并且明显缺乏清偿能力"。当企业法人具备这两种原因的任何一种时，就可以按照《企业破产法》的规定对其实施破产清算、破产和解或者破产重整。

（2）管理人制度。

《企业破产法》引入了国际上通行的管理人制度，这方面的规定主要体现在《企业破产法》第三章的规定中，从第 22 条到第 29 条，共 8 个条文。破产管理人是指破产案件受理后依法成立的，在法院的指导和监督之下全面接管债务人企业并负责债务人财产的保管、清理、估价、处理和分配等事务的专门机构或个人。

①管理人的资格。

管理人的资格，即担任管理人需要满足的条件。根据《企业破产法》第24条规定，管理人可以由有关部门、机构的人员组成的清算组或者依法设立的律师事务所、会计师事务所、破产清算事务所等社会中介机构担任。人民法院根据债务人的实际情况，可以在征询有关社会中介机构的意见后，指定该机构具备相关专业知识并取得执业资格的人员担任管理人。同时，《企业破产法》还规定了有以下情形之一的，不得担任管理人：因故意犯罪受过刑事处罚；曾被吊销相关专业执业证书；与本案有利害关系；人民法院认为不宜担任管理人的其他情形。

②管理人的任命。

管理人的任命，即由谁来决定管理人。按照《企业破产法》的规定，管理人由受理破产案件的法院指定，其报酬由人民法院确定。人民法院裁定受理破产申请，就要从有利于破产案件的公平、公正、高效处理的角度出发，审慎、及时地指定管理人。管理人被指定后，没有正当理由不得辞去职务，并且辞去职务应当经人民法院许可。同时《企业破产法》还规定，债权人会议认为管理人不能依法、公正执行职务或者有其他不能胜任职务情形的，可以申请人民法院予以更换。但是，是否更换管理人，仍要由人民法院决定。

③管理人的职责。

管理人的职责，即管理人应负责的事务。按照《企业破产法》的规定，管理人的职责主要有：接管债务人的财产、印章和账簿、文书等资料；调查债务人财务状况；制作财产状况报告；决定债务人的内部管理事务；决定债务人的日常开支和其他必要开支；在第一次债权人会议召开之前，决定继续或者停止债务人的营业；管理和处分债务人的财产；代表债务人参加诉讼、仲裁或者其他法律程序；提议召开债权人会议；人民法院认为管理人应当履行的其他职责。

④对管理人的监督。

对管理人的监督主要体现在：管理人应依照《企业破产法》的规定执行职务，向人民法院报告工作，并接受债权人会议和债权委员会的监督。管理人还应当列席债权人会议，向债权人会议报告职务执行情况，并回答询问。

（3）破产重整制度。

新《企业破产法》废除了原《企业破产法（试行）》的和解整顿制度，引入了破产重整制度。破产重整制度，是指在债务人不能清偿债务的情况下，由申请人向人民法院提出申请而启动的，保护债务人继续营业，使其实现债务调整和企业整理，从而摆脱困境、走向重生的再建型债务清理制度。破产重整制度的发展与完善，有利于挽救有希望的企业，确保相关主体的利益最大限度实现。

①破产重整的申请条件。

按照《企业破产法》的规定，债务人与债权人提出重整申请的条件不完全相同。债务人要提出申请，必须是企业法人不能清偿到期债务，并且资产不足以清偿全部债务或者明显缺乏清偿能力，或者企业法人有明显丧失清偿能力的可能。而债权人提出重整申请，只要是债务人不能清偿到期债务，债权人就可以向人民法院提出对债务人进行重整，对其提出重整申请的条件规定比较宽松。

②破产重整的申请人。

可以申请对债务人进行破产重整的包括三类主体：债权人、债务人以及出资额占债务人注册资本十分之一以上的出资人。《企业破产法》规定，债务人或者债权人可以直接向人民法院申请对债务人进行重整。债权人申请对债务人进行破产清算的，在人民法院受理破产申请后、宣告债务人破产前，债务人或者出资额占债务人注册资本十分之一以上的出资人，可以向人民法院申请重整。

③重整期间。

重整期间是指自人民法院裁定债务人重整之日起至重整程序终止的这段时间。按照《企业破产法》的规定，重整期间要对各方当事人的行为进行一定的限制：在重整期间，经债务人申请，人民法院批准，债务人可以在管理人的监督下自行管理财产和营业事务；对债务人的特定财产享有的担保权暂停行使。但是，担保物有损坏或者价值明显减少的可能，危害到担保权人权利的，担保权人可以向人民法院请求恢复行使担保权；债务人合法占有的他人财产，该财产的权利人请求取回的，应当符合事先约定的条件；债务人的出资人不得请求投资收益分配；债务人的董事、监事、高级管理人员除经人民法院同意，不得向第三人转让其持有的债务人的股权。

④重整失败。

按照《企业破产法》的规定，债务人或者管理人未在法定期间提出重整计划草案、重整期间出现法定事由、重整计划草案未获通过、重整计划未获人民法院批准、债务人不执行或者不能执行重整计划的，为重整失败，人民法院应宣告债务人破产，对其实施破产清算。

（4）债务人财产。

债务人财产是指破产申请受理时属于债务人的全部财产，以及破产申请受理后至破产程序终结前债务人取得的财产。对于那些使债务人财产不法或不当减少的行为，破产法设立了破产撤销权制度和破产无效行为制度。

①破产撤销权。

破产撤销权是指管理人对于债务人在破产申请受理前的法定期间所为的有害于全体债权人利益的行为，有权诉诸法院予以撤销的制度。人民法院受理破产申请前一年内，涉及债务人财产的下列行为，管理人有权请求人民法院予以撤销：无偿转让财产；以明显不合理的价格进行交易；对没有财产担保的债务提供财产担保；对未到期的债务提前清偿；放弃债权。

②破产无效行为。

破产无效行为是指债务人实施的有害于债权人整体利益而在法律上被认定为不发生法律效力的行为。涉及债务人财产的无效行为有：为逃避债务而隐匿、转移财产；虚构债务或者承认不真实的债务。

③财产收回权。

另外，债务人有财产收回权。债务人的董事、监事和高级管理人员利用职权从企业获取的非正常收入和侵占的企业财产，管理人应当追回。人民法院受理破产申请后，债务人占有的不属于债务人的财产，该财产的权利人可以通过管理人取回。

（5）破产费用和共益债务。

①破产费用。

破产费用是人民法院受理破产申请后，为破产程序的顺利进行必须随时支付的费用，该费用是为了全体破产债权人的共同利益所优先拨付的费用，包括：破产案件的诉讼费用；管理、变价和分配债务人财产的费用；管理人执行职务的费用、报酬和聘用工作人员的费用。

②共益债务。

共益债务是在破产程序开始后，为全体债权人的共同利益管理债务人财产时所负担的债务以及因债务人财产所发生的债务的总称，包括：因管理人或者债务人请求对方当事人履行双方均未履行完毕的合同所产生的债务；债务人财产受无因管理所产生的债务；因债务人不当得利所产生的债务；为债务人继续营业而应支付的劳动报酬和社会保险费用以及由此产生的其他债务；管理人或者相关人员执行职务致人损害所产生的债务；债务人财产致人损害所产生的债务。

破产费用和共益债务应当随时、优先、按比例支付或清偿。债务人财产不足以清偿破产费用的，管理人应当提请人民法院终结破产程序。

（6）破产和解。

和解制度，是指债务人进入破产程序后，在法院的主持下，债务人和债权人就延长债务人清偿债务的期限、减免部分债务等事项达成协议，从而中止破产程序的制度。

①破产和解的申请主体。

与破产重整不同，破产和解的申请主体只能是债务人。债权人、债务人的出资人及其他任何利害关系人均不能成为破产和解的申请主体。主要是因为破产和解往往是基于债务人的利益需要，债务人对于和解可能有更大的积极性，而且相对于其他的利害关系人，债务人更了解和掌握企业自身的经营状况与财务状况，由其提出和解的申请更具有针对性和合理性。

②破产和解的申请条件。

从现行《企业破产法》的规定来看，要提出破产和解的申请，必须要出现企业法人不能清偿到期债务且无清偿能力的事实，否则通过和解来解决问题是没有意义的。

③破产和解的申请时间。

新《企业破产法》放宽了和解提出的时间要求，债务人可以直接向人民法院申请和解，也可以在人民法院受理破产申请后、宣告债务人破产前，向人民法院申请和解。和解提出时间上的放宽，为企业成功解困提供了更多的机会和更充足的时间。

（7）破产清算。

破产清算，是指人民法院对达到破产宣告界限的债务人依法宣告其破产后，由破产管理人对破产财产进行清理、变价并最终分配给债权人的一种破产程序。公司因资不抵债而进行清算的案件，若由债务人向法院提出申请，则为自愿性申请破产；若由债权人提出破产申请，则为非自愿性申请破产。

①破产财产变价。

破产清算过程中，需要将破产财产进行变价。破产财产的变价，是指管理人将非金钱的破产财产，依照法定的条件和方式出让给他人，使之转化为金钱状态，以便于进行清算分配的过程，其目的在于实现破产财产价值的最大化。破产财产变价的主体应当是管理人，但须经债权人会议决定。另外，除债权人会议另有决议外，变卖破产财产都应当通过拍卖的方式进行。

②破产财产分配。

破产财产的分配是管理人将变价后的破产财产，依照法定顺序和程序，对全体破产债权人进行分配的过程。按照《企业破产法》的规定，破产财产在优先清偿破产费用和共益债务后，依照下列顺序清偿：破产人所欠职工的工资和医疗、伤残补助、抚恤费用，所欠的应当划入职工个人账户的基本养老保险、基本医疗保险费用，以及法律、行政法规规定应当支付给职工的补偿金；破产人欠缴的除前项规定以外的社会保险费用和破产人所欠税款；普通破产债权。破产财产不足以清偿同一顺序的清偿要求的，按照比例分配。

（二）各类市场主体法

除了《企业破产法》，各类市场主体法也对数字出版主体退出市场的行为作出了相关规定，主要体现在《出版管理条例》《网络出版服务管理规定》《电子出版物出版管理规定》《互联网信息服务管理办法》《互联网新闻信息服务管理规定》《互联网文化管理暂行规定》等法规中。在法律的框架下建立和完善数字出版主体退出机制，将出版能力极弱或者已经没有生命力的数字出版主体清退出场，把有活力、有能力的主体不断吸纳进来，既是完善社会主义市场经济体系的理论要求，也是建立良好出版生态的客观需要，这将有利于数字出版业优化出版资源配置和营造良好的竞争环境。

各类与数字出版相关的市场主体法都对数字出版主体退出市场的事由进行了列举，或对其退出行为进行了条件限制。数字出版企业退出市场主要是由于自身的某种原因或者违反有关法律法规的规定而主动或被强制终止全部出版、传播经营活动，或者视情况恶劣程度被责令暂时停业整顿等。总的来说，主要体现在擅自从事数字出版相关业务、出版或传播禁止性内容、实施违法违规经营等方面。

1. 擅自从事数字出版相关业务

在我国，各类市场主体法都明确规定，在未经批准或未取得经营许可证的情况下，不得擅自从事网络出版、互联网信息服务、互联网文化生产等数字出版业务，否则将承担一定的行政、民事甚至刑事责任。

例如，在网络出版方面，《网络出版服务管理规定》明确规定，未经批准，擅自从事网络出版服务，或者擅自上网出版网络游戏（含境外著作权人授权的网络游戏），由出版行政主管部门、工商行政管理部门依照法定职权予以取缔，并由所在地省级电信主管部门给予责令关闭网站等处罚；已经触犯刑法的，依法追究刑事责任；尚不够刑事处罚的，删除全部相关网络出版物，没收违法所得和从事违法出版活动的主要设备、专用工具，并根据违法经营额处以一定的罚款；侵犯他人合法权益的，依法承担民事责任。

在电子出版方面，《电子出版物出版管理规定》明确规定，未经批准，擅自设立电子出版物出版单位，擅自从事电子出版物出版业务，伪造、假冒电子出版物出版单位或者连续型电子出版物名称、电子出版物专用中国标准书号出版电子出版物的，由出版行政主管部门、工商行政管理部门依照法定职权予以取缔。

再如，在互联网信息服务方面，《互联网信息服务管理办法》规定，互联网信息服务提供者未取得经营许可证，擅自从事经营性互联网信息服务，或者超出许可的项目提供服务的，由省、自治区、直辖市电信管理机构责令限期改正，没收违法所得，并根据违法经营额进行罚款；情节严重的，责令关闭网站。未履行备案手续，擅自从事非经营性互联网信息服务，或者超出备案的项目提供服务的，由省、自治区、直辖市电信管理机构责令限期改正；拒不改正的，责令关闭网站。

与此相关的《互联网新闻信息服务管理规定》也明确规定，互联网新闻信息服务提供者未经许可开展互联网新闻信息服务活动的，由国家和地方互联网信息办公室依据职责责令停止相关服务活动，并处一万元以上三万元以下罚款。以欺骗或者贿赂等不正当手段取得互联网新闻信息服务许可的，由国家和地方互联网信息办公室依据职责撤销许可。

另外，在文化产品生产经营方面，《互联网文化管理暂行规定》也明确规定，未经批准，擅自从事经营性互联网文化活动的，由县级以上人民政府文化行政部门或者文化市场综合执法机构依据《无照经营查处取缔办法》的规定予以查处。非经营性互联网文化单位逾期未办理备案手续的，由县级以上人民政府文化行政部门或者文化市场综合执法机构责令限期改正；拒不改正的，责令停止互联网文化活动，并处一千元以下罚款。

由此看出，违反相关规定，擅自从事数字出版业务的单位，轻则被没收违法所得，并进行一定的罚款；重则将被予以取缔、停止相关服务活动。所以，数字出版单位通过不正当途径进入市场，面临的只会是迅速被行政力量责令退出市场的局面。

2. 出版或传播禁止性内容

《出版管理条例》中明文规定了出版物禁止刊载的内容，出版禁止内容且情节严重的，将由原发证机关吊销许可证，这同样适用于互联网数字出版物内容的管理。其中，任何出版物不得含有下列内容：（1）反对宪法确定的基本原则的；（2）危害国家统一、主权和领土完整的；（3）泄露国家秘密、危害国家安全或者损害国家荣誉和利益的；（4）煽动民族仇恨、民族歧视，破坏民族团结，或者侵害民族风俗、习惯的；（5）宣扬邪教、迷信的；（6）扰乱社会秩序，破坏社会稳定的；（7）宣扬淫秽、赌博、暴力或者教唆犯罪的；（8）侮辱或者诽谤他人，侵害他人合法权益的；（9）危害社会公德或者民族优秀文化传统的；（10）有法律、行政法规和国家规定禁止的其他内容的。以未成年人为对象的出版物不得含有诱发未成年人模仿违反社会公德的行为和违法犯罪的行为的内容，不得含有恐怖、残酷等妨害未成年人身心健康的内容。

《网络出版服务管理规定》明确规定，出版、传播禁止内容的网络出版物，情节严重的，责令限期停业整顿或者由国家新闻出版广电总局吊销《网络出版服务许可证》，由电信主管部门依据出版行政主管部门的通知吊销其电信业务经营许可或者责令关闭网站；构成犯罪的，依法追究刑事责任。

《电子出版物出版管理规定》也规定，电子出版物出版单位制作、出版含有禁止内容的电子出版物，明知或者应知他人出版含有禁止内容的电子出版物而向其出售、出租或者以其他形式转让本出版单位的名称、电子出版物专用中国标准书号、国内统一连续出版物号、条码及电子出版物复制委托书，情节严重的，由原发证机关吊销许可证。

《互联网信息服务管理办法》规定，经营性互联网信息服务提供者制作、复制、发布、传播含有禁止内容的信息，由发证机关责令停业整顿直至吊销经营许可证，通知企业登记机关；对于非经营性互联网信息服务提供者，由备案机关责令暂时关闭网站直至关闭网站。

《互联网新闻信息服务管理规定》也规定，互联网新闻信息服务提供者、用户制作、复制、发布、传播含有禁止性内容的信息，或者发现含有禁止性内容的互联网新闻信息而没有采取消除等处置措施，保存有关记录的，情节严重的，暂停新闻信息更新。

同样，《互联网文化管理暂行规定》规定，经营性互联网文化单位提供含有禁止性内容的互联网文化产品，包括网络游戏、网络动漫、网络杂志等，或者提供未经文化部批准进口的互联网文化产品的，由县级以上人民政府文化行政部门或者文化市场综合执法机构责令停止提供，没收违法所得，并处一万元以上三万元以下罚款；情节严重的，责令停业整顿直至吊销《网络文化经营许可证》。

数字出版单位出版禁止性的内容，不仅传播了不良信息，误导了读者，而且扰乱了出版业市场秩序，会对社会造成负面影响，因此必定会受到限制和处罚，如删除内容、处以罚款、停业整顿、吊销经营许可证等。

3. 实施违法违规经营

数字出版单位必须守法经营，从获取许可证到日常经营活动都要符合法律规范，从出版文化信息产品到提供数字网络服务都要遵守合理的程序。各类市场主体法也对违法违规的经营行为和相应的惩罚措施一一进行了列举。

对于编辑、制作、加工并通过信息网络向公众提供数字化作品的网络出版单位，《网络出版服务管理规定》明确规定，网络出版服务单位以欺骗或者贿赂等不正当手段取得许可的，由国家新闻出版广电总局撤销其相应许可。另外，以下情节严重者，都将被责令限期停业整顿或者由国家新闻出版广电总局吊销网络出版服务许可证：网络出版服务单位变更网络出版服务许可证登记事项、资本结构，超出批准的服务范围从事网络出版服务，合并或者分立，设立分支机构，未依据本规定办理审批手续的；网络出版服务单位未按规定出版涉及重大选题出版物的；网络出版服务单位擅自中止网络出版服务超过 180 日的；网络出版物质量不符合有关规定和标准的。

对于从事电子出版物的制作、出版、进口活动的电子出版物出版单位，《电子出版物出版管理规定》明确规定，电子出版物单位有下列行为之一的，由出版行政主管部门责令改正，给予警告；情节严重的，责令限期停业整顿或者由原发证机关吊销许可证：出租、出借、出售或者以其他任何形式转让本单位的名称、电子出版物专用中国标准书号、国内统一连续出版物号的；变更名称、主办单位或者主管单位、业务范围、资本结构，合并或者分立，电子出版物出版单位变更地址、法定代表人或者主要负责人，未依照规定要求办理审批、变更登记手续的；经批准出版的连续型电子出版物，新增或者改变连续型电子出版物的名称、刊期与出版范围，未办理审批手续的；电子出版物出版单位未按规定履行年度出版计划和重大选题备案的；出版单位未按照有关规定送交电子出版物样品的。

还有，对于从事新闻、出版、教育等互联网信息服务的单位，《互联网信息服务管理办法》规定，违反以下规定的，将由省、自治区、直辖市电信管理机构责令改正；情节严重的，责令停业整顿或者暂时关闭网站：从事新闻、出版以及电子公告等服务项目的互联网信息服务提供者，应当记录提供的信息内容及其发布时间、互联网地址或者域名；互联网接入服务提供者应当记录上网用户的上网时间、用户账号、互联网地址或者域名、主叫电话号码等信息。互联网信息服务提供者和互联网接入服务提供者的记录备份应当保存 60 日，并在国家有关机关依法查询时予以提供。

类似的《互联网新闻信息服务管理规定》也明确规定，互联网新闻信息服务提供者以欺骗或者贿赂等不正当手段取得互联网新闻信息服务许可的，由国家和地方互联网信息办公室依据职责撤销许可。互联网新闻信息服务提供者运行过程中不再符合许可条件的，由国家或者省、自治区、直辖市互联网信息办公室依据职责责令限期改正；逾期仍不符合许可条件的，由国家互联网信息办公室和地方互联网信息办公室依据职责撤销许可。

另外，对于生产网络音乐、网络游戏、网络动漫等产品的互联网文化单位，《互联网文化管理暂行规定》明确规定，经营性互联网文化单位变更单位名称、域名、法定代表人或者主要负责人、注册地址、经营地址、股权结构以及许可经营范围未按规定备案的，擅自变更进口互联网文化产品的名称或者增删内容的，情节严重的，由县级以上人民政府文化行政部门或者文化市场综合执法机构责令停业整顿直至吊销网络文化经营许可证。互联网文化单位还应当记录备份所提供的文化产品内容及其时间、互联网地址或者域名；记录备份应当保存 60 日，并在国家有关部门依法查询时予以提供，否则由省、自治区、直辖市电信管理机构责令改正；情节严重的，由省、自治区、直辖市电信管理机构责令停业整顿或者暂时关闭网站。

对于擅自从事数字出版相关业务、出版或传播禁止性内容和实施违法违规经营的数字出版单位，各市场主体法都以相似的规定在不同程度上将其强制淘汰出市场，限制或消灭其经营资格。

二、数字出版主体退出市场的方式

市场主体退出机制，是指市场经营者因为出现阻碍继续经营的特定事项而主动终止经营或者依法被强制终止经营，经清算后由行政主管机关核准注销，不再具有市场主体资格的程序和制度。数字出版主体市场退出机制，是指数字出版市场交易活动中的数字出版产品与服务提供商、数字出版技术开发与平台提供商、数字出版产品与服务分销商等因解散、被撤销、被宣告破产或其他原因终止其经营活动，不再具有市场主体资格的程序和制度。

市场退出机制是一个综合体系，依据市场主体退出市场方式的不同，可以分为自愿退出市场和被迫退出市场两种。数字出版主体退出市场的方式也可以分为这两种类型。

（一）自愿退出

自愿退出，是市场主体在经营期限届满、决议解散、合并或分立、宣告破产等法定事由出现时，提出无法再继续经营该企业的申请，主动采取的退出市场的行为。

数字出版企业经营者一旦决定退出市场，就应通过报纸、电视、网络等媒体向社会公告，确保投资人、债权人及社会公众获知其退出市场的决定，积极与该企业法人了结有关债务，承担相应责任。数字出版企业在向社会公告企业退出市场的决定后，要对退出时所有的资产做好统计，厘清债权债务关系。根据企业法人退出事由的不同，清算组的组成亦有不同，例如市场退出决定由企业法人权力机构作出的企业法人，清算组由投资者组成并进行清算；以宣告破产的法律文书为市场退出依据的企业法人，清算组由人民法院指定。

数字出版企业自愿退出的方式是注销登记，即通过注销登记来结束经营业务，消灭主体资格，完成退出市场的最终程序。对于主动结束经营业务的数字出版主体，其退出渠道是畅通的，而且手续也较为简单。《出版管理条例》第18条规定："出版单位终止出版活动的，由主办单位提出申请并经主管机关同意后，由主办单位向所在省、自治区、直辖市人民政府出版行政主管部门办理注销登记，并报国务院出版行政主管部门备案。"对于资不抵债、要求破产清算的出版主体，可以根据《企业破产法》的相关制度完成退出程序的办理。但现实中自愿退出的情况很少，多数都是被行政主管部门吊销许可证而被迫退出市场。

（二）被动退出

被动退出是政府对市场主体经营活动进行的一种行政干预，是国家机关对企业法人实施的行政处罚或司法强制。市场主体被动退出是强制性的，不以个人意志为转移。被动退出的方式主要有吊销营业执照、责令关闭、被撤销等。吊销营业执照是最严厉的一种行政处罚，其意味着市场主体的商事能力被强行剥夺，经营资格随之消亡，虽然如此，但吊销后的市场主体并未完全退出市场，即法人资格还在，需要其自行进行清算并向登记机关申请注销登记。

被动退出机制包括以行政为主导和以市场为主导的退出机制。以行政为主导的退出机制——行政淘汰，是指当数字出版企业的经营活动已经严重违反国家相关法律法规及政策方针时，行政主管单位责令数字出版企业停办而让其退出的一种方式。以市场为主导的退出机制——竞争淘汰，是指数字出版企业作为市场的主体参与市场竞争，必须要面对读者、作者的选择，承担市场竞争的风险和优胜劣汰的结果。这种退出机制是完全按市场规律运行的，是市场竞争的结果。

如果是数字出版企业主动退出，自然无须行政主管单位再采取任何措施，只需要依法按程序办理就可以了。而被动退出机制则必须有相对应的法定事由，才能让数字出版企业合理地、无争议地退出，这在上述各类市场主体法中已有提及。当数字出版企业出现相应事由被强制解散退出市场时，应当依照法定程序办理市场退出手续，包括解散登记、成立清算组织、财产清算、注销登记等。

第三节　数字出版从业人员的法律规定

数字出版企业依法成立并进入市场后，具体业务的执行由企业内部人员负责，内部工作人员的职业素养与工作能力直接决定了企业产品的生产质量。作为承载文化、影响思想的特殊商品，内容产品对人们产生的影响深刻而持久，对其内容质量的把关就显得尤为重要。因此，对从事内容产品生产的从业人员依法进行管理和约束，提升出版行业从业者的人员素质，对于提高内容产品的质量以及促进内容产业的发展都具有重要的意义。我国目前关于出版企业从业人员的法律规定可以归纳为三个层面：第一，关于数字出版从业人员职业资格的一般性规定；第二，关于数字出版从业人员继续教育的相关规定；第三，关于数字出版从业人员职业道德规范的规定。

一、有关数字出版从业人员职业资格的规定

为了提高出版业从业人员的整体素质，规范出版行业秩序，维护出版行业的健康、稳定发展，我国对数字出版行业从业人员实行职业资格制度。所谓职业资格，即对从事某一职业所必备的学识、

技术和能力的基本要求，包括从业资格和执业资格。① 从业资格是指从事某一专业（工种）学识、技术和能力的起点标准；执业资格则是政府对某些责任较大、社会通用性强、关系公共利益的专业（工种）实行的准入控制，是依法独立开业或从事某一特定专业（工种）学识、技术和能力的必备标准。职业资格由国务院劳动、人事行政部门通过学历认定、资格考试、专家评定、职业技能鉴定等方式进行评价，并对合格者授予国家职业资格证书，包括从业资格证书和执业资格证书。证书由中华人民共和国人力资源和社会保障部（原中华人民共和国人事部）统一印制，各地人事部门具体负责核发工作。

在数字出版行业，根据所从事岗位性质的不同，我国对数字出版从业人员实施职业资格等级制度，对特殊岗位从业人员另行持证上岗制度，以加强劳动人事的科学化管理，保护社会公共利益，维护正常职业秩序，确保相关人员的专业素养与岗位职责相适应，符合岗位的专业能力要求，保证工作质量。相关规定体现在《出版专业技术人员职业资格管理规定》和《新闻出版行业领导岗位持证上岗实施办法》等法规文件中。

（一）职称资格制度

为了规范出版专业职业资格管理，提高出版从业人员的整体素质，加强出版专业技术队伍建设，我国颁布了一系列法律法规，对不同领域从业人员的职业资格进行管理，包括针对出版行业的《出版专业技术人员职业资格管理规定》以及针对广播电视领域的《广播电视编辑记者、播音员主持人资格管理暂行规定》。近年来随着数字出版工作的发展，北京开始将数字出版编辑纳入职称评审制度，作为评价出版行业从业人员职业素养的重要方面。随着评审机制的逐渐成熟，数字编辑的考核必将走向全国，成为我国评价出

---

① 中华人民共和国人力资源和社会保障部法规司. 劳动部、人事部关于颁发《职业资格证书规定》的通知 [EB/OL]. [2018-12-24]. http://www.mohrss. gov. cn/SYrlzyhshbzb/zcfg/flfg/gz/201705/t20170522_271141. html.

版专业技术人员的重要内容。

1. 出版专业技术人员职业资格制度

根据《出版专业技术人员职业资格管理规定》，我国对在报纸、期刊、图书、音像、电子、网络出版单位从事出版专业技术工作的人员实行职业资格制度，并对职业资格实行登记注册管理。这里的出版专业技术人员，主要包括承担内容加工整理、装帧和版式设计等工作的编辑人员和校对人员，以及在报纸、新闻性期刊等出版单位从事校对工作的专业技术人员。

（1）职业资格等级。

我国出版专业技术人员的职业资格实行等级制度，并与任职岗位相结合，以实现个人能力与岗位工作的相互匹配。

出版专业技术人员职业资格分为三级，初级、中级和高级。初级、中级职业资格主要通过全国出版专业技术人员职业资格考试取得，高级职业资格主要通过考试、按规定评审取得。在取得出版专业技术人员职业资格证书后，应当于 3 个月内向有关部门申请职业资格登记。

依据工作岗位性质的不同，《出版专业技术人员职业资格管理规定》中对相应人员所应具备的职业资格的要求也有所不同。对于从事一般出版专业技术工作的从业人员，应在到岗 2 年内取得出版专业职业资格证书，办理登记手续；而在出版单位担任责任编辑①的人员，则必须在到岗前取得中级以上出版专业职业资格，并办理注册手续，领取责任编辑证书；若在出版单位担任社长、总编辑、主编、编辑室主任（均含副职）职务的人员，则必须具有中级以上出版专业职业资格，并履行登记、注册手续。

如果相关人员未取得相应的职业资格级别，则视为不符合有关岗位的任职要求，将不得继续从事相关岗位的出版专业技术工作。

（2）责任编辑管理。

---

① 责任编辑，指在出版单位为保证出版物的质量符合出版要求，专门负责对拟出版的作品内容进行全面审核和加工整理并在出版物上署名的编辑人员。

鉴于责任编辑工作的重要性，以及其所承担的任务的意义，我国对责任编辑实行注册管理制度，并明确规定申请责任编辑注册的人员，需要具备与责任编辑岗位相适应的政治素质、业务能力和职业道德。出版单位有责任对申请责任编辑注册人员符合情况与否进行审核。

注册管理，主要指将在出版单位担任责任编辑的人员，必须首先进行职业资格登记，申请责任编辑注册，在取得责任编辑证书后，方可以从事责任编辑工作。责任编辑注册有效期为 3 年，每 3 年需要续展注册一次；已注册的责任编辑需要变更出版单位或已取得高一级职业资格的，需要在 3 个月内申请变更注册；若调离出版单位并不再从事责任编辑工作，需由原所在的出版单位收回责任编辑证书，并交原注册机构统一销毁。

除调离岗位以外，当责任编辑在工作期间出现部分情形时，有关部门同样将不予续展注册，并注销其责任编辑证书，且 3 年内不得再次申请注册。这些情形包括：参与买卖书号、刊号、版号等违反出版法规的行为；担任责任编辑的出版物出现内容质量、编校质量等方面的违法问题；连续 2 次年度考核达不到岗位职责的要求。有以上情形之一且情节严重者，责任编辑将会被依照出版法律，追究相关的责任。这意味着责任编辑在履行自身工作职责时，不仅要对所生产数字产品的质量负责，同时也应当遵守出版法律法规，抵制不良行为，客观上通过外部机制的约束促进出版产业的良性发展。

2. 广播电视编辑记者、播音员主持人资格考试制度

随着互联网的发展，自媒体不断发展壮大，网络影视成为数字出版行业的重要组成部分，在从事相关工作时，应当遵守我国关于规范广播电视编辑记者、播音员主持人执业资格管理的规定。为了提高从业人员素质，加强广播电视队伍建设，中华人民共和国国家广播电影电视总局于 2004 年发布了《广播电视编辑记者、播音员主持人资格管理暂行规定》，对广播电视编辑记者、播音员主持人实行资格认定制度。根据该规定的要求，在依法设立的广播电视节目制作、广播电视播出机构连续从事广播电视采访编辑、播音主持工作满 1 年的人员，应当依照规定通过考试，注册取得执业资格，持有执业证书后凭证执业。

广播电视编辑记者、播音员主持人资格考试与出版专业技术人员资格考试在流程上存在一定的相同之处，但在体系设置上又有所区别。两者都需要通过考试后在有关部门进行登记注册，并且超过一定有效期后需要进行续展登记，但与出版专业技术人员资格考试的等级制不同，广播电视职业资格考试主要作为执业资格考试，将考试结果作为评价考试者能否胜任该项工作的标准，以考察相关人员的工作能力为主要目的。对于考试的要求，《广播电视编辑记者、播音员主持人资格管理暂行规定》中进行了详细列举。广电总局同时负责确定考试科目、组织编写考试大纲，建立考试题库，组织命题，组织资格考试，确定考试合格标准，并对省级广播电视行政部门的考务工作进行监督、检查和指导。

（1）考试资格要求。

广播电视编辑记者资格考试与播音员主持人资格考试分别举行，实行全国统一大纲、统一命题、统一组织、统一标准的制度。资格考试原则上每年上半年举行 1 次，报名、考试的时间由广电总局确定，在受理报名前 3 个月向社会公告。任何符合条件的社会人员均可以参与报名，具体要求包括：①遵守宪法、法律，广播电视相关法规、规章；②坚持四项基本原则，拥护中国共产党的基本理论、基本路线和方针政策；③具有完全民事行为能力；④具有大学专科及以上学历（含应届毕业生）。值得注意的是，本规定同时明确了两种例外情形，若报名者曾因故意犯罪受过刑事处罚或存在受过党纪政纪开除处分记录的人员，将不能报名参加考试，已经办理报名手续的，报名无效。

（2）执业资格注册要求。

从事广播电视采访编辑、播音主持工作，需要取得相关执业资格，未取得相关执业资格的人员，应当在持有相关执业证书的人员指导下从事实习等辅助性工作。执业资格注册，应由申请人所在的制作、播出机构统一向注册机关（一般为省级广播电视行政部门）提交材料，符合条件的，由注册机关在法定期限内办理注册手续，发放中华人民共和国广播电视编辑记者证或中华人民共和国播音员主持人证。在获取证书以后，符合条件的从业人员可以申请执业资格的注册。根据《广播电视编辑记者、播音员主持人资格管理暂行规定》，当从业人员在制作、播出机构相应岗位实习满 1 年，身体状况可以胜任所申请执业的工作岗位要求，以普通话为基本用语的播音员主持人，取得与岗位要求一致的普通话水平测试等级证书后，且无例外情形①的，均可以申请执业资格注册。

存在下列部分情形的，注册机关将不予办理注册手续，且制作、播出机构应将责任人调离广播电视采访编辑或播音主持岗位：因故意犯罪受过刑事处罚或曾受过党纪政纪开除处分的；因本人过错造成重大宣传事故的；违反职业纪律、违背职业道德，造成恶劣影响的；品行不端、声誉较差的。出现前三项情形的，申请人在 3 年内不得再次提出注册申请。

（3）权利与义务要求。

广播电视编辑记者、播音员主持人在执业活动中享有权利，同时也应当履行相应的义务。《广播电视编辑记者、播音员主持人执业资格考试规定》中明确规定，广播电视编辑记者、播音员主持人享有以下权利，包括：

①以所在的制作、播出机构的名义从事广播电视节目采访编辑或播音主持工作，制作、播出机构应当提供完成工作所必需的物质条件；②人身安全、人格尊严依法不受侵犯；③参加继续教育和业务培训；④指导实习人员从事采访编辑、播音主持工作。

除了享有权利，广播电视编辑记者、播音员主持人在执业活动中也应当履行以下义务：

①遵守法律、法规、规章；②尊重公民、法人和其他组织的合法权益；③坚持正确的舆论导向；④恪守职业道德，坚持客观、真实、公正的原则；⑤严守工作纪律，服从所在机构的管理，认真履行岗位职责；⑥努力钻研业务，更新知识，不断提高政策理论水平和专业素养；⑦树立良好的公众形象和健康向上的精神风貌。

3. 数字出版编辑职称评审制度

---

① 例外情形主要包括：因故意犯罪受到刑事处罚；受到党纪政纪开除处分。

为科学合理地对专业技术人才进行综合评价与管理，我国建立了职称制度。职称是专业技术人才学术技术水平和专业能力的主要标志，职称制度对于团结凝聚专业技术人才、激励专业技术人才职业发展、加强专业技术人才队伍建设具有重要意义。职称制度的建设在我国已日臻完善，目前包括工程、卫生、农业、经济、会计、统计、翻译、新闻出版广电、艺术、教师、科学研究等行业系列；就层级而言，各职称系列均设置有初级、中级和高级职称，其中高级职称又划分为正高级和副高级，初级职称分为助理级和员级等。① 新闻出版广电系列专业职称的层级划分同样如此。

根据出版单位中从业人员所承担工作的不同，中央职称改革工作领导小组 1986 年颁布了《出版专业人员职务试行条例》，明确规定了出版行业的岗位分类、职责、任职条件和任期等内容，将出版专业职务划分为编辑职务（含美术编辑）、技术编辑职务、校对职务。编辑职务设编审、副编审、编辑、助理编辑，其中编审、副编审为高级职务，编辑为中级职务，助理编辑为初级职务；技术编辑职务设技术编辑、助理技术编辑、技术设计员，其中技术编辑为中级职务，助理技术编辑、技术设计员为初级职务；校对职务设一级校对、二级校对、三级校对，其中一级校对为中级职务，二级校对、三级校对为初级职务。

随着数字出版行业的发展，数字编辑专业从业人员不断增多，仅北京市就已有数十万名数字编辑专业技术人员，但是由于缺乏规范的专业技术资格评定标准，数字编辑从业人员一直没有相应的职称晋升渠道。② 为解决这一问题，应对数字出版的编辑业务创新和质量把关面临的新的挑战，2013 年 1 月，北京市人力资源和社会保障局、北京市新闻出版局首次将数字编辑职称纳入全北京市职称评

---

① 中共中央办公厅 国务院办公厅印发《关于深化职称制度改革的意见》[EB/OL]. [2018-12-25]. http：//www.gov.cn/xinwen/2017-01/08/content_5157911.htm#1.

② 全国首批数字编辑职称证书颁发 [EB/OL]. 光明日报 [2018-12-25]. http：//www.cpta.com.cn/n1/2017/0220/c360341-29093161.html.

审序列，数字出版编辑也自此被纳入中国职业大典。2015 年 11 月 12 日，北京市人力资源和社会保障局联合北京市新闻出版广电局共同印发《北京市新闻系列（数字编辑）专业技术资格评价试行办法》，正式将数字编辑评审工作以法律法规的形式纳入北京市新闻出版人员职称评价体系。2015 年 12 月底，北京市在全国率先启动了数字编辑专业领域职称评价工作。① 2017 年 2 月，北京市新闻出版广电局向 65 名专业技术人员颁发了 2016 年度首批数字编辑高级职称证书，并将其纳入市新闻出版广电行业领军人才遴选与培养计划。

（1）专业及资格设置。

数字编辑，主要指在国家有关行业主管部门批准开展数字内容传播相关业务的单位中，利用计算机技术、通信技术、网络技术、存储技术和显示技术等数字技术手段，从事文字、图像、音频、视频等作品选题策划、稿件资料组织、编辑加工整理、校对审核把关、运营维护发布等工作的专业技术人员。《北京市新闻系列（数字编辑）专业技术资格评价试行办法》将数字编辑专业职务分为数字新闻编辑、数字出版编辑以及数字视听编辑三个领域，并对其岗位进行了具体划分（详见表 2-1）。在专业技术资格设置上，分为正高级、副高级、中级、初级（助理级）四个等级，各级别专业技术资格名称分别为高级编辑、主任编辑、编辑、助理编辑。

表 2-1　　　　　　　数字编辑专业职务的具体划分

专业职务	具体划分
数字新闻编辑	数字新闻内容编辑、数字新闻技术编辑、数字新闻运维编辑等
数字出版编辑	数字出版内容编辑、数字出版技术编辑、数字出版运维编辑等
数字视听编辑	数字视听内容编辑、数字视听技术编辑、数字视听运维编辑等

① 数字出版编辑将纳入北京市职称序列 并入中国职业大典．［EB/OL］．网易新闻［2018-12-25］．http：//news. 163. com/15/0107/19/AFCNL7NJ00014AED_mobile. html.

（2）申报条件。

凡是在北京地区从事数字编辑工作，遵守国家法律和行业相关规定，具有良好的职业道德，并符合数字编辑专业各级别申报条件的专业技术人员，均可申报参加相应级别专业技术资格的考试或评审。但是根据所申报岗位级别的区别，申报人员应具备的申报条件有所不同（详见表2-2）。

表2-2 数字编辑岗位申报条件

申报岗位级别	具 体 条 件
高级编辑	①大学本科及以上学历毕业后，取得副高级职称满5年，且从事本专业工作满5年； ②已取得非本系列正高级职称后，从事本专业工作满3年
主任编辑	①博士研究生毕业后，从事本专业工作满2年； ②硕士研究生毕业后，从事本专业工作满7年； ③大学本科及以上学历毕业后，取得中级职称满5年，且从事本专业工作满5年； ④大学专科或大学普通班毕业满10年，从事专业工作满20年，取得中级职称满8年，且从事本专业工作满5年； ⑤已取得非本系列副高级职称后，从事本专业工作满3年； ⑥具备下列条件之一，可直接申报主任编辑：获得国家级奖项，或获得省部级二等奖及以上奖项且排前三名；独立撰写20万字以上专业著作并公开出版，或核心期刊独立发表专业论文3篇；国家级文化产业项目（课题）主要负责人；国家或行业标准（规范）主要起草完成人；发明专利主要发明人

续表

申报岗位级别	具 体 条 件
编辑	①博士研究生毕业后，从事本专业工作； ②硕士研究生毕业后，从事本专业工作满 2 年； ③大学本科毕业后，从事本专业工作满 5 年； ④大学专科毕业后，从事本专业工作满 7 年； ⑤大学专科及以上学历毕业后，取得初级（助理级）职称满 4 年，且从事本专业工作满 4 年； ⑥中专毕业后，从事本专业工作满 15 年； ⑦已取得非本系列中级职称后，从事本专业工作
助理编辑	①硕士研究生毕业后，从事本专业工作； ②大学本科毕业后，从事本专业工作满 1 年； ③大学专科毕业后，从事本专业工作满 3 年； ④中专毕业后，从事本专业工作满 5 年

（3）资格取得。

根据《北京市新闻系列（数字编辑）专业技术资格评价试行办法》，数字编辑中级、初级（助理级）职称资格的取得主要采用考试方式。考试重点考核申报人员政治思想、职业道德、相关理论知识、法律法规知识和专业技术应用能力。中级考试科目为"数字编辑基础理论""数字编辑实务"两门，申报人员须在当年通过全部科目后，获得中级专业技术资格；初级（助理级）考试科目为"数字编辑基础理论与实务"一门，申报人员通过考试后，获得初级专业技术资格。中级、初级（助理级）专业技术资格考试每年组织一次，考试组织工作由北京市人力资源和社会保障局和市新闻出版广电局负责，具体考务工作由北京市人事考试中心承担。

数字编辑高级职称资格的取得采用专家评审制度，即"申报—考核"模式。由符合参评条件人员向新闻系列（数字编辑）高级专业技术资格评审委员会提出参评申请，并提交申报材料，申报人员所在单位人事部门应对申报人员的申报材料进行审核。材料提交后，专业评议组会对申报人的工作和专业情况进行答辩考核，并按照评价标准进行定量与定性评价。评价意见完成后，评审委员会将对申报人员的专业技术水平、业务能力和工作业绩等进行综合评审，并采取无记名投票方式进行表决，确定专业技术资格。上一阶段的评价意见将成为评审委员会评审表决的重要参考依据。在评审时，需由全体评审委员会委员三分之二以上出席并参加投票，投票结果方才有效；当申报人获得所出席委员的三分之二以上同意票数时，即可取得所申报岗位的专业技术资格。

北京市新闻系列（数字编辑）高级专业技术资格评审委员会由北京市新闻出版广电局组建，包含7~15名委员，设主任委员1名、副主任委员2名，主要由北京市人力资源和社会保障局和市新闻出版广电局领导及行业内知名专家担任。评审委员会下设专业评议组，由3~5名同行专家、学者组成，负责对申报人员的水平、能力和工作业绩等进行考核评议，提出评价意见。

评价工作结束后，北京市人力资源和社会保障局按全市职称评审的统一要求进行验收，并在网站进行公示，公示期为15天。公示期满后，经审核无异议的，北京市人力资源和社会保障局统一颁发北京市专业技术资格证书。

（二）持证上岗制度

为促进出版事业的繁荣，推动整个出版业的发展从以规模数量增长为主要特征的阶段向以优质高效为主要特征的阶段转移，提高出版队伍的整体素质必不可少，其中提高出版行业各级领导干部的素质尤其重要。因此，为了加强对新闻出版单位领导岗位工作的管理，国家新闻出版总署于1995年印发了《关于在出版行业开展岗位培训实施持证上岗制度的规定》，明确指出在出版行业开展岗位培训，实施持证上岗制度，即部分特殊岗位人员在经主管机关（部门或单位）批准任职时，须按照出版行业的岗位规范和培训要求，按相应教学计划学完规定的全部课程并考核合格，取得岗位培训合格证书后持证上岗。岗位培训合格证书由新闻出版总署统一印制并用印，分别由新闻出版总署和各省、自治区、直辖市新闻出版局指定的培训机构颁发，在全国新闻出版行业有效。

开展岗位培训和实施持证上岗制度是提高出版队伍整体素质、促进出版事业健康发展的一项战略措施。为了进一步促进持证上岗制度的贯彻落实，新闻出版总署于 2002 年发布《新闻出版行业领导岗位持证上岗实施办法》，对持证上岗制度的具体实施进行了详细规定。

1. 持证上岗的主要岗位

根据《新闻出版行业领导岗位持证上岗实施办法》的规定，实施持证上岗的领导岗位主要包括：出版社（含图书、音像、电子出版单位）社长、总编辑；期刊社主编；新华书店省、地（市）、县市店经理（含外文书店、古旧书店以及一级书刊批发单位经理）；国家级、省级书刊印刷定点企业厂长（经理）；音像复制单位的法定代表人或主要负责人；报社社长、总编辑等。

2. 岗位培训合格证

岗位培训合格证书通过岗位培训取得。岗位培训的主要目的是为加强出版行业行为规范和职业道德教育，使参加培训的人员通过学习，提高政治素质、理论水平和工作能力，达到相应岗位规范的要求。相关岗位的在职或拟任职人员，要在当年内（或任职后半年内）按规定参加由新闻出版总署或各省、自治区、直辖市新闻出版局组织或指定培训机构举办的相应岗位的岗位培训班，学完规定的全部课程，并经考试、考核合格者，即可获得岗位培训合格证书。

（1）岗位培训合格证书的适用期。岗位培训合格证书有效期为五年，持有岗位培训合格证书的人员，要在有效期满后的第一年内，按本办法第六条要求参加岗位培训，并重新取得岗位培训合格证书。持有岗位培训合格证书的人员，调离原单位，但不改变任职岗位性质的，其岗位培训合格证书继续有效。脱离原岗位工作，并改变岗位性质三年以下，又回原岗位工作的，其岗位培训合格证书要经新闻出版管理机关核验，方可有效。脱离原岗位工作并改变岗位性质三年以上的，其岗位培训合格证书自行失效。

（2）岗位培训合格证书的管理。获取岗位培训合格证书的岗位培训班由新闻出版总署或各省、自治区、直辖市新闻出版局指定的培训机构按年度定期举办。新闻出版总署主管全国新闻出版行业的持证上岗工作，负责对全国新闻出版行业需要持证上岗的岗位及持证上岗要求和时间等作出规定；省、自治区、直辖市新闻出版局根据新闻出版总署的要求，负责本省（区、市）新闻出版单位领导岗位持证上岗实施工作，并主管本省（区、市）新闻出版单位其他岗位持证上岗工作；中央和国家机关有关部委、人民团体新闻出版主管部门协助新闻出版总署做好本系统新闻出版单位领导岗位持证上岗管理工作。

二、有关数字出版从业人员继续教育的规定

为了提高出版从业人员的整体素质，加强出版专业技术队伍建设，同时保证出版专业资格获得者不断更新知识，我国建立了相关继续教育制度，在《出版专业技术人员职业资格管理规定》中明确要求出版专业技术人员①应"按照规定参加继续教育"。

所谓继续教育，指对出版专业技术人员进行的以政治理论、法律法规、业务知识、技能训练和职业道德等为内容的教育活动，其目的是促进出版专业技术人员坚持正确出版方向，不断增加、补充、拓展专业知识，提高业务技能，提高创新水平和专业技术水平。出版专业技术人员享有参加继续教育的权利和接受继续教育的义务。

为推进出版专业技术人员继续教育科学化、制度化、规范化，培养造就高素质的出版专业技术人员队伍，新闻出版总署于2010年发布了《出版专业技术人员继续教育暂行规定》。2020年9月，国家新闻出版署、人力资源和社会保障部印发《出版专业技术人员继续教育规定》（以下简称《规定》），自2021年1月1日起施行，原新闻出版总署印发的《出版专业技术人员继续教育暂行规

---

① 包括在图书、非新闻性期刊、音像、电子、网络出版单位内承担内容加工整理、装帧和版式设计等工作的编辑人员和校对人员，以及在报纸、新闻性期刊出版单位从事校对工作的专业技术人员。

定》同时废止。《规定》指出，国家新闻出版署和人力资源社会保障部负责对全国出版专业技术人员继续教育工作进行综合管理和统筹协调，制定全国出版专业技术人员继续教育政策，监督指导全国出版专业技术人员继续教育工作的组织实施。各省级新闻出版主管部门、人力资源社会保障部门，共同负责本地区出版专业技术人员继续教育工作的综合管理和组织实施。其他机关、企业、事业单位以及社会团体等在各自职责范围内依法做好出版专业技术人员继续教育的规划、管理和实施工作。

在我国，针对出版行业在职人员的岗位培训主要有两种，包括继续教育与在职自学，在职自学是出版专业技术人员进行继续教育的重要补充形式。

（一）继续教育

《出版专业技术人员继续教育暂行规定》明确规定，出版专业技术人员每年参加继续教育的时间累计应不少于 72 小时。其中，接受新闻出版总署当年规定内容的面授形式继续教育不少于 24 小时；其余 48 小时可自愿选择参加省级以上新闻出版行政部门认可的继续教育形式。《出版专业技术人员继续教育规定》增加了出版专业技术人员每年参加继续教育的时长，由不少于 72 小时增至不少于 90 小时。继续教育的内容包括公需科目和专业科目，其中，专业科目学时一般不少于总学时的三分之二。

（二）在职自学

作为出版专业技术人员继续教育的重要补充形式，在职自学在我国出版专业技术人员的专业培养方面也发挥了重要的作用，我国鼓励出版专业技术人员参加在职自学。在职自学时间可折合继续教育时间，折合方式由省级以上新闻出版行政部门视具体情况确定。在职自学的形式包括：参加普通高等院校或成人院校举办的国家承认相关专业学历、学位的教育；接受省级以上新闻出版行政部门认可的与出版业务相关的远程教育和网上培训等其他省级以上新闻出版行政部门认可的形式。

三、关于数字出版从业人员职业道德的规定

所谓道德，是指依靠社会舆论、传统习惯、教育和信念的力量去调整个人与个人、个人与社会之间关系的一种特殊的行为规范。职业道德在社会道德体系中占有重要地位。职业道德是所有从业人员在职业活动中应当遵循的行为准则。① 出版职业道德是约束出版工作者的行为规范或准则，是出版从业人员在出版工作中应该自觉遵守的规范。出版业要实现健康发展，必须重视出版职业道德建设。数字出版作为出版行业的重要组成部分，拥有相当庞大的从业群体，必须同样重视职业道德的建设，才能促进数字出版行业健康良性发展。目前我国出版界的职业道德建设主要以发布职业道德准则以及建立自律公约的形式加以实施。

（一）职业道德准则

根据从事领域以及工作性质的不同，我国分别颁布了《中国出版工作者职业道德准则》以及《中国新闻工作者职业道德准则》，对新闻出版行业的从业人员所应具备的职业道德进行了详细的要求。数字出版企业的从业人员应当根据自己从事工作岗位的性质，认真履行自己的职责，遵守相应的职业道德规范。

1. 中国出版工作者职业道德准则

为了进一步加强出版工作全行业社会主义精神文明建设，提高职业道德修养，加强行业自律，更好地贯彻党的方针和国家的出版法律法规，繁荣和发展社会主义出版事业，《中国出版工作者职业道德准则》中规定出版工作者必须遵守如下准则：

（1）为人民服务，为社会主义服务。坚持正确的政治方向，努力为人民服务，为社会主义服务，为全党全国的工作大局服务，为培育有理想、有道德、有文化、有纪律的社会主义公民作出贡献。

---

① 全国出版专业职业资格考试办公室. 出版专业理论与实务（初级）[M]. 武汉：崇文书局，2004：57.

（2）坚持社会效益第一，增强政治责任感。具有强烈的历史使命感和社会责任感。把社会效益放在首位，力求实现社会效益和经济效益的最佳结合。

（3）树立精品意识，提高出版质量。对读者负责，树立精品意识，大力提高出版质量，多出版发行好作品，不出版发行坏作品。出版各环节都要把好质量关，提高编、排、校、印、发质量。

（4）遵纪守法，廉洁自律。严格遵守党和国家的有关政策、法律，遵守出版管理的各项规章制度，自觉抵制行业不正之风。反对以权谋私、钱权交易。坚持以质取稿，不徇私情，不得利用工作之便谋取个人名利。不得买卖书号、刊号、版号。不得参与非法出版、印制、发行及其他非法经营活动。

（5）敬业爱岗，忠于职守。发扬无私奉献精神，敬业爱岗，忠于职守，认真负责，扎实工作，努力学习和掌握新知识、新技术。反对粗制滥造、玩忽职守行为。

（6）团结协作，诚实守信。发扬团结协作精神，诚实守信，重合同，守信誉，提倡公平竞争，反对利用不正当手段损害同行利益。

（7）艰苦奋斗，勤俭创业。坚持艰苦奋斗，勤俭创业精神，励精图治，自强不息，反对讲排场，比阔气，挥霍公款。

（8）遵守外事纪律，维护祖国尊严。在对外交往中，发扬爱国主义精神，严格遵守外事纪律，自觉维护国家利益、祖国尊严和中国出版工作者的形象。

2. 中国新闻工作者职业道德准则

中国新闻事业是中国共产党领导的中国特色社会主义事业的重要组成部分。新闻工作者坚持以马克思列宁主义、毛泽东思想、邓小平理论、"三个代表"重要思想、科学发展观、习近平新时代中国特色社会主义思想为指导，增强"四个意识"，坚定"四个自信"，做到"两个维护"，牢记党的新闻舆论工作职责使命，继承和发扬党的新闻舆论工作优良传统，坚持正确政治方向、舆论导向、新闻志向、工作取向，不断增强脚力、眼力、脑力、笔力，积极传播社会主义核心价值观，自觉遵守国家法律法规，恪守新闻职业道德，自觉承担社会责任，做政治坚定、引领时代、业务精湛、作风优良、党和人民信赖的新闻工作者。2019 年新修订的《中国新闻工作者职业道德准则》中规定新闻工作者必须遵守如下基本准则：

（1）全心全意为人民服务。忠于党、忠于祖国、忠于人民，把体现党的主张与反映人民心声统一起来，把坚持正确舆论导向与通达社情民意统一起来，把坚持正面宣传为主与正确开展舆论监督统一起来，发挥党和政府联系人民群众的桥梁纽带作用。

（2）坚持正确舆论导向。坚持团结稳定鼓劲、正面宣传为主，弘扬主旋律、传播正能量，不断巩固和壮大积极健康向上的主流思想舆论。

（3）坚持新闻真实性原则。把真实作为新闻的生命，努力到一线、到现场采访核实，坚持深入调查研究，报道做到真实、准确、全面、客观。

（4）发扬优良作风。树立正确的世界观、人生观、价值观，加强品德修养，提高综合素质，抵制不良风气，保持一身正气，接受社会监督。

（5）坚持改进创新。遵循新闻传播规律和新兴媒体发展规律，创新理念、内容、体裁、形式、方法、手段、业态等，做到体现时代性、把握规律性、富于创造性。

（6）遵守法律纪律。增强法治观念，遵守宪法和法律法规，遵守党的新闻工作纪律，维护国家利益和安全，保守国家秘密。

（7）对外展示良好形象。努力培养世界眼光和国际视野，讲好中国故事，传播好中国声音，积极搭建中国与世界交流沟通的桥梁，展现真实、立体、全面的中国。

（二）自律公约

为了进一步加强出版行业的职业道德建设，2015 年 9 月 15 日，中国广播电影电视社会组织联合会和中国出版协会发起制定并签署了《新闻出版广播影视从业人员职业道德自律公约》（以下简称《公约》），其适用主体涵盖新闻出版广播影视机关、企事业单位和社团从业人员。该《公约》以践行社会主义核心价值观、追求职业理想、遵守宪法法律法规、倡导弘扬行业良好风尚为统领，推进从业人员从"提倡"和"不为"两个方面进行职业道德自律。① 公约的签署，对于促进出版行业职业道德建设，推进从业人员自律自省具有重要的意义。

为确保该《公约》具有实际约束力，其中提出，签约社团应将相关内容纳入社团章程实施管理，签约社团所属的会员单位也应将相关内容纳入聘用合同、劳动合同及与合作方签订的业务合同。联合签署该《公约》的社团组织，欢迎行业其他机构和人员加入自律公约，并欢迎社会各界对《公约》的实施进行监督。

根据《公约》，新闻出版广播影视从业人员应有以下职业道德自律：

（1）维护党的领导和国家利益，不发表或传播损害党和国家形象的言论；（2）秉持真实客观公正原则，不搞有偿新闻和虚假新闻；（3）传递正能量，不在网络及其他媒介上制作或传播有害信息；（4）追求健康向上的文化品位，不使用低俗粗俗媚俗的语言、文字和图像；（5）确保制作和服务质量，不提供粗制滥造的出版物、视听作品和技术服务；（6）对社会公众负责，不制作、代言和传播虚假广告；（7）崇尚契约精神，不作出影响行业诚信和秩序的违约行为；（8）积极自主创新，不抄袭剽窃他人创意及成果；（9）开展健康的媒介与文艺批评，不贬损他人名誉及作品；（10）树立良好职业形象，不涉"黄赌毒"和违反公序良俗的行为。

第四节　数字出版企业权利与义务的法律规定

数字出版企业作为具有民事权利能力和民事行为能力且依法独

---

① 李明远.《新闻出版广播影视从业人员职业道德自律公约》在京发布 50 家行业社团签署自律公约 [EB/OL].［2018-12-27］. http：//www. gapp. gov. cn/news/1658/264947. shtml.

立享有民事权利和承担民事义务的法人组织，以其全部财产独立承担民事责任。依法成立的数字出版企业在市场经营活动中，根据《中华人民共和国民法典》（以下简称《民法典》）的规定，既享有一定的权利，同时需要承担相应的义务，且这种权利受国家法律的保护，义务受国家法律的制约。

一、关于数字出版企业权利的法律规定

企业的权利，是指企业根据国家的法律规定，自己从事一定行为，以及要求他人从事一定行为或不从事一定行为的能力和资格。根据《民法典》的规定，作为法人的数字出版企业主要享有民事权利，结合其他相关法律规定以及数字出版企业经营活动的特殊性，将数字出版企业的权利划分为一般民事权利以及其他民事权利。

（一）数字出版企业的一般民事权利

1. 人格权

人格权是存在于民事主体人格上的权利，是民事主体对其特定的人格利益享有的权利，包括自然人的人格权和法人、非法人组织的人格权。《民法典》第 110 条规定："自然人享有生命权、身体权、健康权、姓名权、肖像权、名誉权、荣誉权、隐私权、婚姻自主权等权利。法人、非法人组织享有名称权、名誉权和荣誉权。"数字出版企业作为法人，依法享有法律赋予的人格权。

（1）名称权。法人、非法人组织依法享有的决定、使用、改变自己的名称，并排除他人非法干涉、盗用或冒用的权利。

（2）名誉权。法人、非法人组织就其自身属性和价值所获得的社会评价，所享有的保有和维护的权利。

（3）荣誉权。荣誉权是指法人、非法人组织对其获得的荣誉及其利益所享有的保持、支配的权利。

2. 财产权

《民法典》规定，除人格权以外，民事主体同时依法享有财产权。数字出版企业作为民事主体，可以享有的财产权包括物权、债权以及知识产权中的财产权。

（1）物权。

数字出版企业享有物权。所谓物权，即对物的权利，是民事主体依法享有的重要财产权利之一，包括所有权、用益物权和担保物权。权利人在法律规定的范围内对特定的物享有直接支配和排他的权利。由于物权是直接支配物的权利，因而物权又被称为"绝对权"；物权的权利人享有物权，任何其他人都不得非法干预，物权的权利人以外的任何人都是物权的义务人，因此物权又被称为"对世权"。

各种物权均以直接支配物作为其基本内容。"直接"即权利人实现其权利不必借助于他人，在法律规定的范围内，完全可以按照自己的意愿行使权利；"支配"有安排、利用的意思，包括占有、使用、收益和处分的权能总和。因此"直接支配"指的是对于物不需要他人的协助、配合，权利人就能对物自主利用。对所有权来说，权利人可以按照自己的意愿行使占有、使用、收益和处分的权利。

所有权，指权利人依法对自己的不动产和动产享有全面支配的权利。所有权具有四项权能，即占有、使用、收益和处分。"占有"是对于财产的实际管领或控制，拥有一个物的一般前提就是占有，这是财产所有者直接行使所有权的表现；"使用"是权利主体对财产的运用，发挥财产的使用价值，拥有物的目的一般是为了使用；"收益"是通过财产的占有、使用等方式取得的经济效益，使用物并获益是拥有物的目的之一；"处分"是指财产所有人对其财产在事实上和法律上的最终处置。

用益物权，指权利人对他人所有的不动产或者动产，依法享有占有、使用和收益的权利。现行物权法中规定了土地承包经营权、建设用地使用权、宅基地使用权和地役权这几种用益物权。用益物权是以对他人所有的不动产或者动产为使用、收益的目的而设立的，因而被称作"用益"物权。用益物权制度是物权法律制度中一项非常重要的制度，与所有权制度、担保物权制度一同构成了物权制度的完整体系。

担保物权，是为了确保债务履行而设立的物权，当债务人不履行债务时，债权人就担保财产依法享有优先受偿的权利。担保物权对保证债权实现、维护交易秩序、促进资金融通，具有重要作用。担保物权包括抵押权、质权和留置权。

（2）债权。

债是因合同、侵权行为、无因管理、不当得利以及法律规定的其他因素，特定当事人之间发生的权利义务关系。享有权利的人是债权人，负有义务的人是债务人。因此，债权即是因合同、侵权行为、无因管理、不当得利以及法律规定的其他因素等，权利人请求特定义务人为一定行为或者不为一定行为的权利。债权是现代社会生活中民事主体的一项重要财产权利，企业可以享有的债权包括合同之债、侵权行为之债、无因管理之债和不当得利之债等。

①合同之债。合同是作为平等主体的自然人、法人、非法人组织之间设立、变更、终止民事权利义务关系的协议。合同依法成立后，即在当事人之间产生债权债务关系。基于合同所产生的债为合同之债。债权人有权按照合同约定，请求合同义务人履行合同义务。合同之债是民事主体为自己利益依自己意思自行设定的，合同之债属于意定之债。

②侵权行为之债。侵权行为，是指侵害他人民事权益的行为。《民法典》第3条规定，民事主体的人身权利、财产权利以及其他合法权益受法律保护，任何组织或者个人不得侵犯。在民事活动中，民事主体的合法权益受法律保护，任何人都负有不得侵害的义务。行为人侵害他人人身权利、财产权利以及其他合法权益的，应依法承担民事责任。民事权益受到侵害的，被侵权人有权请求侵权人承担侵权责任。因侵权行为，侵权人与被侵权人之间形成债权债务关系。

③无因管理之债。无因管理，是指没有法定的或者约定的义务，为避免他人利益受损失进行管理的行为。因无因管理产生的债称为无因管理之债。无因管理行为虽为干预他人事务，但却是以避免他人利益受损失为目的，有利于社会的互助行为。法律为鼓励这

一行为，赋予管理人请求受益人偿还因管理行为支出的必要费用的权利。无因管理之债并不是基于当事人的意愿设定的，而是根据法律的规定，为法定之债。

④不当得利之债。不当得利，是指没有法律根据，取得不当利益，造成他人损失的情形。不当得利是债发生的原因，基于不当得利而产生的债称为不当得利之债。在社会生活中，任何民事主体不得没有法律根据，取得利益而致他人损害，因此，法律规定受损失的人有权请求取得不当得利的人返还不当利益。不当得利不是当事人双方间的合意，并非是当事人寻求的法律目的，也不以当事人的意志为转移，而是法律为纠正不当得利，直接赋予当事人的权利义务，也是法定之债。

（3）知识产权。

数字出版企业依法享有知识产权，具体对作品，发明、实用新型、外观设计，商标，地理标志，商业秘密，集成电路布图设计，植物新品种以及法律规定的其他客体等享有知识产权。数字出版企业对自己的知识产品有行使处分的权利。

（二）数字出版企业的其他权利

《民法典》规定，民事主体依法享有财产权。财产可分为有形财产和无形财产。

1. 依法使用网络的权利

根据《中华人民共和国网络安全法》（以下简称《网络安全法》）的规定，国家保护公民、法人和其他组织依法使用网络的权利，促进网络接入普及，提升网络服务水平，为社会提供安全、便利的网络服务，保障网络信息依法有序自由流动。因此数字出版企业在从事经营活动时，有权依法使用互联网基础设施，利用网络设备完成企业的数字出版活动。

但是这并不意味着数字出版企业可以任意利用网络平台发布信息。《网络安全法》对网络的使用行为进行了限制与界定，要求在使用过程中，任何个人和组织应当遵守宪法法律，遵守公共秩序，尊重社会公德，不得危害网络安全，不得利用网络从事危害国家安全、荣誉和利益，煽动颠覆国家政权、推翻社会主义制度，煽动分裂国家、破坏国家统一，宣扬恐怖主义、极端主义，宣扬民族仇恨、民族歧视，传播暴力、淫秽色情信息，编造、传播虚假信息扰乱经济秩序和社会秩序，以及侵害他人名誉、隐私、知识产权和其他合法权益的活动。

2. 依法获取信息的权利

在《网络安全法》《电信和互联网用户个人信息保护规定》《互联网信息服务管理办法》等法律规定中，均赋予了网络服务提供者依法获取信息的权利。获取用户信息对于包括数字出版企业在内的网络服务提供商来说是必不可少的环节，同时也是企业经营活动持续开展的重要依据。当互联网信息服务提供者收集用户信息时，应当制定用户个人信息收集、使用规则，并在其经营或者服务场所、网站等予以公布，未经用户同意，互联网信息服务提供者不得收集、使用用户个人信息。

互联网信息服务提供者收集、使用用户个人信息的，应当明确告知用户收集、使用信息的目的、方式和范围，查询、更正信息的渠道以及拒绝提供信息的后果等事项。互联网信息服务提供者不得收集其提供服务所必需以外的用户个人信息或者将信息用于提供服务之外的目的，不得以欺骗、误导或者强迫等方式或者违反法律、行政法规以及双方的约定收集、使用信息。

二、关于数字出版企业义务的法律规定

企业的义务是指企业具有法律所规定的为一定行为或不为一定行为的责任。数字出版企业的义务，即数字出版企业在从事数字出版活动时应当承担的法律所赋予的行为责任。根据数字出版企业的经营规律以及出版业的相关法律法规，我国数字出版企业在经营过程中，主要承担的义务有网络安全保护义务、个人信息保护义务以及内容监管审核义务。

（一）网络安全保护义务

网络安全是国家安全的重要组成部分，构建和谐稳定的网络环

境对于维护国家安定具有重要的意义，因此，为了保障网络安全，促进网络空间的健康发展，《网络安全法》明确提出网络运营者在开展经营和服务活动时，必须遵守法律、行政法规，尊重社会公德，遵守商业道德，诚实信用，履行网络安全保护义务，接受政府和社会的监督，承担社会责任。从范围来看，网络运营者包含网络的所有者、管理者和网络服务提供者；从类型来看，网络运营商分为即时通信、搜索服务、电子商务、移动互联网、各类应用等。①数字出版企业作为利用网络提供数字出版服务的企业，同样负有维护我国网络安全的责任。

在建设、运营网络或者通过网络提供服务时，数字出版企业应当依照法律、行政法规的规定和国家标准的强制性要求，采取技术措施和其他必要措施，保障网络安全、稳定运行，有效应对网络安全事件，防范网络违法犯罪活动，维护网络数据的完整性、保密性和可用性。在发布内容时，应当遵守宪法法律，遵守公共秩序，尊重社会公德，不得危害网络安全，不得利用网络从事危害国家安全、荣誉和利益，煽动颠覆国家政权、推翻社会主义制度，煽动分裂国家、破坏国家统一，宣扬恐怖主义、极端主义，宣扬民族仇恨、民族歧视，传播暴力、淫秽色情信息，编造、传播虚假信息扰乱经济秩序和社会秩序，以及进行侵害他人名誉、隐私、知识产权和其他合法权益等不法活动。根据所从事行业的不同，我国实行网络安全等级保护制度，对不同网络运营者应当履行的义务要求有所区别。

1. 一般网络运营者义务

为加强网络安全等级保护工作，提高网络安全防范能力和水平，维护网络空间主权和国家安全、社会公共利益，保护公民、法人和其他组织的合法权益，促进经济社会信息化健康发展，我国实

---

①　刘海涛. 网络运营者的安全责任与义务界定 [J]. 社会治理，2017（4）：32-36.

行网络安全等级保护制度①，对网络实施分等级保护、分等级监管。根据《网络安全法》，网络运营者应当按照网络安全等级保护制度的要求，履行相应的安全保护义务，保障网络免受干扰、破坏或者未经授权的访问，防止网络数据泄露或者被窃取、篡改。在具体经营过程中，应当履行的义务包括：（1）制定内部安全管理制度和操作规程，确定网络安全负责人，落实网络安全保护责任；（2）采取防范计算机病毒和网络攻击、网络侵入等危害网络安全行为的技术措施；（3）采取监测、记录网络运行状态、网络安全事件的技术措施，并按照规定留存相关的网络日志不少于6个月；（4）采取数据分类、重要数据备份和加密等措施。

　　除以上一般网络安全保护以外，第三级以上网络的运营者还应当履行特殊安全保护义务，主要包括：（1）确定网络安全管理机构，明确网络安全等级保护的工作职责，对网络变更、网络接入、运维和技术保障单位变更等事项建立逐级审批制度；（2）制定并落实网络安全总体规划和整体安全防护策略，制定安全建设方案，并经专业技术人员评审通过；（3）对网络安全管理负责人和关键岗位的人员进行安全背景审查，落实持证上岗制度；（4）对为其提供网络设计、建设、运维和技术服务的机构和人员进行安全管理；（5）落实网络安全态势感知监测预警措施，建设网络安全防护管理平台，对网络运行状态、网络流量、用户行为、网络安全案事件等进行动态监测分析，并与同级公安机关对接；（6）落实重

---

　　①　根据《网络安全登记保护条例（征求意见稿）》的规定，分为五个安全保护等级。第一级，一旦受到破坏会对相关公民、法人和其他组织的合法权益造成损害，但不危害国家安全、社会秩序和公共利益的一般网络；第二级，一旦受到破坏会对相关公民、法人和其他组织的合法权益造成严重损害，或者对社会秩序和公共利益造成危害，但不危害国家安全的一般网络；第三级，一旦受到破坏会对相关公民、法人和其他组织的合法权益造成特别严重损害，或者会对社会秩序和社会公共利益造成严重危害，或者对国家安全造成危害的重要网络；第四级，一旦受到破坏会对社会秩序和公共利益造成特别严重危害，或者对国家安全造成严重危害的特别重要网络；第五级，一旦受到破坏后会对国家安全造成特别严重危害的极其重要网络。

要网络设备、通信链路、系统的冗余、备份和恢复措施；（7）建立网络安全等级测评制度，定期开展等级测评，并将测评情况及安全整改措施、整改结果向公安机关和有关部门报告等。

2. 关键信息基础设施运营者义务

为了保障关键网络领域的网络安全，我国实行关键信息基础设施特殊保护制度，对公共通信和信息服务、能源、交通、水利、金融、公共服务、电子政务等重要行业和领域，以及其他一旦遭到破坏、丧失功能或者数据泄露，可能严重危害国家安全、国计民生、公共利益的关键信息基础设施，在网络安全等级保护制度的基础上，实行重点保护。根据国家互联网信息办公室 2017 年发布的《关键信息基础设施安全保护条例（征求意见稿）》，纳入关键信息基础设施保护范围的行业领域包括：政府机关和能源、金融、交通、水利、卫生医疗、教育、社保、环境保护、公用事业等行业领域的单位；电信网、广播电视网、互联网等信息网络，以及提供云计算、大数据和其他大型公共信息网络服务的单位；国防科工、大型装备、化工、食品药品等行业领域科研生产单位；广播电台、电视台、通讯社等新闻单位；其他重点单位。

由此可见，数字出版企业的部分业务属于关键信息基础设施范围，数字出版企业运行管理的网络设施和信息系统一旦遭到破坏、丧失功能或者数据泄露，可能严重危害国家安全、国计民生、公共利益。因此，除了需要遵循一般运营者履行的安全保护义务外，还应当履行特殊的安全保护义务，具体包括：（1）设置专门安全管理机构和安全管理负责人，并对该负责人和关键岗位的人员进行安全背景审查；（2）定期对从业人员进行网络安全教育、技术培训和技能考核；（3）对重要系统和数据库进行容灾备份；（4）制定网络安全事件应急预案，并定期进行演练等。

（二）个人信息保护义务

数字出版企业具有依法获取使用者个人信息的权利，同时也就应当履行个人信息保护的义务，以保障公民的合法权益。所谓个人信息，主要是指以电子或者其他方式记录的能够单独或者与其他信息结合识别自然人个人身份的各种信息，包括但不限于自然人的姓名、出生日期、身份证件号码、个人生物识别信息、住址、电话号码等。数字出版企业应当采取相应措施，防止用户提供的个人信息泄露。

为了敦促网络服务提供者加强对公民个人信息的保护，维护网络信息安全，维护国家安全和社会公共利益，全国人民代表大会授权于2012年12月发布《全国人民代表大会常务委员会关于加强网络信息保护的决定》，明确规定当网络服务提供者和其他企业事业单位需要在业务活动中收集、使用公民个人电子信息时，应当遵循合法、正当、必要的原则，明示收集、使用信息的目的、方式和范围，并经被收集者同意，不得违反法律、法规的规定和双方的约定收集、使用信息。任何组织和个人不得窃取或者以其他非法方式获取公民个人电子信息，不得出售或者非法向他人提供公民个人电子信息。

网络服务提供者和其他企业事业单位收集、使用公民个人电子信息，应当公开其收集、使用规则。网络服务提供者和其他企业事业单位及其工作人员对在业务活动中收集的公民个人电子信息必须严格保密，不得泄露、篡改、毁损，不得出售或者非法向他人提供。根据工业和信息化部2013年发布的《电信和互联网用户个人信息保护规定》，电信业务经营者、互联网信息服务提供者应当采取措施防止用户个人信息泄露、毁损、篡改或者丢失，包括但不限于：（1）确定各部门、岗位和分支机构的用户个人信息安全管理责任；（2）建立用户个人信息收集、使用及其相关活动的工作流程和安全管理制度；（3）对工作人员及代理人实行权限管理，对批量导出、复制、销毁信息实行审查，并采取防泄密措施；（4）妥善保管记录用户个人信息的纸介质、光介质、电磁介质等载体，并采取相应的安全储存措施；（5）对储存用户个人信息的信息系统实行接入审查，并采取防入侵、防病毒等措施；（6）记录对用户个人信息进行操作的人员、时间、地点、事项等信息。(7)按照电信管理机构的规定开展通信网络安全防护工作；（8）电信管理机构规定的其他必要措施。

（三）信息规制义务

《网络安全法》第 47 条规定，网络运营商具有主动发现非法信息的义务。网络运营者被赋予了信息规制权，同时亦负有信息规制义务，即对信息发布者拥有信息规制权，对国家则负有信息规制义务。① 网络运营者应当加强对其用户发布的信息的管理，发现法律、行政法规禁止发布或者传输的信息的，应当立即停止传输该信息，采取消除等处置措施，防止信息扩散，保存有关记录，并向有关主管部门报告。

根据《网络出版服务管理规定》，违法的信息内容主要包括：（1）反对宪法确定的基本原则的；（2）危害国家统一、主权和领土完整的；（3）泄露国家秘密、危害国家安全或者损害国家荣誉和利益的；（4）煽动民族仇恨、民族歧视，破坏民族团结，或者侵害民族风俗、习惯的；（5）宣扬邪教、迷信的；（6）散布谣言，扰乱社会秩序，破坏社会稳定的；（7）宣扬淫秽、色情、赌博、暴力或者教唆犯罪的；（8）侮辱或者诽谤他人，侵害他人合法权益的；（9）危害社会公德或者民族优秀文化传统的；（10）有法律、行政法规和国家规定禁止的其他内容的。

因此，数字出版企业在提供数字出版服务时，除了自身遵守国家相关法律规定，不出版含有违法内容的产品外，也应当履行监管义务，对服务使用者发布的信息进行管理与审核，在网络环境中弘扬社会主义核心价值观，传播和积累一切有益于提高民族素质、推动经济发展、促进社会进步的思想道德、科学技术和文化知识，以满足人民群众日益增长的精神文化需要。

---

① 杨建顺．网络运营者应依法履行信息规制义务［N］．检察日报，2017-11-01（007）．

第三章　有关数字出版产品的
法律规定

　　数字出版产品是数字出版活动的直接产物，其在数字时代充当着汇聚、传播社会信息的"蓄水池"与"中转站"的角色，并以容量大、速度高、样式多、易获取等特有优势把社会信息的传递数量提升到了一个崭新的高度，由此成为人们信息获取、观念更新以及接受教育的重要途径。作为一种快速实现信息传播的重要媒介手段，其上述功能的实现必须有相应的法律法规制度予以保障，以避免网络暴力色情泛滥、社会威胁论肆意传播带来的不良信息潜移默化地影响人们的观念和思想。目前，我国有关数字出版产品的法律规定并未严格按照产品形态进行详细划分，相关规定主要集中在《互联网文化管理暂行规定》《信息网络传播权保护条例》《网络出版服务管理规定》《电子出版物出版管理规定》等法律法规中，辅之以针对个别数字出版产品类别的特殊规定，如《文化部关于网络音乐发展和管理的若干意见》等。其中，与数字出版产品直接相关的内容大致分布于四个方面：一是有关数字出版产品内容的法律规定，二是数字出版产品版权保护层面的法律规定，三是数字出版产品制作技术、质量标准和规范要求方面的法律规定，四是有关数字出版产品进出口活动的法律规定。本章将以现有的数字出版法律法规为基础，对有关电子书、移动出版物、网络游戏、网络动漫、网络文学、数字报纸、数字期刊和数据库出版物等数字出版产品的宏观法律规定与特殊规定进行梳理和深入分析。

第一节　有关数字出版产品内容的法律规定

我国《宪法》第 35 条规定，中华人民共和国公民享有言论、出版的自由。正如孟德斯鸠在《论法的精神》中所言："自由是做法律所许可的一切事情的权利；如果一个公民能够做法律所禁止的事情，他就不再有自由了，因为其他人也同样会有这个权利。"因此，无论是言论自由还是出版自由，二者均受到不同程度的限制，其目的在于取缔非法出版物，保障出版行业的健康发展，并进一步维护社会安定和进步。与传统出版物相同，数字出版产品既是物化的精神产品，也是在市场上流通的商品，双重属性决定了其所刊载内容的重要性以及受到严格限制与管理的必然性。我国一向非常重视对出版物内容的管理，这种趋向在数字与网络技术所催生的数字出版产品内容管理中也非常明显。数字出版产品内容提供者的多元化以及内容信息与内容载体的分离，给内容质量的管理带来了诸多难题，具体表现为创作环节色情与暴力内容的泛滥、制作环节内容文本错漏百出等。目前，相关部门一方面通过颁布法律法规明确规定数字出版产品"禁载"的内容，另一方面则通过重大选题备案制度来加强对数字出版产品内容方向的管理。在具体实践中，则对包含数字出版产品在内的出版物内容实行追惩制，强化事中监管、事后追查的管理模式，建立了较为全面的全流程内容审查制度。

一、有关出版物内容的法律规定概述

"出版自由"是人类文明发展到一定程度后，人们借助出版物来表达言论自由意愿的一种特殊需求的表现形式。而出版物内容的大量复制让普通大众拥有了接触不同思想与观念的机会，文化的传播因此更为广泛。考虑到出版物在社会生活中的巨大影响力，"出版自由"的概念在其产生之时便受到社会权力系统的制约，以保证社会公共秩序与舆论的正常走向。

有关出版物内容的法律规定，其雏形可见于西方早期的"书报检查制度"。这一制度按照社会类禁书、情色类禁书、政治类禁书、宗教类禁书等分类方式进行出版物的内容管制，任何有违社会稳定、政治管理、宗教教义的言论都被视为异端存在。有关出版物的内容规制在我国亦经历了较长的发展历程。近代意义上的出版物内容相关法律规定，可追溯至清政府时期所颁布的一系列法律法规。其中，与出版物内容规制相关的有 1906 年颁布的《大清印刷物专律》《报章应守规则》，以及 1908 年颁布的《大清报律》与1911 年颁布的《钦定报律》。当时出版物内容规制的对象主要是不利于军事、政治以及社会治安的言论，其本质是统治阶级为实现专制统治而采取的禁止言论手段。

中华人民共和国成立初期，主要通过出台规范性文件来对出版物"禁载"内容进行规定，如《保守国家机密暂行条例》（1951）、《关于查禁书刊问题的指示》（1952）、《关于出版物应注意保密的通知》（1954）、《关于处理反动、淫秽、荒诞书刊图画问题的通知》（1958）等。此阶段有关出版物内容的相关规定以"禁止刊载国家安全类的内容"为主，从而划定公民出版自由的界限。改革开放之后，我国出版业得到较大发展，图书、期刊、报纸、音像制品等出版物数量均实现快速提升，与此同时，有关出版物的法律法规开始朝着制度化和系统化的方向发展。在出版法律法规体系建设过程中，与出版物内容相关的法律规定也在沿袭已有规制的基础上逐渐改进与完善。1979 年全国人大颁布《中华人民共和国刑法》，将出版包含"禁载"内容出版物的行为界定为"违法行为"，并明确规定违反者将受到刑事制裁。1997 年国务院颁布的《出版管理条例》则以出版领域专门法规的形式，更加系统、全面地对出版物"禁载"内容作出规定。在此期间，《关于适当控制性知识、性科学图书出版的通知》（1981）、《关于严禁进口、复制、销售、播放反动黄色下流录音录像制品的规定》（1982）、《关于宣传报道和文艺创作要正确对待少数民族习俗问题的通知》（1983）、《关于重申严禁淫秽出版物的规定》（1988）、《中华人民共和国保守国家秘密法》（1988）、《新闻出版署关于不得出版宣扬愚昧迷信的图书的通知》（1989）、《新闻出版保密规定》（1992）、《关于出版少年儿童读物的若干规定》（1994）、《音像制品内容审查办法》（1996）、

《关于不得出版宣扬愚昧迷信与伪科学内容出版物的通知》（1999）
等一系列法规文件的颁布，使得有关出版物的内容规定从主要以原
则性、政治性、宏观性的"禁载"为主，开始向细分领域发展，
对于出版物内容的规制更为细化。根据现今已历经四次修订的
《出版管理条例》第25条、第26条，"禁载"内容按照所指向的
客体对象不同，可分为国家安全、社会秩序、淫秽色情内容、民族
与宗教事务、未成年人保护、个人权利等类别。而有关出版物中
"淫秽色情内容"的禁载则成为规制重点，1989年，我国成立"扫
黄打非"工作小组，对含有淫秽色情内容的出版物进行查缴，并
以《刑法》为依托，将其纳入"刑事犯罪"领域。

　　进入21世纪，伴随出版技术的进一步变革，数字出版物成
为出版市场的重要产品形式，而与之相伴的版权问题、禁载内容
肆意与广泛传播问题一度导致数字出版市场混乱。数字出版产品
的易复制与易传播特性使得人们接触不同思想与观念的机会骤然
提升，其所具有的教育价值与智力发展影响力使得内容规制相关
法律规定在数字时代的延续与升级成为一种必然。《互联网信息
服务管理办法》《电子出版物出版管理规定》《互联网文化管理
暂行规定》《网络文化经营单位内容自审管理办法》《网络出版
服务管理规定》等数字出版相关法律规定中，均对数字出版产品
的内容规制作出了总括性规定。就其规定内容而言，各个法规所
列内容条款基本一致，且原则上延续了《出版管理条例》中有关
传统出版物"禁载"的条款内容。与此同时，《最高人民法院、
最高人民检察院关于办理利用互联网、移动通讯设备、声讯台制
作、复制、出版、贩卖、传播淫秽电子信息刑事案件具体应用法
律若干问题的解释》《宗教事务条例》《中华人民共和国治安管
理处罚法》《关于进一步加强对涉及民族宗教出版物管理的通
知》《中华人民共和国网络安全法》《国家新闻出版广电总局关
于规范报刊单位及其所办新媒体采编管理的通知》等法律法规、
规范性文件的出台，使得出版物的内容规制在数字技术时代得以
进一步发展和完善。

二、数字出版产品"禁载"内容相关法律规定

《网络出版服务管理规定》第24条、《互联网文化管理暂行规定》第16条、《电子出版物出版管理规定》第3条等相关条款中对电子书、移动出版物、网络游戏、网络动漫、网络文学、数字报纸、数字期刊和数据库出版物等数字出版产品中的"禁载"内容作出了详细规定，所列条款内容均保持一致。此外，《互联网文化管理暂行规定》第18条规定："互联网文化单位应当建立自审制度，明确专门部门，配备专业人员负责互联网文化产品内容和活动的自查与管理，保障互联网文化产品内容和活动的合法性。"《网络出版服务管理规定》第23条规定："网络出版服务单位实行编辑责任制度，保障网络出版物内容合法。"数字出版产品内容禁载主要是指任何数字出版产品中不得含有下列内容：

（1）反对宪法确定的基本原则的：攻击中国特色社会主义理论和制度，反对中国共产党领导。

（2）危害国家统一、主权和领土完整的，危害国家安全，或者损害国家荣誉和利益的：①赞颂或者美化背叛、分裂国家和颠覆国家政权的活动、组织和人物的；②干涉或者恶意攻击我国政治、经济、文化、军事、立法、司法、行政、外交等主权的。

（3）泄露国家秘密、危害国家安全或者损害国家荣誉和利益的。

（4）煽动民族仇恨、民族歧视，破坏民族团结，或者侵害民族风俗、习惯的：①侮辱少数民族独特习俗和宗教信仰的；②宣扬种族、民族歧视的；③歪曲亵渎合法宗教信仰，侮辱宗教领袖和信众的；④鼓吹宗教极端主义和邪教的。

（5）宣扬邪教、迷信的。

（6）散布谣言，扰乱社会秩序，破坏社会稳定的。

（7）宣扬淫秽、色情、赌博、暴力或者教唆犯罪的：①美化罪犯形象，足以引起未成年人对罪犯同情或者赞赏的；②具体描述犯罪方法或者细节，诱发或者鼓动未成年人模仿犯罪行为的；③细致描写血腥、恐怖、暴力、绑架、自杀、吸毒、赌博、酗酒等具体

行为，展示凶暴、残酷的犯罪过程及肉体、精神虐待，容易对未成年人造成心理伤害的场面；④具体表现和描述性行为的；⑤有明显的性暴露、性挑逗、性骚扰、性侮辱或类似效果的画面、文字、图片、音视频等的；⑥以成人电影、三级片、偷拍、走光、露点及各种挑逗性文字或图片作为数字出版产品标题或分类的；⑦美化或宣扬反人类、反社会行为的。

（8）侮辱或者诽谤他人，侵害他人合法权益的：①对他人恶意贬损歧视（如生理、职业、疾病、性别、种族歧视等）的；②侵犯他人隐私的；③捏造事实，侮辱诽谤他人的；④辱骂、诅咒他人的。

（9）危害社会公德或者民族优秀文化传统的：①颠覆社会公德基本判断，混淆正义与非正义基本界限的；②宣扬与健康伦理道德相悖的婚恋观、性观念的；③篡改重大历史事实，歪曲中华文明和中国历史的。

（10）有法律、行政法规和国家规定禁止的其他内容的。

此外，相关法规规章针对未成年人合法权益的保护作出了数字出版产品"禁载"内容的特殊规定，如《网络出版服务管理规定》第25条规定："网络出版物不得含有诱发未成年人模仿违反社会公德和违法犯罪行为的内容，不得含有恐怖、残酷等妨害未成年人身心健康的内容，不得含有披露未成年人个人隐私的内容。"与此同时，《中华人民共和国网络安全法》第12条对数字出版产品的禁载内容作出规定："任何个人和组织使用网络应当遵守宪法法律，遵守公共秩序，尊重社会公德，不得危害网络安全，不得利用网络从事危害国家安全、荣誉和利益，煽动颠覆国家政权、推翻社会主义制度，煽动分裂国家、破坏国家统一，宣扬恐怖主义、极端主义，宣扬民族仇恨、民族歧视，传播暴力、淫秽色情信息，编造、传播虚假信息扰乱经济秩序和社会秩序，以及侵害他人名誉、隐私、知识产权和其他合法权益等活动。"根据数字出版产品内容禁载的客体对象不同，可将所列禁载条款划分为：从国家安全和稳定的维度来考量的数字出版产品中应禁止涉及的内容，以社会秩序的稳定为客体对象而设置的数字出版产品禁载内容，以及以个人权利和自由为客体对象的禁载内容。其中，维护国家安全与社会秩序稳定是网络技术时代数字出版产品内容规制的核心。

国家安全是一个颇为广泛的说法，是指国家各种体制、机制、秩序的运行常态及其所标示的国家主权、利益及尊严的完整性不被国内外敌对势力和相关活动所干扰、妨碍和侵害。① 危害国家安全的内涵具有较为鲜明的时代特征，在不同时代有不同的表达方式，如指向"破坏国家人民的利益和煽动世界战争"（共同纲领）、"为反动阶级说教"（关于取缔反动落后书刊）、"禁止引进煽动读者反对中国共产党的领导、反对社会主义制度的图书"（《关于对出版台港澳作品和翻印台港澳图书加强管理的通知》）等。在《出版管理条例》颁布之后，有关危害国家安全的禁载内容开始形成统一的说法，此类禁载条款一直延续至网络时代的数字出版产品内容规制条款中，且禁载的条款内容更为具体。其中，禁止出版物中刊载涉及国家机密的法律规定起步较早，如 1950 年和 1951 年相继颁布的《国家保密条例》和《保守国家机密暂行条例》中对涉密出版物的审查批准等方面的规定，是我国关于出版物中禁止刊载国家机密的重要标志。1994 年，以互联网出版物为代表的数字出版产品涉密内容开始被纳入国家机密管理范畴。与此同时，有关数字出版产品中的涉密内容规制在互联网技术不断进步的时代，因其传播的广泛性和信息内容获取的便易性出现了一些新的形式，如 1998 年国家保密局颁布的《计算机信息系统保密管理暂行规定》中对使用计算机处理的涉密文件和数据作出了相关规定。而现有的《网络出版服务管理规定》《互联网文化管理暂行规定》《电子出版物出版管理规定》等数字出版法律规定的相关条款，以国家安全为客体对象而设置的内容禁载对涉及国家秘密，特别是涉及国防军工、信息安全等敏感信息和不对外公开的内部资料信息的规定更为严苛。

出版物是表达思想最有力的载体，但以维持社会秩序的稳定为目的，包含有关种族、青少年心理、宗教、色情暴力等明显宣传内

---

① 张洪. 网络时代的国家安全［J］. 楚天法治，2015（5）：184.

容的出版物是被明确禁止的。我国是统一的多民族国家，坚持民族平等和团结是我国重要的民族政策。中华人民共和国自成立以来，对于出版物中含有民族歧视或宗教偏见的内容就严厉禁止，如2003年新闻出版总署发布的《关于进一步加强对涉及民族宗教问题出版物管理的通知》明确规定加强对涉及少数民族宗教信仰、禁忌、风俗习惯等内容的审查。2004年颁布、2017年修订的《宗教事务条例》第45条规定"涉及宗教内容的出版物，应当符合国家出版管理的规定"。相关规定在网络技术时代仍然延续，包含此类内容的数字出版产品自然也成为内容审查制度中的重点。

此外，对淫秽色情出版物的禁止是数字出版产品内容禁止的重点。近年来，随着互联网新技术和新应用的发展和进步，数字出版产业飞速发展的同时，包含淫秽色情内容的数字出版产品以文字、图片、影像等形式通过各类网站、社交网络、即时通信工具、移动智能终端渠道更加隐蔽、快捷地进行传播，且屡禁不绝，因其对人们尤其是青少年思想的荼毒以及社会整体风气的危害而备受各个国家的重视。

就数字出版产品中包含禁载内容的惩罚而言，根据《出版管理条例》第62条、《互联网信息服务管理办法》第20条、《网络出版服务管理规定》第52条的规定，若出版、传播含有相关条款所禁载内容的数字出版产品，由出版行政主管部门责令删除相关内容并限期改正，没收违法所得，违法经营额1万元以上的，并处违法经营额5倍以上10倍以下罚款；违法经营额不足1万元的，可以处5万元以下罚款；情节严重的，责令限期停业整顿或者由国家新闻出版广电总局吊销《网络出版服务许可证》，由电信主管部门依据出版行政主管部门的通知吊销其电信业务经营许可或者责令关闭网站；构成犯罪的，依法追究刑事责任。

三、数字出版产品重大选题备案制度相关法律规定

重大选题备案制度是我国从宏观上把控出版物内容方向的重要手段，亦是我国图书出版管理制度中的核心制度之一，1997年10月新闻出版署根据国务院颁布的《出版管理条例》制定了《图书、

期刊、音像制品、电子出版物重大选题备案办法》，2019 年 10 月
25 日国家新闻出版署发布修订后的《图书、期刊、音像制品、电
子出版物重大选题备案办法》（以下简称《备案办法》）。该《备
案办法》第 2 条规定："列入备案范围内的重大选题，图书、期
刊、音像制品、电子出版物出版单位在出版之前，应当依照本办法
报国家新闻出版署备案。未经备案批准的，不得出版发行。"数字
出版产品的重大选题备案制度相关规定基本体现为传统出版物重大
选题备案制度在网络技术环境中的延续。相关规定主要出现在
《电子出版物出版管理规定》和《网络出版服务管理规定》中。
《电子出版物出版管理规定》第 20 条规定："电子出版物出版实行
重大选题备案制度。涉及国家安全、社会稳定等方面重大选题，涉
及重大革命题材和重大历史题材的选题，应当按照国家新闻出版署
有关选题备案的规定办理备案手续；未经备案的重大选题，不得出
版。"《网络出版服务管理规定》第 26 条规定："网络出版服务单
位出版涉及国家安全、社会稳定等方面重大选题的内容，应当按照
国家新闻出版广电总局有关重大选题备案管理的规定办理备案手
续。未经备案的重大选题内容，不得出版。"

根据 2019 年 10 月 25 日国家新闻出版署发布的《图书、期刊、
音像制品、电子出版物重大选题备案办法》，"重大选题"是指涉
及国家安全、社会稳定等方面内容选题，具体包括：（1）有关党
和国家重要文件、文献选题。（2）有关现任、曾任党和国家领导
人讲话、著作、文章及其工作和生活情况的选题，有关现任党和国
家主要领导人重要讲话学习读物类选题。（3）涉及中国共产党历
史、中华人民共和国历史上重大事件、重大决策过程、重要人物选
题。（4）涉及国防和军队建设及我军各个历史时期重大决策部署、
重要战役战斗、重要工作、重要人物选题。（5）集中介绍党政机
构设置和领导干部情况选题。（6）专门或集中反映、评价"文化
大革命"等历史和重要事件、重要人物选题。（7）专门反映国民
党重要人物和其他上层统战对象的选题。（8）涉及民族宗教问题
选题。（9）涉及中国国界地图选题。（10）反映香港特别行政区、
澳门特别行政区和台湾地区经济、政治、历史、文化、重要社会事

务等选题。(11) 涉及苏联、东欧等社会主义时期重大事件和主要领导人选题。(12) 涉及外交方面重要工作选题。有关重大选题范围，国家新闻出版署根据情况适时予以调整并另行公布。

数字出版产品所划定的重大选题范围亦遵循上述所列重大选题的范围，新闻出版行政部门将根据情况适时予以调整。数字出版产品重大选题备案中有以下情况的，由相关单位出具选题审核意见报国家新闻出版署，国家新闻出版署根据审核意见直接核批：(1) 中央和国家机关有关部门组织编写的主要涉及本部门工作领域的选题，由本部门出具审核意见。(2) 中央统战部、中央党史和文献研究院、外交部、国家民委等部门所属出版单位出版的只涉及本部门工作领域的选题，由本部门出具审核意见。(3) 解放军和武警部队出版单位出版的只涉及军事军史内容的选题，由中央军委政治工作部出具审核意见。(4) 各地编写的只涉及本地区党史事件、人物和本地区民族问题的选题，不涉及敏感、复杂内容和全局工作的，由所在地省级出版管理部门组织审读把关，出具审核意见。(5) 涉及中国国界地图选题，不涉及其他应备案内容的，由出版单位在报备时出具国务院测绘地理信息行政主管部门的审核意见。

数字出版产品出版单位申报重大选题备案时，应当如实、完整、规范填报并提交如下材料：(1) 省级出版管理部门或主管单位的备案申请报告。报告应当对申报备案的重大选题有明确审核意见。(2) 重大选题备案申报表。应当清楚填写涉及重大选题备案范围，需审核问题，需审核的具体章节、页码和待审核的人物、事件、文献、图片等内容。(3) 书稿、文章、图片或者样片、样盘、样带。书稿应当"齐清定"、经过编辑排版并装订成册，文字符合国家语言文字规范，引文注明出处。(4) 出版物"三审"意见复印件。(5) 备案需要的其他材料。包括有关部门同意立项的材料，送审照片（图片）样稿，相关部门保密审核意见等。

数字出版单位若违反本办法，未经备案出版涉及重大选题范围出版物的，由国家新闻出版署或省级出版管理部门责成其主管单位对出版单位的主要负责人员给予行政处分；停止出版、发行该出版物；违反《出版管理条例》和有关规定的，依照有关规定处罚。

根据《网络出版服务管理规定》第 54 条规定，数字出版服务单位未按规定出版涉及重大选题出版物的，情节严重者，责令限期停业整顿或者由国家新闻出版广电总局吊销《网络出版服务许可证》。

四、数字出版产品内容质量相关法律规定

目前，数字出版产品的发展往往专注于形式上的创新与视觉上的体验，而忽视了内容上的提升以及质量上的把关。其内容的编辑、制作、印刷复制、发行、传播与消费均与技术进步相关联，但却缺乏对传统优秀出版物编辑理念和质量观念的继承。一些数字出版商为了缩短产品制作周期，在商业利益的驱使下对网上已有内容进行简单的复制粘贴，导致各种语言混乱、逻辑不通的劣质数字出版产品出现在消费者面前。为了遏制此种现象，建立和实施严格、有效、可操作的数字出版产品内容质量保障体系，完善相关数字出版产品的内容质量的法律规定也逐渐受到新闻出版管理部门的重视。如《互联网文化管理暂行规定》第 18 条规定："互联网文化单位应当建立自审制度，明确专门部门，配备专业人员负责互联网文化产品内容和活动的自查与管理，保障互联网文化产品内容和活动的合法性。"《网络出版服务管理规定》第 23 条规定："网络出版服务单位实行出版物内容审核责任制度、责任编辑制度、责任校对制度等管理制度，保障网络出版物出版质量。在网络上出版其他出版单位已在境内合法出版的作品且不改变原出版物内容的，须在网络出版物的相应页面显著标明原出版单位名称以及书号、刊号、网络出版物号或者网址信息。"在信息泛滥的网络技术时代，上述法律法规的出台对于实现数字出版产品从规模数量的增长到内容质量效益的提高的转变意义重大，有助于提升数字出版产业的整体水平。

五、有关数字音乐和网络游戏内容管理的特殊规定

《2017 年中国数字音乐市场发展报告》显示，2016 年国内唱片公司 96% 的收益来自数字音乐，中国数字音乐产值达 143.26 亿元，同比增长 39.36%。数字音乐已成为全球音乐产业最重要的资

金来源和毋庸置疑的未来方向，重要程度不言而喻。而根据《2017—2018 年数字出版产业年度报告》的相关数据可知，网络游戏收入为 884.9 亿元，在总收入中占比 12.5%。由此可知，数字音乐和网络游戏是我国数字出版产业中的主力军，二者也因其产品形式与内容传播广泛等原因受到相关行政部门的特别关注。

（一）数字音乐内容管理的相关法律规定

2018 年伊始，嘻哈歌手音乐作品《圣诞夜》歌词因存在涉毒及侮辱妇女等违法内容在网络上引起网友热议，随后人民日报、新华社及环球网等官方媒体更是撰文痛批该歌曲内容触犯国家相关法律，违反社会主义核心价值观。其实，为提高我国数字音乐原创水平，加强数字音乐管理，规范数字音乐进口，促进网络文化产业的健康发展，文化部早在 2006 年 11 月就发布了《关于网络音乐发展和管理的若干意见》，2015 年 12 月又发布了《关于进一步加强和改进网络音乐内容管理工作的通知》（自 2016 年 1 月 1 日起施行），要求经营单位规范网络音乐经营行为，文化行政部门加强网络音乐市场监管，同时明确规定了数字音乐内容审查报审的程序。

数字音乐内容管理实行企业自主审核，文化管理部门进行事中事后监管的管理制度。经营单位自主审核是指数字音乐经营单位按照"谁经营，谁负责"的原则，坚持社会效益和经济效益相统一、社会效益优先，切实履行内容审核主体责任，负责对拟提供的数字音乐进行内容审核，审核通过后方可上线经营。经营单位应当严格按照《网络文化经营单位内容自审管理办法》和《网络音乐内容审核工作指引》等标准规范，开展本单位内容审核工作，建立内部工作流程和责任制度，严把内容关，确保数字音乐内容合法。提供网络平台（空间）供网民编创、表演及个人音乐上传服务的数字音乐经营单位，应当建立对本网络平台（空间）的实时监管制度，发现违规内容要立即进行处置。

依据《网络文化经营单位内容自审管理办法》，内容审核人员负责经营单位数字音乐产品及服务的内容审核工作，具体涉及掌握内容审核的政策法规和相关知识、独立表达审核意见及参加文化行政部门组织的业务培训等职责。文化行政部门负责内容审核人员培训考核及检查监督工作，对经考核合格者发给内容审核人员证书，并纳入审核人员信息库统一管理，取得证书的内容审核人员每年至少应当参加 1 次后续培训。内容审核人员有下列情形之一的，由发证部门注销其内容审核人员证书：（1）连续 2 年未按规定参加后续培训的；（2）玩忽职守造成严重社会影响的；（3）出现重大审核失误的。一般来讲，经营单位的内容审核工作由 2 名以上的审核人员负责，审核后的记录保存期限不能少于 2 年。

除此之外，经营单位应当将本单位内容管理制度、部门设置、人员配置、工作职责、审核流程、工作规范等情况通过"全国文化市场技术监管与服务平台"报所在地省级文化行政部门备案。在每季度第一个月月底前，通过"全国文化市场技术监管与服务平台"将上一季度数字音乐内容自审相关信息报文化部备案。备案内容包括：内容自审总体情况、审核的数字音乐数量（包括审核通过和审核未通过，下同）、审核的数字音乐曲目列表（包括曲目名称、版权公司、词曲作者、表演者）等信息。提供网络平台（空间）服务的数字音乐经营单位，备案内容为本网站实时监运情况、发现问题处置情况等。数字音乐经营单位对数字音乐内容是否合法难以判定的，可向省级以上文化行政部门申请行政指导，文化行政部门应当在接到申请后 7 个工作日内予以回复。

此外，文化部负责对数字音乐内容审核工作的总体指导，负责制定并发布数字音乐内容审核工作指引等标准规范，编制内容审核培训教程，负责对数字音乐内容是否合法进行最终认定，负责建立警示名单和黑名单等数字音乐市场信用管理制度。省级文化行政部门负责具体指导、监督数字音乐经营单位开展自审工作，包括：指导企业培训自审人员，对企业自审制度执行情况进行随机抽查、核查，为数字音乐内容自审工作提供行政指导等。省级以上文化行政部门可以根据需要成立内容审查专家委员会，根据专家委员会审查意见，对数字音乐内容合法性提出认定意见。

各级文化行政部门和文化市场综合执法机构要加强对数字音乐市场的事中指导检查和事后监管执法工作。做好对辖区内数字音乐经营单位的指导、服务和日常监管，建立数字音乐市场巡查、随机抽查制度，依法查处违法违规行为和相关责任单位，负责实施警示名单和黑名单等数字音乐市场信用管理制度。行业协会等社会组织要在文化行政部门的指导下，切实发挥企业与政府之间的沟通桥梁作用，主动加强行业自律，制定行业标准和经营规范，开展行业培训，推动企业守法经营。

（二）　网络游戏内容管理的相关法律规定

随着中国互联网的快速发展，网络游戏已成为新的网络文化业态，是广大民众在互联网上消费娱乐的重要文化产品。不同于一般的静态文化产品，网络游戏的互动性、创造性、参与性使其呈现出"虚拟社会"的所有特点，影响着用户的人生观、世界观、价值观。因此，加强内容管理是网络游戏管理工作的重要环节。内容发布行为准则和内容的审查与备案是内容管理必不可少的步骤。

1. 内容发布行为准则

《网络游戏管理暂行办法》规定从事网络游戏经营活动应当"遵守宪法、法律、行政法规，坚持社会效益优先，保护未成年人优先，弘扬体现时代发展和社会进步的思想文化和道德规范，促进人的全面发展与社会和谐"，要"遵循有利于保护公众健康及适度游戏的原则，依法维护网络游戏用户的合法权益"。同时国家鼓励研发、运营弘扬优秀民族文化、内容健康向上、寓教于乐的网络游戏。

2. 网络游戏未成年人保护

《网络游戏管理暂行办法》要求网络游戏运营企业应当建立自审制度，明确专门部门，配备专业人员负责网络游戏内容和经营行为的自查与管理，保障网络游戏内容和经营行为的合法性。鉴于未成年人自制力和甄别力较弱，在网络游戏中易引发沉迷，影响学业和身心健康，为了防止未成年人沉迷游戏，全国人大常委会、教育部等部门颁布了一系列法规政策。按照《中华人民共和国未成年人保护法》的"优先保护"原则，《网络游戏管理暂行办法》明确要求网络游戏经营单位应当采取一系列未成年人保护措施：一是根据内容、功能和适用人群，制定用户指引和警示说明；二是以未成年人为对象的网络游戏不得含有诱发未成年人模仿违反社会公德的行为和违法犯罪的行为的内容，以及恐怖、残酷等妨害未成年人身心健康的内容；三是按照国家规定，采取技术措施禁止未成年人接触不适宜的游戏或者游戏功能，限制未成年人的游戏时间，预防未成年人沉迷网络；四是不得向未成年人提供网络游戏虚拟货币交易服务。

《"网络游戏未成年人家长监护工程"实施方案》规定的"网络游戏未成年人家长监护工程"自 2011 年 3 月 1 日起全面实施，该工程是一项在政府部门、人民团体指导下，社会和家长参与，网络游戏经营单位具体实施的社会行动，旨在加强家长对未成年人参与网络游戏的监护，引导未成年人健康、绿色地参与网络游戏，构建和谐家庭关系，主要内容包括：（1）网络游戏经营单位建立专门的服务页面，公布专线咨询电话，开通专门受理渠道，介绍受理方式。（2）家长需要了解、引导、控制孩子游戏活动的，由家长向网络游戏经营单位提供合法的监护人资质证明、游戏名称账号以及限制措施等信息。限制措施包括：限制每天或每周玩游戏的时间长度，限制玩游戏的时间段，或者完全禁止。（3）网络游戏经营单位按照家长要求对未成年人的账号采取限制措施，并持续跟踪观察，及时反馈该账号的活动，为家长提供必要协助，制止或限制未成年人的不当游戏行为。

除此之外，2007 年发布的《关于保护未成年人身心健康实施网络游戏防沉迷系统的通知》还要求网络游戏运营企业要按规定要求，全力做好网络游戏防沉迷实名验证的各项工作。首先，要认真做好本企业应承担的网络游戏用户注册信息识别等工作；其次，按《网络游戏防沉迷实名验证流程》等相关流程及时报送需验证的用户身份信息；最后，严格将经实名验证证明是提供了虚假身份信息的用户纳入网络游戏防沉迷系统。除此之外，国家新闻出版总署、教育部等部门在《网络游戏防沉迷系统开发标准》中还规定，未成年人 3 小时以内为"健康"游戏时间，一个账号连续游戏 3~5 小时为"疲劳"，游戏收益将减半，超过 5 小时被确定为"不健康"游戏时间，游戏经验值会降为 0。这些规定都体现了相关法律政策对未成年人这一特殊群体的社会保护，提高他们的抗诱惑能力。

第二节　数字出版产品制作相关法律规定

目前，我国有关数字出版产品制作的相关法律规定在《网络出版服务管理规定》《互联网文化管理暂行规定》《信息网络传播权保护条例》《电子出版物出版管理规定》等法律规定中有所涉及，但集中体现在现已颁布的数字出版国家标准中，主要包含制作技术、产品格式、数字出版产品形式三个方面。并且，我国正在加快数字出版产业的标准化体系建设，目前很多的数字出版产品制作方面的规范性文件正在不断制定与完善中，《新闻出版数字资源唯一标识符》《中国标准名称标识符》等行业标准已经由国家新闻出版广电总局发布，长期困扰数字出版产业发展的内容不规范、格式不统一等问题有望得到解决。

一、有关数字出版产品制作技术的法律规定

数字出版正面临着空前的发展机遇，但对于如何发展数字出版业务，出版机构存在困惑，除政策、管理、营利模式等社会性问题外，技术因素在其中发挥着重要作用。充分认识数字出版产品制作手段、数字信息处理的标准化以及数字出版产品的技术要求与规范等，有助于出版机构加深对数字出版的理解和认识，积极投身于数字出版大潮。

对于数字出版，技术提供商比出版行业更积极的原因之一是技术厂商有渠道优势、内容聚集技术优势，但产品内容质量却不是其考虑的主要因素；出版机构倾向于保证数字出版产品的内容质量，却感到技术门槛相对较高。从本质上讲，不管产品形态如何发展变化，数字出版仍然是内容生产。出版机构作为内容生产者，既拥有丰富的信息资源，又有精良的编辑队伍，毫无疑问应该是数字出版的主体，即使因新技术发展而产生的各种新表现形式使得数字出版

技术门槛较高，技术也不应该成为数字出版的主要制约因素。因此，制定数字出版相关数据标准，规范数字出版产品制作技术，将有助于降低数字信息资源加工的技术复杂度，使数字出版业能够集中精力做内容，生产更多合格且高品质的数字出版产品。

（一）　元数据及相关标准

数字出版产业的蓬勃发展，改变了人们获取出版物的方式，也使出版业的业务流程随之而变。数字出版强调内容与内容之间的关联，其实质可以概括为"一次制作、结构化加工、分层次表达、全媒体发布、按需服务"。在数字出版产品制作过程中，结构化的加工是必不可缺的环节，而在结构化加工过程中，内容元数据作为一种有效的资源描述方式，越来越显示出它的重要性和实用性。元数据属于信息组织范畴，在计算机技术的支撑下，已经成为对信息内容进行有效组织的一种方法或技术，并充分显现出在提高海量信息管理效率方面的优越性。与此同时，数字出版产业的进一步发展，需要规模化的数字出版内容资源，无论是集中式或分布式资源整合，都需要通过标准化的元数据实现，出版元数据标准化是支撑数字出版内容资源整合的必要条件。因此，与数字出版产品相关的元数据技术标准也相继得到应用。

1. 元数据技术

元数据的标准定义是"关于数据的数据"，它根据一定规则和方法描述了各种形态的数字内容的特征和属性。在出版领域，元数据是描述出版领域的资源、过程、权限和管理数据的数据。当前，出版业内各专业领域已在使用元数据，如电子政务、版权保护，以及编辑、发行、数字资源数据库等领域。在数字出版领域，电子书、图片、音视等内容资源具有动态性、分布性、多元性和无序性等特点，元数据对这些对象拥有的各类属性进行描述，只要足够准确且丰富，就可以将元数据看成内容资源的替代品，可以通过管理元数据而管理内容资源，通过检索元数据而组织和利用内容资源。例如，将元数据与电子书进行有效整合，可以打通目前常规的数字出版产业链，如为数字出版产品的制作及销售等直接提供有价值的信息，以避免各环节数据割裂、重复性地工作。因此，做好元数据这项工作，可以提升数字出版产品的价值。并且，仅仅利用版权信息或 CIP 数据作为元数据是不够的，出版物的质量、读者喜好、同类图书，都可以是元数据涵盖的范围。随着数字出版物的普及，从长远看，数字出版商处理元数据的差别，元数据的丰富程度、质量高低，都会影响产品的价值发现、价值创造。

2. 元数据标准

出版元数据标准化是制定并依照出版元数据框架及其应用规则，对出版领域所用元数据实施规范管理的过程。标准化主要解决已进入标准的不同元数据间的兼容问题，同时将正在使用和新出现的元数据纳入标准。从技术上讲，数字出版中数字信息的转换和加工处理等都由计算机自动完成，计算机系统要求数据必须具有"良好结构"，而"良好结构"需要依赖元数据描述。在这种情况下，元数据的采集和加工一定要标准化，才能实现数字资源的有效加工和管理，否则难以形成科学合理的数字产品或实现对外服务。同时，对产业来说，制定和规范数字出版的元数据标准也非常必要。标准是行业发展的根本，是国家管理的基本依据。标准要求所有技术厂商的产品都要符合相同的技术规范，基本的技术功能以一致的形式呈现；而不同技术产品更多从增值角度提供方案，从支持方面体现其特征，也就是要求技术以数据资源为中心，围绕规范标准的数字内容来提供服务。基本技术方式的通用性将从根本上降低对使用者的技术要求，使业务人员可以借助方便有效的工具专心处理信息内容，因而有助于数字出版相关技术具有更明确的应用目标，进而促进产业发展。

就数字出版产品制作而言，我国也颁布了一些不同类型的元数据标准。如《信息技术 电子书 第3部分：元数据》规定了电子书元数据的属性、电子书设备元数据和电子书内容元数据。电子书元数据采集、数据集编目、对数据集完整描述、数据共享、数据交换和数据查询服务等均因此有了参照可循。另外，《数字音乐元数据》标准规定了数字音乐作品中元数据的内容，适用于音乐领域对数字音乐作品中元数据的整理、建库、汇编、发布和查询，其还定义了一个由数字音乐作品产生的信息模型，规定了构成该模型的元数据实体和元数据元素，提供了对该模型的形式化描述。除此之外，《中文新闻图片内容描述元数据规范》填补了我国新闻图片应用标准的一项空白，也是世界范围内第一个以图片视觉内容和语义特征描述为主的图片元数据规范，规范了图片生产的各个环节，专业性强，结构简明，具有较高的应用价值。该标准重点关注图片视觉内容和语义特征描述，可用于图片数据的采集、编辑、存储、发布、检索、交换等处理环节。

（二）技术规范

数字出版是数字技术与出版的密切结合，是通信技术、计算机技术、网络技术等高速发展下的产物。技术的进步促使传统出版变革，数字出版技术渗透到出版的每一个领域、每一个环节，深刻地影响了出版的发展。出版资源具有可再生性，利用数字出版技术能够对媒介融合、内容资源整合等形成一定的助推力，加快媒介融合、内容资源整合的进程，甚至在一定程度上重构了整个出版业务流程，从数字内容的编辑制作到多终端设备的发行，每一个环节都离不开数字出版技术。并且数字出版技术还可以实现数字出版产品同时以多形式、多用户、多语言的方式为读者提供服务，促使数字出版向数字多媒体出版方向发展，如数字广播、电视，数字图书、期刊、报纸，数字音像，数字地图等。

但是，对于数字出版产品制作出版而言，数字出版技术其实是一把双刃剑，数字出版新技术在提高数字出版产品制作效率与质量，实现数字出版产品多元形态和多样传播的同时，也产生了技术不过关、技术标准不统一、出现大量不合格或质量低劣的数字出版产品等各种问题。因此，对数字出版产品的制作技术严格把关，按照标准审核数字出版产品的质量，是正确运用数字出版技术的必然要求，为此我国也制定了一系列相关的技术标准和规范。

比如，《声像节目数字出版物技术要求及检测方法》标准规定了声像节目数字出版物的基本技术要求、介质要求和检测方法，适用于声像节目数字出版物的制作与检测。《信息技术 电子书 第1

部分：设备通用规范》规定了电子书产品的术语和定义、技术要求、测试方法、质量评定程序及标志、包装、运输和储存，适用于用电子纸或液晶显示器件的产品，以及其他采用电子纸或液晶显示器件且以阅读为核心功能的便携式电子产品的设计和制造。《音像制品质量技术要求》中盒式音带、数字音频光盘（CD-DA）、VHS像带、数码激光视盘（VCD）、视频多用途数字光盘（DVD-VIDEO）等七项标准以录音带、CD、录像带、VCD（含超级VCD）、DVD 五种最常用的载体为基础，详细规定了每种载体的编制、技术和装帧要求这三个方面的内容。除此之外，《新闻出版业务主题词表》和《新闻出版信息交换格式》等标准均有此方面的技术规定。

二、有关数字出版产品格式的法律规定

数字出版自"十一五"期间开始起步，到"十二五"期间的高速发展，经历了长时间的探索和磨合，相关企业付出了大量的人力和物力。作为文化与科技深度融合而诞生的新型出版业态，数字出版在现代信息产业、出版业中的地位和作用日益突出，产值规模更是突飞猛进。但是，我国数字出版标准、数字出版产品格式不统一带来的资源浪费、信息孤岛等问题也一再饱受诟病，出现了产品形态混乱、生产方式极端个性化等特征，数字出版产品的质量不容乐观。数字出版标准混乱及格式问题不仅给用户带来不便，也影响了信息内容的互联互通。对于出版商来说，由于缺乏统一文档存储标准，在整理文档时往往需要同时备份多种文档格式，才能应对不同的平台之需。

（一）标准及格式问题

标准是为了在一定范围内获得最佳秩序，经协商一致制定并由公认机构批准，共同使用和重复使用的一种规范性文件。文件格式是指电脑为了存储信息而使用的对信息的特殊编码方式，用于识别内部储存的资料。任何一种类型的信息都可以一种或多种文件格式保存在我们的计算机中。在技术快速发展的今天，数字内容产品在

终端并未形成规范的标准，所以相关的格式品种也极多。数字出版商常常困惑于哪些才是要存储的核心格式；困惑于当有新的技术产生，以前数字内容产品存储的格式未来无法应用怎么办；困惑于格式是否有通行的标准来满足未来应用的拓展等。并且由于数字出版产品的文本格式的不统一，导致读者在阅读不同公司的数字出版产品时，要购买支持不同出版物格式的阅读器或下载不同的阅读器软件，这给读者造成了很大不便，同时也阻碍了我国数字出版的健康发展。因此，标准及格式的问题影响着整个数字出版产业的发展，国内亟须研究和制定相应的标准来加以规范。

为了有利于数字出版产业的长远发展，管理部门陆续出台了多项政策规定。2010 年 8 月新闻出版总署颁布的《关于加快我国数字出版产业发展的若干意见》明确指出，加快数字出版产业发展的主要任务之一，就是要加快推进数字出版相关标准研制工作，尽快制定各种数字出版相关标准，完成数字出版、移动出版等相关数字出版标准体系的制定，在生产、交换、流通、版权保护等过程中形成符合行业规范的数字出版业标准化体系，创造公平市场竞争环境。此后，2011 年发布了《数字出版标准体系研究报告》，2012 年我国数字出版标准建设继续全面推进，多项出版物应用标准已出版并发布，各项数字出版格式标准、电子书内容标准、手机出版系列标准等进一步加快制定工作，数字出版内容质量的检测规范与标准的制定也开始启动。

随着一系列基于数字出版产品生产工作需求的国家级、行业级、企业级等各级标准的制定和实施，各数字出版单位在生产数字出版产品的过程中可以参考行业先进经验，在开展工作时更加有据可依和高效便捷。同时，这些标准的制定和实施还使得数字出版产品的形态和质量得到进一步规范和提高，并成为不同数字出版类型企业之间的纽带。

（二）国家及行业标准

国家及出版行业近十年颁布了一系列针对数字出版产品格式方面的规范标准，这里以几个例子加以说明。首先，国家标准方面，

《中国出版物在线信息交换（CNONIX）图书产品信息格式》颁布于 2013 年 12 月，它是由中国出版集团牵头组织协调行业 30 多家出版、发行、技术企业及图书馆联合制定的一项国家标准。统一规范我国出版物流通领域图书产品信息描述与交换格式，满足了出版者通过互联网向发行者及图书馆等终端客户传递图书电子信息的需求，实现了出版物产品信息"一次加工，全程共享"。图书 CNONIX 标准是我国书业电子商务标准体系和出版物物流标准体系建设的基础核心内容，在我国出版物发行标准体系建设中占有重要的位置，对我国出版发行产业发展有着重要的意义，主要体现在：是实现出版物发行信息共享的最佳技术解决方案；是发行信息资源整合和集成的基本手段；是优化业务流程，实现产品信息一次加工、全程共享的技术保障；是数字出版技术在出版物流通领域的具体应用；是开展出版物发行应用元数据研究的重要对象；是建设我国以连锁经营、现代物流和电子商务为特点的出版物现代流通系统的必要的技术手段；是实施出版物发行标准化走出去战略的重要契机；是实现把我国建设成为世界出版强国战略目标的有效战术措施。

其次，行业标准方面，《数字阅读终端内容呈现格式》标准是新闻出版的行业标准，以 CEBX 技术为基础制定，旨在帮助行业用统一的格式出版数字阅读内容，为出版单位和读者省去很多麻烦。编制这个行业标准的原因，主要有两方面。一方面是目前数字阅读终端内容呈现的格式纷乱问题严重。如今被广泛应用的文档格式，如 PDF、EPUB、TXT、JPG、PMG、GTF、ZIP、RAR、UD、DOC等，无一具备在大屏幕上保证美观排版的同时，又可以在小屏幕上自由变换文字大小的功能。为满足大小屏幕的不同阅读需求，出版机构往往要生成多种格式的电子书或数字报纸，读者也需要在使用不同阅读设备时安装不同的阅读软件，甚至需要自行转换文件类型。另一方面是自主知识产权的问题。现在比较流行的阅读呈现格式都来自国外。长此以往，我国出版事业的发展会受制于人。因此，中国出版需要以自主创新的技术为主导，拥有具有自主知识产权的阅读呈现格式。传统出版机构在出版数字阅读终端上的内容时，使用这项标准所规定的 CEBX 技术，就可以通过"一次制作+一次发布"实现"多终端应用"。

另外，还有《电子书内容格式基本要求》标准。2010 年前后电子书出版在国内出版行业异军突起，电子书产业进入蓬勃发展阶段，相应标准的缺失成为制约其良性发展的瓶颈。为加快电子书类标准的制定工作，全国新闻出版标准化技术委员会组织中国出版集团公司、上海世纪出版股份有限公司、人民出版社等国内一批率先开展电子书出版与内容服务业务的企业和上海理工大学等高等院校成立了"电子书内容标准工作组"。2014 年，该项目组完成了《电子图书标识》《电子图书质量基本要求》《电子书内容版权保护通用规范》《电子图书版权记录》《电子图书质量检测方法》《电子图书功能技术规范》《电子书内容平台基本要求》《电子书内容平台服务基本功能》《电子书内容术语》《电子书内容标准体系表》《电子图书元数据》《电子书内容格式基本要求》等多项行业标准的研制工作。该项目的完成填补了电子书出版行业缺少标准的空白。

三、有关数字出版产品形式的法律规定

传统出版业从诞生伊始，用纸张和图文承载着人类文明。历经几百年的风雨历程，到了 21 世纪，数字化使传统的出版业态发生了新的变革。传统出版业与现代信息传播的碰撞与交融，使出版业呈现出了数字转型与融合的新业态。特别是 2015 年由中国主导发布的《ISO 17316：2015 信息与文献——国际标准关联标识符（ISLI）》拉开了内容产业进入"出版 2.0"时代的序幕。ISLI 国际标准关联标识符的出现对于出版业而言，是适应社会发展而进行的技术创新，也带来了观念上的改变。

在认定和标识出版产品形式上，我国制定了一系列的标准和规定，如《中国标准书号》《图书书名页》《图书在版编目数据》《电子出版物外观标识》《图书、杂志开本及其幅面尺寸》等国家标准，规定了出版产品应标识的信息，以及出版前应提取和编制的出版物元数据，此数据与书号、书号条码关联，构成出版产品的

"身份证"。通过书号检索，读者可以准确地了解某一出版产品的各项基本信息。数字出版是传统出版业的扩展和延伸，随着数字出版的深入发展，数字出版产品的日益丰富与多样化，数字出版产品也要通过标准规定的方式来体现其形式，而这主要还是反映在书号规定和标识符规定中，而这些原有的规定在适应行业发展的基础上纷纷进行了一定的调整，更加关注数字出版及产品的发展。

（一）书号

在我国，为保证图书出版生产、流通和管理的有序性，早在20世纪50年代就实行了全国统一书号制度。全国统一书号制度的实施对新中国出版事业的发展起到了重要的促进和保障作用，我国也是世界上最早使用图书统一编号的国家之一。随着国际间贸易和文化交流的日益增多，在全世界范围内使用一种统一的图书编号的需求越来越迫切，由德国、英国等国家发起，国际标准化组织于20世纪70年代初期组织制定了国际标准书号标准。我国自20世纪70年代末期改革开放后，出版行业标准化机构对 ISO 2108 ISBN 国际标准进行了采标，自1987年1月1日起，使用国际标准书号取代了全国统一书号。此后，又相继采标了 ISSN、ISRC，分别作为期刊刊号和音像出版物版号。到目前为止，ISO 发布的信息与文献领域的11项国际通用标识符标准，绝大部分已经在我国采标，应用在新闻出版和相关领域之中。而如今为应对数字出版业发展的需要，我国也在相关法律规定中对数字出版单位出版产品提出了新的要求，例如在网络上出版其他出版单位已在境内合法出版的作品且不改变原出版物内容的，须在网络出版物的相应页面显著标明原出版单位名称以及书号、刊号、网络出版物号或者网址信息。

国际上，国际标准书号（ISBN）自1970年颁布为国际标准以来，经历了四次修订。2014年启动了第五次修订工作。此次修订的原因正是数字出版的发展给 ISBN 带来的冲击。新标准规定了 ISBN 如何注册为 ISBN-A，以便在网络上实现对数字资源的"可操作"，以及在供应链上的应用；其他与相关元数据和 ISBN 分配有关的规定，特别是针对数字出版物的内容，如数字出版物 ISBN 的

分配，也纳入此次修订。国际标准录音制品编号（ISRC）发布于
1986 年，作为辨识唱片等录音资料及影碟片等音乐性录影资料的
国际标准。2014 年 1 月，此国际标准的修订工作也正式启动。此
次修订旨在总结旧版本问题的基础上，结合数字信息时代的特点，
促进 ISRC 编码与其他国际编码体系的融合。可见，相关书号标准
都在适应时代要求而不断完善，并都呈现出向数字出版产品的需求
方面靠拢的趋势。

（二）标识符

标识符是标识某个实体的一个符号，是在特定环境中对资源的
无歧义引用。外部标识符，又称为网络标识符或持久标识符，是网
络环境下的出版物的永久"身份证"，其唯一标识出版物，并且无
论出版物的形态、形式如何变化，始终可以凭借外部标识符在网络
中查找到这一出版物。目前，与新闻出版业相关的标识符标准有
ISBN、ISRC、ISSN、DOI、ISLI、ISTC 等，这些运行良好的标识符
标准尽管有的已有近 50 年的历史，有的才刚刚发布了一两年，但
是它们的标识体系在近几年都按照数字时代的特点和要求，进行了
一定的升级与变革，从对实物对象的标识扩展到对网络对象的标
识；并且在信息技术的支撑下，标识符除了对标识对象的唯一性识
别的基本功能外，还在向功能多元化的方向发展。这使得这些标识
符在数字信息时代继续发挥着重要的作用。

数字产品、数字内容和数字信息采用唯一标识的方式已获得全
世界的广泛认同。《新闻出版数字资源唯一标识符》（简称 DRUI）
的实施，对于便捷、快速、准确、关联、解析、检索和复用数字内
容十分有效，成为数字内容标注不可或缺的工具。数字资源唯一标
识符是互联网上一种高层次的标识符号，它不但可标识互联网上具
有知识产权的各种对象（文档、图像和多媒体），而且可作为现有
唯一标识符的扩展兼容方案，故可称之为"互联网上的条形码"。
其提供了互联网对象可靠、持久和唯一的标识方案，比较经济地实
现了不同应用系统直接的互操作。目前，DRUI 已广泛应用于网络
及数字出版领域。

另外，我国新闻出版产业在信息技术和互联网不断发展的大环境下，创造了以关联标识符为核心的内容关联产业应用技术，为产业数字化转型升级和融合发展提供了有力的工具，如《中国标准关联标识符（ISLI）》。2015 年 5 月 15 日，由中国提案并主导、由国际标准化组织（ISO）主持制定的一项国际标准《国际标准关联标识符（ISLI）》正式发布，其核心理念是通过一种简便而有效的信息关联构建方式实现不同属性资源之间的融合，它可以应用于包括印刷介质和网络在线等的所有信息与文献范畴内实体之间需要构建的关联。在 ISLI 技术出现之前，传统出版采用的 ISBN、ISSN、ISRC 等标识技术是单一对象标识符，只能标识和识别单一对象。这些标准强调的是唯一性，在一定范围内对产品进行唯一识别。ISLI 以新的关联方式将不同形态的内容关联，实现图片、文字、音频、视频等多种媒体资源的融合，这样出版业突破了"纸"的载体局限，有利于数字出版产品的发展。

第三节　数字出版产品进出口活动相关法律规定

我国依法对出版物的进出口活动进行管理，一方面，对出版物进出口实施一定程度的管理和控制，有利于保护我国出版产业、维护文化安全；另一方面，良好的进出口管理制度有利于实现进出口发展的平衡，推动出版产业走出去，促进对外贸易健康发展。从狭义上来看，出版物进出口一般指印刷品及其他介质出版物的进口和出口活动；而广义上的出版物进出口则还包括版权贸易、国际合作出版、合作印刷及有关的技术转让。在我国，涉及进出口的出版物主要为图书、报纸、期刊、音像制品、电子出版物与数字出版物。《2017 年全国新闻出版业基本情况》① 显示，全国出版物进出口经营单位累计进口图书、报纸、期刊 3255.60 万册（份），31978.76 万美元；累计出口图书、报纸、期刊 870.72 万册（份），6024.66

---

① 2017 年全国新闻出版业基本情况［EB/OL］.新华网［2019-01-20］. http：//www.xinhuanet.com/zgjx/2018-08/06/c_137370768_6.htm.

万美元；累计进口音像制品、电子出版物与数字出版物 13.56 万盒（张），34584.46 万美元；累计出口音像制品、电子出版物与数字出版物 1.93 万盒（张），163.34 万美元。由此可知，目前我国出版物贸易逆差依旧存在且差距较大，其中音像制品、电子出版物与数字出版物的进口总额要高于书报刊，而出口额方面又远远低于书报刊，"走出去"能力较弱。

数字出版产品作为当前重要的出版物类型，同样接受用于规范传统出版物进出口活动的管理制度的约束。我国关于出版物进出口活动的规定以《出版管理条例》为核心，以《电子出版物出版管理规定》《音像制品进口管理办法》《订户订购进口出版物管理办法》《出版物进口备案管理办法》《网络游戏管理暂行办法》①《互联网文化管理暂行规定》《文化部关于网络音乐发展和管理的若干意见》等为补充和延伸。在此基础上，确立了对从事出版物进口活动主体的审批许可制度、进出口出版物内容审查制度和备案制度，规定了出版物进口和出口的方式。其中，网络音乐和网络游戏作为代表性的数字出版产品，在具体管理上又有更加明确和细化的规定。

一、出版物进出口活动相关法规概述

1997 年颁布的《出版管理条例》第五章，对出版物进口活动作出了明确且详细的规定，包括出版物进口经营单位的设立和申请程序，进口出版物的内容审查、发行、展览以及销售等。这是我国目前相关部门对出版物进出口活动进行管理的主要依据，也是其他相关法规进行规制的基础。

此后，电子出版物和音像制品成为进出口管理的主要对象。同年出台的《电子出版物管理规定》，进一步明确了电子出版物成品的进口管理，除了具体申请材料外，还应在外包装上贴有标识，载明批准进口文号及用中文注明的出版者名称、地址、著作权人名称、出版日期等有关事项。1999 年实施的《音像制品进

---

① 该办法已于 2019 年废止。

口管理办法》，对音像制品进口单位、进口审查和进口管理作出了规定。其中，对进口音像制品成品、进口用于出版的音像制品和进口用于展览、展示的音像制品，有不同的申请要求和审查办法，音像制品内容审查委员会则专门负责进口音像制品的内容审查工作。根据 2008 年《关于音像制品进口管理职能调整及进口音像制品内容审查事项的通知》，音像制品进口管理的职责由文化部划入新闻出版总署，在音像制品进口申报要求、报送程序和材料，以及出版上的规定有所更新。2004 年，国家新闻出版总署为了满足国内单位和个人、在华外国机构、外商投资企业外籍人士和港、澳、台人士对进口出版物的阅读需求，制定了《订户订购进口出版物管理办法》以加强对进口出版物的管理。国家依法对进口出版物的发行实行分类管理，主要为限定发行范围和非限定发行范围两类。

随着数字出版物形态的日渐丰富与发展成熟，出版物进出口的管理逐渐有了一些新的转向。2003 年出台的《互联网文化管理暂行规定》开始对进口互联网文化产品的活动进行管理，明确指出取得文化行政部门核发的网络文化经营许可证的经营性互联网文化单位才能从事互联网文化产品进口活动，进口互联网文化产品应当报文化部进行内容审查。在网络音乐进口管理方面，先后出台了《文化部关于网络音乐发展和管理的若干意见》和《文化部关于加强和改进网络音乐内容审查工作的通知》；在网络游戏进口管理方面则有《网络游戏管理暂行办法》，新闻出版总署《关于加强对进口网络游戏审批管理的通知》，新闻出版总署、国家版权局、全国"扫黄打非"工作小组办公室《关于贯彻落实国务院〈"三定"规定〉和中央编办有关解释，进一步加强网络游戏前置审批和进口网络游戏审批管理的通知》等。

此外，为规范出版物进口备案行为，国家新闻出版广电总局和海关总署于 2017 年联合出台了《出版物进口备案管理办法》，对进口的图书、报纸、期刊、音像制品（成品）及电子出版物（成品）、数字文献数据库的备案材料分别作出了具体规定。

从进出口的形式来看，传统的出版物进口方式主要为目录征订批量进货、零星代办进货、长期订单购进、展销进货；而出口方式更多地表现在对外销售服务上，包括批销、个人代销、寄售、出国展销、团体订购和邮购服务，服务对象既有同业者，也有个人读者和国外图书馆。而数字时代出版物的进出口形式则不仅限于此，还会通过合作出版、版权贸易及有关技术的转让来呈现，更接近广义上的出版物进出口概念。

从有关进出口法规规制的对象来看，一方面，从以传统印刷制品的实物进出口为主，逐渐向通过信息网络传播进出口出版物转变；另一方面，从以对传统书报刊、电子出版物和音像制品的进出口规制为主，逐渐向网络音乐、网络游戏、数据库等数字出版产品进出口管理过渡。

总的来说，我国有关出版物进出口活动的相关规定，更多地表现在对进口出版物的管理上。出口出版物主要需要符合进口国家的相关要求，依据其对出版物内容、形式、数量等的管理进行相应调整。故本节对数字出版物进出口的相关法律规定的解析，主要集中在对进口数字出版物的管理上。对于出口的数字出版物而言，还应格外注意知识产权的保护，自觉向海关总署申请知识产权备案，在获得《知识产权海关备案证书》后再向进出地海关申请海关保护，① 以及时防止侵权的数字出版物通过网络流入并传播，维护权利人的合法权益。

二、有关数字出版产品进口主体的法律规定

《出版管理条例》明确规定，出版物进口业务由依照本条例设立的出版物进口经营单位经营，其他单位和个人不得从事出版物进口业务。《互联网文化管理暂行规定》中也指出，互联网文化产品的进口经营活动，应当由取得文化行政部门核发的网络文化经营许可证的经营性互联网文化单位实施。因而我国目前从事出版物进出口活动的主体主要有两类：一是传统出版时代就存在的出版物进口

---

① 周黄河. WTO 框架下我国数字出版物法律保护问题研究［J］. 中国出版，2012（6）：39-41.

经营单位，如中国图书进出口公司、中国国际图书贸易总公司、中国出版对外贸易总公司、中国教育图书进出口公司等；二是随着网络发展应运而生的经营性互联网文化单位。

（一）设立条件

我国对出版物进口经营单位实行审批制度，一般来说，设立出版物进口经营单位应当具备下列条件：（1）有出版物进口经营单位的名称、章程；（2）有符合国务院出版行政主管部门认定的主办单位及其主管机关；（3）有确定的业务范围；（4）具有进口出版物内容审查能力；（5）有与出版物进口业务相适应的资金；（6）有固定的经营场所；（7）法律、行政法规和国家规定的其他条件。除上述条件外，还应符合国家对于出版物进口经营单位在总量、结构和布局上的规划。

申请从事经营性互联网文化活动，应当符合《互联网信息服务管理办法》的有关规定，并具备《互联网文化管理暂行规定》中要求的申请条件，本书在第二章的数字出版主体准入中对此类单位的设立有详细的介绍，故在此不再赘述。需要注意的是，从事数字出版产品进口经营活动的主体还必须是在中国境内的直接被授权人，即直接获得该产品独家且完整的、在中国境内的信息网络传播权或代理权的经营单位。

（二）程序

首先，是主体设立的程序，国家对其管理主要是采用许可制度。

设立出版物进口经营单位，应当向国务院出版管理部门提出申请，经审查批准，取得国务院出版管理部门核发的出版物进口经营许可证；然后，持许可证到工商行政管理部门依法领取营业执照。如果经营单位涉及变更名称、业务范围、资本结构、主办单位或者其主管机关，合并或者分立，设立分支机构，应当依照单位设立条件再次完成许可证和营业执照的申请，并持批准文件到工商行政管理部门办理相应的登记手续。此外，还应当依照对外贸易法律、行政法规的规定办理相应手续。

申请从事经营性互联网文化活动，应当向所在地省、自治区、直辖市人民政府文化行政部门提出申请，经批准后，应当持网络文化经营许可证，按照《互联网信息服务管理办法》的有关规定，到所在地电信管理机构或者国务院信息产业主管部门办理相关手续，并在其网站主页的显著位置标明文化行政部门颁发的网络文化经营许可证编号或者备案编号，标明国务院信息产业主管部门或者省、自治区、直辖市电信管理机构颁发的经营许可证编号或者备案编号。如果经营单位变更单位名称、域名、法定代表人或者主要负责人、注册地址、经营地址、股权结构以及许可经营范围，应当自变更之日起 20 日内到所在地省、自治区、直辖市人民政府文化行政部门办理变更或者备案手续。

其次，是主体进行业务活动的程序，国家对其管理主要是采用备案制度。

在进口出版物之前，出版物进口经营单位应当将拟进口的出版物目录报省级以上人民政府出版管理部门备案，对通报禁止进口或者暂缓进口的出版物，出版物进口经营单位不得进口，海关不得放行；在出版物进口后，如需在境内举办境外出版物展览，必须报经国务院出版管理部门批准，否则任何单位和个人不得举办。如需销售展览的境外出版物，则还应当按照国家有关规定办理相关手续。对于进口网络游戏而言，其在中国境内运营之前，经营单位必须事先依法取得著作权人的授权，并办理著作权认证手续，在取得著作权行政管理部门出具的《著作权合同登记批复》后，由运营单位向所在地省级新闻出版局申报，经省级新闻出版局审核同意后报新闻出版总署审批。

根据《出版物进口备案管理办法》，通过信息网络进口到境内的境外数字文献数据库，必须由国务院出版行政主管部门批准的有境外数字文献数据库网络进口资质的出版物进口经营单位进口。出版物进口经营单位办理境外数字文献数据库进口时，应当严格按照《出版管理条例》《音像制品管理条例》《订户订购进口出版物管理办法》等法规规章及相关规定，对其进口的境外数字文献数据库进行内容审查（含进口前内容审查和进口后更新内容审查），分类办理数字文献数据库进口备案、审批手续。出版物进口经营单位进口境外数字文献数据库后，应于每个自然年年末报国务院出版行政主管部门备案。报送备案时，需按境外数字文献数据库实际进口信息提供名称、境外供应商、进口来源国家（地区）、语种、用户数量、类别、开通时间、当前合同起止年月、进口金额、国内订购单位、动态监管人员、监管设施的 IP 地址、监管方式以及其他需要提交的材料。

中国香港、澳门特别行政区和台湾地区的数字出版产品同样参照进口产品的申请条件与申报程序。

三、有关进口数字出版产品内容的法律规定

一般来说，无论是否是进出口的数字出版产品，在内容上都不得含有《出版管理条例》第 25 条中明令禁止的内容。以未成年人为对象的进口出版物，还应注意不得含有诱发未成年人模仿违反社会公德的行为和违法犯罪的行为的内容，不得含有恐怖、残酷等妨害未成年人身心健康的内容。

（一）内容审查的主体

我国对进口数字出版产品的内容审查主要包括经营单位的自查和主管部门的审查。其中，经营单位类型分为出版物进口经营单位和互联网文化经营单位两种，主管部门主要为人民政府出版管理部门和国务院文化行政部门。

1. 出版物进口经营单位的自查与人民政府出版管理部门的审查

出版物进口经营单位应当对实际进口出版物进行内容审查并每月定期向国家新闻出版广电总局提交审读报告。当其无法判断进口出版物内容是否含有国家明令禁止的内容时，可以请求省级以上人民政府出版管理部门进行内容审查，并按照国务院主管部门批准的价格标准向该行政主管部门支付一定的费用。

如经营单位未履行相应的审读责任，使进口出版物含有禁止内

容的，则由省级以上出版管理部门责令停止违法行为，没收出版物，没收违法所得。其中，违法经营额 1 万元以上的，处违法经营额 5 倍以上 10 倍以下的罚款；违法经营额不足 1 万元的，可以处 5 万元以下的罚款；情节严重的，责令限期停业整顿或者由原发证机关吊销许可证。

省级以上人民政府出版管理部门可以对出版物进口经营单位进口的出版物直接进行内容审查；同时，依法接受来自进口经营单位的内容审查请求。此外，国务院出版管理部门可以禁止特定出版物的进口。

此外，根据新闻出版总署 2009 年发布的《关于加强对进口网络游戏审批管理的通知》，新闻出版总署、国家版权局、全国"扫黄打非"工作小组办公室《关于贯彻落实国务院〈"三定"规定〉和中央编办有关解释，进一步加强网络游戏前置审批和进口网络游戏审批管理的通知》，国家新闻出版总署（国家版权局）既是中央和国务院授权的唯一负责网络游戏前置审批的政府部门，也是负责进口网络游戏审批的部门。进口网络游戏即经境外著作权人授权的互联网游戏作品，在形式上包括但不限于大型角色扮演类网络游戏（MMORPG）、网页游戏（Webgame）、网上下载的单机游戏、具有联网功能的游戏、联网的对战游戏平台、手机网络游戏等。

2. 互联网文化经营单位的自查与国务院文化行政部门的审查

从事网络音乐和网络游戏服务的互联网经营单位，应当严格按照《互联网文化管理暂行规定》的要求，建立内容自审制度，设置专门部门、配备专业人员负责音乐内容和游戏内容的自审自查。网络音乐产品页面显著位置必须标注其批准文号或备案文号，不得擅自变更经文化部批准或备案的网络音乐产品的名称等其他信息，不得擅自增删或变更网络音乐产品内容。网站和网络游戏的显著位置则必须标明针对不同游戏内容、功能和适用人群制定的用户指引和警示说明。

根据《网络游戏管理暂行办法》《文化部关于网络音乐发展和管理的若干意见》的相关规定，国务院文化行政部门依法对进口网络游戏和进口网络音乐作品进行内容审查。进口网络游戏和网络音乐产品在获得国务院文化行政部门内容审查批准后，方可投入运营。进口网络游戏运营后需要进行内容实质性变动的，网络游戏运营企业还应将拟变更的内容报国务院文化行政部门进行内容审查。

（二）内容审查的程序及申报材料

除依据《出版管理条例》的相关规定外，不同的数字出版产品具体的申报要求各有差异。我国对进口数字出版产品内容审查程序及申报材料的特殊规定主要体现在网络游戏和网络音乐作品上。

1. 网络游戏

申报进口网络游戏内容审查的，应当是依法获得独占性授权的网络游戏运营企业，需向国务院文化行政部门提交的材料主要包括：（1）进口网络游戏产品内容说明书（中外文）、产品操作说明书（中外文）、描述性文字、对白、旁白、歌词文本（中外文）；（2）原始著作权证明书（中外文）、原产地分级证明（中外文）、运营协议或者授权书（中外文）原件的扫描件；（3）申请单位对进口网络游戏的内容自审报告；（4）申请单位的企业对用户协议书；（5）内容审查所需的其他文件。

经批准的进口网络游戏应当在其运营网站指定位置及游戏内显著位置标明批准文号电子标签。

2. 网络音乐作品

《文化部关于网络音乐发展和管理的若干意见》中规定，进口网络音乐产品，必须经文化部内容审查后，方可投入运营。已经文化部内容审查的进口音乐制品通过网络传播的，需由经营性互联网文化单位依法办理手续；从事网络音乐进口业务，必须由文化部批准的经营性互联网文化单位经营。对擅自传播进口网络音乐产品的，由文化部门依法查处，并提请通信管理部门对相关网站依法予以处理。拟专门通过网络传播的国产音乐产品，应报送文化部备案。

（1）需通过网络传播的已经审查的进口音像制品。

已经文化部内容审查（含正式出版发行）的进口音像制品需通过信息网络传播的，由经营性互联网文化单位向文化部提出申请。申请材料包括：①进口网络音乐产品报审表；②信息网络传播权授权书副本或复印件、产品运营代理协议（中外文本）草案、原始版权证明书；③文化部进口音像制品批准单；④申请单位的网络文化经营许可证和营业执照复印件；⑤申请单位的网址、IP 地址、音乐产品登录账号及相应密码；⑥内容审查所需要的其他材料。

文化部收到申请后，在 20 个工作日内作出批准或者不批准的决定。批准的，发给批准文件，方可正式投入运营；不批准的，应当说明理由。

（2）需通过网络传播的进口网络音乐产品。

进口需通过信息网络传播的网络音乐产品，则应向文化部提出申请并报送以下文件和材料：①进口网络音乐产品报审表；②包括信息网络传播权的版权贸易或运营代理协议（中外文本）草案，原始版权证明书，信息网络传播权授权书副本或复印件；③节目光盘（包括中外文歌词）；④申请单位的网络文化经营许可证和营业执照复印件；⑤申请单位的网址、音乐产品登录账号及相应密码；⑥内容审查所需要的其他材料。

文化部收到上述申请后，由审查委员会进行内容审查，并提出审查意见。文化部根据审查委员会提交的审查意见，在 20 个工作日内（不包括专家评审所需时间）作出批准或者不批准的决定。批准的，发给批准文件，方可正式投入运营；不批准的，应当说明理由。

第四章　有关数字出版合同的法律规定

　　无论何种作品都有其创作者，创作者自作品产生之时起就天然对其拥有著作权。根据《著作权法》相关条文规定，出版即作品的复制、发行，而复制权与发行权属于著作财产权，著作权人可以许可他人行使、全部或部分转让自己所拥有的著作财产权，并依照约定获取报酬。我国公民拥有言论自由与出版自由，但这里的出版自由是建立在合理的出版管理体制之下的，只有具备一定条件才有资格成为社会主义市场经济中合法的出版主体。因此，只有将作品的出版权利让渡给合法的出版者，使之与合法出版资质相结合，公之于众的作品才能成为真正意义上的合法出版物。从这个角度来看，所谓出版合同即这种权利让渡的双方合意。①

　　数字出版合同的订立作为出版过程中一个非常重要的工作环节，是数字时代编辑必备的职业技能。而规范、合理的合同有利于更好地明确订立双方的权利与义务，以减少由此带来的著作权纠纷，使合同能够真正发挥其事前约定的作用。但其并不像买卖合同、建设工程合同、技术合同等有法律上明确且特殊的规定以及范本参考。传统出版业一路走来，在实践中主要针对不同类型的出版物，摸索出了一系列较为固定且成熟的出版合同样式，如图书出版合同、音像制品出版合同和电子出版物出版合同。国家版权局于1992 年 1 月就发布了图书出版合同的标准样式，主要列举了合同中的基本事项和条款，以对著作权人和作品使用者签订合同起指导作用。编辑只需在此基础上，根据各自著作权许可和作品使用活动

---

① 黄先蓉．出版法律基础 [M]．武汉：武汉大学出版社，2013.

中的具体情况对合同内容作出相应微调。

　　然而，随着数字出版产业的不断发展壮大，数字出版法律制度也在不断完善中，现实变化使得传统出版合同无法涵盖当下的出版权利交易，也无法满足出版活动的现实需求。首先，著作权人对作品所拥有的权利有所增加，以信息网络传播权为代表的著作财产权在出版活动中的地位日益提升；其次，出版的数字化无限扩展着出版活动的方式与出版物的形态，大大增加了数字出版合同的种类数量和复杂程度；最后，数字出版产业日趋成熟推动着专业分工的细化，出版企业不一定可以和著作权人直接对话，诸如确权等问题使得数字出版合同顺利签订且结果有效的难度增加。因此，与传统的出版合同相比，数字出版合同有着更多值得商讨和注意的地方。在此背景下对数字出版合同进行相关阐释，意义重大。

第一节　数字出版合同的概念、种类及订立原则

　　数字出版合同是民事合同中相对独立的一种，在我国现行法律中尚未对其进行明确的规定，《民法典》在"第三编　合同"的"第二分编　典型合同"中集中规定了常见且典型的 19 种基本合同类型，将其作为有名合同确定下来，并一一予以单独规定，这其中并不包括数字出版合同。因此，在对数字出版内容进行分析之前，我们有必要依据相关法律规定对其概念加以界定，以明确本章内容所讨论的范围边界。

一、数字出版合同的概念界定

　　一般来说，有名合同是指法律上或者经济生活习惯上按其类型已确定了一定名称的合同，又称典型合同。除《民法典》里明文列举的 19 种有名合同外，其他都属于无名合同。无名合同经法律确认或在形成统一的交易习惯后，也可以转化为有名合同。在对现实的出版合同性质加以界定之后，一些学者认为出版合同具有独立

有名合同的特征。① 数字出版合同作为对传统出版合同的时代性延续，也同样符合上述特征。

《民法典》第 467 条规定，本法或者其他法律没有明文规定的合同，适用本编通则的规定，并可以参照适用本编或者其他法律最相类似合同的规定。新修订的《著作权法》第四章第一节中对图书出版者和著作权人订立出版合同中的相关权利和义务进行了一定的规定。具体可概括为：图书出版者出版图书应当和著作权人订立出版合同，并支付报酬。图书出版者对著作权人交付出版的作品，按照合同约定享有的专有出版权受法律保护，他人不得出版该作品。著作权人应当按照合同约定期限交付作品。图书出版者应当按照合同约定的出版质量、期限出版图书。《信息网络传播权保护条例》第 2 条规定，任何组织或者个人将他人的作品、表演、录音录像制品通过信息网络向公众提供，应当取得权利人许可，并支付报酬。因此，我们不妨借鉴《民法典》第三编第一分编"通则"中普通合同的定义以及第二分编"典型合同"中独立有名合同的定义的逻辑方法，结合《著作权法》中对合同双方权利义务的具体设定，以及《信息网络传播权保护条例》对信息网络传播权的释义及相关权利义务规定，来对数字出版合同进行定义。

数字出版合同，是指作品的创作者或者其著作权人，在规定期限内向出版者交付数字作品或以数字形式出版的作品，出版者承担以数字出版物形式将作品公开复制发行，或以有线、无线方式向公众提供作品并支付报酬的合同。值得注意的是，著作权人有权通过数字出版合同只许可该作品的一种或多种权利。

二、数字出版合同的种类

出版单位在出版数字作品时，必须与作者签订数字出版合同，获取相应的信息网络传播权。数字出版的特性决定了其产品形态的多样性与变化性，与不同出版形式相匹配的数字出版合同因而也有

① 郭明瑞，王轶．合同法新论·分则［M］．北京：中国政法大学出版社，1998：187．

了其特殊的要求，这些不同要求则构成了不同种类的出版合同。另外，在数字出版实践中，合同双方也会根据自己的情况在合同中设置一些特殊的条款，这也使得现实中的各类数字出版合同之间存在这样或那样的差异。虽然我们并不能穷尽作品使用过程中的一切复杂情况，但了解不同类型的数字出版合同是十分必要的。

（一）　按照数字出版物的最终形式划分

在对数字出版物的类型进行划分之前，必须对其科学属性加以明确。根据本书第一章对数字出版概念的解析与对数字出版物主要形态的界定，我们可知，数字图书、数字报纸、数字期刊、数据库出版物、网络游戏、网络音乐、网络动漫是我国当前主要的数字出版物形式。其中，数字图书一般称为电子书。对于数字出版物的类型，我们并不能穷尽，任何一项数字技术的发展都有可能催生出新的出版物形式。因此，数字出版物更像是一个与技术紧密相连的广泛概念。除了全新的数字出版物类型，在一定程度上，数字出版物与传统出版物之间还存在某种继承关系，它延续了特定传统出版物的某些特性，只是用数字化的形式加以表现，如数字书、报、刊，数字音像等。

按照这种划分形式，数字出版合同可分为电子书出版合同、数字报纸出版合同、数字期刊出版合同、数据库出版物出版合同、网络游戏出版合同、网络音乐出版合同、网络动漫出版合同、数字音像出版合同等。

（二）　按照作品的来源划分

按照作品的来源，数字出版合同可分为本版数字出版合同和外版数字出版合同。本版数字出版合同，是指授权方是境内的著作权人与出版单位签订的合同；外版数字出版合同，是指授权方是境外的著作权人与出版单位签订的合同。从数量上看，本版数字出版合同在我国数字出版业占绝对优势。但由于著作权和邻接权不同于一般有形财产的产权，对其的保护是有地域限制的。通常情况下，一国的法律只承认和保护在该国地域内产生的著作权。而对于已经签订了双边或多边协议的国家、加入版权保护公约组织的国家来说，还应按照约定在版权引进或输出活动中自觉接受约束。按照惯例，国际著作权许可使用合同通常是以版权输出方的法律为准据法的。① 在外版数字出版合同订立时，要格外注意争取作品内容的删改权，厘清权利链条上的每一个环节。对于本版数字出版合同来说，信息网络传播权带来的使用范围界定是近年来行业关注的热点，也是合同签订中需要特别重视的条款。

（三）按照数字出版合同的形式划分

数字出版合同按照形式，可分为书面合同、口头合同和电子合同。《著作权法实施条例》第 23 条规定，使用他人作品应当同著作权人订立许可使用合同，许可使用的权利是专有使用权的，应当采取书面形式，但是报社、期刊社刊登作品的除外。也就是说，许可使用的权利是专有权利时，必须采用书面合同；许可使用的是非专有权利时，可采取电子合同、口头合同或其他形式的合同。虽然书面合同在过去的出版实务中长期占据重要地位，但这并不意味着该种形式是数字出版合同的要件。鉴于合同订立双方的履约期较长，在信息技术不那么发达的年代里，出于避免纠纷、便于保存的目的，出版合同一般采用书面形式，也因此变成了某种行业惯性延续至今。其多以合同书、信件和数据电文（包括电报、电传、传真、电子数据交换和电子邮件）等有形形式表现。数字出版时代，出于经济利益的考量，数字作品的著作权人一般不会与出版企业签订专有使用权合同。口头合同是我国《民法典》规定的合同形式之一，与书面合同具备同样的法律效力，但在纠纷发生时存在难以举证的问题。同时，还要注意区分其与口头要约的不同，要约一经作出，即视为到达，而只有受要约人承诺，合同才成立。信息化时代，传统合同订立的相关规则逐渐不能适应网络环境下订立合同的需要，随着《中华人民共和国电子签名法》的颁布实施，电子合

---

① 刘稚清．出版企业外版书合同审查初探［J］．编辑之友，2016（12）：80-83.

同在实践中的运用场景日渐丰富。电子合同主要由电子文档和电子签名构成，其签订一般遵循实名认证、在线签署、发送合同、对方签署、合同存档的步骤。此外，面对海量的数字内容资源，还存在一种在线格式条款，许多网站平台会采用"点击许可协议"的方式来完成约定。

（四）按照数字出版合同的效力划分

数字出版合同按照法律效力，可分为有效的数字出版合同与无效的数字出版合同。有效的数字出版合同从订立时起便产生法律效力，订立双方的权利与义务受到法律的保护；无效的数字出版合同因其违背《民法典》有关合同的订立原则及相关规定，不具备法律效力，不受法律保护。根据《民法典》中对无效合同的一般规定，数字出版合同因其存在以下情况而无效：（1）违反法律、行政法规的强制性规定的民事法律行为无效；（2）违反公序良俗的民事法律行为无效；（3）行为人与相对人恶意串通，损害他人合法权益的民事法律行为无效。此外，数字出版合同的订立涉及多种著作财产权，因而必须关注签字人的有效性、明确订立双方的签约资格，避免无效合同的发生。如多人合作完成的作品，出版社需确认其主编是否取得其他编著者的授权。对于由策划公司和版权代理人等中介机构参与的数字出版合同的订立，出版社还需详细了解、审核其取得的授权范围与使用性质等。①

（五）按照作品的完成情况划分

按照作品的完成情况，数字出版合同可分为已创作出作品的出版合同和未创作出作品的出版合同。已创作出作品的出版合同，是指著作权人已完成作品的全部创作，把作品交出版社审核，出版社同意出版后再与著作权人签订出版合同，经过编辑加工后便可公之于众，一般的数字出版合同大多属于这种情况。而未创作出作品的

---

① 王大庆，袁其兴. 图书出版合同签订与管理应注意的细节问题 [J]. 出版发行研究，2010（5）：52-53.

出版合同，在数字时代主要包括两种情况：一是出版社的策划编辑自主策划选题，经本社选题论证同意后，对作者进行约稿并订立出版合同。作者根据合同要求进行创作或编著，这种合同是包含约稿条款的出版合同。在我国的出版实践中，出版社习惯于将其拆分成两个独立的合同，即约稿合同和出版合同。二是网络文学作品的出版合同，这种情况需要格外注意。通常情况下，网络文学作品是作者在网上连续创作、分章节持续更新的，作品全部创作完成与发表并不是同时发生的，这也是其区别于传统创作的一个显著特征。该特征决定了作者与平台签订的大多是委托创作合同。根据《著作权法》第 19 条的规定，受委托创作的作品，著作权的归属由委托人和受托人通过合同约定。合同未作明确约定或者没有订立合同的，著作权属于受托人。但从法律角度来说，作品许可使用和转让应当是指已经完成创作的作品。因此，网络文学作品的创作者应当首先签订委托创作合同，以避免不必要的纠纷。如果在作品顺利完成后有意愿转让相关著作权，便可在委托创作合同的条款中加以明确；如若不愿意，只是授权对方使用的话，则需另行签订授权使用合同。① 此外，酬劳计算方式也是网络文学作品出版合同中需要特别明确约定的。

三、数字出版合同的订立原则

数字出版合同是合同在数字出版领域的具体应用，因此，其订立应遵循《民法典》第一编总则规定的基本原则，即遵循平等、自愿、公平、诚信和不违反法律、不违背公序良俗等基本原则。另外，数字出版是新兴出版业态，在数字出版环境下，适用于一般出版合同的条款内容并不能涵盖和预见数字出版过程中遇到的问题，很多未来可能会发生并且牵扯到合同签订双方相关利益的事项并不能一一列举出来。因此，订立合同的双方必须灵活对待，即遵循灵活性原则。

---

① 韩志宇. 网络文学作者签约时该注意哪些关键点［N］. 中国新闻出版广电报，2016-09-29（005）.

（一）平等原则

我国《民法典》第一编总则第 4 条规定，民事主体在民事活动中的法律地位一律平等。一方不得将自己的意志强加给另一方。平等原则是指在法律上数字出版合同当事人是平等主体，没有高低、从属之分，不存在命令者与被命令者、管理者与被管理者的区别。这意味着不论所有制性质，也不论双方实力大小和强弱，其地位是平等的。在此基础上，要求数字出版合同中当事人权利义务对等，双方必须就合同条款充分协商、取得一致，数字出版合同才能成立。

在现实的数字出版活动中，合同双方在经济实力上往往并不相当，比如个人与数字出版企业签订数字出版合同，或者小型数字出版单位与跨国集团签订数字出版合同等。但是无论双方经济地位是否平等，都应该坚持法律地位上的平等，这样双方才有对合同条款进行平等协商的可能。

（二）自愿原则

《民法典》第 5 条规定，民事主体从事民事活动，应当遵循自愿原则，按照自己的意思设立、变更、终止民事法律关系。自愿原则体现了民事活动的基本特征，是民事法律关系区别于行政法律关系、刑事法律关系的特有原则。自愿原则意味着合同当事人即市场主体自主自愿地进行交易活动，当事人根据自己的知识、认识和判断，以及相关的环境去自主选择自己所需要的数字出版合同，追求自己最大的利益。其主要内容包括：

（1）是否订立合同自愿。当事人依自己意愿自主决定是否签订合同。

（2）与谁订立合同自愿。在签订合同时，有权选择对方当事人。

（3）合同内容由当事人在不违法的情况下自愿约定。

（4）在合同履行过程中，当事人可以协议的方式补充、变更有关内容或解除合同。

（5）可以约定违约责任，也可以自愿选择解决争议的方式。

总之，只要不违背法律、行政法规的规定，合同的签订、履行、解除等，均由当事人自愿决定。订立数字出版合同的所有程序也遵从双方当事人的意愿。

（三）公平原则

《民法典》第 6 条规定，民事主体从事民事活动，应当遵循公平原则，合理确定各方的权利和义务。公平原则要求当事人之间的权利义务要公平合理并大体上平衡，合同上的责任和风险要合理分配。具体包括：

（1）在订立合同时，要根据公平原则确定双方的权利、义务，不得滥用权力和优势，强迫对方接受不合理内容。

（2）根据公平原则合理分配合同风险。

（3）根据公平原则确定违约责任。

当事人应当遵循公平原则确定各方的权利和义务。签约时，权利义务要对等，不能一方享受权利多而尽义务少，双方利益要平衡。在订立数字出版合同时，合同双方也应该划分清楚各自应承担的责任和享受的权利。

（四）诚信原则

《民法典》第 7 条规定，民事主体从事民事活动，应当遵循诚信原则，秉持诚实，恪守承诺。该原则的具体内容包括：

（1）在订立合同时，不得有欺诈或其他违背诚信的行为。

（2）在履行合同中，应当根据合同的性质、目的和交易习惯，履行及时通知、协助、提供必要的条件、防止损失扩大、保密等义务。

（3）合同终止后当事人也应当遵循诚信原则，及时履行通知、协助、保密等义务（后契约义务）。

民事主体从事民事活动，应当遵循诚信原则，是指民事主体在从事民事活动时应诚实守信，善意履行义务。具体来说应注意把握以下几点：首先，签约或联系签约时，负有忠实义务，应如实向对方陈述合同内容的真实情况，不得弄虚作假或假借签约恶意进行磋商，对各自的实际经营管理水平和状况有一个实际的表述；其次，在执行合同的过程中，双方有义务相互协作、向对方告知执行的进度，同时对合同执行中遇到的困难，如履约内容的变化、自身经营困难，应及时告知对方；再者，对合同中没有涉及的条款，则应本着诚信原则来执行；最后，合同终止后，双方要对彼此经济情况等商业秘密保密。

（五）公序良俗原则

《民法典》第 8 条规定，民事主体从事民事活动，不得违反法律，不得违背公序良俗。

一般来说，合同的订立和履行，属于双方当事人之间的民事权利义务关系，只要当事人的意思不与法律相违背，国家就不予干预，而由当事人自主约定，采取自愿原则。但是由于出版传播活动的特殊性，数字出版合同的订立和履行，不仅仅是当事人之间的问题，常常会涉及社会公共利益和社会公德，涉及国家经济秩序和第三人的权益。因此，数字出版合同规定的内容应当是在法律允许的范围内，对于违反法律的内容，政府可依法予以干预。比如，合同内容必须遵守宪法和法律，不得反对宪法确定的基本原则，不得损害国家的、社会的、集体的利益和其他公民的合法的自由与权利。尊重社会公德，不得违背公序良俗，扰乱社会经济秩序。

（6）灵活性原则

除了《民法典》中规定的以上五个基本原则外，鉴于数字出版具有产品形态数字化、管理过程数字化和传播渠道网络化等特征，诸如电子书、网络游戏、网络动漫、网络音乐等数字出版产品需要在开放和虚拟的网络空间生产、传播和使用，因此数字出版环境的动态性因素较多，订立数字出版合同时要注意灵活性原则。灵活性原则是指合同双方必须能够顺应企业的变化、技术的变化、市场环境的变化合理规划和调整相应的事务，并能随时根据实际需要进行变通。比如，订立合同的双方除了以书面形式订立合同外，还可以通过协商一致，以口头约定或在线联络等方式来订立合同；当外部环境发生变化时，双方可以在现有的合同条款基础上再次协调，追加条款；当对合同内容的理解出现争议时，双方可以在彼此接受范围内重新修订内容或采取补救措施等。

总之，灵活性原则体现的是订立合同双方可以根据意愿自由在合同中明确订立合同的方式、执行合同的方式以及后续接洽事宜，但前提条件是在协商一致、互相尊重的基础上，并且不能违背合同订立的初衷，侵害对方的合法权利。

第二节　数字出版合同的主要内容与示范文本

数字时代，传统出版合同在处理和规范出版者与版权所有者责权利相关问题上的局限性随处可见，但就《民法典》的制度韧性与理论生命力而言，其并不会因数字革命的出现而受到颠覆性冲击，即传统出版合同所确立的核心内容在数字时代依然存在强大的使用空间，但这种适应性必须建立在妥当协调传统出版合同条款内容与新增数字规则之间的价值差异与冲突之上。目前，我国并没有颁布有关数字出版合同的标准样式。尽管实际中因数字出版产品的属性差异，出版者与作品版权所有者所签订的数字出版合同各有不同，但是一份较为完整和正式的数字出版合同所包含的主要内容，在整体上仍遵循传统图书出版合同的标准样式，这对保障具体数字出版活动的顺利开展具有重要意义。

一、数字出版合同的主要内容

一份完整的数字出版合同主要包含合同名称、合同序言、授权内容、稿酬、当事人双方的权利和义务、合同转让及变更等方面的内容，以及根据当事人双方要求所规定的其他具体内容。就内容的整体样式而言，数字出版合同与传统出版合同并无过多差异，但在有效期、权利与义务约定、权利内容等方面已出现较大调整。需要明确的是，各大出版社在实践中往往仅以标准合同为参照物，通常会对作品使用形式、费用支付、税款缴纳、使用年限等多个要点进行明确规定，具体条款一般会根据使用主体不同或与作者协商的实际状况作出增加、删减等相应调整。

(一) 合同名称

数字出版合同的名称主要根据数字出版物的具体形态或载体形式进行确定，如电子书出版合同、网络游戏出版合同、音乐作品音像出版合同、数据库出版合同、网络文学在线出版合同等。一般而言，合同名称代表着其最核心的内容，但其在解释合同中通常没有分量，被认为是一个达到正确解释的不安全指引。① 我国最高人民法院在《关于经济合同的名称与内容不一致时如何确定管辖权的问题的批复》中指出："当事人签订的经济合同虽有明确、规范的名称，但合同约定的权利义务内容与名称不一致的，应当以该合同约定的权利义务内容确定合同的性质，从而确定合同的履行地和人民法院的管辖权。"

因此，若出现当事人签订的合同虽具有明确的名称，却与合同内容不一致时，应当根据合同内容所涉法律关系，即合同双方当事人所设立权利义务内容确定合同的性质。

(二) 合同序言

合同序言的主要作用是介绍合同订立双方概况以及说明合同主要内容，一般不涉及双方权利义务的实质性条款。具体包括授权人 (作者、著作权人或其他授权人) 简明信息、出版者简明信息、数字出版产品信息。

授权人的简明信息，即列明授权人的姓名、详细地址和联系方式。授权人一般是指作品的创作者、著作权人、代理人或者权利转让方，若授权人非作者本人，亦须在简明信息中加注作者本人相关信息。考虑到数字出版业务主体的复杂性以及网络环境中版权权利主体不明确等问题，数字作品授权人主体身份的确认成为数字出版商准确获取数字版权授权所面临的主要挑战。此外，由于作者与出版机构对数字版权的理解存在偏差，授权链条不规范，先违规使用

---

① 杨良宜. 合约的解释 [M]. 北京：法律出版社，2007：86.

作品数字版权后寻求授权等现象普遍存在，由此引致授权人方所签署数字出版合同的效力不确定。

出版者简明信息，即具有合法出版资格的数字产品出版者名称、详细地址及其联系方式等。数字作品的出版者已不再局限于新闻出版主管部门所审批成立的传统图书、音像、电子、报纸、期刊出版单位，国家新闻出版广电总局于 2016 年发布的《网络出版服务管理规定》明确指出："本规定所称网络出版服务，是指通过信息网络向公众提供网络出版物。"传统出版单位之外的其他单位也可以从事网络出版服务，但须满足出版平台、服务范围、技术设备、具体的名称与章程、人员储备、固定场所等方面的资质条件，且有从事网络出版服务所需的内容审校制度。由此可知，从事数字作品出版的主体范围已有所扩大。相比于传统出版合同中的出版者信息，数字出版合同中的出版者需写明其所具有的互联网出版许可证号或电子出版物经营许可证号等信息。

数字出版产品信息，一般包括数字出版产品名称、内容情况。数字出版合同签订双方权利与义务共同指向的对象为数字出版产品，数字产品出版过程中的名称改变会使得原有合同标的物发生变化，从而引致所签订合同失效。因此，若出现数字出版产品名称的变更，一定要及时对所签订合同作出补充或提议重新签订合同。合同中须明确数字出版产品的内容情况，若其中含有制作成本较高的图片、彩色插页、视频、三维模型等素材，应尽量在数字出版合同中明确素材的质量参数、成本价格、数量以及交付方式，① 相关内容可以合同附件的形式进行添加。

（三）授权内容

数字产品得以出版的前提是出版者以合法的方式获取权利人对于作品数字版权的授权或转让，此权利内容在传统出版单位的合同样式中一般是这样的："版权所有者授予出版者在合同有效期内在

---

① 国家新闻出版广电总局出版专业资格考试办公室．数字出版基础 [M]．北京：电子工业出版社，2015：226.

中国大陆范围内以图书形式出版发行规定作品中文简体字版的专有使用权。”此外，若出版者提前与版权所有者进行沟通，也可代理其中文繁体字版、其他语种、报刊发表转载、汇编以及改编（剧本、影视、漫画、广播等）等版权事宜。结合数字产品的新特点，数字出版合同中相关授权内容会出现一些新的字面表达形式。

首先是权利人就数字产品出版所授予出版者的权利、出版方式以及作品呈现形式方面发生变化。数字产品出版权利的授予，在传统的复制权、发行权等基本财产权利的基础上主要增加了作品的信息网络传播权。出版方式从传统纸质图书出版扩展为网络出版（包括数字图书馆传播、发行）、电子出版以及无线出版等多元化出版方式。而传统出版合同对于作品呈现形式的局限性也在传播方式变革、传统出版与数字技术结合以及读者主观需求等因素中被突破，令人眼花缭乱的数字产品形式层出不穷。对于数字出版者而言，仅满足于向版权所有者约定纸质图书的出版早已无法适应现代技术条件下的出版产业变革趋势，为满足其对一部独立作品经济利益最大化的合理诉求，数字出版合同授权条款的拟定中，“电子书”“其他数字出版产品形式”“数字终端产品”“其他网络传播形式而导致的产品形态”等表述十分常见。

其次是合同时间上的有效性。我国新修订的《著作权法》规定了作品的保护期限，作者授予出版社的使用时间不能超过法律规定期限。公民个人作品的保护期为作者终生及其死亡后五十年，截止于作者死亡后第五十年的 12 月 31 日；如果是合作作品，截止于最后死亡的作者死亡后第五十年的 12 月 31 日。法人或者非法人组织的作品、著作权（署名权除外）由法人或者非法人组织享有的职务作品，其发表权的保护期为五十年，截止于作品创作完成后第五十年的 12 月 31 日。传统出版合同的生效日期为自双方签字之日起，一般会针对图书物质化所耗费时间对其授权期限作出特别规定，如“某个版次某种图书专有出版权的授权期限以作品正式出版之日起直至销售完毕为实际的履行时间区间”。相对于传统出版物，如果数字出版的产品形态发生本质变化，数字出版合同签订双方谁都无法预估合同所规定的某种形态的数字出版产品在多长时间区间内能够合理、合法地依照出版流程实现销售获利。因此，对于数字出版合同的"有效期"必须给予具有可操作性的实际规定，不能只停留在字面意义上的时间区间描述。

最后是合同空间上的有效性。"中国大陆""中国香港""中国台湾"等有关作品传播范围的规定在传统图书出版合同中较为普遍，但在网络技术和数字技术变革所带来的社会大出版时代背景下，数字出版产品传播的"无疆界性"成为其基本特征之一。一般的数字出版产品消费者只要具备强烈的阅读需求以及一定的网络基础设施条件，便可进行数字内容的及时获取。因此，针对数字出版产品的传播范围，可结合数字出版者的实际运营目的，进而在合同约定中尽可能地弱化其空间概念。

（四）稿酬事宜

数字出版产品的付酬可采用一次性付酬、版税或按照数字出版产品销售比例分成等模式。各个数字出版单位根据数字产品性质不同或应权利人本人的要求，在不同的情况下对三种稿酬支付模式各有侧重。其中，按照数字出版产品销售比例分成模式一般可分为两种：一种为按照数字出版产品定价的一定比例给权利人分成，但考虑到数字出版产品销售渠道的复杂性以及各渠道的营销投入不尽相同，此类模式不利于数字出版产品的营销推广；另一种为按照数字出版产品的实际销售收入进行分成，该模式因能够兼顾出版单位和权利人双方的利益，在实际应用中被广泛采纳。

（五）当事人双方的权利和义务

数字出版合同中规定的权利人，以及数字出版者对某一数字产品出版事宜所具有的权利和应尽的义务，是解决出版经济纠纷的核心依据。

授权方一般被要求应对合法拥有作品的数字版权予以保证。若以与作者一对一签约的方式获取数字版权，则作者本人在进行数字版权授权或转让时，应对其权利人主体身份的合法性予以保证，若发生抄袭、侵权等行为，有义务作出相应赔偿，且不能就同一作品

的数字版权进行多次售卖。若数字出版商获得数字版权的方式主要
为同出版社一对多签约以及从版权代理机构处购买版权，为避免存
在一些版权纠纷隐患，出版社或版权代理机构应对其与权利人之间
存在的合法授权关系作出保证。此外，出版社或其他数字出版商均
不得擅自向第三方转让已取得的某一作品数字版权，且若在对相应
作品进行数字化加工过程中涉及对原作品内容进行修改与删减，应
提前征得权利人同意。出版者也应注意履行向授权方依合同约定支
付报酬的义务。

数字出版合同签订双方所拥有的权利，主要体现在以下方面：
(1) 授权方有权按照国家规定的标准或国际惯例取得与授权相应
的稿酬。具体权利实施依据为数字出版合同中所约定的作品支付报
酬的标准、办法和时间。(2) 针对作品所具有的精神权利进行立
法保护具有合理的逻辑支撑，即使在数字与互联网技术带来作品多
元化生存与繁荣的时代，此种保护依然具有极大的现实意义。① 因
此，授权方有权要求出版者在数字产品生产中支持其著作人身权的
伸张。(3) 数字出版产品的稿酬支付若采取按销售比例分成模式，
授权方有权要求出版者就数字产品在市场上的销售状况予以通知。
(4) 出版者拥有的权利则表现为按照数字出版合同预定的形式生
成数字出版作品，且包括就授权方过失而造成的损失进行索赔的权
利。

(六) 数字出版合同的变更及转让

传统民法就法律行为的效力仅列出有效、无效、可撤销和效力
待定四种，并未包含法律行为"可变更"效力这一类型。但在具
体司法实践中，合同的变更、转让或解除是合同履行过程中经常发
生的一种法律行为，它是当合同履行困难或者一方严重违约时所采
取的一种补救措施，其引发的纠纷较为常见。因此，关于"当事
人协商一致，可以变更合同"的条款在《民法典》第 543 条中已
作出规定。

---

① 何炼红. 网络著作人身权研究 [J]. 中国法学，2006 (3)：56-59.

　　法律关系中所谓的"变更"，系指该法律关系在保持同一性的前提下其个别组成部分的变化①，即保持某一特定对象同一性的前提下其中非必要因素的变动，最终产生了新的法律行为或意思表示。数字出版合同的变更主要是指在合同成立之后，根据双方当事人的协商，在合同尚未履行或未完全履行之前，授权方和出版者通过协议对所签署合同相关内容进行修改或者补充。常见的变更内容一般包括数字作品（标的物）名称、出版形式以及双方当事人权利义务、稿酬约定比例等。根据《民法典》第 543 条、第 544 条的相关规定，数字出版合同的变更应该是双方当事人协商一致的结果，数字作品授权人或者出版方双方均不可擅自对合同内容进行更改；当事人对合同变更的内容约定不明确的，推定为未变更。此外，当事人协商一致变更合同的，应履行法律、行政法规的规定办理批准、登记等手续。

　　若涉及数字出版合同主体的变更，则可称为数字出版合同的转让，即数字出版合同的一方当事人将其全部或部分享有的权利或应履行的义务转让给第三人，但不涉及原有合同内容的改变。根据其转让权利与义务的不同，数字出版合同的转让可分为合同权利的转让与合同义务的转让两种类型。权利的转让是指数字作品权利人或出版方在不改变原有合同权利内容的基础上，当事人一方与第三方签订合同将其享有的部分或全部权利转让给第三人的行为，且权利人转让权利，一定要通知债务人。《民法典》第 546 条规定："债权人转让债权，未通知债务人的，该转让对债务人不发生效力。债权转让的通知不得撤销，但是经受让人同意的除外。"在数字产品出版实践中，此类转让形式较多出现在出版方与第三方数字出版商所签订的转让合同中，如传统出版单位在以合法途径获取著作权人某部作品的信息网络传播权或以数字形式进行出版的权利之后，其因技术或数字化传播渠道与平台供给的限制，而将其所享有的作品数字出版权转让给第三方大型数字出版商，允许其在一定权利范围

---

　　① 张俊浩．民法学原理［M］．北京：中国政法大学出版社，2000：285.

内对原数字出版合同中的标的物进行多元化数字出版。合同义务的
转让，是指合同当事人一方将原合同中规定其应履行的义务全部或
部分转移给第三方进行承担的行为。根据《民法典》第 551 条规
定，"债务人将债务的全部或者部分转移给第三人的，应当经债权
人同意。债务人或者第三人可以催告债权人在合理期限内予以同
意，债权人未作表示的，视为不同意。"因此，出版方就数字出版
合同义务作出的转让行为，必须经过版权作品权利人的同意。此
外，根据《民法典》第 555 条规定，当事人一方经对方同意，可
以将自己在合同中的权利和义务一并转让给第三人。

（七）其他事项

除了上述数字出版合同的主要内容外，双方违反各自应承担责
任的违约责任条款以及合同的终止、续签事宜也应在合同内容中悉
数写明，以免留下争议隐患。与此同时，合同中应明确纠纷发生后
的解决办法，如是否选择提交仲裁、仲裁机构的选择等。

二、不同行业领域的数字出版合同示范文本及条款解释

现有的数字出版活动是依据数字出版产业的不同类型来开展
的，因此结合不同数字出版产业形态来分析数字出版合同的条款具
有很强的现实意义。这里主要介绍传统图书数字化出版合同、网络
游戏和网络文学在线出版合同等几种较为常见的数字出版合同。

（一）传统图书数字化出版合同及条款解释

传统图书的数字化出版，即借助互联网技术将纸介图书内容附
着于全新的载体形式之上。数字化媒介一方面可以代替传统媒介表
现出更为生动的文字、声音、图像等信息，另一方面可以便于读者
的管理、查询与获取。出版合同的本质是著作权人和具有资质的出
版者之间就相关作品达成合法使用其出版权的协定。无论是以哪种
类型的数字出版产品作为最终标的物，其出版合同的实质内容都是
著作权人对出版权的让渡。因而，传统图书数字化出版合同的实质
性内容，在于著作权人或传统出版者就现有纸介图书以数字化形式

出版和传播的权利让渡给数字出版商的相关规定。

1. 传统图书数字化出版合同示范文本

甲方（著作权人）：＿＿＿＿＿＿＿地址：＿＿＿＿＿＿

乙方（出版者）：＿＿＿＿＿＿＿地址：＿＿＿＿＿＿

（互联网出版许可证号：＿＿＿＿＿＿电子出版物经营许可

证号：＿＿＿＿＿）

作品名称：＿＿＿＿＿＿＿

作者署名：＿＿＿＿＿＿＿

甲乙双方就上述作品的出版达成如下协议：

授权内容 第一条 甲方授予乙方在合同有效期内，在（中国大陆、中国香港、中国澳门、中国台湾、其他国家和地区、全世界）出版发行上述作品（中文简/繁体、＿＿文）文本的专有使用权。专有使用期为＿＿年，从合同签订之日起至合同失效年份的 12 月 31 日。

甲方授予乙方的权利为作品的信息网络传播权、复制权、发行权。

乙方出版方式为：＿＿＿＿＿＿＿（互联网出版/电子出版/无线出版）

第二条 根据本合同出版发行的作品不得含有下列内容：

（1）反对宪法确定的基本原则的；

（2）危害国家统一、主权和领土完整的；

（3）泄露国家秘密、危害国家安全或者损害国家荣誉和利益的；

（4）煽动民族仇恨、民族歧视、破坏民族团结，或者侵害民族风俗、习惯的；

（5）宣扬邪教、迷信的；

（6）扰乱社会秩序、破坏社会稳定的；

（7）宣扬淫秽、赌博、暴力或者教唆犯罪的；

（8）侮辱或者诽谤他人，侵害他人合法权益的；

（9）危害社会公德或者民族优秀文化传统的；

（10）有法律、行政法规和国家规定禁止的其他内容的。

著作权人的责任　第三条　甲方保证拥有第一条授予乙方的权利。因上述权利的行使侵犯他人著作权的，甲方承担全部责任并赔偿因此给乙方造成的损失，乙方可以终止合同。

第四条　甲方的上述作品含有侵犯他人名誉权、肖像权、姓名权等人身权内容的，甲方承担全部责任并赔偿因此给乙方造成的损失，乙方可以终止合同。

第五条　甲方在合同签订之日起____天内将作品的电子版交予乙方。甲方无电子版则甲方在合同签订之日起____天内将作品交予乙方，由乙方进行数字化加工。

出版者　第六条　乙方保证自己拥有第一条规定的出版方式的资质，如乙方不具有相关资质，甲方有权终止合同并要求赔偿，赔偿金额为合同约定稿酬的____%。

第七条　乙方应于____年____月____日前出版上述作品。乙方不能按时出版的，应在出版期限届满前____日通知甲方，并按本合同第十条约定报酬的____%向甲方支付违约金，双方另行约定出版日期。乙方在另行约定期限内仍不出版，除非因不可抗力所致，乙方应按本合同第十条约定向甲方支付报酬和归还作品原件，并按该报酬的____%向甲方支付赔偿金，甲方可以终止合同。

第八条　在合同有效期内，未经双方同意，任何一方不得将第一条约定的权利许可第三方使用。如有违反，另一方有权要求经济赔偿并终止合同。一方经对方同意许可第三方使用上述权利，应将所得报酬的____%交付对方。

署名及修改、稿酬　第九条　乙方尊重甲方确定的署名方式。乙方如需更动作品的名称及内容，应征得甲方同意，未经甲方书面同意，乙方不得以任何理由修改作品内容。

第十条　乙方采用下列方式及标准之一向甲方支付报酬：

（1）一次性付酬：____元；

（2）版税：乙方收益×____%（版税率），收益按点击率、下载次数等分成/具体收入计算。

第十一条　稿酬具体结算方式为：

（1）以一次性支付方式付酬的，乙方在甲方交作品后____日内向甲方付清。

（2）以版税方式付酬的，乙方应每____年/月/周与甲方结算一次，以每年的____月____日为结算日，或每月____日为结算日，或每周____为结算日。

（3）乙方在合同签字____日内，向甲方预付上述报酬的____%（____元）

（4）乙方未在约定期限内支付报酬的，甲方可以终止合同并要求乙方继续履行付酬的义务，乙方还应支付从约定之日起约定报酬____%/____日、周、月的滞纳金。

核查　第十二条　甲方有权查阅自己作品被使用情况，乙方应该详细提供作品的点击次数、下载次数、电子出版物发行数量、无线下载次数等内容，以及上述使用情况的具体发生时间。乙方不提供使用作品的具体情况或提供情况不真实，甲方有权终止合同，同时乙方应按作品使用情况支付相应稿酬并支付总稿酬____%作为赔偿。合同有效期内，甲方如发现____年/月/日内无收益，可终止合同。

第十三条　甲方有权核查乙方应向甲方支付报酬的账目。如甲方指定第三方进行核查，需提供书面授权书。如乙方故意少付甲方应得的报酬，除向甲方补齐应付报酬外，还应支付全部报酬____%的赔偿金并承担核查费用。如核查结果与乙方提供的应付报酬相符，核查费用由甲方承担。

权利限制　第十四条　未经甲方书面许可，乙方不得行使本合同第一条授权范围以外的权利。

［甲方授权乙方代理行使（本合同第一条授权范围以外）使用上述作品的权利，其使用所得报酬甲乙双方按比例分成。］

第十五条　在合同有效期内，未经双方同意，任何一方不得将第一条约定的权利许可第三方使用（包括与乙方有关联的第三方）。如有违反，另一方有权要求经济赔偿并终止合同。一方经对方同意许可第三方使用上述权利，应将所得报酬的____％交付对方。

第十六条 本合同终止后，乙方应将作品的各种版本交还甲方或者销毁不再保存。

争议解决 第十七条 双方因合同的解释或履行发生争议，由双方协商解决。协商不成将争议提交_____仲裁机构仲裁（或向人民法院提起诉讼）。

合同变更 第十八条 合同的变更、续签及其他未尽事宜，由双方另行商定。

生效日期 第十九条 本合同自签字之日起生效，有效期为____年。

第二十条 本合同一式两份，双方各执一份为凭。

甲方： 乙方：

（签章） （签章）

____年___月___日 ____年___月___日

2. 传统图书数字化出版合同主要条款解释

（1）第一条。

该条款使用了可选择的表述，对作品的权利范围、专有出版方式予以不同的规定，对使用范围予以地域和语言方面的规定。其中，信息网络传播权是指以有线或者无线方式向公众提供，使公众可以在其选定的时间和地点获得作品的权利。复制权指以印刷、复印、拓印、录音、录像、翻录、翻拍、数字化等方式将作品制作一份或者多份的权利。发行权指以出售或者赠与方式向公众提供作品的原件或者复制件的权利。

（2）第二条。

规定了作品的禁止范围。总的来说，这种禁止的规范依据的是我国的成文法，包括宪法和其他法律法规。西方国家法律精神讲求的是"法不禁止则自由"，即法律没有明文禁止的就是被允许的。但是，我国的出版行业无论是主体的设置还是内容的出版都依从审批制，这些禁止的范围罗列的只是对作品最基本的要求。2016年施行的《网络出版服务管理规定》规定了网络出版物禁载的十项内容。

（3）第三条、第四条。

著作权人要担保交付的作品是自己独立创作的，从而保证自己拥有授予出版者的各项权利，并且不存在侵权或违约的情况。著作权人如果违反这项担保义务，比如作品侵犯了他人的著作权、名誉权、肖像权、姓名权等人身权内容，就要对出版者承担损害赔偿的义务，承担全部责任并赔偿因此给出版者造成的损失；同时，出版者可以因此终止出版合同。出版合同中如果没有这项担保条款，在发生侵权的情况下，出版者往往会被认为有过错，从而应共同承担侵权责任。

（4）第五条。

对作品的交付时间予以了规定。一些作者有作品的电子版可以直接提供给使用方，而没有电子版的可能需要使用方自行数字化，所以要明确该条的规定。

（5）第六条。

关于资质，国家版权局规定进行互联网出版和电子出版需要经过批准，所以需要核实是否有相应资质。著作权人应要求出版者提供互联网出版许可证或者电子出版物经营许可证。而无线出版暂时没有法规规定，一般的电信运营商都在进行手机出版。

（6）第七条。

该条对出版者基本责任进行了规定，即约定了出版作品的时间。对于出版者逾期不出版的行为，著作权人可约定违约金等违约条款。如果违约行为不是不可抗力所致，出版者应按合同第十条约定向著作权人支付报酬，向著作权人归还作品原件或电子版，同时向著作权人支付一定的赔偿金，而且著作权人可以终止合同。

（7）第八条。

这是对第三方使用专有出版权的规定。在合同有效期内，第三方使用合同规定的专有出版权必须得到著作权人和出版者双方的同意。如有一方未得到另一方的允许而私自向他人授予专有出版权，另一方有权要求经济赔偿并终止合同；如果一方经另一方同意许可第三方使用上述权利，应将所得报酬按一定比例交付给对方。

（8）第九条。

署名权是著作权人的人身权，他人不得侵犯。修改权也是著作权人的人身权，同样神圣不可侵犯。但考虑到出版实践的需要，出版者如果需要修改作品，须征得著作权人许可，并且在合同中说明。

（9）第十条。

本条对著作权人经济利益的实现进行了具体规定。前面也提到数字出版产品可采用一次性付酬、版税或按照收益比例分成等付酬模式。因此，稿酬结算方式可以自行协商，本条款作为参考。

（10）第十一条。

本条规定了稿酬支付的具体方式和细节，无论采取哪种方式计算稿酬，双方均可对预付款进行协商，即在合同签订后的一定期限内，由出版者向著作权人支付一定比例的预付报酬。如果出版者未按合同在约定期限内支付报酬，著作权人有权终止合同并要求出版者继续履行支付稿酬的义务。

（11）第十二条。

该条的目的在于确保作者能够知晓自己作品被使用的情况。在实践中，会出现作者将作品授权给使用者却没有收益的情况，可能是使用者没有推广，也可能是该作品确实没有被点击和购买，特别是专有授权的作品，因此特别列明该款，保障作者的知情权。

（12）第十三条。

这是出版合同中的诚信条款。著作权人由于在信息方面处于弱势地位，因此合同规定著作权人有权自行或指定第三方核查出版者应支付报酬的账目。如果指定第三方进行核查，著作权人需要提供书面授权书。如果出版者故意少付报酬，则出版者除补齐应付报酬外，还应支付一定金额的赔偿金并承担核查费用，赔偿金可事先约定。如核查结果与出版者提供的应付报酬相符，核查费用由著作权人承担。

（13）第十四条、第十五条。

这两条对出版者的权利范围进行了限制，即未经授权，除合同

第一条规定的专有出版权之外，其他的权利仍属于著作权人所有。另外，出版者不能自行授权第三方使用作者作品。

（14）第十六条。

由于本合同涉及的作品多为电子版，复制方便，为了避免合同终止后的纠纷，特将作品的归属问题列明。

（15）第十七条。

这是合同争议的解决条款。该条说明，如果双方因合同的解释或履行发生争议，由双方协商解决；协商不成可以将争议提交仲裁机构仲裁或者向人民法院提起诉讼。

（16）第十八条。

这是对合同未尽事宜进行说明的条款。这一条说明了合同的基本原则，即双方意思表示一致和协商解决的精神。对于合同的变更、续签及其他未尽事宜，双方可以另外订立补充协议进行约定。

（17）第十九条。

生效条款。该条说明了合同生效的起止时间。合同从签字时生效，有效期限由双方共同约定。

（二）网络游戏出版合同及条款解释

网络游戏是以互联网为传输媒介，以游戏运营商服务器和用户计算机为处理终端，以游戏客户端软件为信息交互窗口，可以多人同时参与的游戏项目。网络游戏出版物是经过选择和编辑加工登载于互联网或发送至用户端，以供用户浏览、阅读、使用和下载的游戏作品。①

早期的网络游戏出版物必须由具有新闻出版总署审批的电子出版物出版资格的出版社出版，尚属于传统出版模式。2003 年年底，新闻出版总署发出批复正式同意上海盛大网络发展有限公司等 7 家网游运营商具有独立进行网络游戏出版的资格，无须再与传统出版社进行合作。至此，部分网络游戏运营商集运营权与出版权于一

---

① 王晶超．我国网络游戏出版产业发展研究［J］．网络经济探析，2006（5）：208-212.

身，脱离了传统出版的限制。

1. 网络游戏出版合同样式

甲方（著作权人）：＿＿＿＿＿＿＿＿　地址：＿＿＿＿＿＿＿

乙方（出版者）：＿＿＿＿＿＿＿＿＿　地址：＿＿＿＿＿＿＿

作品名称：＿＿＿＿＿＿＿＿

载体形式：＿＿＿＿＿＿

甲乙双方就上述作品的出版达成如下协议：

授权内容　第一条　甲方授权乙方在本合同有效期内，在（中国大陆、中国香港、中国台湾、其他国家和地区、全世界）出版甲方所提供的网络游戏作品。该授权有效期为自本合同签订之日起＿＿＿年。乙方在此期限内享有使用本作品的专有出版权。

第二条　上述作品不得含有任何通过电脑技术处理而包含在作品及各类文件中的违背党和国家的方针政策及法律法规禁止的内容。

著作权人责任　第三条　甲方保证拥有上述作品中所有素材（包括图片、动画、影像、声音、文字等）及作品本身的使用权和支配权。甲方保证拥有第一条授予乙方的权利。因上述权利的行使侵犯他人著作权或名誉权、姓名权、肖像权等其他权利的，甲方承担全部责任并赔偿因此给乙方造成的损失，乙方有权终止合同。

第四条　甲方不得将上述作品的全部或部分内容，以原名或更换名称授予第三者另行出版。甲方若违反本合同，须承担全部责任并赔偿因此给乙方造成的损失，乙方可以终止合同。

第五条　甲方应向乙方提供著作权证明文件；出版申请报告；用户手册（包括解压缩、解密口令、方式、通关密技等）；相关专业机构的鉴（审）定结论性证明文件；其他有关材料。

第六条　甲方应于＿＿＿年＿＿＿月＿＿＿日前将上述作品及材料交付乙方。甲方如不能按时提交作品及材料，应在上述期限

162

届满前一个月通知乙方，双方另行协商约定交付时间。甲方到期仍不能交付的，乙方可以终止合同。

出版者的责任　第七条　乙方收到甲方提供的所需材料后应于＿＿＿天内通知甲方，并在＿＿＿天内对游戏内容审查完毕，通知甲方是否采用或退回修改。乙方在审核游戏内容符合出版要求后，应在＿＿＿天内提交和办理申请此游戏的出版许可。

第八条　乙方获得出版许可后，应立即通知甲方并在＿＿＿个月内出版上述作品。乙方不能按时出版的，应在出版期限届满前＿＿＿个月通知甲方，双方另行协商约定出版时间，乙方到期仍不能按时出版的，乙方应向甲方支付约定报酬＿＿＿％的赔偿金。

第九条　乙方应承担上述作品及相关材料的安全和保护责任。乙方在传递游戏送审版本时，应采取有效措施保证送审版本不丢失，内容不被泄露和盗用。

署名修改　第十条　乙方应尊重甲方的署名权，并按照与甲方商定的署名方式出版本作品。

第十一条　合同签订后，乙方如需变动上述作品的名称，对作品进行重大修改，应征得甲方同意。乙方或国家新闻出版署如对作品提出修改意见，甲方应及时进行修改。

稿酬　第十二条　乙方采用下列方式及标准之一向甲方支付报酬：

（1）一次性付酬：＿＿＿元；

（2）版税：乙方收益×＿＿＿％（版税率），收益按点击率分成/具体收入计算。

权利转让　第十三条　在合同有效期内，未经双方书面同意，任何一方不得将本条款所约定的权利许可给第三方使用。如有违反，另一方有权要求经济赔偿并终止合同。

技术支持　第十四条　对于网络游戏的运营服务及技术支持，采用下面形式之一：

（1）由甲方承担所有网络游戏的运营服务及技术支持；

（2）由乙方承担所有网络游戏的运营服务及技术支持；

（3）由甲、乙双方共同承担所有网络游戏的运营服务及技术支持。

产品升级　第十五条　如甲方欲对上述作品升级，乙方有优先出版的权利，具体事宜另行签订合同。

争议解决　第十六条　双方因合同的解释或履行发生争议，由双方协商解决。协商不成将争议提交版权管理机构调解或仲裁机构仲裁（或向人民法院提起诉讼）。

合同变更　第十七条　合同的变更、续签及其他未尽事宜，由双方另行商定。

生效日期　第十八条　本合同自签字之日起生效，有效期为＿＿年。

第十九条　本合同一式两份，双方各执一份为凭。

甲方：　　　　　　　　　　乙方：

（签章）　　　　　　　　　（签章）

＿＿年＿＿月＿＿日　　　　＿＿年＿＿月＿＿日

2. 网络游戏出版合同条款解释

由于各种数字出版物的出版合同都有一些相近的内容和条款，因此，以下对网络游戏和网络文学出版合同的阐释就不再重复与传统图书数字化出版合同相近的内容，而只对一些比较特殊的条款进行分析和说明。

（1）第二条。

网络游戏内容应符合《出版管理条例》《网络出版服务管理规定》《互联网信息服务管理办法》《移动游戏内容规范》《网络游戏管理暂行办法》等法律法规的相关要求。在游戏内容中不得出现任何国家领导人的姓名（包括已不在位的），不得出现不利于种族、民族团结的文字（包括但不限于角色名）、声音、图像，不得出现反动、暴力、色情、侮辱、诽谤、歧视等情形。

（2）第三条。

甲方应保证其为游戏的权利人，拥有对游戏的支配权和使用权，且游戏中涉及的各项内容素材无侵犯他人著作权、肖像权、名誉权、翻译专有出版权等一切相关权利的情况。否则，须承担全部法律及经济责任；若造成乙方损失，甲方应负责赔偿，且乙方有权解除本合同，已收取的费用不予返还。

（3）第五条。

此条规定了甲方必须向乙方提供一些备案材料，包括确认自己权利人身份的著作权证明文件，有关游戏出版可行性的出版申请报告、相关专业机构的鉴（审）定结论性证明文件，以及帮助熟悉游戏的用户手册（包括解压缩、解密口令、方式、通关密技等）和其他有关材料等。这些材料一方面有利于甲乙双方在更了解游戏的基础上建立信任关系，另一方面也会在申请网络游戏出版许可时发挥重大作用。

（4）第十一条。

网络游戏内容除了要符合各项法律法规政策的要求外，还要严格执行国家新闻出版署对游戏内容的修改意见。国家新闻出版署或乙方如果对游戏提出建议，甲方应积极配合修改完善。另外，乙方最终发售的游戏内容必须同国家新闻出版署前置审批时提交的游戏内容一致，不得擅自改变游戏内容。

（5）第十四条。

提供必要的技术支持是网络游戏出版合同中一项特殊的条款。网络游戏的技术含量较高，它的内容在设计、传输、识别到使用的各个环节都有或低或高的技术门槛，这对网络游戏的研发和服务都提出了更高的要求，因此常常需要甲、乙双方协商向用户提供必要的技术支持。技术支持的方式可以是电话咨询、上门调试、网上服务等。此条明确了承担技术支持的一方或双方，为游戏的正常运营提供保障。

（6）第十五条。

产品升级是网络游戏的又一特色。升级一方面来自游戏自身内容调整的需要，这有些类似于图书出版的再版，即对其中的部分内容进行增改，强化其功能和体验；另一方面则是由于运行的硬件环境发生改变，对产品进行升级有利于提高它的适应性。这里规定了乙方拥有优先出版网络游戏升级版的权利，后续具体事宜还要由双方共同商议决定。

(三) 网络文学出版合同及条款解释

网络文学出版与传统图书数字化出版最大的区别在于后者是在原生网络内容的基础上，通过网络创造数字化产品形态，传播网络文学作品。拟订规范的网络文学出版合同有利于繁荣原创文学创作，促进网络文学发展。

1. 网络文学出版合同样式

甲方（著作权人）：＿＿＿＿＿＿＿＿　地址：＿＿＿＿＿＿＿

乙方（出版者）：＿＿＿＿＿＿＿＿＿　地址：＿＿＿＿＿＿＿

作品名称：＿＿＿＿＿＿＿＿

作者署名：＿＿＿＿＿＿＿＿

甲乙双方就上述作品的出版达成如下协议：

授权内容　第一条　甲方授予乙方独家拥有该网络文学作品在全世界范围内的数字出版相关权利，乙方拥有以电子、数字格式或软件等形式通过互联网传播、刊载汉文版（包括简、繁字体）的专有权利。该授权有效期为自本合同签订之日起＿＿＿年。乙方在此期限内享有使用本作品的专有出版权。甲方不得将上述权利在合同有效期内授予第三方。

第二条　根据本合同出版发行的作品不得含有下列内容：

(1) 反对宪法确定的基本原则的；

(2) 危害国家统一、主权和领土完整的；

(3) 泄露国家秘密、危害国家安全或者损害国家荣誉和利益的；

(4) 煽动民族仇恨、民族歧视、破坏民族团结，或者侵害民族风俗、习惯的；

(5) 宣扬邪教、迷信的；

(6) 扰乱社会秩序、破坏社会稳定的；

(7) 宣扬淫秽、赌博、暴力或者教唆犯罪的；

(8) 侮辱或者诽谤他人，侵害他人合法权益的；

（9）危害社会公德或者民族优秀文化传统的；

（10）有法律、行政法规和国家规定禁止的其他内容的。

著作权人的责任　第三条　甲方保证拥有第一条授予乙方的权利。因上述权利的行使侵犯他人著作权的，甲方承担全部责任并赔偿因此给乙方造成的损失，乙方可以终止合同。

第四条　甲方的上述作品含有侵犯他人名誉权、肖像权、姓名权等人身权内容的，甲方承担全部责任并赔偿因此给乙方造成的损失，乙方可以终止合同。

第五条　在合同有效期内，甲方不得将上述作品刊载到其他网站，不得许可他人以任何方式通过网络传播该作品。

第六条　在合同有效期间，甲方不得将上述作品的全部或一章、或将其内容稍加修改以原名称或更换名称授予第三者以互联网方式另行出版。甲方若违反本规定，应适当赔偿乙方经济损失。乙方可以终止合同。

第七条　甲方应积极完成作品的创作，并保证作品的质量。签约作品在公司网站或者第三方渠道上线后，作者有义务保持一定的创作速度，并保证完结作品，且完本字数不低于_____万字。如果作者无故停止创作____月，乙方可以终止合同。

出版者的责任　第八条　乙方拥有对于作品的第一条所述权利，并可以向第三方授予转载权。其他网络媒体如需刊登该作品，需经乙方授权。

第九条　乙方可以通过在乙方网站独家刊载该作品、发行电子书的方式以及其他方式获取经济利益，并向甲方支付报酬。同时拥有因宣传、推广、学术等行为而无偿通过互联网、电子、软件等形式传播该作品的权利。

第十条　乙方保证充分尊重作者署名权、作品修改权和完整权。乙方因正当理由，对上述作品作适当修改或增删序言、后记和评论等内容，应征得甲方同意。

第十一条　乙方应对作品积极宣传，积极为甲方联系非电子版的出版，包括报纸、期刊、实体书等。

稿酬　第十二条　乙方采用下列方式及标准之一向甲方支

付报酬：

（1）作品在乙方网站独家刊载，按乙方收益×＿＿＿%的标准支付报酬；收益按点击率分成/具体收入计算。

（2）乙方对作品发行电子书，按获得销售额的＿＿＿%的标准支付报酬。

（3）乙方对作品采用其他方式获利，甲方收益由双方协商。

（4）乙方应每＿＿＿年/月/周与甲方结算一次，以每年的＿＿＿月＿＿＿日为结算日，或每月＿＿＿日为结算日，或每周＿＿＿为结算日。

（5）乙方未在约定期限内支付报酬的，甲方可以终止合同并要求乙方继续履行付酬的义务，乙方还应按（周、月）＿＿＿%的比例支付滞纳金。

非电子版　第十三条　在同等条件下，乙方拥有对作品的优先非电子版出版权。

第十四条　在合同有效期内，甲方许可第三方出版上述作品的非电子版的，须事先取得乙方的书面许可。

第十五条　乙方原则上不干涉甲方的非电子版出版计划，但甲方与第三方关于非电子版权方面的出版协约不应影响到电子版连载计划及根本利益，包括但不限于减缓或停止电子版更新进度等，乙方保留由于非电子版的发布给本站带来损失的追究权利。

保密协议　第十六条　甲乙双方同意对在合作过程中获得或知悉的对方商业秘密及其他技术和经营信息负有保密义务，并不得利用该商业秘密和信息谋取不当利益。因为对方的行为，使另一方遭受名誉或者利益方面的损失，则受损失一方可以视损失的情况保留对对方的处罚程度，并有权利追究所带来的损失。

违约责任　第十七条　法律规定的不可抗拒原因外，一方未遵守本合同条规的，另一方通知对方，本着友好协商的精神解决，协调未果后有权中断合同，并得到应有赔偿。

争议解决　第十八条　双方因合同的解释或履行发生争

议，由双方协商解决。协商不成将争议提交版权管理机构调解或仲裁机构仲裁（或向人民法院提起诉讼）。

合同变更　第十九条　合同的变更、续签及其他未尽事宜，由双方另行商定。

生效日期　第二十条　本合同自签字之日起生效，有效期为____年。

第二十一条　本合同一式两份，双方各执一份为凭。

甲方：　　　　　　　　　乙方：

（签章）　　　　　　　　（签章）

____年____月____日　　　　____年____月____日

2. 网络文学出版合同条款解释

（1）第一条。

该条中甲方授权乙方的数字出版相关权利包括信息网络传播权、复制权、发行权、汇编权、版式设计权等。意味着本合同自签字之日起，甲方将签约作品在全球范围内的信息网络传播权等（包括但不限于上述作品网络连载发布、电子光盘、电子书下载、手机阅读、改编成 IVR 语音业务和以多媒体数字格式发布等业务形式的权利）独家卖断给乙方。

（2）第三条、第四条。

这两条规定了作者必须拥有授权的权利，要求签约作品系作者独立创作，不存在侵害公司或第三人合法权利的情形，也不存在任何网络版权、著作权纠纷，并且作品没有违反任何法律及相关法规的规定。如作者有违此条，作者承担由此造成的所有法律责任，给公司造成损失，由作者承担网站全额赔偿责任。如有第三方向网站提出作品涉嫌侵权，并提供相应证据，要求公司停止发布并删除甲方侵权作品，公司有权先行停止发布，并删除作者作品；在作者与第三方之间纠纷解决后，双方再就该协议的履行另行协商。

（3）第五条至第七条。

第五条、第六条规范了作者的权利行为。互联网的隐匿性比较强，作者如果另行传播、刊载已授权的作品中的部分内容，很难被出版者及时察觉，因此，更应强调作者的道德规范，约束其行为。另外，网络文学作品很多时候为连载形式，需要作者持续更新，作品全部创作完成与发表并不是同时发生的。因此，第七条的规定对提高作者创作积极性起到了一定的督促作用。

（4）第八条至第十一条。

这几条规定了出版者的权利与义务。在尊重作者基本权利的基础上，出版者可以在权力范围内通过不同方式利用作品获取经济利益。同时，出版者也应该注意作品本身的市场效益和作者的经济回报。因此，出版者应在力所能及的范围内承担相应的义务，包括网站首页推荐、广泛宣传推广作品、帮助联系非电子版的出版等，为双方创造共同的利益。

（5）第十二条。

考虑到乙方利用作品的方式比较多样化，收益来源及情况也不尽相同，所以乙方可以分类结算应支付给甲方的报酬。另外，不管乙方是通过网站独家刊载、发行电子书还是其他方式获利，在支付报酬时都应向甲方提供查询作品收益情况的网址或其他方式。并且甲方有权核查自己作品利用的情况以及乙方应支付报酬的账目。

（6）第十三条至第十五条。

网络文学作品除了通过网络传播之外，还会涉及非电子版出版问题。这几条对网络文学作品的非电子版作出了规定。乙方可以优先出版网络文学作品的非电子版，甲方除非征得了乙方的书面同意，否则不能擅自允许第三方或自行出版作品的非电子版。在获得乙方许可的情况下，甲方的非电子版出版计划也不能影响到乙方的根本利益。

三、数字出版合同实践案例

在对已有的数字出版合同的常规模式进行列举之后，此处引入某出版社的授权合同实例以供读者参考。

××电子出版社有限公司游戏出版授权合同

游戏名称：＿＿＿＿＿＿＿

中文：＿＿＿＿＿＿＿＿＿（以下简称游戏）

英文：＿＿＿＿＿＿＿＿

甲方（著作权方或代理方）：＿＿＿＿＿＿＿

注册地址：＿＿＿＿＿＿＿

乙方（出版方）：＿＿＿＿＿＿＿＿＿＿＿

注册地址：＿＿＿＿＿＿＿＿＿＿＿＿

第一条　声明、陈述与保证

甲乙双方互相向对方声明、陈述和保证如下：

1. 其是合法设立并有效存续的独立法人；

2. 其有资质从事本合同项下的合作，而该合作符合其经营范围的规定；

3. 其授权代表已获得充分授权，可代表其签署本合同；

4. 其有能力履行其于本合同项下的义务，并且其履行义务的行为不违反任何对其有约束力的适用法律的限制，也不会侵犯任何第三方的合法权益；

5. 任何方违反了上述声明、陈述和保证即被视为违反了本合同的约定，应赔偿守约方损失，且守约方有权解除本合同。

第二条　合作方式与内容

1. 甲方授权乙方在本合同有效期内，在中国大陆（不包括香港、台湾和澳门）根据甲方所提供的游戏内容，按国家规定对内容进行初审、复审、终审，并报请国家新闻出版署审批，以取得电子出版物合法出版的许可（版号）的出版服务，该授权为独占性、排他性授权。双方明确乙方仅向甲方提供前述出版服务，就游戏的具体发行、运营事项等其他事宜，与乙方无涉。

2. 权利转让：未经双方书面同意，任何一方不得将本条款所约定的权利转让给第三方。如有违反，另一方有权要求经济赔偿并终止合同。

3. 合作期限：自本合同签订之日起三年。

第三条　甲方权利与义务

1. 甲方保证其为游戏的权利人且游戏无侵犯他人著作权、肖像权、名誉权、翻译专有出版权等一切相关权利的情况，否则，须承担全部法律及经济责任，若造成乙方损失，甲方应负责赔偿，且乙方有权解除本合同，已收取的费用不予返还。

2. 甲方确认其已充分理解且确保游戏内容符合下列出版要求：

a. 游戏内容应符合《出版管理条例》（2020年修订）第25、26条的要求，符合《网络出版服务管理规定》的相关要求，符合《移动游戏内容规范（2016年版）》的相关要求。

b. 在游戏内容中不得出现任何国家领导人的姓名（包括已不在位的），不得出现不利于种族、民族团结的文字（包括但不限于角色名）、声音、图像，不得出现反动、黄色、污辱、诽谤、政治、宗教、歧视等情形。

c. 发售的游戏内容必须同国家新闻出版署前置审批时的提交游戏内容一致，不得擅自改变游戏内容。

d. 必须严格执行国家新闻出版署对游戏内容的修改意见。

3. 甲方在乙方申请版号时，应向乙方提供以下内容：根据出版国产网络游戏作品审批流程、出版境外著作权人授权的电子游戏出版物审批流程、《关于移动游戏出版服务管理的通知》（新广出办发〔2016〕44号）等的要求需要提供的材料。

4. 甲方在游戏出版后，应遵从相关规定，游戏内容改动、版本更新均应上报乙方，并根据乙方或国家新闻出版署对游戏内容的修改意见及时修改。如对于乙方或国家新闻出版署明确应该修改的内容执意不予修改，乙方有权上报××市新闻出版局和国家新闻出版署并申请撤销游戏版号，且甲方依然应按约支付相应服务费用。

5. 甲方确认其作为本游戏在中国的代理商或开发商，有权自主发售和运营本游戏。

6. 甲方在游戏发售前，在该游戏的网站主页的显著位置载明著作权单位、出版单位及运营单位的名称、标志、著作权合同登记号、版号以及其他有关事项。

7. 游戏发行后 30 日内，对于移动端游戏及网络游戏，甲方应一次性给乙方 6 个账号（账号级别为高级）作为测试及监控用；对于主机游戏，甲方应一次性向乙方提交 15 张样片用以出版物上缴等用途。

8. 乙方不因其审核行为而对本合同项下游戏承担任何责任；甲方应保证，乙方不会因本合同项下游戏而蒙受任何损失，否则由甲方负责赔偿。

第四条　乙方权利与义务

1. 乙方应在收到甲方提供的所需材料后，在 3 个工作日内对游戏内容进行审查。乙方审核游戏内容，认定其符合出版要求后，在 2 个工作日内申请此游戏的出版许可。但乙方的审核行为不能保证甲方游戏一定获得出版许可。为免歧义，乙方不对甲方游戏是否能获得出版许可进行保证并承担任何责任，乙方不对获得出版许可的时限进行保证并承担任何责任。

2. 甲方将游戏送审材料和送审版本交付给乙方后，由乙方承担上述物品的安全和保护责任。乙方在传递送审版本时，应采取有效措施保证游戏送审版本不丢失，内容不被泄露和盗用。

3. 乙方获得出版许可后，应立即通知甲方并在一周（五个工作日）内提供该游戏的出版许可号。

第五条　付款及交付

1. 在乙方向甲方交付游戏（国产移动游戏）的出版许可后，甲方应一次性支付给乙方该游戏的出版服务费 15000 元（人民币壹万伍仟元整）。在游戏申报过程中，若发生因甲方不愿意配合游戏内容修改、游戏涉嫌版权纠纷、游戏被调换等甲方问题导致游戏申报无法继续的情况，在乙方向甲方说明上述情况后 3 个月内，若甲方愿意主动撤销该游戏的申报，则双方签订撤销协议，同时甲方应一次性支付给乙方出版服务费

173

5000 元（人民币伍仟元整）；若 3 个月内甲方无法解决上述问题，且拒绝撤销，则甲方应在乙方向甲方说明问题后的第 4 个月的第一天，向乙方一次性全额支付出版服务费 15000 元（人民币壹万伍仟元整）。

2. 若甲方逾期付款，每逾期一日应向乙方支付欠付金额的 1‰作违约金，若逾期累计达 7 日的，乙方有权解除本合同并要求甲方支付欠付金额的 30%作违约金，且甲方仍应按约履行付款义务。

3. 乙方同意甲方将所有款项以转账或电汇方式付至乙方如下指定账户：

乙方账户信息：＿＿＿＿＿＿＿＿＿

户名：＿＿＿＿＿＿＿＿＿＿＿

账号：＿＿＿＿＿＿＿＿＿＿＿

开户行：＿＿＿＿＿＿＿＿＿

4. 乙方出具发票后，甲方须在发票开出 7 个工作日内付款。

5. 双方同意本合同所产生的相关税金，依双方所在地税法规定的纳税义务人权责，各自负担其权利义务。

第六条 保密协议

双方承诺所知对方的商业、财务或贸易往来资料、发行渠道、交易条件、文件、图片或档案（包括但不限于本合同约定的游戏软件、本合同及附件等）等任何业务或商业机密（以下简称"机密信息"），不论口头或文书，均保守机密，任何一方不得向第三方披露，亦不得将这些机密用于本合同以外的目的。

本合同终止后，乙方应立即将其得到的机密信息返还给甲方，并且按甲方指示毁灭其持有的记载该机密信息的一切媒体。

1. 前项机密信息已合法公开或依法律必须披露的，不受本条款保密义务的约束。

2. 如任何一方未履行保密义务，泄密导致对方产生损失

174

的，受损失方有权追究泄密方的违约责任。

3. 本条款在本合同终止或解除后三年内对双方仍持续有效。

第七条 其他

1. 本合同一式四份，自双方签字后生效，有效期三年，双方各持两份，具有同等法律效力。任何一方要求延长合同期限，应在合同期满前三个月通知对方，是否延长由双方商定。本合同期内合同条款若需补充更改，由双方商定签补充合同，补充合同具有与本合同相同的法律效力。

2. 甲乙双方必须遵守上述条款，若有违反，违约方须赔偿守约方损失，但另有约定的除外。

3. 双方因本合同的解释或履行发生争议，由双方协商解决，协商不成则任何一方有权提交到乙方所在地法院诉讼解决。

甲方：＿＿＿＿＿＿＿＿＿＿　　　乙方：＿＿＿＿＿＿＿＿＿＿

代表签字：＿＿＿＿＿＿＿＿＿＿　　代表签字：＿＿＿＿＿＿＿＿＿＿

＿＿＿年＿＿＿月＿＿＿日　　　　＿＿＿年＿＿＿月＿＿＿日

第三节 数字出版合同的签订

合同的订立，是指合同双方当事人进行协商，使各方的意思表示趋于一致，达成协议的过程。合同成立是合同订立过程的完结。合同的履行，是指合同生效以后，合同当事人依照合同的约定或者法律的规定，全面适当地履行自己义务的行为，是当事人实施给付义务的过程。数字出版合同是合同的一种，也应遵循《民法典》的规定，以要约、承诺、签订合同为标准程序，同时，数字出版合同的文本应范围明确、语言条理清晰且合乎规范，对于著作权人不明确的条款还应解释条款内容。所以，本节详细阐述数字出版合同订立的要约及承诺这两个标准环节，总结并解释签订数字出版合同的注意事项。此外，本节还将重点阐述合同签订后所发生的关于合同变更、转让的行为及注意事项等内容。

一、数字出版合同的订立程序

合同双方当事人意思表示达成一致，即表明合同成立。合同成立是合同订立过程的完结。要约与承诺为合同订立的过程。《民法典》规定，当事人订立合同，可以采取要约、承诺方式或者其他方式。在数字出版活动中，合同的订立应遵循《民法典》的规定，要约与承诺也是数字出版合同订立过程中必不可少的环节，著作权人和数字出版商中只要一方当事人提出要约，另一方当事人作出承诺，数字出版合同便宣告成立。

（一）要约

要约是希望与他人订立合同的意思表示。根据《民法典》第472条的规定，"要约是希望与他人订立合同的意思表示，该意思表示应当符合下列条件：（1）内容具体确定；（2）表明经受要约人承诺，要约人即受该意思表示约束"。

一份要约应该具备以下条件：一是要约必须具有与他人订立合同的目的。要约是希望与他人订立合同的意思表示，即要约是当事人一方希望与他人订立合同的意思表示，必须具有与他人订立合同的目的。数字出版商与著作权人订立数字出版合同的目的在于通过权利让渡的双方合意来追求自己最大的利益，同时创造一定的社会效益与经济效益。二是要约是特定的当事人一方向相对人作出的意思表示。要约的作用在于引起相对人的承诺，因此，要约人必须是特定的，否则，相对人无法对要约承诺。订立数字出版合同时，必须是数字出版商或著作权人（著作权人代表人）一方向对方作出要约表示，没有特定的要约对象就无法作出承诺。三是要约的内容必须具体明确，即要约的内容与范围全面、明确。数字出版商或著作权人向对方提出要约时，应向受要约人准确地表达自己的真实意愿，包括将要订立合同的一些主要条款。四是要约要表明，经受要约人承诺，要约人即受该意思表示的约束。即一旦数字出版商或著作权人一方提出要约，另一方作出承诺，双方便达成合意，行使权利、履行义务都应符合规范。

1. 要约与要约邀请

与要约不同，要约邀请是希望他人向自己发出要约的意思表示。其主要区别在于：第一，要约是当事人自己主动愿意订立合同的意思表示，以订立合同为主要目的；而要约邀请是当事人表达某种意愿的事实行为，行为人在法律上无须承担责任，其内容是希望对方主动向自己提出订立合同的意思表示。第二，要约的内容必须具体明确，应该包括合同的主要条款，而要约邀请则不一定包含合同得以成立的主要内容；同时，要约中含有当事人愿意接受要约约束的意思，而要约邀请则不含有该项意思。第三，要约一般是针对特定的相对人，故往往采取对话方式和信函方式，而要约邀请一般是针对不特定的多数人，往往通过电视、广告、网络等传媒手段。①

数字出版商要想获得数字出版作品的各项权利，既可以向特定的著作权人提出要约，要约中应包含详细的作品类型、支付报酬、期限范围、权利义务等内容，也可以通过网络公告、商业广告等方式面向社会群体发送要约邀请，以期望符合要约邀请的著作权人或单位向自己发送作品与要约。因此，数字出版企业应根据实际情况灵活选择要约方式。

2. 要约生效的时间

要约的生效，是指要约发生法律效力，即对要约人和受要约人产生法律的约束力。要约生效的时间，是指要约从什么时候开始具有法律约束力。我国《民法典》第 137 条规定："以对话方式作出的意思表示，相对人知道其内容时生效。以非对话方式作出的意思表示，到达相对人时生效。以非对话方式作出的采用数据电文形式的意思表示，相对人指定特定系统接收数据电文的，该数据电文进入该特定系统时生效；未指定特定系统的，相对人知道或者应当知道该数据电文进入其系统时生效。当事人对采用数据电文形式的意思表示的生效时间另有约定的，按照其约定。"《民法典》第 138

---

① 黄先蓉. 出版法律基础 [M]. 武汉：武汉大学出版社，2013.

条规定："无相对人的意思表示，表示完成时生效。法律另有规定的，依照其规定。"《民法典》第139条规定："以公告方式作出的意思表示，公告发布时生效。"

在具体的数字出版活动中，不论数字出版商还是著作权人一方是通过直接送达、普通邮政还是数据电文等方式发出要约，一旦要约送达对方能够控制的地方，便开始产生法律效力，对数字出版商和著作权人双方产生法律约束力。

3. 要约的撤回与撤销

要约可以撤回。要约撤回，是指在要约发生法律效力前，要约人想使其发出的要约不发生法律效力而将其取消的意思表示。要约人撤回要约的通知应当在要约到达受要约人之前或者与要约同时到达受要约人。如果数字出版企业因政策或资金等因素想取消与著作权人的要约，就必须使撤回要约的通知在要约到达著作权人之前或与要约同时到达著作权人，要约送达著作权人而开始产生法律效力后，数字出版企业将不得撤回。

要约撤销，是指在要约发生法律效力后，要约人想使其丧失法律效力而作出的取消该项要约的意思表示。撤销要约的意思表示以对话方式作出的，该意思表示的内容应当在受要约人作出承诺之前为受要约人所知道；撤销要约的意思表示以非对话方式作出的，应当在受要约人作出承诺之前到达受要约人。要约的撤销与撤回的不同之处在于：要约的撤销发生在要约生效之后，而要约的撤回则发生在要约生效之前。数字出版企业或著作权人有撤销其发出的要约的权利，但撤销要约的通知应在对方发出承诺通知之前送达，因为对方一旦承诺，合同即宣告成立，就谈不上撤销要约了。但是，《民法典》还规定下列情况的要约不得撤销：一是要约人以确定承诺期限或者其他形式明示要约不可撤销；二是受要约人有理由认为要约是不可撤销的，并已经为履行合同做了合理准备工作。

4. 要约的失效

要约的失效，即要约的消灭，指要约丧失了对双方当事人的法律约束力。《民法典》规定了要约失效的四种情况：第一，要约被拒绝；第二，要约被依法撤销；第三，承诺期限届满，受要约人未作出承诺；第四，受要约人对要约的内容作出实质性变更。这几种要约失效的情况也同样适用于数字出版行业，数字出版合同订立的前提必须是数字出版商或著作权人一方发出要约，另一方接受要约并作出承诺，且不发生撤回或撤销要约、擅自变动要约内容等行为。

（二）承诺

承诺是受要约人同意要约的意思表示，即受要约人向要约人表示完全同意要约提出的全部条件的答复。承诺必须具备以下要件：第一，承诺是由受要约人向要约人作出的意思表示；第二，承诺的内容与要约的内容完全一致；第三，承诺是在要约的有效期限内作出的答复。数字出版活动中，无论是数字出版商还是著作权人作为受要约的一方，都应在要约的有效期限内作出意思表示，并且承诺与要约的内容应完全一致。

1. 承诺的方式

承诺，应以明示的方式作出。沉默或者不作为不能视为承诺。《民法典》第480条规定："承诺应当以通知的方式作出；但是，根据交易习惯或者要约表明可以通过行为作出承诺的除外。"除了通知的方式外，承诺的表示还可通过"行为"，以"默示"的方式作出。在数字出版活动中，著作权人虽然没有明确地以书面形式或口头形式表示同意要约，但通过其实施的一定行为或其他方式可以推断出其具有承诺的意思。

2. 承诺的期限

承诺的期限是指受要约人发出承诺的时间限制。承诺的期限有两种情况：一是要约中规定了承诺期限，二是要约中没有规定承诺期限。在要约中规定了承诺期限的情况下，承诺应当在要约确定的期限内到达要约人。在要约中没有规定承诺期限的，承诺应当依照下列规定到达：第一，要约以对话方式作出的，应当即时作出承诺；第二，要约以非对话方式作出的，承诺应当在合理期限内到达。《民法典》第482条中还规定了以信件或者电报等作出的要约的承诺期限计算方法：第一，要约以信件或者电报作出的，承诺期限自信件载明的日期或者电报交发之日开始计算；信件未载明日期的，自投寄该信件的邮戳日期开始计算。第二，要约以电话、传真、电子邮件等快速通讯方式作出的，承诺期限自要约到达受要约人时开始计算。

数字出版商以当面对话、语音对话等方式与著作权人提出要约的，著作权人应在对话中即时、明确地表示承诺或者拒绝要约，如果著作权人无法即时作出回应，可以另行约定答复时间。数字出版商以文件、数据电文等非对话方式向著作权人提出要约的，著作权人应根据要约的紧急程度，在合理的时间内回应对方。

3. 承诺的效力

"承诺生效时合同成立"，这表明了承诺的效力。"合同成立"，是指当事人对合同的标的、数量、价款等内容协商一致。合同成立开始于承诺生效。承诺一旦生效，当事人就合同的主要内容协商一致，合同便成立。关于承诺生效的时间，我国《民法典》第484条规定："以通知方式作出的承诺，生效的时间适用本法第137条的规定。承诺不需要通知的，根据交易习惯或者要约的要求作出承诺的行为时生效。"

数字出版商或著作权人作出承诺是对一方提出的要约内容完全同意的回复，即意味着愿意按照要约的内容与对方订立合同。因此，承诺是数字出版合同得以订立的最后保障环节。这里需要注意的是，承诺的内容必须与要约的内容一致，如果数字出版活动中的受要约人对要约的内容作出实质性变更，那么，承诺就不是原有要约的承诺，而是受要约人向要约人发出的新的要约，合同不能成立。有关合同标的、数量、质量、价款或者报酬、履行期限、履行地点和方式、违约责任和解决争议方法等的变更，是对要约内容的实质性变更。承诺对要约的内容作出非实质性变更的，除要约人及时表示反对或者要约表明承诺不得对要约的内容作出任何变更外，该承诺有效，合同的内容以承诺的内容为准。

4. 承诺的撤回及失效

在订立数字出版合同的过程中，还会产生承诺不发生法律效力致使合同无法成立的情况。在下列情况下，承诺不发生法律效力：

第一，承诺撤回。承诺在生效以前可以撤回，但撤回承诺的通知应当在承诺通知到达要约人之前或者与承诺通知同时到达要约人。第二，迟延承诺，受要约人超过承诺期限发出承诺，或者在承诺期限内发出承诺，按照通常情形不能及时到达要约人的，为新要约；但是，要约人及时通知受要约人该承诺有效的除外。第三，未迟发而迟到的承诺。受要约人在承诺期限内发出承诺，按照通常情形能够及时到达要约人，但是因其他原因致使承诺到达要约人时超过承诺期限的，除要约人及时通知受要约人因承诺超过期限不接受该承诺外，该承诺有效。迟延的承诺与未迟发而迟到的承诺都是超过承诺期限到达要约人的承诺，只不过迟延的承诺是在承诺期限发出但没有及时到达要约人的承诺，而未迟发而迟到的承诺是没有在承诺期限内发出的承诺。

数字出版商和著作权人都具有接受或撤销承诺的权利来维护自身利益。需要注意的是，接受或撤销承诺的意思表示都应在规定的期限内作出，以免造成承诺迟到或撤回无效的结果。另外，如果承诺到达要约人时超过了承诺期限，在要约人及时通知受要约人超过了承诺期限的情况下，要约人可以不接受该承诺，即该承诺对要约人不具有约束力。但要约人如果没有及时通知，受要约人不知其承诺迟到，按诚信原则，要约人怠于履行通知注意义务，则承诺视为未迟到，承诺仍然有效。当然，要约人也可以通知受要约人其承诺迟到或迟延，但还是接受该承诺。

（三）合同成立的时间与地点

要约与承诺是数字出版合同订立过程中不可缺少的环节，承诺生效即合同成立，合同成立即合同订立过程的完成。这里还需注意确认合同成立的时间和地点，保证整个合同订立过程的完整性和有效性。

1. 合同成立的时间

数字出版合同成立的时间，是数字出版商与著作权人之间最终达成权利义务关系协议的时间。关于合同成立的时间，因合同订立的方式不同而各有不同。《民法典》第 490 条规定，当事人采用合同书形式订立合同的，自当事人均签名、盖章或者按指印时合同成立。在签名、盖章或者按指印之前，当事人一方已经履行主要义务，另一方接受时，该合同成立。法律、行政法规规定或者当事人约定合同应当采用书面形式订立，当事人未采用书面形式但是一方已经履行主要义务，另一方接受时，该合同成立。《民法典》第 491 条规定，当事人采用信件、数据电文等形式订立合同要求签订确认书的，签订确认书时合同成立。当事人一方通过互联网等信息网络发布的商品或者服务信息符合要约条件的，对方选择该商品或者服务并提交订单成功时合同成立，但是当事人另有约定的除外。

"合同确认书"，是通过信件、数据电文等方式订立合同，事后当事人以书面形式对合同内容予以确认的文件。

2. 合同成立的地点

数字出版合同成立的地点在实践中非常重要。因为合同成立的地点关系到合同发生纠纷后案件的管辖问题。对于涉外合同，合同成立的地点还可作为决定适用法律的准据。关于合同成立的地点，我国《民法典》根据合同采用的形式不同而作了不同的规定。《民法典》第 492 条规定，一般情况下，"承诺生效的地点为合同成立的地点。采用数据电文形式订立合同的，收件人的主营业地为合同成立的地点；没有主营业地的，其住所地为合同成立的地点。当事人另有约定的，按照其约定"。《民法典》第 493 条规定："当事人采用合同书形式订立合同的，最后签名、盖章或者按指印的地点为合同成立的地点，但是当事人另有约定的除外。"

（四）依国家订货任务、指令性任务订立合同及强制要约、强制承诺

《民法典》第 494 条规定，国家根据抢险救灾、疫情防控或者其他需要下达国家订货任务、指令性任务的，有关民事主体之间应当依照有关法律、行政法规规定的权利和义务订立合同。依照法律、行政法规的规定负有发出要约义务的当事人，应当及时发出合理的要约。依照法律、行政法规的规定负有作出承诺义务的当事

人，不得拒绝对方合理的订立合同要求。

二、签订数字出版合同的注意事项

数字出版合同的订立，是为了依法传播或出版作品，是对著作权人权利的尊重，更是数字出版商保护自身权益的重要措施，切不可认为是一件可有可无的事，著作权人和数字出版商对此必须高度重视。但在现实数字出版活动中，由于双方当事人不注意合同的签订，产生了许多不必要的合同纠纷，因此，为了避免这些纠纷，保证合同的有效实施，促进双方合作的成功，必须考虑到数字出版合同签订时的一些注意事项。

（一）注意合同的有效性

合同的效力，又称合同的法律效力，即合同所具有的法律拘束力，是指法律赋予依法有效的合同对其当事人及其效力所涉及的第三人具有拘束力。合同是民事法律行为，《民法典》第 143 条规定，民事法律行为应当具备以下生效条件：行为人具有相应的民事行为能力；意思表示真实；不违反法律、行政法规的强制性规定，不违背公序良俗。这三项也是合同的一般生效要件。因此，凡不符合生效条件的合同，即使已经成立，也不能产生合同的法律效力，而属于无效合同，或者可撤销的合同，或者效力未定的合同。在数字出版合同的订立过程中，合同双方还必须注意合同主体资格、合同的内容、合同的标的物、合同订立的原则是合法有效的。

首先是合同主体资格。在合同签订前，双方要认真核实合同签订者的身份，对其作为合同签订者应有的权利情况，一定要认真审查，应当特别注意的是特殊情况下的著作权归属。在签订出版合同时，数字出版商只有明确了数字出版作品的著作权归属人，著作权人只有认定和选择具有数字出版资质的法人，才能正确地选择合格的对方当事人，以免签订无效合同。同时，应保证合同的双方与合同中双方签字人署名一致。

其次是合同的内容。《民法典》规定了合同无效的两种情况。一是《民法典》第 153 条规定的"违反法律、行政法规的强制性规定的民事法律行为无效。但是，该强制性规定不导致该民事法律行为无效的除外。违背公序良俗的民事法律行为无效。"二是《民法典》第 154 条规定的"行为人与相对人恶意串通，损害他人合法权益的民事法律行为无效"。显然，合同内容如果违反法律、行政法规的强制性规定，损害他人合法权益、损害社会公共利益，合同便不具备生效要件。

再次是合同的标的物。合同双方的权利和义务所共同指向的对象必须合法有效，如果数字出版作品本身存在违法内容或者侵犯了他人的权利，订立的合同也是无效合同。

最后是合同订立的原则。合同订立双方必须遵循平等、自愿、公平、诚信和不违背公序良俗等基本原则，防止订立无效合同。

（二）合同文本表达应明确、清晰、规范

合同当事人双方在确保订立的合同是有效合同的基础上，还要保证合同文本表达明确、清晰和规范，规定双方应该承担的责任和履行的义务，以免产生理解上的误差和不必要的纠纷。

首先，合同内容的范围必须明确。尽管实践中数字出版合同各有不同，但是一份完整的正式的数字出版合同至少应该包括合同名称、合同序言、授权条款、授权方的权利和义务、相应的数字出版商的权利与义务以及合同的其他条款。其中尤其需要注意双方权利和义务的范围，授权的方式和范围，比如是专有许可还是非专有许可，是传统图书的单纯数字化出版还是任何形式的传播或出版方式，是全世界范围内传播或出版还是限定范围和地区等，这些容易发生争议的合同内容必须逐一明确。

其次，合同的具体条文必须清晰。实际工作中订立的数字出版合同，常见的内容包括作品名称、作品类型、交付作品时间、稿酬的支付方式、合同的有效期限等。如果这些重要项目未予准确注明，则会影响到合同的执行，甚至导致合同的无效。因此，在签订合同时，双方一定要就其中约定的内容逐项进行认真的估算，使其大致接近实际情况，这样履行合同才有保证。并且合同双方不仅要着眼于条款内容，也不能忽视任何一个细节，表达合同内容的一词

一字，甚至一个标点，都必须经过反复推敲，做到准确无误，避免任何差错。因此，合同双方在签字盖章之前，应当反复审读合同书，对任何条款内容都达成共识。

最后，合同的条款格式必须规范。数字出版合同的签署是一件严肃的事情，合同的填写应字迹清楚、格式统一，符合规范，忌在合同上涂涂改改。签署的合同文本规范与否反映了双方合作的态度，工整清楚的合同也是双方相互尊重的表现。为了使数字出版合同规范化，最好使用条款齐全、统一印制的合同书，避免因作品而异自立合同。这样一是便于合同管理的规范化，二是避免出现随意性或漏项内容。

（三）重视向著作权人解释条款内容

由于一般著作权人对数字出版合同的内容和要求并不了解，数字出版商在与著作权人就数字出版合同进行磋商时，应逐条向其解释清楚，包括数字出版合同中的格式条款和非格式条款。著作权人提出异议时，数字出版商有义务对该条款予以说明。只有著作权人真正理解了合同条款的内容，才能配合相关人员完成好作品的传播、出版工作。比如，解释条款时，对合同中关于代著作权人对外联系其作品的版权输出事宜，以及由此所获收益将如何进行分成，著作权人不得将数字作品内容稍加修改后，以原名称或更换名称授予第三方以互联网方式另行出版等，都要讲清楚。

另外，数字出版商要对著作权人特别说明"免责条款"。"免责条款"是当事人双方的合同约定，它只能约束著作权人和数字出版商双方，却不能对抗或者约束第三方。这就是说，如果数字作品出版后发生侵犯他人著作权的情况，即使有"免责条款"，法院仍然要认定数字出版商没有尽到合理注意义务，承担侵权的连带责任。所以，"免责条款"的作用，更多地体现在对作者的约束方面，对于数字出版商，法院只将其看作一种尽合理注意义务的意识和努力，至于是否尽到了，只能以有无侵权事实存在为标准。因此，数字出版商必须在传播、出版工作的全过程中把好著作权关，保证著作权人的作品是合法的。否则，即使有"免责条款"，也一样不能"免责"。

(四) 防止产生违约责任

在数字出版合同订立的过程中，数字出版商也会产生违约责任。例如，数字出版商与作者约定按一定出版条件为作者传播或出版某作品，双方拟订数字出版合同，双方或一方并未签字或盖章，作者已经开始作品创作，而数字出版商接受了作者的创作行为，但不久，数字出版商考虑该作品的市场前景可能不好，便以合同书并未签字或盖章为由，不再为作者传播或出版该作品，则数字出版商应承担违约责任。这是因为根据我国《民法典》第 490 条规定，"当事人采用合同书形式订立合同的，自当事人均签名、盖章或者按指印时合同成立。在签名、盖章或者按指印之前，当事人一方已经履行主要义务，对方接受时，该合同成立。法律、行政法规规定或者当事人约定合同应当采用书面形式订立，当事人未采用书面形式但是一方已经履行主要义务，对方接受时，该合同成立"。因此数字出版商应审慎选择好要传播或出版的作品，不要轻易地与对方拟订数字出版合同，如要反悔，应及时与作者沟通。另外，数字出版合同签订后如有变更，合同双方一定要签订补充协议。

第五章　有关数字版权的法律规定

随着数字技术、网络技术的不断变革，数字出版作为国内外出版业的发展潮流，已成为出版行业的重要经济增长点。与此同时，技术的发展给作品出版、传播领域带来的是一场深刻的变革，数字环境下的版权问题不断增多，有关数字产品版权纠纷案件中的法律关系更为复杂，极大地冲击了现有的版权制度体系，也将毫无疑问地改变未来版权制度体系的设计与发展方向，有关数字版权的研究和立法已成为当今时代一个不可忽视的重大理论和现实问题。从世界范围来看，数字版权问题依然是阻碍数字出版产业健康发展的国际性难题，亦是完善数字出版法律制度的重要内容。与美国、德国等西方发达国家不同，我国目前并没有针对数字版权的专门立法，现形成以《民法典》为基础，以《著作权法》为核心，以《著作权法实施条例》《信息网络传播权保护条例》《计算机软件保护条例》《最高人民法院关于审理侵害信息网络传播权民事纠纷案件适用法律若干问题的规定》《互联网著作权行政保护办法》等若干行政法规、司法解释为补充的数字版权法律制度体系，为我国数字出版产业的健康发展提供了有力的支持和坚实的法律之盾。2011年，国家版权局正式启动我国《著作权法》的第三次修订，其目的在于应对新技术发展对版权创造、交易、运营、保护、管理等各方面带来的新变化和新挑战。2020年11月11日，十三届全国人大常委会通过了《关于修改〈中华人民共和国著作权法〉的决定》，新修正内容于2021年6月1日起施行。本章内容针对我国现有数字版权法律制度体系中的基本法律问题作系统研究，在对数字版权基本概念进行界定的基础上，对数字版权的获得、主体、客体、权利归属、权利内容、权利限制、侵权行为及其需要承担的法律责任等方面的内容做一细致梳理，既探讨有关数字版权的基本理论问题，亦分析涉及数字版权的相关热点话题。我国 1990 年颁布的《著作权法》在附则里规定"本法所称的著作权即版权"，在法律层面将"著作权"和"版权"明确为同义词。因此，本章所称"数字版权"亦可称作"数字著作权"。

第一节　数字版权概述

版权是指公民、法人依照法律规定对自己的文学、科学和艺术等作品依法享有的各项专有权利，具体可分为精神权利和财产权利，其是知识产权的重要组成部分。版权的发展史就是不断地应对技术革命带来的新变化的历史，因循印刷术、广播电视技术、网络技术和数字技术等技术革命产生的线索，版权史可大致划分为印刷版权、电子版权、网络版权或数字版权等几个不同的时期。① 从 18 世纪初叶英国《安娜女王法》的颁布到 19 世纪末的"印刷版权"时期，这是对以皇室为主导的特许出版权秩序进行颠覆的时期，首次实现了出版产业利益的有序分配。伴随照相、电影、广播、电视等技术的发明，作品的创作和传播进入"电子版权时代"，通过模拟电子技术的应用将作品固定在有形载体上，权利形态从初期单一的印刷复制权逐渐走向多元化，涵盖改编权、表演权、放映权、摄制权、广播权等权利内容。而计算机技术、数字技术与通信技术的结合为"网络版权""数字版权"等概念的出现奠定了基础。"数字版权"主要针对具备多类型、易于复制、传播广泛等特点的数字作品而言，其将对作品的保护延伸至数字网络环境中。而探讨有关"数字版权"的基本法律问题，学者们总绕不过几个最原始的追问：什么是数字版权？其概念如何辨析？其权利如何获得？就目前而言，"数字版权"不是一个严格的法律范畴，虽有关数字版权保护技术、数字版权交易、数字版权保护组织和数字

---

① 梅术文. 网络知识产权法：制度体系与原理规范 [M]. 北京：知识产权出版社，2016：30.

版权产业发展现状等新闻消息时常见诸媒体，但迄今为止，对于"数字版权"的概念在官方、学术界、产业界均未能给出一个权威、确切的定义和范围界定，仅仅是业界约定俗成的一个概括性称谓。①"数字版权"伴随网络技术、数字技术的快速发展以及数字内容产品的大量出现而产生，逐渐发展成为一个在业界、学术界甚至法律界耳熟能详的名词。

一、数字版权的概念界定

浏览相关的出版集团、数字出版企业、司法机关、版权管理机构以及相关行业组织的官方网站，可发现其在日常的报道与业务安排中对"数字版权"一词的使用异常频繁，但因为各个领域的关注点和需求点有所差异，因此对于"数字版权"的内涵界定亦有所偏倚，更有断章取义之嫌，难以称为对"数字版权"的权威定义。而目前在学术界研究"数字版权"的既有成果中，对"数字版权"内涵作出明确界定的十分少见。在众多的报刊数据库、图书、会议论文等文献资料中，仅有寥寥几例涉及其概念的界定，如：郝振省从作品使用、传播的角度将"数字版权"解释为"作者享有的以数字化方式保存、复制、发行作品的权利"②；屈爱红从作品流转传播所需介质出发，认为"网络环境下法律赋予作者的对其作品在网络传播中享有的专有权利"即为数字版权，其中还包括"在磁盘、数据库等非网络环境介质中的作者所享有的法律赋予其的专有权利"③；亦有人从数字版权的客体作品类型、表现形式出发，将其解释为"数字消费品如软件、电子书籍、电子音乐作品、数字视频等作品的版权"④；而从词义扩充的角度，则

---

①　施勇勤，张凤杰．数字版权概念探析［J］．中国出版，2012（3）：61-63.

②　郝振省．2008中国数字版权保护研究报告［M］．北京：中国书籍出版社，2008：4.

③　屈爱红．数字版权亟待保护［N］．吉林日报，2009-12-30（5）.

④　徐跃权，徐兆英．数字环境中图书馆与出版发行活动的行业关系构建［J］．图书馆杂志，2003（7）：13-16.

可将"数字版权"定义为"相对于纸质版作品印刷版权的数字化作品的产权所有权"①；孙晓翠在明确数字版权与传统纸质版权有区别的前提下，综合权利行使人、权利客体形态、传播媒介等三方面的内容，将数字版权定义为"版权所有人及其他权利人具有的，或者委托他人对数字化形态呈现的文学、艺术和科学作品等，通过新兴的数字媒体等进行传播的人身权和财产权的总称"②；施勇勤在新闻出版总署 2011 年度"数字版权的技术保护问题研究"重点课题的研究工作中，在结合前人研究的基础上对"数字版权"的基本概念予以界定，认为对数字版权概念的界定必须结合版权的固有内涵和相关数字业务的特点，最终将其阐释为"作者及其他权利人对其文学、艺术、科学作品在数字化复制、传播方面依法所享有的一系列专有性精神权利和经济权利的总称"③。

通过综合分析、比较学术界现有的几种"数字版权"概念界定，本章内容所言"数字版权"的内涵则更倾向于施勇勤给出的定义，即"数字版权是指作者及其他权利人对其文学、艺术、科学作品在数字化复制、传播方面依法所享有的一系列专有性精神权利和经济权利的总称"。对"数字版权"进行如此定义的优点在于：首先，与传统的版权内涵相统一，数字版权的主体不仅局限于作者，也包括其他权利人；其次，对作品进行数字化保存的权利是否应该归属于创作者以及相应的权利继受主体，干涉使用者对作品的数字化保存行为是否限制了"个人合理使用"的权利等问题尚未明确，因此在阐述数字版权的内涵时，应明确其权利指向主要为作品的数字复制和传播环节，其中发行包含于传播环节之中；再次，尽管现实中的数字版权纠纷绝大部分是因为经济权利而引发的纷争，但数字版权仍然包括精神权利和经济权利两个方面，"专有

---

① 刘祥国，李正生. 数字化时代中国版权制度的现状及挑战 [J]. 社会科学家，2010（10）：75-78.

② 孙晓翠. 数字版权产业运营平台的构建和运维分析 [J]. 南京理工大学学报（社会科学版），2017，30（5）：16-20.

③ 施勇勤，张凤杰. 数字版权概念探析 [J]. 中国出版，2012（3）：61-63.

权利"一词不能完全表达其精神层面的权利内容;最后,数字版权的客体是伴随技术革新而不断延伸的,其作品类型、表现形式、功能展示等均不应设置特殊限制,只要是以数字化形式传播的作品均有可能涉及数字版权问题。

二、数字版权与相关概念的联系与区别

以数字形式传播的作品,其传播介质类型多样,如网络、手机、电子阅读器、数码放映机、平板电脑等。因客体的不同存在形式,"数字版权"衍生出许多与之类似的称谓,其中"电子版权""网络版权""信息网络传播权""多媒体权"等在特定的行业领域中早已成为"数字版权"的特定称谓,但相比于"数字版权"这个大概念,这些相关概念在外延和适用范围上则较为狭隘,不能完全代替"数字版权"通用于业界、学术界以及司法界的相关领域中。

(一)电子版权

"电子版权"是由以机读形式出现的信息引起的,其伴随磁盘、光盘等新型介质的应用以及电子数据库、计算机软件、电子阅读器、掌上电脑、多功能播放器等电子产品而出现。"电子版权"仅涉及数量与类型有限的电子产品,以网络为介质传播的作品则不包括在其中,而"数字版权"不仅囊括"电子版权"与"网络版权"的内涵,伴随今后新型数字化复制和传播手段的出现,其涉及的权利类型将进一步扩充。

(二)网络版权

就适用范围而言,"网络版权"是"数字版权"最主要的构成部分,是指以互联网为介质传播的文学、艺术、科学等方面的网络作品所享有的一系列精神和财产权利。但伴随互联网在当今社会影响力的激增,网络版权的概念与互联网内容产业如网络文学产业、网络游戏产业、网络动漫产业、网络音乐产业、网络视频产业等的发展紧密相关,其在涉及互联网的行业领域中比"数字版权"更

具代表性。

（三）信息网络传播权

"信息网络传播权"是指以有线或者无线方式向公众提供，使公众可以在其选定的时间和地点获得作品的权利。其主要针对"点对点"交互式传播介质，如联网计算机、上网手机等，而未联网状态下的各种数字化介质中的作品传播则不包含在其中，前述的"电子版权"概念未能涵盖其中。此外，网络环境中单向性、点对面传播新模式下催生的新型权利，亦无法在"信息网络传播权"中找到明确定义。因此，"信息网络传播权"可归类为"网络版权"的下位类概念。

（四）多媒体权

"多媒体权"主要是针对在计算机系统中组合两种或者两种以上传统媒体作品制作而成的，一种用于信息交流和传播的新型综合性媒体作品而出现的特殊称谓，但并不涉及依赖于计算机系统之外的其他介质载体而存在的数字形式作品。① 人机交互性是多媒体作品有别于传统媒体作品的主要特点，其可以利用软件系统提供的交互功能实现人对信息的主动选择和控制，因此，单一媒体模式的数字化权利亦不在多媒体权的指涉范围。此外，鉴于多媒体作品的创作必须融合包括文字、图片、照片、声音、动画和影片等在内的以各种形式存在的大量外部信息，其版权的归属与保护仍然是一个悬而未决的问题。

综上所述，在具体的领域中为了更加明确相应的版权事宜，可以使用"电子版权""网络版权""信息网络传播权""多媒体权"对"数字版权"进行指称，但若将前述概念与"数字版权"完全等同，则会缩小后者的指涉范围。因此，在相关的学术研究中，必须对"数字版权"的概念加以界定和辨析，不能将其与特定领域

---

① 冯洁. 图书出版附属贸易的理论和实践［M］. 哈尔滨：黑龙江人民出版社，2007：111-112.

中的行业指称和习惯用语相混淆。

三、数字版权的获得

数字版权的获得，又可称为数字版权的取得或产生。从作品获得版权的条件性质来看，版权的获得主要包括实质要件和形式要件。获得版权的实质要件是指著作权法意义上的作品成立的实质性要求，即"在文学、艺术和科学等领域内具有独创性，是能够以一定形式表现的智力成果，具有实用性，不得违反法律和损害社会公共利益"四个方面。获得版权的形式要件主要是指版权获取的具体方式。① 因此，针对数字版权的获得问题，需从实质要件和形式要件着手，鉴于我们将在本章第二节"数字版权的基本内容"中"数字版权的客体"这一部分对数字版权作品进行详细阐述，此处就重点探讨数字版权获得的形式要件以及数字版权获得方式的改进问题。

（一）数字版权的获得方式

垄断性越强的权利，对他人行为限制的影响也越大，其所应具备的形式要件就越严格，② 因此，在知识产权的获得中，相较于专利权和商标权的获得而言，版权的获得要简单得多。按照目前的国际公约和绝大多数国家的法律规定，版权的获得基本上采取基于作品创作的"自动产生原则"，但历史上，由于世界各国文化传统的不同，获得版权的具体方式也不尽相同，在国际条约层面以及一些国家的版权法曾规定，只有履行了加注版权标记或者版权注册登记等一系列手续之后，作品才能获得相应的版权保护。之后随着国际交流的频繁发生以及世界范围内知识产权法律的融合发展，版权的获得方式逐步走向了统一化。目前，在大多数国家，加注版权标记

---

① 丛立先.网络版权问题研究［M］.武汉：武汉大学出版社，2007：48.

② 张心全.著作权自动产生的正当来源［J］.电子知识产权，2008（10）：63-65.

和进行版权注册登记早已和版权的获得无过多联系，但在特定情况下可能影响版权的行使或者影响某些法律救济的获得。① 就当前的法律实践而言，数字版权的获得方式与传统版权的获得并无二致，坚持"版权自动获得原则"。

1. 版权登记

在版权制度建立之初，主要奉行"登记保护主义"，即作品若要得到国家的特殊保护，需履行相关的登记注册手续，如英国于1709年颁布实施的《安娜女王法》沿袭王权时期"出版业协会"（Stationer's Company）的做法，在法令中声明"任何想得到法令保护的作品，必须履行两项义务：一是将作品提交行政部门注册登记；二是将作品提交给指定的图书馆，以丰富馆藏数量，为公众提供阅读便利"。深受英国立法影响的美国在1790年颁布的第一部联邦版权法中确定对图书和地图给予保护，前提是应严格履行登记手续。1886年，英国、德国等10多个欧洲国家首次签订的《伯尔尼公约》中也明确约定：作品如需得到某成员国的保护，须在该成员国范围内予以注册登记。此外，西班牙的著作权法、我国历史上的《大清著作权律》和《中华民国著作权法》，以及我国台湾地区有关著作权的规定，都曾实行过注册登记制。

时至今日，除拉丁美洲的一些国家将登记制度作为作品取得著作权的先决条件外，以前实施过这一制度的国家大多已放弃了将这一制度作为判定"版权获得"的形式要件，但许多国家出于获得初步证据、便于计算版权保护期以及建立政绩工程指标等目的，依然普遍实行自愿性的版权登记，并将其作为版权立法的主要组成部分。如美国《版权法》规定：版权登记是提出侵权诉讼的前提条件，作品只有进行版权登记之后，方可以版权登记证书作为初步表面证据对某些侵权行为进行诉讼并获得法定赔偿。② 据不完全统计，目前《伯尔尼公约》成员中有将近70%的国家在版权立法中

---

① 李明德. 著作权法概论［M］. 沈阳：辽海出版社，2005：129-140.

② ［美］格拉德·佛里拉，等. 网络法：课文和案例［M］. 张楚，等，译. 北京：社会科学文献出版社，2004：68-69.

都规定了版权登记制度，只是除了少数国家仍然以登记作为保护的条件或者行使权利的条件外，多数国家的版权登记制度都是自愿性的，目的在于给权利人提供更多的安全感。① 我国著作权法中虽没有明确规定将"著作权登记"作为作品获得著作权保护的形式要件，但在《计算机软件保护条例》中规定了软件著作权的登记，并且 1994 年国家版权局制定并颁布了《作品自愿登记试行办法》。而在 2020 年最新修订的《著作权法》第 12 条第 2 款中，在论及作品的著作权归属时增加了有关著作权登记的内容，其规定"作者等著作权人可以向国家著作权主管部门认定的登记机构办理作品登记"。由此可知，世界范围内的版权登记制度对于版权保护的影响依然存在。

2. 版权标记

所谓版权标记，是表明作品受到版权保护以及权利归属和获得版权时间的标志，通常由三个部分构成：符号ⓒ、版权所有者姓名以及作品首次出版的年份。一些国家还采用其他作为版权标记的符号或者用语，如印上"版权所有"、表示版权的"ⓒ或 Copyright（Copr.）或者 DR"，此外再加上版权所有者的姓名，出版者、印刷者的名称，首次出版的日期或版权注册年份等。要求在作品上加注版权标记是《世界版权公约》的重要内容，根据其第 3 条第 1 款的规定，"只要经作者或版权所有者授权出版的作品所有名册，自首次出版之日起，标有ⓒ的符号，并注明版权所有者之姓名、首次出版年份等，其标注的方式和位置应使人注意到版权的要求"，即认为作品符合受到版权保护的条件，亦可在缔约国之间受到相互保护，但若作品上没有版权标记，则将其视为公有领域资源。与此相反，《伯尔尼公约》则采用"自动获取版权原则"，规定版权不应被要求符合任何的形式要件，该规定被世界贸易组织（WTO）管理的《与贸易有关的知识产权协议》（TRIPs 协议）所吸纳。因此，对于加入世界贸易组织和《伯尔尼公约》的国家而言，在作

---

① 索来军. 著作权登记制度概论 [M]. 北京：人民法院出版社，2015：7.

品上加注版权标记并不是作品获得版权的形式要件，而对于目前仅加入《世界版权公约》的国家而言，加注版权标记仍然是作品获得版权的前提条件，但其效力只适用于本国国民，而不延及国外权利人。

如今，大多数国家不再把加注版权标记作为版权有效性的要求，但仍然会鼓励作者和版权所有者出版作品时加注版权标记，如美国 1909 年修订后的《版权法》第 401 条（d）款和第 402 条（d）款明确规定如果作品加注版权标记，则法院在判定时会遵从"只要侵权者能够看到标注就不会考虑被告不知道存在版权的抗辩理由"①。我国《著作权法》中对加注版权标记未作出规定，但一般的书刊等出版物都在最后一页或者书名页后一页印上作者姓名，出版发行者、经销者、印刷者等的名称，首次出版日期等，人们习惯于称此页为版权页。

3. 版权自动获得

版权自动获得，即作者自作品完成之时起，不需要办理任何手续即可自动享有作品的版权，他人不得擅自利用。20 世纪前后，法国有关版权源于创作的学说逐渐得到多数国家的认可，加之 1908 年为适应工业技术时代对高效率的追求，《伯尔尼公约》打破版权的"登记保护主义"，规定"享受和行使这一类权利不需要履行任何手续，也不论作品的起源国是否存在有关保护的规定"，从而在国际范围内彻底结束了通过政府审查作品产生版权的制度，确立了版权的自动保护主义。

我国《著作权法》（2020 年修订版）第 2 条规定："中国公民、法人或者非法人组织的作品，不论是否发表，依照本法享有著作权。"《著作权法实施条例》第 6 条亦申明"著作权自作品创作完成之日起产生"。由此可知，我国公民、法人或非法人组织对其作品获得著作权的原则是"自动获得"，理解我国著作权的自动获得原则，需要注意以下几个方面：

---

① 孙南申．美国知识产权法律制度研究［M］．北京：法律出版社，2012：58-59.

第一，我国著作权自动获得原则的适用群体为中国公民、法人或者非法人组织，以及国际条约或公约中规定的可以在我国获得著作权的外国人，如《伯尔尼公约》和《与贸易有关的知识产权协议》中的相关规定。

第二，我国《著作权法》第2条规定："外国人、无国籍人的作品根据其作者所属国或者经常居住地国同中国签订的协议或者共同参加的国际条约享有的著作权，受本法保护。外国人、无国籍人的作品首先在中国境内出版的，依照本法享有著作权。未与中国签订协议或者共同参加国际条约的国家的作者以及无国籍人的作品首次在中国参加的国际条约的成员国出版的，或者在成员国和非成员国同时出版的，受本法保护。"因此，《伯尔尼公约》成员国国民的作品依据"作者国籍原则"在中国自动获得著作权；非《伯尔尼公约》成员国的国民，按照"惯常居住地原则""作品国籍原则"等在中国自动获得著作权。

第三，按照版权自动获得的原则，不论作品是否发表或者提供给公众，作者均享有其所创作作品的精神权利和财产权利，而"作品的完成"，是指著作权法意义上的完成，不可片面地理解为文学、艺术或科学意义上整部作品的完成，而是不论整体还是局部，只要符合作品构成要件，即"具有独创性并能以一定形式表现的智力成果"，就可自动产生版权。

（二）数字版权获得方式的改进

目前，数字版权的获得，基本上还是采取"自动获得原则"，即不论何种类型的作品，也不论发表与否，都是自动享有数字版权的。但在数字互联网环境中，这种传统的版权获得方式的合理性由于新型作品传播载体的交互和便捷特性而遭人质疑。任何人都可借助网络进行作品的发表和传播，这种情况下，若依然只坚持"版权自动获得原则"，而不对这种不要求任何形式要件的作品发表和传播行为加以限制和规范，作品数字版权的获得和保护将会陷入困境，既不利于作者数字版权的维护，亦不利于保护数字作品使用者和传播者的权益，甚至会影响整个社会的文化传播秩序。因此，作品数字版权的获得应在坚持"版权自动获得原则"的基础上加以改进，以创造数字作品传播新秩序为路径依据，最终实现数字作品的规范传播和数字版权交易的便捷进行。具体方式为：建立一项强制性法律规定，要求数字作品在自动获得版权的基础上进行发表和传播活动时，必须达到一定的形式要件，如加注版权标记、具有基本的权利管理信息等。要求数字作品的传播者，包括数字内容提供者和数字作品使用者，必须对其所提供和传播的数字作品履行审核权利管理信息或加注版权标记的义务，否则经权利人主张或者有关管理机构的介入，给予相应的惩罚。

实行这项强制性规定，需要注意的有三点：一是此规定用以确认数字作品权利人对其作品版权的享有状况，保证数字作品传播和使用中的秩序稳定，但并非将这些形式要件作为判定版权获得的前提；二是建立此数字版权获得辅助制度，主要是针对数字网络空间中较为正式的作品传播领域，如各类门户网站、网页链接空间、数据库等，对于各种社交类非正式的数字内容传播平台，如 QQ、微信、微博等则无须实行此项强制性规定，可采取自愿性版权标记原则；三是强制性加注版权标记或权利管理信息，与现行的"版权自动获得原则"并不矛盾，其仅是权利人为方便今后行使权利和寻求侵权救济应履行的义务，而对于数字作品使用者和传播者而言，该规定有助于其识别作品的权利人身份，从而最大限度避免因传播和使用无主数字作品而导致的潜在侵权风险。

第二节 数字版权的基本内容

数字网络环境中，传统版权法界定的版权客体、版权主体、版权的权利内容等，均要依据数字作品的本质和传播特性而重新加以研究和界定，这不仅是进行数字版权研究的基础，亦是数字版权使用的核心所在。因此，在传统版权法的基础上全面分析有关数字版权的基本法律规定，我们依然需要明确三个方面的问题：一是要清楚数字版权保护对象的范围，也就是数字版权的客体界定；二是明确数字版权的主体问题，即在了解数字版权获得方式的基础上厘清"是什么样的人、遵循何种权利归属原则进而享有数字版权"，其中特殊作品的具体归属问题也亟待解决；三是完整的数字版权具体包括哪些权利内容，若按照传统版权制度的划分思路，数字版权中的精神权利和经济权利又该如何界定，有何扩展和补充。

一、数字版权的客体

传统版权法中所保护的客体被称为作品，此类作品不仅仅局限于文学艺术领域，还包括科学领域的作品，根据《伯尔尼公约》第2条的规定，"文学和艺术作品"是包括文学、科学和艺术领域内的一切成果。此外，版权法意义上的作品是智力成果的一种特殊表现，其具有独创性，并适合于复制和公开传播。我国《著作权法》对作品的界定在与《伯尔尼公约》保持一致的基础上，对其中的科学领域作出具体划分，即"科学"不仅包括社会科学，还包括自然科学和工程技术领域，最终将作品以创作形式为依据划分为九大类。数字版权作为传统版权在新作品创造和传播环境中出现的分支点，其保护对象依然为作品，结合数字网络环境中的作品特性，我们可形象地将其称为"数字作品"。但若要较为精准地界定数字版权的保护对象，即数字作品的范围，我们必须意识到数字技术对作品展现形式的影响，以及网络技术所带来的作品传播方式的转变。

（一）数字作品的概念

我们认为，版权法加以保护的作品首先要满足版权法意义上的作品构成要件。一般而言，受版权保护的作品应当满足四个条件：一是具有独创性的作品；二是隶属于文学、艺术和科学领域的作品；三是以一定形式表现或以一定载体固定下来的智力成果；四是作品的内容不得违反宪法和法律，不得有损社会公共利益。作品必须符合上述四个实质性要件，才可称为版权法意义上的作品，一般将这种实质性要件称为作品的可版权性，又可称为作品的构成要素，主要包括作品的独创性、实用性、可固定性和合法性。① 对于作品，2020 年修订后的《著作权法》明确规定："本法所称的作品，是指文学、艺术和科学领域内具有独创性并能以一定形式表现的智力成果。"从这一规定可知，任何作品若要享有版权，得到法律保护，需要满足的最基本的实质性要件为"独创性"和"以一定形式表现"，数字作品亦是如此。

数字作品的出现是以数字技术为基点的，即借助电子计算机、光缆、通信卫星等设备将图片、文字、声音、图像等各种信息转化为电子计算机能够识别的"0"和"1"两位数字编码，进行运算、加工、存储、传输和处理的技术。数字技术是信息技术的核心，其本质在于将信息数字化、一体化，最终达成信息的跨界与无障碍交流，是信息史上的一次重要革命。基于数字技术的应用，数字作品应运而生，一般认为数字网络空间中存在两种类型的数字作品：一是由传统作品演变而来的数字作品。人们通过扫描仪、计算机等转换设备，将传统作品中包含的文字、数字、图像、声音等进行数字化处理，转换为以二进制数字编码形式进行存储和传输的内容。对于传统作品而言，相当于增加了一种全新的作品表现形式。二是原创数字作品，即作品从创作到传播的整个过程直接以数字化形式进行，而根据其内容和表现形式的不同，又可将其划分为单一的数字作品和多媒体作品两种类型。②

基于对数字网络环境中存在作品类型的分析，学者们对于数字作品概念的界定持有两种意见：一种意见认为数字作品的概念界定应从广义角度出发，将数字作品定义为一切以数字化形式复制、传播的作品，包括传统作品数字化形成的作品和数字形式原创作品；另一种意见则是从狭义角度对数字作品进行界定，认为只有以数字

① 陈传夫 . 高新技术与知识产权法［M］. 武汉：武汉大学出版社，2000：72-78.

② 杨坚争 . 经济法与电子商务法［M］. 北京：高等教育出版社，2004：498.

形式创作、发表、传播的作品才称得上真正的数字作品。本书采用"广义说"，即一切以数字化状态存在、复制、传播和消费的作品均可称为数字作品。理由如下：数字网络环境中存在的传统作品的数字化形式往往是包含在"网络作品"之中的，而网络作品是数字作品的重要组成部分。为了较为全面地囊括数字网络环境下已有的作品表现形式，数字化作品固然也可归属于数字作品之列，即对于数字作品的界定应采取广义说。此外，需要注意数字作品与网络作品在范畴上存在的差别，较之网络作品，数字作品的概念更为宽泛，一般认为数字作品的界定无须考虑其是否满足与网络相连接的条件，如个人手机、计算机硬盘上存储的数字化文件，其在设备未与网络相连接的状态下，虽不具备"在网络空间传输、具有网络特征"等要素，但依然是借助"二进制编码"以数字化形式存在的数字作品。

（二）数字作品的特点

相比于传统作品，数字作品因其表现形式和载体形式的变化而能够被轻易地获取、操作、处理、传播和使用，具备传统作品无法比拟的独特之处，具体表现在以下几个方面：

（1）数字作品的虚拟性。传统纸质作品触手可摸，给人一种真实的存在感，而绝大部分数字作品存在于一个与物理空间相对立的虚拟网络空间中。在此虚拟空间中，信息的来源、传输渠道以及接收终端均表现为数字化、网络化的形式，人们通过"人机交流"完成对数字作品的消费和传播，整个过程无法像传统作品那样能被人们所触摸和感知。从这个角度而言，数字作品具有虚拟性。

（2）数字作品的交互性。数字作品所依赖的重要媒介之一为网络，而网络最重要的特点是具有交互性。人们在网络空间中可以即时采用交互操作方式发送、传播和接收各种信息，用户在进行数字作品消费的同时能够实现传统媒介无法提供的即时互动交流，其本质是传播者和受众之间的一种双向互动传播、相互作用的功能。① 如数字作品一经网络渠道发表、传播，就会引起诸多网络用户的关注和讨论，并能够就作品本身开展作者与读者的实时交流。数字作品因其独特介质而具备的这种交互性能够使自身内容更加丰富，质量得以改进和提高。

（3）数字作品的开放平等性。数字作品的消费对象是所有数字网络环境中的消费者，其借助高度开放的传输系统、自由平等的文化创作机制打破了传统话语权的垄断，任何一个网络环境的参与者在扮演消费者的同时亦可成为数字作品的创作者与传播者，作品创作的便利性、作品传播的开放性和高效率性均在数字作品中得以展现。

（4）数字作品的时空突破性。信息和网络技术的结合使得世界各地紧密联系在一起，人们生活的时间和空间范围从历史角度上看被极大地扩大，实现了信息传播的瞬时化。相对于数字作品而言，由于或多或少地受到时间和空间的限制，传统纸质作品的发展和传播被认为是缓慢和有限的，而数字作品则以数字代码的形式借助网络传输实现了信息传播的时空突破，彻底颠覆了人们在传统作品传播时期形成的固有时空观念。

（5）数字作品的新颖性。这种新颖性主要体现在数字作品表现形式和内容构成两个方面。传统作品经由数字化技术转换成为数字作品，获得了全新的赖以存在的介质，从而增加了一种不同于以往的作品表现形式。而数字化技术和信息网络技术的结合也催生了原创数字作品的出现，这是一种从创作到传播均不同于传统作品的全新作品形式。此外，数字作品的内容构成更为复杂，包含了更多新技术的应用，并将不同类型的原始材料囊括其中，传递出一种多媒体作品的既视感和新颖性。

（三）数字作品的种类

对文学、艺术和科学领域的作品，按照不同的标准可进行多种分类。我国《著作权法》第 3 条与《伯尔尼公约》相一致，

---

① 肖霞．网络新闻的交互性应用 [J]．新闻传播，2015（2）：45.

在列举受保护的作品时，依据作品外在表现形式不同将其划分为不同种类，包括：文字作品；口述作品；音乐、戏剧、曲艺、舞蹈、杂技艺术作品；美术、建筑作品；摄影作品；视听作品；工程设计图、产品设计图、地图、示意图等图形作品和模型作品等；计算机软件；符合作品特征的其他智力成果。此外，按照创作主体的人数，作品是否署名，作品有无委托关系、是否公之于众、原创性程度、是否受《著作权法》的保护等不同标准，作品亦可作其他划分，如自然人作品和合作作品、署名作品和非署名作品、委托创作作品和非委托创作作品、发表作品和未发表作品、原创作品和再次创作作品（演绎作品）、受版权保护作品和不受版权保护作品等。

上述各种传统作品的划分方式，基本上适用于数字网络环境。另外，由于数字作品承载介质的特殊性，其自身也演绎出一些特殊的作品分类方式，如前文对数字作品概念进行界定时提及的现有数字网络空间中作品存在形式，可根据作品来源将其划分为由传统作品数字加工后形成的数字化作品以及直接以数字网络为第一载体的原创数字作品；根据浏览作品时的联网状态，可将数字作品划分为联网数字作品和未联网数字作品，前者又可称为网络作品，后者如计算机、iPad 等阅读终端硬盘上存储的个人数字化文件；根据数字作品构成要素的复杂程度，可将其划分为单一数字作品、多媒体数字作品，或者加入其是否存在"双向互动性"的标准，将其划分为交互性数字作品与非交互性数字作品等。目前，学者们对于数字作品的种类划分标准不尽一致，每一种划分均有其合理性，但是需要明确的是，数字作品的种类划分必是一个随着技术发展、数字版权规则变化而不断更新和完善的进程。

（四）不受版权法保护的数字作品

并不是所有的作品都可成为版权法的保护对象，有些作品根本不享有版权，而版权法意义上的"不享有版权"和"不受保护"

是同样的意思。① 某些作品即使符合"独创性、实用性、可固定性"等基本的版权作品实质性要件，也依然不能成为版权客体，在数字网络环境中同样存在此类作品。依照相关法律规定，不受版权法保护的数字作品有以下几种：

（1）违法作品，即依法禁止出版传播的作品。出于保障国家安全、维护政治稳定的需要，世界各国的版权立法中均规定了禁止出版传播的作品类别。我国《著作权法》第 4 条规定"著作权人和与著作权有关的权利人行使著作权，不得违反宪法和法律，不得损害公共利益"。从权利人角度对违法作品传播行为作出禁止，《信息网络传播权保护条例》第 3 条也明确规定：依法禁止提供的作品、表演、录音录像制品，不受本条例保护。权利人行使信息网络传播权，不得违反宪法和法律、行政法规，不得损害公共利益，将违法作品禁止出版规定延伸至数字网络环境中。2016 年修订的《出版管理条例》第 25 条规定"任何出版物不得含有下列内容"，详细列举了 10 项判定违法作品的依据。2016 年颁布实施的《网络出版服务管理规定》第 24 条中同样规定了"网络出版物中不得含有的内容"，列举了与前者基本一致的 10 项具体禁止出版内容："反对宪法确定的基本原则的；危害国家统一、主权和领土完整的；泄露国家秘密、危害国家安全或者损害国家荣誉和利益的；煽动民族仇恨、民族歧视，破坏民族团结，或者侵害民族风俗、习惯的；宣扬邪教、迷信的；散布谣言，扰乱社会秩序，破坏社会稳定的；宣扬淫秽、色情、赌博、暴力或者教唆犯罪的；侮辱或者诽谤他人，侵害他人合法权益的；危害社会公德或者民族优秀文化传统的；有法律、行政法规和国家规定禁止的其他内容的。"该规定第 25 条针对"青少年合法权益保护"申明"网络出版物不得含有诱发未成年人模仿违反社会公德和违法犯罪行为的内容，不得含有恐怖、残酷等妨害未成年人身心健康的内容，不得含有披露未成年人个人隐私的内容"。

（2）法律、法规，国家机关的决议、决定、命令和其他具有

---

① 郑思成. 知识产权法［M］. 北京：法律出版社，1997：368.

立法、行政、司法性质的文件，及其官方正式译文。除了个别国家如英国，规定官方文件享有政府版权之外（仅在英国有效），其他大多数国家的官方文件，甚至一些政府间组织的官方文件（如欧盟委员会的文件）、国际性组织的文件（如 WTO 的一些文件的决议）均不受版权法保护。① 这一点在我国《著作权法》第 5 条第 1款中作出了明确规定，亦适用于数字网络环境中作品的保护规则。但需要注意的是，官方文件的非正式译文，如由相关方面的法律专家、学者翻译的中国法律法规的外文版本，简体转繁体、繁体转简体，或者将国外的法律法规翻译为中文版本，这些译文均享有版权。在数字网络时代通过各类网站、各种网页浏览、下载相关法律法规、官方文件的过程中，要特别注意其版权的享有状况，认真加以识别。

（3）单纯事实消息。最新修订的《著作权法》第 5 条第 2 款规定"单纯事实消息"不受著作权法保护，原因在于其仅仅以较为简单的语言陈述进行事实的还原，虽然用以陈述事实的文字用语可以构成著作权法意义层面的"表达"，但这一简洁的文字用语往往容易与被描述的既定事实发生混同。而根据著作权法中的"混同原则"，即为了防止对某一事实或思想产生表述性垄断，当描述事实或思想的"表达"与"事实或思想"发生混同时，这一"表达"也不能受到著作权法保护。② 我国《著作权法》（2020 年修订版）中有关"单纯事实消息"的这一规定也契合《伯尔尼公约》第 2 条第 8 款的规定及其立法目的，即"本公约所作出的保护不适用于单纯消息报道性质的每日新闻或各种事实，同时根据当时的立法报告，本公约之所以不对单纯的新闻或各类事实进行保护，是因为单纯的新闻或各类事实不具备作品的相关特征"③。由此可知，

---

① 丛立先 . 网络版权问题研究［M］. 武汉：武汉大学出版社，2007：31.

② 王迁 . 著作权法［M］. 北京：中国人民大学出版社，2015：68-71.

③ Ricketson S, Ginsburg J C. International copyright and neighboring rights：the Berne convention and beyond［M］. Oxford：Oxford University Press，2006：500.

《伯尔尼公约》和我国最新修订的《著作权法》不保护"单纯事实消息"是对著作权法不保护事实原则的重申。数字网络环境中，网站之间、传统媒体与新媒体之间的新闻报道转载现象十分普遍，因此引发新闻报道的可版权性问题探讨。需要注意的是，如果新闻报道中仅使用最为简单直接的语言来描述某一事件所具备的基本要素，诸如时间、地点、人物、发生何事，此类报道从某种意义上而言属于与"事实"发生混同而不受著作权法保护的单纯事实消息。考虑数字网络环境下的单纯事实消息与传统单纯事实消息相比仅是传播载体发生变化，并没有改变单纯事实消息的本质，因此以数字化形式传播的单纯事实消息依然不受版权法的保护。但是在单纯事实消息的基础上增加智力创造所形成的新闻报道、新闻分析、新闻评论等是享有版权的，例如在时事新闻报道中，报道者以夹叙夹议的方式对时事新闻予以加工整理、分析评论，此类报道夹杂了一定程度的创造性劳动，受著作权法保护，其同样适用于数字网络环境中的创新性实时新闻报道。

（4）历法、通用数表、通用表格和公式。这些客观规律的唯一表达形式，留给人们的可创造空间极小，而且经常被人们使用，因此为了不阻碍社会文化的发展，一般将其排除在版权保护的范围之外。但在一些特殊情况下，如制作精美的可供下载的数字日历、万年历等，则是享有版权的。数字网络环境中通用数表、表格、公式等在传播过程中衍生的装帧设计权、版式设计权等邻接权也是受保护的。

二、数字版权的主体与权利归属

权利的主体与归属问题是各国版权法中的一个重要问题，明确数字版权的权利主体和归属是进行数字版权许可使用和转让的基础，同时也是数字作品得以充分利用的前提。数字作品因其体现的独创性而获得保护，而赋予作品独创性的人则是数字版权的第一权利主体指向者，将版权的原始取得与作为事实行为的创作活动联系在了一起。具体实践中，作品的创作存在不同的形式，如合作创作、委托创作、职务创作等，数字网络环境中的作品创作行为的实施更为错综复杂，因此数字版权主体的认定和归属并不能整体划一。

（一）数字版权的主体

版权主体，又可称为"版权人"，即版权享有者。版权法意义上的主体，既可以是具有民事权利能力和民事行为能力的自然人，也可以是法人或非法人组织，甚至国家。根据不同的划分标准，可将其分为原始主体与继受主体，国内主体和国外主体，完整的版权主体和部分版权主体，以及普通版权主体和特殊版权主体（邻接权主体），个人主体和共同主体等。① 根据我国《著作权法》的规定，能够成为版权主体的包括：中国公民、法人和非法人组织；作品首先在中国境内出版的外国人、无国籍人；根据国际版权条约应该保护的外国人、无国籍人。数字网络环境中的版权主体与传统版权主体相比是否发生变化，这一点并未在我国现行《著作权法》中得以体现。由此可知，对于版权主体的界定没有传统与数字之分，从"法律的主体不可能因其利用工具、媒体的不同而发生本质变化"这一点来考虑，版权立法中未针对数字网络环境来对其主体范围进行专门界定也是合理的。但考虑到数字网络环境中新型媒介所具有的特质，数字版权主体问题理应在遵循传统的基础上遵循特殊规则予以调整。

1. 数字版权主体的概念与分类

数字版权的主体，即对数字作品享有版权权利的人。由于我们在前文中对于数字作品的界定采取广义说，为保持一致性，我们对于数字版权主体的界定也应是广义的，即对一切以数字化形式复制、传播的作品享有版权权利的人，包括自然人、法人和非法人组织。按照我国《著作权法》的相关规定，著作权权利主体总体可分为三大类。第一类为通过脑力劳动创造作品的自然人，即作者。

---

① 吴汉东. 知识产权法学 [M]. 北京：北京大学出版社，2000：36-38.

"创作作品的自然人是作者"是一项公认的主体认定原则，其中作者包括原始作品创作者、衍生作品创作者、单一创作者、合作创作者等不同类型。第二类为继受主体，即通过继承、遗赠、委托关系等方式享有著作权的主体，如《著作权法》第21条规定"著作权属于自然人的，自然人死亡后，其本法第十条第一款第五项至第十七项规定的权利在本法规定的保护期内，依法转移"。第三类为通过法律或者协议，如委托合同、劳务合同等成为著作权主体的法人或非法人组织，如《著作权法》第11条规定"由法人或者非法人组织主持，代表法人或者非法人组织意志创作，并由法人或者非法人组织承担责任的作品，法人或者非法人组织视为作者"，第19条规定"受委托创作的作品，著作权的归属由委托人和受托人通过合同约定，合同未作明确约定或者没有订立合同的，著作权属于受托人"。上述权利主体分类依然可以延伸至数字网络环境中。此外，我们也可以从数字作品的层面将数字版权的主体范围整体划分为两大块，一是传统版权法意义上的版权主体，二是数字原创作品的版权主体。前者主要是针对传统作品数字化之后在网络空间传播的情形，即经由传统作品数字化形成的数字作品的主体既是传统版权主体，又是数字版权主体，数字原创作品的版权主体内涵则无须赘言。但需要注意的是，在数字时代的大背景下，媒介之间所表现出来的融合性和跨界性，使得传统版权主体和数字版权主体之间的边界不甚明晰，如数字原创作品若被传统媒介所转载、使用，则此时的数字版权主体与传统版权主体没有差别。由此可知，数字版权主体和传统版权主体二者之间在实践中是可以相互转化的，并无泾渭分明的界限，具体的主体认定，需要结合实际情况加以分析。

2. 数字版权主体的认定

数字网络技术下的文本编辑具备便易性、交互性等特征，数字作品在从产生到传至受众的过程中能够随时随地被编辑，且达成了人们多渠道整合信息而最终形成数字作品多元化传播的目的。但在这种传播环境中，数字作品的创作者及其协助创作者的身份识别就是一个十分复杂的问题，甚至经常出现难以识别的情形。一般情况下，用以识别权利主体的依据为作品发表时的署名，数字作品存在署真名、笔名或假名的情况，亦有未署名甚至是假冒署名的情况存在。① 对于署真名的数字作品，我国《著作权法》第 12 条规定："在作品上署名的自然人、法人或者非法人组织为作者，且该作品上存在相应权利，但有相反证明的除外。"数字网络空间中署笔名或者假名的作品占绝大多数，在这种署名方式下，权利人若想要主张其主体地位，必须进行一定的举证，即有充分证据证明该笔名或者假名归属其本人，否则其权利主体地位难以得到承认。而针对未署名的作品，一般情况下作者很难证明其版权主体地位，为避免别有用心之人通过对大量未署名作品进行权利主张而非法谋取利益，作者本人必须肩负举证责任或者由人民法院向有关网络机构提取证据，而因未署名导致的不利法律后果，只能归责于本人疏忽，由作者本人承担。顶替他人署名者，若在未能查清具体署名事实的情况下，被冒名顶替者需要承担举证责任，以证明自己的主体身份。但在数字网络环境中如何署名才能不被篡改，如何证明自己的版权初始拥有，如何举证他人的冒名顶替等问题，使得新技术环境中版权主体身份识别具有一定的复杂性和困难度，而目前针对这些问题，业界和司法界已经采取相应的措施加以应对。除了传统的版权信息登记和备案制度外，在数字作品主体认定中主要有以下几种特殊方式：

（1）网络注册号和密码验证法的应用。即利用网络注册号和密码验证的方式证明数字作品的创作者身份。一般情况下，用户通过网络发表文章时，首先要输入注册号和密码登录特定的网络传输平台，上载作品、传输作品甚至删改作品。具体实践中，在无相反证据证明的情况下，基本可以确定该网络注册主体为数字作品的创作者。尤其是对于匿名、署假名或用笔名创作的作品，可以通过技术支持查看发表作品的 IP 地址、核对登录的用户名和密码等方式

---

① 丛立先. 网络版权问题研究［M］. 武汉：武汉大学出版社，2007：61.

来确认权利主体的身份。但在具体案件中，若一方提出异议和相关证据请求法院调查取证，可进一步要求网络服务商提供权利主体的注册资料进行核定。

（2）电子签名的应用。2005年4月1日正式颁布实施的《中华人民共和国电子签名法》是我国信息化领域的第一部法律，其将电子签名解释为"数据电文中以电子形式所含、所附用于识别签名人身份并表明签名人认可其中内容的数据"，通俗点说就是电子形式的签名，或称之为电子印章。虽然以法律形式规定电子签名的目的在于促进我国电子商务和电子政务的顺利发展，但其也可应用于数字网络环境中作品创作主体的身份识别，减少作品被窃取、篡改的风险。目前，技术最为成熟、最具可靠性、应用最为广泛的电子签名方式为基于PKI（公钥基础设施）的"数字签名技术"，是一种利用标准的公钥加密技术来保障数字文件安全及其完整性的技术方案，主要用于提供数据单元的转换，能使接收者判断数据来源以及对数据进行验证。① PKI核心执行机构为电子认证服务提供者CA（Certificate Authority），是一个权威的、可信任的和公正的第三方机构，一般需要根据国家市场准入政策由国家主管部门批准成立。

（3）时间戳的应用。时间戳是一个经过加密后形成的凭证文档，用于证明电子文件在某一时刻存在的真实状态，是由公正的第三方TSA（Time-Stamping Authority）提供的为电子文件或电子交易所做的时间证明。② 时间戳可看作对电子签名技术的完善与补充，能够解决在没有物理手稿的前提下作品与作者的关联、数字作品创作时间、作品完整性等问题。时间戳版权保护系统主要利用权威法定时间源和现代加密技术，一般流程为用户首先将需要进行认证的数据传输给时间戳服务提供者，认证单位以收到文件的时间为依据

① 张冬梅，王韬，侯景辉．数字签名技术的研究与改进［J］．科学技术与工程，2006（6）：775-777.
② 张帅．一种基于身份认证的可信时间戳服务体系研究［D］．北京：中国科学院大学，2016.

发放时间戳证书，以证明该数据文件在一个时间点时已经是存在的、完整的、可验证的，日后若有人冒名顶替，只要拿出时间戳，原创主体的识别问题便可轻易解决。时间戳服务的提供核心在于证明使用时间源的可信度与安全性，我国具备法律效力的可信时间戳是由中科院国家授时中心与北京联合信任技术服务有限公司负责建设的第三方时间戳认证服务，由国家授时中心负责时间的授时与守时检测。目前，一些地方性的版权保护协会为了更好地维护数字作品创作主体的合法权益，也通过购买国家授时中心的时间同步服务器为个人和企业提供时间戳版权保护服务，如大连市、深圳市、广州市的版权保护协会网站上，均有"TSA版权保护平台"和"时间戳认证系统"。①

（4）数字版权唯一标识符（DCI）应用。数字版权唯一标识符（Digital Copyright Identifier，DCI）是中国版权保护中心在对国际国内互联网版权保护模式进行研究的基础上提出的一种版权保护体系。DCI体系由数字作品版权登记平台、数字版权费用结算平台和数字版权检测取证平台三个基础平台构成，该体系的核心内容是DCI码，即数字作品主体认定的唯一标识，一般由前缀标识符"DCI"、编码结构的版本号、发码中心编码、首次分配年、状态标识、登记者编码、分配码等部分组成。② 当数字作品在登记机构完成登记流程后，由发码中心分配DCI码完成对数字作品版权信息的标识，并以此为基础建立一个国家级、统一的数字作品版权信息元数据库，信息范围囊括数字作品名称、申请人、权利范围、权利取得方式等。因此，数字作品的使用者能够快速检索到作品的权利主体和归属状态，当发生版权纠纷时，通过对版权元数据库的查询，亦可方便地进行数字作品主体的认定。

---

① 方圆.时间戳：版权保护的新途径［N］.中国新闻出版报，2008-07-04（07）.

② 吴洁明，王帅.基于DCI的数字作品版权保护设计与研究［J］.计算机工程与科学，2015（8）：1487-1491.

（二）数字版权的权利归属

根据版权自动产生原则可知，完成创作艺术作品的法律事实一旦出现，相应的版权法律关系随之产生，即版权归属于创作者本人，这也是数字版权权利归属所遵循的基本原则——作者原则。但除了基本原则，数字作品的版权归属还遵循一些特殊规则，主要体现在由于数字作品创作方式不同而引致的权利归属问题上。有关版权作品权利归属问题的法律规定，大多数国家均采用从"普遍"到"特殊"的立法模式，即首先规定版权归属的一般原则，再根据不同作品的创作方式和种类差异分别规定一些版权归属的特殊规则，而这种特殊规则的应用在数字作品的权利归属中更为凸显。

1. 数字演绎作品的权利归属

演绎作品是在已有作品的基础上，融合演绎者的创造性劳动产生的，这一衍生品并未改变原作品创作思想的基本表达方式。《著作权法》第 13 条规定："改编、翻译、注释、整理已有作品而产生的作品，其著作权由改编、翻译、注释、整理人享有，但行使著作权时不得侵犯原作品的著作权。"数字演绎作品的形成，一般需获得原作品创作者的许可，其包括两项版权内容，一是原作者享有的版权，另一种是经过演绎形成的数字作品版权。目前，网络技术、数字技术的使用使人们能够更为方便地在数字形态下以删减、增改、移位、拼接、翻译等方式对已有作品进行使用，"演绎文化"在数字网络环境下颇受欢迎，演绎作品数量大幅增加。但这种以"二次加工"为本质的演绎文化的发展引发了很多法律问题，最为典型的是关于社会化创作者的主体身份认定。社会化创作者主要是指运用互联网素材进行二次加工的个人或者团队，其运用多媒体素材剪辑并发布富有创造性情节的视频短片，但此类作品多是个人或团体无授权使用他人网络上传作品进行的二次创作，与作为源素材的音频、图片或视频之间存在著作权法上的冲突①，因此个人或团体投入智力劳动的作品往往处于权利归属未明状态，又因其具备极高的艺术水平，常常遭遇来自第三方群体的侵权，如大量自制作品被一些主流媒体擅自删去署名、不支付报酬进行传播。这种对自制作品的随意盗用现象屡见不鲜，而当个人或者团体创作者请求自己的权利主体地位时，却因为自制作品本身的权利未定状态，其要求根本得不到重视。目前，各国对于合法演绎作品均给予一定程度的保护，但对于具备极高社会价值却涉嫌侵权或已构成侵权的演绎作品的权利归属问题，多数国家在立法中并未明确回应这一问题，交由法院自行裁量，我国目前也并未出台相关法律文件对其作出规定。

2. 数字合作作品的权利归属

《著作权法》第 14 条第 1 款规定："两人以上合作创作的作品，著作权由合作作者共同享有。没有参加创作的人，不能成为合作作者。"数字网络环境中的合作作品，是合作作者基于共同创作意愿和实际创作活动所完成的符合版权法作品构成要件的数字合作作品，其权利归属也遵循这一规定。在确认数字作品版权共有关系的基础上，根据我国《著作权法》第 14 条第 2、3 款规定："合作作品的著作权由合作作者通过协商一致行使；不能协商一致，又无正当理由的，任何一方不得阻止他方行使除转让、许可他人专有使用、出质以外的其他权利，但是所得收益应当合理分配给所有合作作者。合作作品可以分割使用的，作者对各自创作的部分可以单独享有著作权，但行使著作权时不得侵犯合作作品整体的著作权。"如果合作作品各个部分可以分割使用，作者对各自创作的数字作品部分可以单独享有版权，但行使权利时不得侵犯数字合作作品整体的版权，包括其他合作者的合法权益。在数字网络环境中，合作作品版权归属面临的特殊问题，主要体现在参与式文化创作背景下相关作品的权利归属，如维基百科、百度百科等开放型编辑平台，其所形成的智力创作成果虽符合作品"独创性""可有形复制""以

---

① 龚琳. 自制视频作品的著作权冲突和利益平衡路径［J］. 三明学院学报，2016（2）：44-49.

一定形式表现"等条件，但由于其是一个动态的、可自由访问和编辑的知识形态，在作品的稳定和作者的确认上存在很大困难，因此，这将是未来数字合作作品版权归属问题中所面临的重要挑战之一。①

3. 数字汇编作品的权利归属

《著作权法》第 15 条规定："汇编若干作品、作品的片段或者不构成作品的数据或者其他材料，对其内容的选择或者编排体现独创性的作品，为汇编作品，其著作权由汇编人享有，但行使著作权时，不得侵犯原作品的著作权。"数字网络环境中，这种汇编作品最为常见的呈现方式是电子或网络数据库，根据欧盟 1996 年《关于数据库法律保护的指令》第 1 条第 2 款的规定，数据库是指"通过一定系统或方法编排，使任何人都能以电子或其他方式加以利用的各种作品、资料或材料的集合"，一般将其分为独创性和非独创性两种类型。目前，有关数据库的权利归属问题，大多数国家的相关法律规定充分体现了 WTO《与贸易有关的知识产权协议》的要求，即将在内容选择和编排上富有独创性的数据库作为汇编作品加以保护，而对大部分只具有智力性和可复制性，不具独创性的数据库而言，目前的司法实践并未确立其法律地位。然而，非独创性数据库如用户信息、大量的交易记录或其他实用信息的汇编，都是蕴含着极大商业与社会价值的，创建之初也耗费了大量的人力物力，因此大多数学者认为非独创性数据库的权利归属及其拥有者的主体地位也理应受到法律认定。

4. 数字职务作品的权利归属

根据现行《著作权法》第 11 条第 3 款的规定，由法人或者非法人组织主持，代表法人或者非法人组织意志创作，并由法人或者非法人组织承担责任的作品，其数字版权由法人或者非法人组织完全享有。对于自然人为完成法人或者非法人组织工作任务所创作的职务作品，根据《著作权法》第 18 条和《著作权法实施条例》第

---

① Wong M W S. The next ten years in copyright law: An Asian perspective [EB/OL]. [2007-02-08]. http: //ssrn. com/abstract=1017144.

12 条的相关规定，通常情况下，职务作品的权利归属一般遵循作者原则，即数字职务作品的版权归属于实施创作活动的作者，但法人和非法人组织有权在其业务范围内优先使用。作品完成两年内，未经单位同意，作者不得许可第三人以与单位使用的相同方式使用该作品；若经过单位同意，作者许可第三人以与单位使用的相同方式使用作品所获报酬，应由作者与单位按约定的比例分配。而有下列情形之一的数字职务作品，作者享有署名权，著作权的其他权利由法人或者非法人组织享有，法人或者非法人组织可以给予作者奖励：一是主要利用法人或者非法人组织的物质技术条件创作，并由其承担责任的工程设计图、产品设计图、地图、示意图、计算机软件等职务作品；二是报社、期刊社、通讯社、广播电台、电视台的工作人员创作的职务作品；三是法律、行政法规规定或者合同约定著作权由法人或非法人组织享有的职务作品。

5. 数字委托作品的权利归属

关于委托作品的权利归属问题，各个国家的规定不尽相同，有的侧重于维护委托人的权益，一般规定委托作品权利归属于出资创作该作品的人，有的侧重于维护作者权益，亦有兼顾二者的立法，规定由作者和委托人共同享有作品的著作权。① 我国采用作者权益保护模式，《著作权法》第 19 条规定："受委托创作的作品，著作权的归属由委托人和受托人通过合同约定。合同未作明确约定或者没有订立合同的，著作权属于受托人。"数字委托作品的权利归属亦遵循此规定，即受托人不管是利用自己的资源还是委托方提供的相关物质条件和技术设备进行的创作，最终作品的权利归属依据在于委托合同中的相关约定。

6. 孤儿作品的权利归属

孤儿作品是指作品在版权保护期内，但版权人通过合理且勤勉的搜索仍然不能明晰确定的作品。孤儿作品的形成可能是由于版权主体暂时性放弃主张权利、疏于管理导致的无主状态，也可能是版

---

① 吴汉东. 知识产权法教材［M］. 北京：北京大学出版社，2003：53.

权主体永久性放弃主张权利而使其成为一种实质上的公共作品，可将其看作"版权归属待定的数字作品"，其权利主张者既不是社会公众，也不是国家或者国家授权的代表，更非使用者或者传播者。目前，这种作品在数字网络环境中版权的最终归属问题，实际上是一个法律上的模糊地带，在我国虽尚无立法端倪，但该议题在世界范围内已引起关注。如美国参议院在 2008 年提出《孤儿作品版权法案》，要求使用者在使用孤儿作品之前必须进行一次"合理勤勉地搜索作者"，并且要通知版权局，说明作品处于权利主体不明状态，且允许潜在作者提出侵权诉讼；如果作者出现并提出侵权诉讼，应该善意地与作者协商赔偿数额，协商不成，则同意由法院进行判决。但由于该法案中对"合理勤勉地搜索"的界定是模糊的，且很多版权组织认为该前提条件处理不好就会成为侵权的幌子，实质上是在鼓励侵权行为，该法案最终被美国众议院否决。而国内学者针对孤儿作品的版权归属问题提出了"集体组织事先授权+权利人复出后付费"的使用模式，即使用者应该根据作品的性质向有关集体管理机构申请作品使用许可并备案，确定使用费数额或计算方法，权利人一旦复出则按照已经确立的方法向其支付报酬，若权利人不再复出则收费程序不会启动，一般认为该作品或权利领域的集体组织被法律推定为具有颁发许可证的代表权。①

三、数字版权的权利内容

版权是一项专有权利，它不仅使创作者能够从作品被利用的过程中获得经济收益，还保护创作者通过其作品所表达出来的个性。由此可知，版权的权利内容具有双重性，包括精神权利和经济权利两种。数字网络环境中，作者对其创作的数字作品享有的专有权利内容，需要依据作品数字化、网络传播的特殊性而重新加以研究和界定。

---

① 周艳敏，宋慧献. 版权制度下的孤儿作品问题 [J]. 出版发行研究，2009（6）：66-68.

（一）数字版权中的精神权利

精神权利作为法律概念源于法国，1791 年《法国表演权法》和 1793 年《法国复制权法》在人类历史上首次规定了版权人享有精神权利，将作品视为作者人格的延伸和精神的体现，而绝不仅仅是一般的财产，随后这一观点在大陆法系国家立法中逐渐被采用。① 我国对于权利人著作人身权的保护较为凸显，顺应了 20 世纪末各国强调精神权利保护的立法趋势，早在 1990 年的《著作权法》中，关于权利人的精神权利的规定就先于财产权利，主要包括权利人将作品公之于众的权利、表明作者身份的权利、保护作品完整性的权利以及修改作品的权利。鉴于版权中的精神权利是一种因作品而产生的具有人格属性和精神属性的权利，因此，一般情况下其权利内容并不能因为数字网络技术的应用而产生质的改变。但不可否认的是，传统作品之精神权利的内容必须在数字网络环境中加以梳理和调整，方能给予新的作品使用和传播方式以生存空间。

1. 发表权

发表权，是版权人拥有的决定是否以及以何种方式在何处将作品公之于众的权利。其中，"公之于众"是指将作品向不特定的人公开，使得不特定的多数人知悉作品的内容，至于公众是否关注被发表作品，则不在发表行为评判依据之列。数字版权中的发表权，是指将版权权利人尚未公开发表的作品上传至网络，并向不特定的对象进行传播的权利，其是作者精神权利中的一项重要内容，亦是作者取得经济利益的前提条件。需要注意的是，数字版权制度中的发表权与传统版权制度中的发表权相同，都遵循"权利一次用尽原则"，即只要以某种形式公开发表过的数字作品，即使在其他地方首次出现，也只能看作数字作品的使用。此外，已经在传统媒体上公开发表或者在传统作品展示场合上公开过的作品首次以数字化形式进入网络传播的行为，将数字作品以其他媒介形式进行传播或展示，均不被认为是发表行为。而根据"公之于众"的要

---

① 杨延超.作品精神权利论［M］.北京：法律出版社，2007：22.

求可知，数字作品的发表必须被一定数量的不特定的受众所感知，同事、朋友以及家人间通过微信、QQ 等网络社交平台进行的作品传输活动，特定人士间开展网络会议涉及的作品传输活动，以及单位内部局域网上的作品传输交流活动等，即便是第一次公开数字作品，也不能认为是正式的发表行为，不能认定为版权人发表权的使用。

2. 署名权

版权人在自己所创作的作品上署名，即表明作者身份，向世人宣告其与特定作品之间关系的权利。作者一般可以选择署名方式，如署真实姓名、署笔名，甚至可以选择不署名。数字网络环境中经常出现的侵犯署名权的行为有以下几种：一是将他人创作的数字作品以自己的名义进行公开；二是以不正当的技术手段在他人作品上假冒署名并发表；三是冒名顶替无主数字作品的主体身份。版权人行使其数字作品的署名权，是保护其作品免受侵权危害的基本手段。对于数字作品的署名问题，目前各国已经出台相应的《电子签名法》对数字网络环境中的电子签名行为作出规范，并确定其法律效力，如《中华人民共和国电子签名法》第 14 条规定"可靠的电子签名与手写签名或者盖章具有同等的法律效力"，这为版权人在数字网络环境中行使自己的署名权提供了途径和依据。

3. 修改权和保护作品完整权

大多数国家将修改权和保护作品完整权二者的权利内容相互融合，认为其同属于一种权利的两个方面，即作者有权修改或者授权他人修改自己的作品；反之，作者有权禁止他人修改、增删或者随意歪曲自己的作品。如日本《著作权法》规定，作者对其作品和标题享有保持统一的权利，他人不得违反其意志进行修饰、删节或其他改动。德国《著作权法》第 14 条规定，对作品的歪曲或其他损害，足以危及作者在作品的智力或人格方面的合法利益的，作者有权予以禁止。我国《著作权法》第 10 条中，则将修改权和保护作品完整权分别列举规定。修改权即权利人自己修改或者授权他人修改作品的权利。根据有关解释，修改是对作品内容做局部的变更以及文字、用语的修正。① 保护作品完整权即保护作品不受歪曲、篡改的权利。多数国家还将"可能对作者的声誉造成损害"作为侵犯保护作品完整权的要件，我国《著作权法》中尚未设定"有损声誉"的侵权要件，但对"歪曲""篡改"二词的阐释中已有"未经作者同意，对作品的修改实质性地改变了作者在作品中原本要表达的思想感情，导致作者声誉受损"的内涵。在数字网络环境中，作者修改权和保护作品完整权的行使是一件较为困难的事情。首先，数字技术为广大作品使用者提供的作品剪辑、重组、广泛传播的便利性，对权利人保护作品完整权的行使带来了挑战。数字作品一经网络传播，任何人均可在作者不知情的状况下对其进行删减、篡改、歪曲甚至破坏，而数字技术和网络空间所特有的"便利性、无形性、隐蔽性"使得实际侵权人的踪迹难以查找和追踪，权利人所享有的修改权和保护作品完整权很容易遭受侵犯；此外，对于数字作品而言，作者修改权的行使在一定程度上受到技术和网络服务提供商的限制，尤其是作品提交上网后，作品的实际控制权基本上掌握在网络服务提供商手中，作者在此种情况下就无法轻易地行使自己的修改权，必须提出充分的正当理由，并征得网络服务提供商的同意，才能对其作品进行修改。但需要明确的是，作者对其创作的数字作品修改权的行使和完整权的保护，是维护蕴含在作品中个人精神、思想、情感和人格的具体表现，这种行为即使在以数字技术为支持的信息时代，其在法律层面上的实践和理论价值仍然不可撼动，即使与新技术为大众使用作品所提供的便利性、数字作品传播的中介要求等相冲撞，也理应从技术、立法和执法等层面为权利人提供支持和保障。

（二）数字版权中的经济权利

版权人所享有的经济权利，可称为"著作财产权""使用权和

---

① 胡康生.中华人民共和国著作权法释义［M］.北京：法律出版社，2002：43.

获得报酬权"，是指作者和其他权利人享有的以特定方式利用作品并获得经济利益的专有权利。所谓以特定方式利用作品，在我国著作权制度中，主要是指复制、发行、出租、展览、表演、放映、广播、信息网络传播、摄制、改编、翻译、汇编等 13 种法定方式，与此相对应，权利人共享有 13 种经济权利。从法律层面而言，版权经济权利具有可转移性、可继承性、排他性、社会性等一般财产权的共性，亦受到时间性和地域性的约束，即只有在一定的区域和法律规定年限内才能发挥其效力。因此，对数字版权制度中经济权利的认知，不但要认真思索技术环境变化所带来的权利内容变化、权利范围扩展，更需考虑到数字网络技术对作品传播地域性的挑战，以及不同文化背景下数字版权的立法差异，定义数字作品在什么时空范围内享有经济权利、具体享有怎样的经济权利等诸多问题时，需综合考虑国际、国内的具体立法规定。目前，对于数字网络环境下出现的新型经济权利，国际条约采取新增有关权利内容的方法，如《世界知识产权组织版权条约》（WCT）、《世界知识产权组织表演和录音制品条约》（WPPT）首先确立了信息网络传播、技术措施、权利管理信息等方面的权利。其他国家，有的采用以版权人现有权利覆盖数字版权相关权利的"隐含式"立法，有的则以构建综合性权利的重组式立法对新型权利的出现进行应对。我国在数字版权经济权利内容界定的现实选择中，与欧盟国家类似，采取不改变原有权利设置的前提下赋予权利人控制作品数字化传播新权利的"新增式"立法模式，即我国《著作权法》第 10 条中关于著作权财产权各项权利的规定同样适用于数字网络环境，主要包括传统版权制度确立的复制权、发行权、公开传播权，以及技术措施保护权、权利管理信息权等新增的数字版权权利内容。

1. 复制权

复制是作品最为古老的利用方式之一，几乎与版权的概念同时诞生。早在 1709 年《安娜女王法》中就规定了对复制权的保护，作者对已印刷的图书在重印时享有专有权，对创作完成但未印刷的作品也有同意或禁止他人印刷出版的专有权。① 复制权是整个版权制度存在的基础和核心，是权利人决定是否复制或许可他人复制并获得报酬的权利，我国 2020 年修订的《著作权法》将其定义为"以印刷、复印、拓印、录音、录像、翻录、翻拍、数字化等方式将作品制作一份或者多份的权利"，但对其中具体的受控行为并没有进行穷尽式列举。对于数字网络环境下的复制权，我国早在 2003 年修订的《关于审理涉及计算机网络著作权纠纷案件适用法律若干问题的解释》中，就明确"将作品数字化的过程属于复制行为"，而 2020 年修订的《著作权法》第 10 条第 5 项对于复制权的定义，则更加彰显出数字网络环境中作品复制的数字化特征，认为以数字化方式将作品制作一份或者多份的权利同样属于复制权的管涉范围。数字网络环境下的复制行为是非物质化的，表现为数字化信息通过网络以光速传输信号，主要包括：（1）将作品以各种技术手段固定在芯片、光盘、硬盘和软件磁盘等媒介之上；（2）将作品上传至网络服务器，如在个人空间、BBS 上张贴作品导致作品以数字化形式在网络服务器硬盘中形成永久的作品复制件；（3）将作品从网络服务器或他人计算机中下载到本地计算机中，但不包括没有在本地计算机硬盘中产生永久复制件的在线阅读、浏览等行为；（4）通过网络向其他计算机用户发送作品等。此外，数字网络环境下的"复制"与"传播"过程融为一体，数字作品的传输可看作公开传播和复制行为的结合，因此，当一部作品以数字形式上载于网络而被广大受众通过网站进行浏览时，我们已经很难说清这里存在的是复制权、发行权还是出版权。

而数字版权制度体系中，复制权的核心点在于对"临时复制"问题的理解。临时复制是随着数字网络技术的发展而逐渐进入版权法学视野的现象，是指作品在用户使用过程中因进入计算机随机储存器（RAM，Random Access Memory）而自动形成复制件，并且该复制件中的内容最终因计算机关机、重启或被后来进入的信息自动

---

① 吴汉东.著作权合理使用制度研究［M］.北京：中国政法大学出版社，1996：126.

代替等原因而消失的现象。这对于数字作品实现在线传输和在线交易的运行方式至关重要，但目前不同国家对于是否将临时复制纳入传统复制权范围这一问题持不同观点。国外立法中，认为临时复制构成版权法意义上复制的代表国家有美国、加拿大、澳大利亚和欧盟国家，其为保证版权产业利润不因网络的出现而受到损失，而将版权保护最大限度地延伸至数字网络环境中。但众多发达国家出于利用数字网络环境对世界先进文化学习、吸收和引进的目的，均否认临时复制权的合法性。《伯尔尼公约》第9条第1款规定："受本公约保护的文学艺术作品的作者，享有授权以任何方式和采取任何形式复制这些作品的专有权利。"此内容并没有明确表示"临时复制"是否归属于"复制权"，《世界知识产权组织版权条约》虽规定复制行为包括"以任何方法或形式、直接或间接地对作品进行的永久性或临时性复制"，但其并没有为临时复制问题给出最终结论，并声明此项对于临时复制问题的规定并不具备法律约束力，成员国有权在这个问题上做出自己的独立选择。欧盟2001年6月22日公布的《版权指令》第5条则将满足某些条件下的临时复制视为"合理使用"，前提条件为此种临时复制是"某种技术过程中不可分割的和基本的组成部分；其目的是为了合法地传送和使用作品或其他受保护客体；此临时复制行为不具备独立的经济意义"。目前，我国相关法律中对于临时复制问题并未给出明确的规定，但国内学者们均表示目前只能禁止用户的终端复制，禁止用户的临时复制行为在现有的技术条件下是无法做到的，应该属于合理使用范畴。①

2. 发行权

考虑到对作品的发行大多涉及复制行为，因此在20世纪70年代前，发行权在很多国家并不是一项独立的著作财产权。随着传播技术的不断改进，作品复制者和作品复制件提供者的身份不再统一，发行权才逐渐得到许多国家的承认，1996年《世界知识产权

---

① 刘润涛. 数字与网络环境下的复制权制度研究 [J]. 网络法律评论, 2005（7）：73-90.

组织版权条约》和《世界知识产权组织表演和录音制品条约》作为《伯尔尼公约》在数字时代的延伸，均明确规定了发行权内容。我国《著作权法》第10条第6项规定，发行权是指权利人享有的"以出售或者赠与方式向公众提供作品的原件或者复制件的权利"，著作权法意义上的发行行为必须具备以下要件：面向不特定的公众提供作品的原件或者复制件；以转移作品有形物质载体所有权的方式提供作品的原件或者复制件，这是发行行为区别于表演、展览等行为的关键所在，即发行行为只能以转移作品有形载体所有权或占有的方式进行。

在数字网络传播环境中，当网络经营者或用户将作品以数字化形式上传至向公众开放的网络服务器时，其他用户就可以将该数字作品下载至自己的计算机终端，从而获得作品复制件。这一过程与传统发行行为最大的不同在于，作品复制件无须经过有形载体所有权或占有的转移就可以为公众所获得，其本质是作品有形载体物理空间未发生变更，而在新的有形载体上产生了作品复制件，导致复制件在数量上的增加。因此，从现有著作权法对发行行为的定义可知，通过数字网络向公众传播作品的行为并不能构成"发行"，因此不受发行权的控制，但从数字网络传播的客观结果来看，此类行为确实导致公众获得了作品的有形复制件，与传统发行行为并无二致。为解决这一问题，美国1995年《知识产权和国家信息基础设施》报告中，在承认"发行权在传统上是指转移作品的有形复制件占有利益的权利"这一前提下，扩大了发行权的范围，认为"数字网络环境下的信息传输，即将作品从某一终端通过网络以数字信息形式发往另一终端，构成发行"[1]。对此，我国单独规定了与发行权指向客体一致的信息网络传播权，用以控制作品在数字网络环境中的传输。此外，针对有形商品贸易的"发行权一次用尽原则"也无法适用于数字网络传播中，该原则的基础在于作品和有形载体的不可分割性，目的在于限制权利人发行权的行使。如前

---

① Information infrastructure task force: Intellectual property and the national information infrastructure [Z]. Washington, D.C., 1995: 70.

文所言，由于发行权的适用范围并不能扩展至数字网络环境中，且数字作品发行权和所有权处分权能之间并不存在冲突，因此，用于澄清发行权并不限制作品原件和复制件所有权人行使处分权的"发行权一次用尽原则"就必然在数字作品传播中失去了存在的基础①。

3. 公开传播权

公开传播权控制的是以不转移作品有形载体所有权或占有方式向公众传播作品，使公众得以欣赏或使用作品内容的行为。早在1925年《伯尔尼公约》就赋予了作者"公开传播权"，主要包括传统意义上的"表演权、朗诵权、放映权和广播权"四项权利，其均是指使听众或观众在指定的时间或地点被动接受作品传播的"单向"行为，并不包含数字网络环境中作品的"交互式传播"。1996年在世界知识产权组织主持下通过的 WCT、WPPT 两项"互联网条约"正式确立了权利人在数字网络环境中享有"向公众传播权"，并将其定义为以授权将其作品以有线或无线的方式向公众传播，包括将作品向公众提供，使公众中的成员在其个人选定的时间和地点可获得这些作品。我国遵从"新增式"立法模式，于2001年《著作权法》修订时首次创设并提出"信息网络传播权"这一概念，用以规范作品在网络空间中的公开传播行为，其依据便是 WCT 第 8 条的内容。此外，2006年施行的《信息网络传播权保护条例》借鉴了美国《数字千年版权法》和欧盟《电子商务指令》的相关规定，为信息网络传播权的施行提供了具体可行的措施，同时还特别强调了表演者和录音录像制作者等邻接权人的信息网络传播权，规定表演者对其表演享有许可他人通过信息网络向公众传播其表演并获得报酬的权利；录音录像制作者对其制作的音像制品享有许可他人复制、发行、出租、通过信息网络向公众传播并获得报酬的权利。

我国《著作权法》第 10 条第 12 款将"信息网络传播权"定

---

① 马驰升. 数字环境下首次销售原则适用的困境与突破 [J]. 知识产权，2016（3）：88-93.

义为以有线或者无线方式向公众提供，使公众可以在选定的时间和地点获得作品的权利。信息网络传播权源于传统的版权制度，可以说它是在展览权、表演权、放映权和广播权等传统的公开传播权基础上形成和发展起来的，但其又是新技术环境下权利人应对作品载体和使用手段变化而享有的新生权利，与传统技术环境下的相关权利并列且独立。其与传统的作品公开传播权存在较大的本质差别，主要表现为其权利所控行为的交互性，具体表现为作品提供者和使用者之间的互动。需要明确的是，"信息网络"一词并非特指计算机信息网络这一传播方式，而是涵括了未来一切具有交互性传播特征的信息网络环境，即该传播技术区别于传统作品"受众被动接受式"的单向传播，呈现出用户掌握主动权的"点对点式按需点播"的交互性传播特征。因此，一切未采用交互性传播的传播手段，即使是通过网络平台向公众传播作品，也不属于信息网络传播权利的范围。从这一点来看，通过网络或其他有线或无线的方式向公众提供作品，以及满足"交互性传播"的特征，是信息网络传播权构成要件中的两个并列要件。①

4. 数字版权经济权利范围的扩展

现有学者认为，数字网络环境下权利人在享有对版权作品直接或间接复制权、向公众传播权、发行权的同时，理应享有版权保护技术措施、版权管理信息等方面的权利。② 就其本质而言，"技术措施"是在数字网络环境中维护版权权利人利益的技术性手段，以避免对作品进行未经许可的复制和数字化传播的行为；"权利管理信息"是权利持有者提供的能够对作品、作者、使用条件等进行鉴定的有关信息。二者是版权法保护下的一种利益生产，不仅能起到保护权利人经济权利的作用，客观上也保护了权利人的精神权利免遭侵害，应属于权利人享有的特别权益，其地位并非等同于复制权、发行权、公开传播权等版权经济权利。但目前建立广泛的技术措施、权利管理信息法律保护制度已经成为一种国际性立

---

① 吴汉东. 知识产权法 [M]. 北京：法律出版社，2005：77.

② Bainbridge D. Intellectual property [M]. London：Pearson，2010：246.

法趋势。

关于技术措施保护，WCT 第 11 条规定："缔约双方应规定适当的法律保护和有效的法律补救办法，制止规避由作者为行使本条约或《伯尔尼公约》所规定的权利而使用的、对就其作品进行该有关作者许可或未经由法律准许的行为加以约束的有效技术措施。"WPPT 第 18 条中也以相似的措辞要求缔约方对用于表演和录音制品的技术措施加以保护。WCT 和 WPPT 对于技术措施的保护仅是给出了原则性规定，至于何种技术手段应该受到保护，又将何种行为界定为受禁止的规避行为，各国可自行作出立法规定。技术措施按其功能可分为防止未经许可接触作品、防止未经许可使用作品的技术措施两类，即接触控制措施和版权保护措施。目前，一些国家的版权立法禁止对两类技术措施实施直接规避行为和向公众提供规避手段，另一些国家则对两类技术措施区别对待，对于"接触控制措施"，禁止直接规避行为和向公众提供规避手段，而对于"版权保护措施"，只禁止向公众提供规避手段，不禁止直接规避行为。① 我国对"接触控制措施"和"版权保护措施"提供同等保护，并且禁止直接规避行为和向公众提供规避手段。我国 2020年修订的《著作权法》第 49 条第 3 款将"技术措施"定义为"用于防止、限制未经权利人许可浏览、欣赏作品、表演、录音录像制品或者通过信息网络向公众提供作品、表演、录音录像制品的有效技术、装置或者部件"。第 49 条第 1、2 款明确规定："为保护著作权和著作权有关的权利，权利人可以采取技术措施。未经权利人许可，任何组织或者个人不得故意避开或者破坏技术措施，不得以避开或者破坏技术措施为目的制造、进口或者向公众提供有关装置或者部件，不得故意为他人避开或者破坏技术措施提供技术服务。但是，法律、行政法规规定可以避开的情形除外。"

关于权利管理信息的保护，我们可以将其理解为版权人享有的一种特殊权利，即未经其许可其他人不得故意删除或者改变作品权

---

① 王迁. 论禁止规避技术措施的范围 [J]. 法学家，2016（6）：133-140.

利管理信息的权利。对于版权人、版权保护期等权利管理信息的保护，是数字网络环境中权利人防止他人篡改信息、实现其经济利益的重要保障。关于权利管理信息，WCT 将其解释为："识别作品、作品的作者、对作品拥有任何权利的所有人的信息，或有关作品使用的条款和条件的信息。代表此种信息的任何数字或代码，各该项信息均附于作品的每件复制品或在作品向公众传播时出现。"WCT第 12 条明确规定："缔约各方应规定适当和有效的法律补救办法，制止任何人明知或就民事补救而言有合理根据知道其行为会诱使、促成、便利或包庇对本条约或《伯尔尼公约》所涵盖的任何权利的侵犯而故意为以下行为：（1）未经许可去除或者改变任何权利管理的电子信息；（2）未经许可发行、为发行目的进口、广播，或向公众传播明知已被未经许可去除或改变权利管理电子信息的作品或作品的复制品。"WPPT 第 19 条中也以类似措辞对表演、录音制品权利管理信息的保护作出规定。欧盟的《版权指令》也规定成员国应该履行保护权利管理信息的义务，对移动或修改任何权利管理信息，向公众提供、分销、进口分销、广播或者推广未经作者授权而擅自移动或者修改了电子权利管理信息的作品或者其他数据库的行为作出禁止。① 我国对于数字作品权利管理信息保护的规定主要体现在《著作权法》第 51 条和《信息网络传播权保护条例》第 5 条中，即："未经权利人许可，不得进行下列行为：（一）故意删除或者改变作品、版式设计、表演、录音录像制品或者广播、电视上的权利管理信息，但由于技术上的原因无法避免的除外；（二）知道或者应当知道作品、版式设计、表演、录音录像制品或者广播、电视上的权利管理信息未经许可被删除或者改变，仍然向公众提供。""未经权利人许可，任何组织或者个人不得进行下列行为：（一）故意删除或者改变通过信息网络向公众提供的作品、表演、录音录像制品的权利管理电子信息，但由于技术上的原因无法避免删除或者改变的除外；（二）通过信息网络向公众提供明知或者应知未经权利人许可被删除或者改变权利管理电子信息的作品、

---

① 　EU Copyright Directive 2001 ［Z］.

表演、录音录像制品。"

第三节　数字版权的权利限制

大多数版权立法在拟定时都会考虑在创作者对其作品享有的独占性专有权利与不受作者专有权限制而自由获得作品的社会需要之间建立一种平衡。但版权实质上是一种垄断性权利，版权法将某些专有权利限定于权利人所享有，一般情况下只有权利人或经过权利人许可的其他主体方能行使这些"专有权利"，擅自使用就有可能构成对版权的直接侵犯。但从法律上规定权利人享有"专有权利"的目的是通过赋予作者有限的垄断权保障其从作品中获得合理的经济收入，以鼓励更多的人投身于原创性劳动，最终促使更多高质量的作品得以产生和传播。由此可知，针对作品的版权保护，其目的不仅在于给权利人带来利益，也要满足公众对作品的合理需求，对创造性作品进行奖励这一形式必须服务于促进公众广泛获得作品的目标。因此，为了保证在垄断性权利中实现公众对作品的接近，达到版权立法惠及社会利益的目标，实现作品创作者、传播者和使用者三者间的利益平衡，大多数版权立法都对权利人的专有权利设置了一定限制。可以说，版权限制是立法中法律关系的一个核心概念，亦是知识产权限制中的重要组成部分，可分为时间限制、地域限制和权能限制，但一般专指权能限制。① 版权限制可以看作是在授予权利人专有权的前提下对社会大众作出的一种补偿，即在一定条件下，无须征得权利人的同意和允许使用作品。现有国内外版权立法主要针对权利人享有的专有经济权利进行限制，常见形式包括：对作品的自由和无偿使用（合理使用），以及实施某种非自愿的"强制"和法定许可。②

---

① 曹胜亮，段葳. 著作权限制制度的比较研究［J］. 西南民族大学学报，2004（7）：252.

② ［法］安娜·勒帕热. 数字环境下版权例外和限制概况［J］. 版权公报，2003（1）：3-19.

但需要明确的是，通过对版权设置限制所达到的这种平衡状态是暂时性的，伴随着技术的变化，这种曾达到的平衡亦会倾向于颠覆，这种趋势在数字网络环境中更为明显。数字作品的复制和传播技术空前发达，公众接触作品的可能性大幅度增加，使用作品的方式也多种多样，权利人对其作品的实质控制权和享有的经济权利大幅度减弱，以"合理使用"为代表的版权限制制度越来越多地成为公众侵犯权利人合法权益的理由和借口。在此情况下，传统版权法中设置的权利限制在数字网络环境中已无法维持权利人、传播者和使用者三方的利益平衡，对于版权限制空间的范围界定问题需要重新审定。

一、数字版权中的合理使用制度

合理使用，是指在法律规定的条件下，不必征得权利人的同意，又不向其支付报酬，基于正当的目的而使用他人版权作品的合法行为。① 合理使用制度源起于英国判例法，经历了从判例法到成文法的演变过程，1911 年英国始以成文法的形式明确规定了合理使用制度。作为版权法中最能体现利益平衡的二元价值取向制度，合理使用制度一直备受人们的关注，其基于版权立法的社会使命完美阐释了版权法除了要赋予权利人对作品的独占权利，激励其创作之外，更应兼顾公众利用和获取知识的需要。合理使用的判定标准、边界范围的宽窄等问题，是该制度对版权进行有效限制的基本依据。随着信息技术的不断变革，数字网络环境的开放性、虚拟性、快速性等特点使传统环境中的合理使用判定标准面临巨大挑战。国际上的版权立法改革和各国的立法实践均表明，针对"数字版权"的限制需要制定一个更为完善的合理使用制度。

（一）数字版权合理使用的认定标准

合理使用制度的核心在于法律划定的"合理范围"究竟有多

_____

① 吴汉东 . 著作权合理使用制度研究［M］. 北京：中国政法大学出版社，1996：144.

大，体现在立法上就是该如何划定这个合理范围，在司法上则表现为判定某个具体行为是否在这个范围之内的依据或标准。目前，世界范围内较具代表性的合理使用认定标准有两种：一是《伯尔尼公约》和《与贸易有关的知识产权协议》（TRIPs 协议）中的"三步检验法"；二是美国《版权法》第 107 条中提出的合理使用判断"四要素标准"。伴随着数字网络技术的发展，《世界知识产权组织版权条约》（WCT）和《世界知识产权组织表演和录音制品条约》（WPPT）将"三步检验法"延伸至数字网络环境中，美国的《数字千年版权法》也对合理使用的"四要素标准"在新技术环境中的应用进行了更为精准的阐释。

1. 合理使用制度的国际公约标准

根据 WTO 专家组的裁决，"三步检验法"是检验所有与版权相关的限制和例外制度是否合法正当的唯一依据。即对专有权的限制和例外必须满足三个条件：（1）限定于某些特殊情形。作品使用的例外或限制必须清楚界定在某些情况之下，而在"质"和"量"上应该是较小、狭窄的，在具体案例中也需根据例外的受益人、使用设备、作品类型等做个案分析。① （2）不与作品的正常利用相冲突。这一要件是"三步检验法"的核心要义，要求所有具有或可能获得经济和实用价值的利用作品的方式均应保留给作者，即如果一种使用方式与作者的正常使用形成竞争关系，并具有市场替代性，或者发生经济上的利益争夺，则该使用方式与作者的正常利用相冲突。② （3）不得不合理地损害版权持有人的正当利益。WTO 专家组认为，正当利益不仅局限于经济利益，更一般地指对自然人或法人具有重要意义的东西，限制和例外承认带来的合理损害不能带来不合理的实际损害或者潜在损害，而这一判定的依据是是否给权利人的收入造成不合理的损失。③ 并且这三个条件需要同时满足，方可判定限制或者例外制度本身是合法的。

---

① Panel Decision［Z］. paras. 6. 108，6. 205.
② Panel Decision［Z］. paras. 6. 172，6. 183.
③ Panel Decision［Z］. paras. 6. 229.

合理使用的"三步检验法"最早出现于 1967 年斯德哥尔摩《伯尔尼公约》的修订会议，并在 1971 年的巴黎文本中进行了明确规定，即第 9 条第 2 款中的"例外"：《伯尔尼公约》成员立法可以准许在某些特定的情况下复制公约保护的作品，只要这种复制不与作品的正常利用相冲突，且不能不合理地损害作者的合法权益。但这仅是针对"复制权"的限制，将"三步检验法"提升至真正意义上的版权合理使用一般性原则的是 1994 年的 TRIPs 协议。该协议第 13 条规定："各成员应当将对专有权的限制或例外限定于某些特殊情形，而该情形不得与作品的正常利用相冲突，也不得不合理地损害权利人所持有的正当权益。"协议将权利的限制扩大至作者所拥有的所有专有性权利，并呈现出更为严格的规定。此后，在适用 TRIPs 协议的前提下，1996 年世界知识产权组织制定的 WCT 第 10 条第 1 款、WPPT 第 10 条第 2 款均规定"作品的限制或例外"应符合"三步检验法"，而 WCT 和 WPPT 最引人注意的地方在于其以议定申明的方式明确各成员可将版权限制和例外的规定延伸至数字网络环境中，但是在新的环境中所设置的新的例外和限制依然要遵循"三步检验法"这一认定标准。此后，"三步检验法"的身影也相继出现在 2012 年《视听表演北京条约》（第 13 条第 2 款）、2013 年 WIPO 的《马拉喀什条约》（第 11 条第 2 款）中。

2. 美国《版权法》的合理使用"四要素标准"

1995 年美国政府发表《知识产权与国家信息基础设施：知识产权工作组的报告》（简称"白皮书"），从法律、技术以及教育等方向着手就数字网络时代对现行知识产权法律制度造成的冲击进行探讨，在版权方面提出了数字作品合理使用范围的重新定义。1998 年美国颁布的《数字千年版权法》对这一问题作出具体回应，在扩大对于图书馆以及备份存档合理使用空间的同时，毅然将判定合理使用的"四要素标准"延伸至数字网络环境中作品的合理使用判定。

美式的"合理使用认定规则"根植于普通法传统，历经百年判决的积累而自成一体，其最为基本的特征在于没有详尽列举可豁免的行为，而只是将几种较具代表性的合理使用行为罗列出来，然后将后续的发展空间留给一条总条款，即美国《版权法》第107条中阐述的四大判断标准，由其以高度抽象的方式规定作品使用中的例外行为，并将最终的判定权交付于司法机关。这个总条款与所列举的几种合理使用行为并行不悖，是作为一种补充和总的判断标准而存在，学者们将该总条款称为判断作品合理使用的"四要素标准"，即在任何特定情况下，确定对一部作品的使用是否属于合理使用的范畴，应该考虑以下四个要素：（1）使用的目的和性质。主要是指对作品的使用是出于商业性目的还是非营利性教育目的，以及新的使用相比于原作品的变异程度，而变异程度的高低能够影响使用目的因素在判定中所占据的比例。（2）被使用的版权作品的性质。针对不同性质的作品，对其采取的保护等级不同，如对创造力、原创性、想象力程度高的作品的保护等级远远高于对衍生作品和纪实性作品的保护等级。（3）所使用部分的数量和内容同整个作品相比实质性如何。美国《版权法》第107条虽规定"为了批评、评论、新闻报道、教学、学术或研究等目的而使用版权作品，系合理使用"，但具体实践中没有一个绝对的标准限定对原作品引用、复制多少属于合理使用范畴，因此该因素将作品使用行为的认定同原作的数量和质量相结合，认为如果使用原作的部分实为原作品的"本质、核心"部分，则不能构成合理使用。（4）这种使用对版权作品潜在市场或价值产生的影响。对这一要素的理解与"三步检验法"保持一致。在具体的案例判定中，这四个要素并不是累积适用的，而是综合比重适用，即法官在分析案例时对每一要素的偏向性、中立性等均作出阐释，说明其在个案中的不同分量。

　　3. 我国《著作权法》合理使用判定标准的选择

　　我国2010年修订的《著作权法》对合理使用的规定采取的是法定主义，采用完全封闭式的立法技术，除了明确列举的法定使用情形，其余对著作权的使用均需要获得许可并支付报酬。在强调对权利人保护的同时，这种严格限定的立法模式在个别情况下也与司法实践产生了冲突。最高人民法院在2011年12月16日颁布的《最高人民法院关于充分发挥知识产权审判职能作用推动社会主义文化大发展大繁荣和促进经济自主协调发展若干问题的意见》第8条规定："在促进技术创新和商业发展确有必要的特殊情形下，考虑作品使用行为的性质和目的、被使用作品的性质、被使用部分的数量和质量、使用对作品潜在市场或价值的影响等因素，如果该使用行为既不与作品的正常使用相冲突，也不至于不合理地损害作者的正当利益，可以认定为合理使用。"根据这一规定的精神可知，最高人民法院已经在文件中实质突破了立法的严格限制，为司法裁判者预留了"合理使用"的弹性空间。

　　国际公约设定的"三步检验法"以及美国《版权法》规定的"四要素标准"在我国均得到推崇。以曾参加我国知识产权法立法工作的中国版权协会副理事长蒋志培教授为代表的学者，针对我国著作权合理使用制度如何修改的问题提出，应该在该制度后面增加一个"兜底条款"，认为之前《著作权法》第22条以穷尽式列举的方式缩小了判定合理使用的范围，对社会、技术等发展可能带来的新问题一律绝对排除并不恰当，并建议将"三步检验法"上升为具体的判定标准。① 而另一些学者，则倾向于使用"四要素标准"，如中国版权协会理事长、国家版权局原副局长沈仁干先生在美国合理使用判定标准的基础上，结合我国著作权立法的实际情况提出合理使用的四个标准：（1）使用的作品应该是已经发表的作品，以某种方式使用时应该指出作者姓名、作品名称，并且不得侵犯著作权人依法享有的其他权利；（2）使用应符合著作权法允许合理使用的目的，不得有任何的营利性质；（3）不得影响作品的正常利用，也不得无故损害著作权人的合法权益；（4）引用他人作品，除符合引用目的外，所引用的部分不得构成作品的主要部分或实质部分。② 具体而言，"三步检验法"和"四要素标准"这两个判定标准都具有一定的原则性和适用弹性，既适用于传统媒介环境，亦可在数字网络环境中指导司法判定。从本质上而言，两个标

---

① 蒋志培. 对著作权法修改的几点意见［J］. 中国版权，2011（2）：35-37.

② 沈仁干. 版权论［M］. 深圳：海天出版社，2001：97.

准的精神追求并无差别。

既然《伯尔尼公约》、《TRIPs 协议》、WCT、WPPT 以及《视听表演北京条约》等均对"三步检验法"有明文规定，中国作为其成员国，理应遵守规定、履行国际义务。因此，2020 年修订的《著作权法》遵从《伯尔尼公约》所确立的"三步检验法"标准，在第 24 条将"不得影响该作品的正常使用，也不得不合理地损害著作权人的合法权益"作为判断标准放在法定情形之前，其后采用列举形式列举了合理使用的 13 种情形，并在第 24 条第 13 项增加了"法律、行政法规规定的其他情形"作为合理使用的兜底性条款。新修订的《著作权法》将该原则作为法定情形的前置判断标准，仍采用封闭式立法的列举形式，目的在于既有一个总的指导性原则，又在具体的个案研究中具有可操作性和实用性，为现实中具体使用作品的复杂性和多样性留下足够的合理判定空间。

（二）　我国数字版权合理使用制度的具体立法规定

考察各国版权立法以及国际条约，有关版权作品的合理使用大概可以分为两大类：一是为个人使用目的设置的权利限制，即个人为学习、研究、欣赏等非商业性目的而使用他人已经发表的作品；二是为文化经济和公众利益而设置的权利限制，如合理的引用行为、为课堂教育和宗教目的的汇编行为、科学研究中的使用、公共图书馆和博物馆的使用、公共安全以及公务目的的使用、公共展览和公共播放的使用等。鉴于针对版权设置合理使用条款的初衷和目的在数字网络环境中并没有发生明显变化，因此，从理论上而言，传统环境中对于版权所设置的合理使用可以延伸至对数字版权的限制，如《著作权法》第 24 条第 2 项"为介绍、评论某一作品或者说明某一问题，在作品中适当引用他人已经发表的作品"，第 24 条第 7 项"国家机关为执行公务在合理范围内使用已经发表的作品"，第 24 条第 10 项"对设置或陈列在公共场所的艺术作品进行临摹、绘画、摄影、录像"，第 24 条第 11 项"将中国公民、法人或者非法人组织已经发表的以国家通用语言文字创作的作品翻译成少数民族语言文字作品在国内出版发行"，第 24 条第 12 项"以阅读障碍者能够感知的无障碍方式向其提供已经发表的作品"等。此外，我国《信息网络传播权保护条例》第 6 条中所规定的第 2、4、5、6、8 项等均是传统技术环境下的合理使用在数字网络环境中的延伸使用。但考虑到新环境中出现的一些印刷、广播媒介下没有的作品使用新方式、权利人的权利扩张趋势、对作品控制力度的增加等因素，我国新修订的《著作权法》针对传统技术环境所规定的个人使用、公共馆藏机构使用、教育使用、单纯事实消息的合理性限制，必须重新考虑数字网络环境中版权人的利益和社会公众利益之间平衡点的调整，从而制定符合时代特点的数字版权合理使用制度。此外，综合对比国际以及一些主要发达国家的立法情况，可知临时复制问题中也涉及一些合理使用问题，而这些合理使用新情形的立法目前并未在我国相关法律体系中得到体现。

1. 个人使用与合理使用

许多国家的版权立法都把在某种情况下个人使用他人已经发表的作品列入合理使用的范畴，但是会对个人使用的目的、范围、数量和方式做出一定限制。

从广义上来说，"个人使用"范围限于"非公开（私人）"，个人用户可以为了私人目的使用他人版权作品以及无偿和他人分享这些作品，即"私人使用目的"既包含使用人自己使用，也可以是提供给"私人空间"如私交朋友圈、家庭内部之间的分享，因为提供给私人空间除提供者以外的其他成员使用，从受动者的角度考虑则等同于提供者本人使用。① 个人使用的范围限制在非公开的私人空间，发行、出租、展览、表演、放映、广播、信息网络传播等面向公众再现作品或其他权利客体的行为不包括在"私人空间里的提供与获取"范畴。狭义的"个人使用"范围则仅局限于使用人自己使用。根据我国《著作权法》第 24 条第 1 项的内容"为个人学习、研究或者欣赏，使用他人已经发表的作品，可以不经著作权人许可，不向其支付报酬"可知，其取"个人使用"的狭义

---

① 李杨. 著作权法意义上的"个人使用"界定［J］. 电子知识产权，2010（7）：42-49.

定义更为妥帖。

我国《信息网络传播权保护条例》中则完全没有认可数字网络空间中的个人使用作品行为属于合理使用范畴。传统作品的"个人使用"主要以著作权法范畴内更为贴合个人目的或私人性质的复制和演绎方式进行，而实践中最为常见的数字网络环境下的"个人使用"方式则包括网上或线下浏览、欣赏和下载使用数字作品。我国最新修订的《著作权法》中依然沿用"学习、研究或者欣赏"三种个人使用目的，但更多学者认为以"欣赏"为目的的个人使用在数字网络环境中应予以删除，因为"学习、研究"是促进文化知识传播和接受教育的手段，而"欣赏"主要是一种消遣娱乐行为，如果任其无偿合理使用，不需要支付对价，那对作者创作积极性的打击是显而易见的。① 尤其是数字网络环境中的音乐作品和影视作品的"无偿欣赏"，使用者除了在线试听、观看作品外，很多人会从网上下载、复制作品并利用数字网络进行传播，考虑到作品在数字网络环境中传播速度过快、范围过广，如果依然认同"欣赏"这一个人使用目的，则会使得版权歌曲、视频的私人下载行为合法化，从而极大地冲击版权人的合法利益。

2. 馆藏作品的特定复制、传播与合理使用

图书馆、档案馆、纪念馆等机构作为公众利益的代表，其对相关作品在特定情况下的使用行为在各国普遍被归属于合理使用的范畴。根据我国《著作权法》第 24 条第 8 项规定，图书馆、档案馆、纪念馆、博物馆、美术馆、文化馆等为陈列或者保存版本的需要，可以在不经著作权人许可、不向其支付报酬的情况下，复制本馆收藏的作品。但鉴于数字化复制的便利性和廉价性，为保证此类机构在向公众提供借阅或展览服务时不会对著作权人的利益造成不良影响，我国《信息网络传播权保护条例》第 7 条第 1 款就数字网络环境中的此类合理使用作出具体规定，即图书馆、档案馆、纪念馆等非营利机构可以不经过著作权人许可，通过信息网络向本馆

---

① 张今，杜晶. 数字环境下的合理使用制度论要 [J]. 科技与法律，2005（3）：726-737.

馆舍内服务对象提供本馆收藏的合法出版的数字作品和依法为陈列或者保存版本的需要以数字化形式复制的作品，不向其支付报酬，但不得直接或者间接获得经济利益，当事人另有约定的除外。此外，在第 7 条第 2 款对为了陈列或者保存版本的需要而以数字化形式复制本馆收藏作品的行为作出特别限定，即"前款规定的为陈列或者保存版本需要以数字化形式复制的作品，应当是已经损毁或者濒临损毁、丢失或者失窃，或者其存储格式已经过时，并且在市场上无法购买或者只能以明显高于标定的价格购买的作品"。

上述条例对于图书馆等机构在数字网络环境下的"资料保存"职能作出限定，除此之外，以图书馆为代表的这些馆藏机构还具备"提供信息、作品借阅"的功能。随着信息技术的进一步发展，该功能的实现方式日益多样化，如数字图书馆的出现，其是适应网络信息量剧增、网络技术飞速发展而产生的一种与传统图书馆迥然不同的新型信息汇集空间，是一种通过网络存取的分布式数据库。① 数字图书馆的使用，使得图书出借并非以纸质图书有形复制件的形式进行，而是将作品以数字化形式在网上进行传播，读者可以在线检索馆内与馆外的资源，实现文献的远距离下载和传递。这种借助数字技术将大批量的图书信息进行数字化复制的行为，一旦出现不当实施，就会构成对权利人合法利益的严重损害。对此，我国在《信息网络传播权保护条例》第 7 条中对图书馆等馆藏机构的这一职能作出限定，此外，《信息网络传播权保护条例》第 10 条第 4 项还要求所涉机构必须采取技术措施以防止服务对象以外的其他人获得著作权人的作品，并防止服务对象的复制行为对著作权人的利益造成实质性损害。

由上述规定可知，数字图书馆等新型的馆藏机构与传统技术环境下此类机构享有的合理使用范围并不一致，图书馆等机构通过信息网络提供数字化作品的场所被限定在馆舍之内，而所提供的数字化作品只能是合法收藏时就以数字形式存在的，或者是馆

---

① 陈传夫. 高新技术与知识产权法 [M]. 武汉：武汉大学出版社，2000：151.

藏作品在符合濒临损毁、丢失等特别限定条件时的数字化作品复制件，超出上述范围向使用者提供擅自数字化复制的馆藏作品是不被允许的。此外，必须采用身份验证、加密等技术性措施，并将数字化作品的使用方式限定为在线阅读，而不允许对其进行拷贝后在网上传播。但需要明确的是，数字图书馆等机构的信息传递和借阅相比传统环境而言，仅是作品传播载体和传递方式发生了变化，其促进文化传播的作用并没有发生改变，该合理使用行为依然是受到认可的。

3. 远程教育与合理使用

远程教育是指以计算机技术、多媒体技术、网络通信技术为教学手段，在互联网上建立教学平台作为传播媒介，综合运用图像、文字、音视频来传递教学信息的教育模式。① 其突破了传统教育的时间和空间限制，教学活动固定在网络虚拟课堂上进行，以网络资源共享为主要优势和发展目的。这种情况下，传统版权制度下的合理使用中的课堂免责是否能够延伸至远程教育中，成为数字网络环境下版权限制领域出现的新问题。

我国《著作权法》第 24 条第 6 项规定："为学校课堂教学或者科学研究，翻译、改编、汇编、播放或者少量复制已经发表的作品，供教学或者科研人员使用，但不得出版发行。"这一"合理使用"的规定通常适用于"面对面"的传统教学模式，并未推至远程教育中。考虑到《著作权法》确定的作品范畴之内的远程教育资源与传统作品相比具有显著的差异性，如数量上的海量化特征、种类繁多，除了文本信息外，还包括大量的非文本信息，如图像、音频、视频、软件、数据库等，呈现出多类型、多媒体、跨地区、跨语种的特点，若仍然沿用传统版权制度下较为宽泛的课堂教学合理使用规则，很容易造成权利人与公众之间的利益失衡，因此，我国《信息网络传播权保护条例》第 6 条第 3 项规定，"为学校课堂教学或者科学研究，向少数教学、科研人员提供少量已经发表的作品"，可以不经著作权人许可，不向其支付报酬。该规定看似延续

① 李力. 现代远程教育论［M］. 广州：南方日报出版社，2006：5.

了《著作权法》第 24 条第 6 项中的相关内容，但其实质是对有条件的合理使用规则进行了转变，如作品的提供对象限定在"少数教学、科研人员"，发生此转变的目的在于避免作品大规模传播所带来的"市场替代效应"，保护权利人的经济利益。① 但该规定并没有为网络远程教育中教师借助大量外部素材制作课件供学员阅读、下载的行为提供合法性依据，而是在《信息网络传播权保护条例》中另作规定，将远程教育课件的制作和传播行为作为法定许可加以限制，对此，后文将会详细阐述。

4. 新闻报道、时事性文章与合理使用

"新闻"特指通过报纸、期刊、广播电台、电视台等媒体报道的单纯事实消息，不属于著作权法的保护范围；"时事性文章"是指在单纯的政治、经济、宗教时事事件的基础上，结合自身的看法所做的进一步文字报道，其与不受著作权法保护的事实消息不同，是作者主观能动地运用其智慧创作而成的、具有一定独立表现形式的文字作品，属于可版权客体。② 我国《著作权法》明确规定了有关"新闻报道"与"时事性文章"两种新闻类文章的合理使用制度，而其余新闻作品则享有不受此种限制的著作权。

我国《著作权法》第 24 条第 3 项规定，"为报道新闻，在报纸、期刊、广播电台、电视台等媒体中不可避免地再现或者引用已经发表的作品"，可以不经著作权人许可，不向其支付报酬，但应当指明作者姓名或者名称、作品名称，并且不得影响该作品的正常使用，也不得侵犯著作权人依法享有的其他权利。在此基础上，我国《信息网络传播权保护条例》第 6 条第 2 项将新闻报道中的合理使用延伸至信息网络环境中。

由此可知，以报道新闻为目的所做出的已发表作品再现与适当引用符合著作权法意义上的合理使用规定，且此项规定同样适用于

---

① 卢潇．"避风港"抑或"紧箍咒"——网络远程教育下的著作权限制的宪法考量［J］．中国远程教育，2008（10）：29.

② 全红霞．网络环境著作权限制的新发展［M］．长春：吉林大学出版社，2010：148.

建立在计算机和互联网技术基础上、以数字化和互动性为标准，向广大民众提供个性化、多样化的各类新型新闻传播媒体。而针对数字网络环境中各种新型传播媒体利用传统媒体已发表新闻作品的行为，我国目前并没有相关法律对其著作权合理使用进行限制。因此，为了在互联网环境中更好地保护传统新闻媒体的合法权益，2000年11月17日由国务院新闻办公室、信息产业部联合发布的《互联网站从事登载新闻业务管理暂行规定》第11条规定："综合性非新闻单位网站从事登载中央新闻单位、中央国家机关各部门新闻单位以及省、自治区、直辖市直属新闻单位发布的新闻的业务，应当同上述有关新闻单位签订协议，并将协议副本报主办单位所在省、自治区、直辖市新闻办公室备案。"第12条规定："综合性非新闻单位网站登载中央新闻单位、中央国家机关各部门新闻单位以及省、自治区、直辖市直属新闻单位发布的新闻，应当注明新闻来源和日期。"该行政法规明确了新型新闻传播媒体利用传统媒体所发表新闻作品的取得原则不适用于著作权法意义上的合理使用制度，应遵循传统的授权许可使用原则，而且，此规定中并没有对简单的时事类新闻消息予以排除。

针对时事性文章的合理使用问题，我国《著作权法》第24条第4项规定，"报纸、期刊、广播电台、电视台等媒体刊登或者播放其他报纸、期刊、广播电台、电视台等媒体已经发表的关于政治、经济、宗教问题的时事性文章"，不需要征得著作权人同意，不需要支付报酬，"但著作权人声明不许刊登、播放的除外"。《信息网络传播权保护条例》第6条第7项针对网络新媒体转载时事性文章也做出了类似的规定，即"向公众提供在信息网络上已经发表的关于政治、经济问题的时事性文章"属于合理使用范畴，可以不经著作权人许可，不向其支付报酬。需要注意的是，出于公共利益对时事性文章的著作权加以限制，应当仅适用于需要保证社会公众知情权的重大问题，即"时事性文章"所依托的问题，应当在社会上已形成一定的"话题"意义，能够吸引广大社会公众的普遍关心，且文章具有很强的时效性，在此类情况下，对时事性文章的转载和传播才可被认定为"合理使用"。若文章话题不具备重大性与时效性，且满足包含著作权人独创性劳动的条件，互联网媒体进行转载时，必须经过著作权人的许可并支付相应报酬。

5. 临时复制与合理使用

欧盟早在1991年的《计算机程序保护指令》第4条第1款中就规定，"以任何方式、任何形式，对计算机程序的部分或者整体进行的永久或临时复制"都应归入版权人的复制权范围，而目前关于临时复制的讨论主要集中在网上浏览行为中版权作品自动在电脑随机存储器上"临时复制"是否合理这一问题。《世界知识产权组织版权条约》草案最初界定的复制权范围是"以任何方式或者形式，直接或者间接地对作品进行永久性或临时性的复制"，该条款虽得到欧盟和美国的支持，却因为大多数发展中国家的抵制而删除。目前，国际条约和主要国家的立法中均考虑到随着数字网络技术的发展，通过互联网获取和使用信息已经成为一种必不可少的手段，且临时复制是现有技术所无法避免的必然行为，但其并不会妨碍权利人对其作品的正常使用，也不会对版权作品的潜在市场或价值产生明显不利的影响，因此大多数国家均将临时复制行为视为合理使用。如欧盟在1999年修改颁布的《协调信息社会著作权与邻接权指令特定方面的建议》中提及："对特定的临时性复制行为应当规定有例外情形，如在使用作品的技术过程中，构成该技术过程的一部分或为该技术过程必不可少的短暂性和附带性复制，包括为便利网络传输所需的复制，以及本身并没有独立经济价值的复制，这种例外就应该包括浏览行为和缓存。"由此可知，该建议针对临时复制行为设置了一些合理使用的情形，2001年颁布的《信息社会版权指令》则将这种合理使用的排除条件表述为："有关的复制是临时的或偶然的，是某种技术过程不可分割的或基本构成部分，其唯一的目的是由作为中介的第三方在互联网上传送作品或邻接权客体，或者是为了他人能够合法地使用作品或邻接权客体。"除了欧盟之外，美国的《数字千年版权法》、日本的《著作权法》均在承认临时复制是著作权人复制权范围内权利的基础上，将缓存和浏览行为中的临时复制排除在著作权人复制权的保护范围之外，认为其构成使用人的合理使用行为。

二、数字版权中的法定许可制度

法定许可是相对于授权许可而言的,是指根据法律的直接规定以特定的方式直接使用已发表的作品,可以不经著作权人的许可,但应按照规定向著作权人支付报酬,指明作者姓名或者名称、作品名称,并且不得侵犯著作权人依法享有的其他权利的制度。其实质在于将著作权中的某些权利从一种绝对权降格为一种获得合理使用费的权利。① 相较于合理使用制度而言,法定许可表现为权利人行使其经济权利的一种简化方式,并未完全割断权利人与其作品间的经济关联,其目的在于方便经营。目前,我国《著作权法》第25条、第35条、第42条、第46条已确立的法定许可包括教科书法定许可、报刊转载法定许可、制作录音制品法定许可、播放已发表作品的法定许可。但传统环境下的法定许可制度是否适用于数字网络环境,仍是一个富有争议的问题,有学者指出《著作权法》规定的现行法定许可制度只应限制在传统情形下使用,而不能照搬至数字网络环境中,有关数字版权的法定许可设置应当比传统情形更为慎重。如果其范围过宽,权利人会面临全球范围内不计其数却又难以察觉的侵权行为。② 亦有学者认为,在数字网络环境下的作品传播领域建立法定许可制度有其必要性和可行性,且法定许可制度自动授权但需付费的特点将在数字版权的保护中得到更好的发挥。③

(一) 著作权法中有关法定许可的相关规定

法定许可作为各国版权法普遍推行的制度,虽然存在规定不一的现象,但所涉及的权利项目基本表现为表演权、录制权、广播

① 韦之. 著作权法原理 [M]. 北京:北京大学出版社,1998:79.

② 张离. 网络环境下著作权的合理使用与法定许可 [J]. 西南政法大学学报,2003(2):114-118.

③ 丛立先. 论网络版权中的法定许可 [J]. 辽宁大学学报(哲学社会科学版),2006(6):115-120.

权、汇编权等，只是在使用作品的范围上有所差别。

目前，我国《著作权法》中规定了四种法定许可情形：

（1）编写教科书法定许可，即"为实施义务教育和国家教育规划而编写出版教科书，可以不经著作权人许可，在教科书中汇编已经发表的作品片段或者短小的文字作品、音乐作品或者单幅的美术作品、摄影作品、图形作品，但应当按照规定向著作权人支付报酬，指明作者姓名或者名称、作品名称，并且不得侵犯著作权人依法享有的其他权利"。

（2）报刊转载法定许可，即"作品刊登后，除著作权人声明不得转载、摘编的外，其他报刊可以转载或者作为文摘、资料刊登，但应当按照规定向著作权人支付报酬"。

（3）制作录音制品法定许可，即"录音制作者使用他人已经合法录制为录音制品的音乐作品制作录音制品，可以不经著作权人许可，但应当按照规定支付报酬；著作权人声明不许使用的不得使用"。

（4）播放已发表作品的法定许可，即"广播电台、电视台播放他人已发表的作品，可以不经著作权人许可，但应当按照规定支付报酬"。此外，我国《著作权法》第45条规定："将录音制品用于有线或者无线公开传播，或者通过传送声音的技术设备向公众公开播送的，应当向录音制作者支付报酬。"

较之其他国家版权法中规定的法定许可，我国设定内容是比较多的，并在2020年最新修订的《著作权法》中确认了对法定许可制度的诸多完善，如在教科书法定许可中增加了图形作品，且对使用人使用作品的条件做出了更加明确、严格的规定以保障著作权人获得报酬权等相关权利的落实。

（二）我国数字版权法定许可的相关规定

就目前而言，我国《信息网络传播权保护条例》在第8条、第9条中详细规定了网络环境下的法定许可制度，目的在于通过特别法的规定排除《著作权法》对法定许可的一般规定，指明有关数字版权的法定许可不能照搬照抄传统领域的相关规定。具体包括制作和提供课件的法定许可，以及通过网络向农村提供特定作品的法定许可。

1. 制作和提供课件的法定许可

《信息网络传播权保护条例》第 8 条规定："为通过信息网络实施九年制义务教育或者国家教育规划，可以不经著作权人许可，使用其已经发表作品的片断或者短小的文字作品、音乐作品或者单幅的美术作品、摄影作品制作课件，由制作课件或者依法取得课件的远程教育机构通过信息网络向注册学生提供，但应当向著作权人支付报酬。"此项法定许可规定可看作著作权法中有关制作教科书法定许可在网络环境下的延伸，其目的在于解决远程教育中的著作权权利问题。

2. 通过网络向农村提供特定作品的法定许可

《信息网络传播权保护条例》第 9 条规定："为扶助贫困，通过信息网络向农村地区的公众免费提供中国公民、法人或者其他组织已经发表的种植养殖、防病治病、防灾减灾等与扶助贫困有关的作品和适应基本文化需求的作品，网络服务提供者应当在提供前公告拟提供的作品及其作者、拟支付报酬的标准。自公告之日起 30 日内，著作权人不同意提供的，网络服务提供者不得提供其作品；自公告之日起满 30 日，著作权人没有异议的，网络服务提供者可以提供其作品，并按照公告的标准向著作权人支付报酬。网络服务提供者提供著作权人的作品后，著作权人不同意提供的，网络服务提供者应当立即删除著作权人的作品，并按照公告的标准向著作权人支付提供作品期间的报酬。依照前款规定提供作品的，不得直接或者间接获得经济利益。"相比于其他法定许可规定，此项规定允许著作权人通过"声明不许使用"的方式拒绝他人对作品的使用，实际上确立了一种类型化的默示许可机制，即"作品一经创作完成且公之于众之后，只要作者事先未申明拒绝对作品的利用或者是经合理的公示催告后，作者未明确表示不允许对作品进行利用，就推定作者认可了他人的使用，作为一种补偿，使用人应向作者支付报酬的制度"①。其本质是一种在著作权人与作品的传播者之间没有明确合同关系时决定当事人是否享有权利的补充机制。

第四节 侵犯数字版权的行为及法律责任

针对数字版权的保护主要有立法、执法和司法保护等，立法保护是有效开展司法保护和执法保护的基础，而司法保护是将立法保护落到实处的关键所在。《国家知识产权战略纲要》中将"加强司法保护体系建设""发挥司法保护知识产权的主导作用"纳入国家知识产权战略重点。数字网络环境下的侵权问题最为多样复杂，新的信息传播技术、新的商业模式不断引发新的版权纠纷，并呈现出侵权对象的无形性、侵权主体的集体性以及侵权目的的非营利性等特征。侵权对象从最初的传统作品著作权人遭到数字化形式侵权，发展到复杂的、以交互式流媒体和非交互式流媒体为对象的复合式网络传播侵权，搜索引擎、深层链接、视频分享网站、P2P软件平台等使用作品的侵权问题日益突出。因此，探讨数字网络环境下的侵权问题，必须结合本国的立法规定和实践惯例明确何为侵犯数字版权的行为，以及不同情况下需要承担的具体法律责任。

一、数字版权侵权行为界定

对于侵权行为的一般界定是从强调侵权行为的过错性出发，即"侵权行为就是行为人侵害法律所确认保护的他人合法权益的行为，有直接侵权和间接侵权之分"②。数字版权侵权就是指未经数字作品版权人的许可，从事法律授权版权人所控制、限制或禁止的相关活动。数字网络环境下的侵权行为不仅针对侵权行为人，也会

---

① 黄汇. 版权法上公共领域的衰落与兴起 [J]. 现代法学，2010 (4)：37.

② 王利明. 侵权行为概念研究 [J]. 中国人民大学书报资料中心. 民商法学，2003 (9)：91.

涉及那些使侵权行为成为可能或者扩展侵权后果的技术设备或服务提供者。因此，考虑到数字版权侵权的特殊性，区分"直接侵权"与"间接侵权"具有特别重要的意义。实际法律术语应用中，我国《著作权法》和《信息网络传播权保护条例》中只有"著作权侵权"和"共同侵权"的概念，并没有出现著作权"直接侵权"和"间接侵权"的提法，但其在最新颁布的《中华人民共和国民法典》相关条文中得到了确认，如第七编"侵权责任"第 1169 条规定："教唆、帮助他人实施侵权行为的，应当与行为人承担连带责任。"此外，作品数字版权"直接侵权"与"间接侵权"的区分在司法实践中也得到了认可。

数字版权直接侵权行为是一种直接非法行使权利人的权利或妨碍他们行使这一权利的行为，侵权人的行为直接涉及作品，主要包括侵犯权利人精神权利和未经授权的上载、下载或者转载等侵犯权利人财产权的行为。数字版权间接侵权的相关提法来源于英美法系国家，所谓间接侵权是指行为人本身并没有从事直接侵犯作品数字版权的行为，但却教唆、帮助、促成他人实施侵权的行为，或者使他人直接侵权的后果得以延伸或扩大的侵权行为。在大陆法系国家，对于数字网络环境下发生的侵权行为，网络服务提供者若没有履行相关的注意义务，则对网络用户利用网络服务而实施的侵权行为承担间接责任。

二、数字版权侵权行为的表现形式

我国《著作权法》第 52、53 条列举的 19 种版权侵权行为多可延续至对侵犯作品数字版权的相关行为描述中，但数字网络环境中版权侵权行为亦有其独特的表现形式，需要加以特别规定。

（一）常见著作权侵权行为在数字网络环境中的延伸

一般来讲，数字版权侵权行为的表现形式大致可分为"非法上载""在线非法行为"和"非法下载"三类。"非法上载"是指擅自将权利人尚未公开发表的作品或者在传统媒体上已经发表的作品上载至数字网络环境中；"在线非法行为"是指对权利人发表在数字网络环境中的相关作品进行在线非法使用;"非法下载"是指将权利人发表在数字网络环境中的相关作品擅自下载并进行非法使用。结合已有的著作权侵权行为规定,我们可知有以下几种常见的数字版权侵权表现形式:

(1)通过信息网络以数字化形式擅自向公众提供他人作品、表演、录音录像制品的,即未经权利人许可,擅自以"非法上载""在线非法行为"等形式对版权作品进行披露或公开。

(2)未经合作作者许可,将与他人合作创作的作品当作自己单独创作的作品进行公开发表。

(3)未参加创作,以谋取名利为目的在他人作品上署名,并将他人作品以数字化形式或将他人的数字原创作品以自己的名义予以公开。

(4)歪曲、篡改他人已经上传至数字网络空间的相关作品。

(5)剽窃他人作品。

(6)未经许可,擅自以展览、摄制视听作品的方法使用作品,或者以改编、翻译、注释等方式使用作品,并将作品以数字化的形式用于在线或线下传播;或者未经著作权人许可,复制、发行、表演、放映、广播、汇编、通过信息网络传播其作品的,另有规定的除外。

(7)将他人作品在数字网络环境中进行传播,未指明权利人姓名,或未按规定支付报酬。

(8)未经视听作品、计算机软件、录音录像制品的著作权人、表演者或者录音录像制作者许可,复制、发行其作品,并将作品通过信息网络向公众进行传播的。

(9)超出合理使用、法定许可的规定范围,或者未按照公告的标准支付报酬,或者在权利人不同意提供其作品时未立即删除的,或者未依照相关规定采取措施防止服务对象以外的人获取作品,或者未防止服务对象的复制行为对权利人利益造成实质性损害的行为。

(10)制作、销售假冒他人署名作品的行为。

（二）数字版权侵权行为的特殊表现形式

数字版权侵权行为的特殊表现形式主要包括规避或破坏保护作品版权的技术措施、破坏作品的权利管理信息两项，具体描述如下。

1. 规避或破坏保护作品版权的技术措施

《著作权法》第 53 条第 6 项规定，"未经著作权人或者与著作权有关的权利人许可，故意避开或者破坏技术措施的，故意制造、进口或者向他人提供主要用于避开、破坏技术措施的装置或者部件的，或者故意为他人避开或者破坏技术措施提供技术服务的"属于侵权行为，"法律、行政法规另有规定的除外"。从各国立法实践来看，技术措施一般分为控制访问的技术措施和控制作品使用的技术措施，如用户名口令和身份验证技术、防火墙技术、数字水印技术、加密技术等。我国《著作权法》对"技术措施"的表述为："权利人为其作品、录音录像制品等采取的保护著作权或者与著作权有关的权利的技术措施。"在此基础上，《信息网络传播权保护条例》进一步将其解释为："用于防止、限制未经权利人许可浏览、欣赏作品、表演、录音录像制品的或者通过信息网络向公众提供作品、表演、录音录像制品的有效技术、装置或者部件。"且《信息网络传播权保护条例》第 4 条对于技术措施的保护作出明确规定，即："为了保护信息网络传播权，权利人可以采取技术措施。任何组织和个人不得故意避开或者破坏技术措施，不得故意制造、进口或者向公众提供主要用于避开或者破坏技术措施的装置或者部件，不得故意为他人避开或者破坏技术措施提供技术服务，但是，法律、行政法规规定可以避开的除外。"

上述规定提及的"例外"一般是指对技术措施法律保护进行的合理限制，《著作权法》第 50 条规定，属于下列情形的可以避开技术措施，但不得向他人提供避开技术措施的技术、装置或者部件，不得侵犯权利人依法享有的其他权利：

（1）为学校课堂教学或者科学研究，提供少量已经发表的作品，供教学或者科研人员使用，而该作品无法通过正常途径获取；

（2）不以营利为目的，以阅读障碍者能够感知的无障碍方式向其提供已经发表的作品，而该作品无法通过正常途径获取；

（3）国家机关依照行政、监察、司法程序执行公务；

（4）对计算机及其系统或者网络的安全性能进行测试；

（5）进行加密研究或者计算机软件反向工程研究。

同时，《信息网络传播权保护条例》第 12 条中对于作品信息网络传播权保护中的技术规避例外也作出了类似规定，如：

（1）为学校课堂教学或者科学研究，通过信息网络向少数教学、科研人员提供已经发表的作品、表演、录音录像制品，而该作品、表演、录音录像制品只能通过信息网络获取；

（2）不以营利为目的，通过信息网络以盲人能够感知的独特方式向盲人提供已经发表的文字作品，而该作品只能通过信息网络获取；

（3）国家机关依照行政、司法程序执行公务；

（4）在信息网络上对计算机及其系统或者网络的安全性能进行测试。

2. 破坏作品的权利管理电子信息

WCT 中对权利管理电子信息的定义为："识别作品、作品的作者、对作品拥有任何权利的所有人的信息，或有关作品使用的条款和条件的信息，以及代表此种信息的任何数字或代码，各该项信息均附于作品的每件复制品上或在作品向公众进行传播时出现。"在数字网络环境中，数字化形式的权利管理信息易于删除、篡改和伪造，因此为了保障权利人著作财产权在数字环境中的正常行使，我国《著作权法》第 53 条第 7 项规定"未经著作权人或者与著作权有关的权利人许可，故意删除或者改变作品、版式设计、表演、录音录像制品或者广播、电视上的权利管理信息的，知道或者应当知道作品、版式设计、表演、录音录像制品或者广播、电视上的权利管理信息未经许可被删除或者改变，仍然向公众提供的"属于侵权行为，"法律、行政法规另有规定的除外"。《信息网络传播权保护条例》第 5 条规定，未经权利人许可，任何组织或者个人不得"故意删除或者改变通过信息网络向公众提供的作品、表演、录音录像制品的权利管理电子信息，但由于技术上的原因无法避免删除或者改变的除外”，不得“通过信息网络向公众提供明知或者应知未经权利人许可被删除或者改变权利管理电子信息的作品、表演、录音录像制品”。与美国、日本等国家不同，目前我国相关法律并没有出现对权利管理电子信息保护的限制性条款，仅在《著作权法》第51条第1项中将“由于技术上的原因无法避免”作为此类侵权认定时可进行量情处理的限制性条件。

三、侵犯数字版权行为的法律责任

技术措施等私力救济并不能代替法律的直接保护，就数字版权制度的完整性而言，当权利人的合法权益遭到侵害时，必须通过确认侵权者的法律责任为权利人提供一定的法律救济。从现有的法律规定来看，侵权行为的法律责任承担一般包含民事责任、行政责任以及刑事法律责任三种类型，此种责任类型的划分依然可以延伸至信息网络环境中侵犯数字版权的责任承担中。

（一）民事责任

民事责任是民事法律责任的简称，是指民事主体在民事活动中因实施了民事违法行为，根据《民法典》所应承担的对其不利的民事法律后果或者基于法律特别规定而应承担的民事法律责任。其本质是一种民事救济手段，旨在使受害人被侵犯的权益得以恢复。最高人民法院公布的《关于审理涉及计算机网络著作权纠纷案件适用法律若干问题的解释》中规定，数字网络环境下侵犯著作权应当承担的民事法律责任仍然适用《民法典》《著作权法》等相关法律关于民事法律责任的相关规定。民事责任的主要形式包括：（1）停止侵害，即义务人有责任删除被控侵权的数字版权作品，可以采取的具体方式包括采取移除、删节或其他措施，停止提供有关的接入服务，终止有关网络用户账号等；（2）消除影响，即义务人对权利人提出的有效警告予以及时处理，移除涉嫌侵权作品，以免侵权后果的扩大；（3）赔礼道歉，义务人就自己的侵权行为向受侵害人道歉；（4）赔偿损失，即以权利人因侵权行为所受实际损失、侵权人所得利益或者法定赔偿金额为依据对受害人进行损失赔偿。若权利人的实际损失或者侵权人违法所得难以计算的，可以参照该权利使用费给予赔偿，对故意侵犯著作权或者与著作权有关的权利，情节严重的，可以参照上述方法确定数额的 1 倍以上 5 倍以下给予赔偿。若权利使用费亦难以计算，可由人民法院根据侵权行为的情节，判决给予 500 元以上 500 万元以下的赔偿。其中，赔偿数额还应当包括权利人为制止侵权行为所支付的合理开支。在此过程中，人民法院为确定赔偿数额，在权利人已经尽了必要举证责任，而与侵权行为相关的账簿、资料等主要由侵权人掌握的，可以责令侵权人提供与侵权行为相关的账簿、资料等，侵权人不提供，或者提供虚假的账簿、资料等的，人民法院可以参考权利人的主张和提供的证据确定赔偿数额。

（二）行政责任

行政责任是指国家主管著作权的部门依法对版权侵权人所给予的行政处罚。根据《著作权法》第 53 条、《著作权行政处罚实施办法》第 4 条规定，著作权主管部门可以采取的行政处罚措施包括：予以警告；责令停止；没收违法所得；没收、无害化销毁处理侵权复制品以及主要用于制作侵权复制品的材料、工具、设备等；罚款。其中，罚款是对侵权人经济上的惩罚，有《著作权法》第 52 条、第 53 条，《信息网络传播权保护条例》第 18 条、第 19 条所列侵权行为的，同时损害社会公共利益，违法经营额 5 万元以上的，著作权主管部门可并处违法经营额 1 倍以上 5 倍以下的罚款；没有违法经营额或者违法经营额不足 5 万元的，著作权主管部门根据情节轻重，可以并处 25 万元以下的罚款。此外，著作权主管部门对涉嫌侵犯著作权和与著作权有关的权利的行为进行查处时，可以询问有关当事人，调查与涉嫌违法行为有关的情况，对当事人涉嫌违法行为的场所和物品实施现场检查，查阅、复制与涉嫌违法行为有关的合同、发票、账簿以及其他有关资料，对于涉嫌违法行为的场所和物品，可以查封或者扣押。主管著作权的部门依法行使前款规定的职权时，当事人应当予以协助、配合，不得拒绝、阻挠。

（三）刑事责任

侵犯著作权及相关权利的行为，除了应该承担民事责任和行政责任以外，情节严重构成犯罪的，还应当受到刑事制裁。版权并不是单纯的民事权利，严重的侵权行为不仅会损害权利人的利益，同时还会损害公众利益和国家利益，对社会造成危害。《中华人民共和国刑法》第217条规定，以营利为目的，有下列侵犯著作权或者与著作权有关的权利的情形之一，违法所得数额较大或者有其他严重情节的，处三年以下有期徒刑，并处或者单处罚金；违法所得数额巨大或者有其他特别严重情节的，处三年以上十年以下有期徒刑，并处罚金：

（1）未经著作权人许可，复制发行、通过信息网络向公众传播其文字作品、音乐、美术、视听作品、计算机软件及法律、行政法规规定的其他作品的；

（2）出版他人享有专有出版权的图书的；

（3）未经录音录像制作者许可，复制发行、通过信息网络向公众传播其制作的录音录像的；

（4）未经表演者许可，复制发行录有其表演的录音录像制品，或者通过信息网络向公众传播其表演的；

（5）制作、出售假冒他人署名的美术作品的；

（6）未经著作权人或者与著作权有关的权利人许可，故意避开或者破坏权利人为其作品、录音录像制品等采取的保护著作权或者与著作权有关的权利的技术措施的。

与此同时，《中华人民共和国刑法》第218条规定，以营利为目的，销售明知是本法第217条规定的侵权复制品，违法所得数额巨大或者有其他严重情节的，处五年以下有期徒刑，并处或者单处罚金。

此后，《最高人民法院、最高人民检察院关于办理侵犯知识产权刑事案件具体应用法律若干问题的解释》中将通过数字网络环境向公众提供数字作品的行为视为《刑法》第217条所指的"复制行为"，进而将刑事处罚延伸至数字版权侵权责任承担中。

第六章　数字出版政策

产业的发展离不开政策的指导与规范。20世纪80年代末，我国开始推行产业政策，历经多年，产业政策已广泛地存在于众多领域中，成为构建良好产业发展环境、引导产业健康发展的重要手段。数字出版是出版和技术结合所催生的新型业态，这些年来表现出了强劲的发展势头和巨大的产业潜力。根据中国新闻出版研究院历年发布的我国数字出版产业年度报告来看，自2006年开始统计以来，数字出版产业已经连续10年保持30%以上的发展速度。在这背后，国家出台的一系列数字出版政策对数字出版产业发展所起的推动作用是不容忽视的，它和数字出版法律法规、数字出版标准一起为数字出版产业的发展保驾护航。

第一节　数字出版政策概述

作为战略性新兴产业，数字出版已经成为意识形态传播的主要阵地和新闻出版产业发展的重要方向。在数字出版发展的过程中，国家予以了高度重视和大力支持，制定了一系列数字出版政策，以促进其健康有序发展。本节主要介绍数字出版政策的概念、发展历程、制定原则、目标和功能。

一、数字出版政策的概念

政策是国家或执政党为实现一定历史时期的路线或任务而制定的行动准则。数字出版政策，是国家根据需要制定的有关发展和管理数字出版产业的方针、原则、措施和行为准则，它是调整数字出版活动并借以指导、推动整个出版事业发展的行动指南，是国家对数字出版活动进行宏观管理的重要手段。通常情况下，数字出版政策通过行政途径下达，以决定、通知、意见、纲要、规划等形式出现，对一定范围的人或机构具有一定的调节能力，其基本功能是指导和协调。①

二、我国数字出版政策的发展历程

20世纪90年代以来，我国出版业一直进行着数字化变革，经历了电子出版、网络出版等不同阶段，但明确以"数字出版"来概括这次出版业的变革，是2005年的事，其标志是"首届中国数字出版博览会"的召开。② 2005年以前，针对电子出版、网络出版，新闻出版署颁布了《关于加强电子出版物管理的通知》（1994）、《关于对出版物使用互联网信息加强管理的通知》（2001）、《关于落实国务院归口审批电子和互联网游戏出版物决定的通知》（2004）等相关政策。其中，最具代表性和历史意义的是《关于加强电子出版物管理的通知》，这是我国首个针对出版业数字化变革而制定的政策。该通知所称电子出版物，系指以数字代码方式将图文声像等信息存储在磁、光、电介质上，通过计算机或类似设备阅读使用，并可复制发行的大众传播媒体。该通知同时指出新闻出版署是主管电子出版业的归口管理部门，负责制定电子出版业的发展规划、行业标准并指导实施，审批电子出版单位，管理电子出版物的进出口工作。这则通知的颁布标志着政府已经开始关注电子出版业的发展，对促进产业繁荣发展具有重要意义。总体来说，2005年以前有关电子出版、网络出版的政策数量较少，且多侧重于管理。

2005年，在"首届中国数字出版博览会"新闻发布会上，作为主管部门的新闻出版总署表示，"希望通过本次博览会，相关政

---

① 黄先蓉.中外数字出版法律制度研究［M］.武汉：武汉大学出版社，2017：70-71.

② 郝振省.2005—2006中国数字出版产业年度报告［M］.北京：中国书籍出版社，2007：3.

策的决策者也能深入了解企业需求，并与企业、专家一起探寻解决中国数字出版产业面临问题的有效途径，为制定相关法律法规寻求依据"①。这意味着数字出版这一新兴业态的发展势头引起了政府部门的重视。此后，我国数字出版政策不断跟进，同时，新闻出版总署也增设科技与数字出版司，以加强服务与管理，促进产业发展壮大，引导其走上健康、可持续的发展道路。2006 年的《国民经济和社会发展第十一个五年规划纲要》是首个明确提出要发展数字出版的国家五年规划纲要。之后，国务院颁布的《文化产业振兴规划》和新闻出版总署印发的《关于进一步推动新闻出版产业发展的指导意见》都将数字出版纳入重要扶持领域。2010 年，《关于加快我国数字出版产业发展的若干意见》出台，明确了数字出版产业发展的主要任务和总体目标，以及具体的保障措施。此外，在促进数字出版各行业的发展、加强数字出版技术研发等方面也提供了政策保障，如《关于推动我国动漫产业发展的若干意见》《关于网络音乐发展和管理的若干意见》《国家中长期科学和技术发展规划纲要（2006—2020 年）》等。

"十一五"时期，我国数字出版产业取得了长足的进步，呈现出良好的发展态势，这离不开数字出版政策为其营造的利于发展的产业外部环境。随着数字出版向纵深发展，我国数字出版政策与时俱进，以更好地适应、更快地推动数字出版产业的发展。自 2011 年起，《数字出版"十二五"时期发展规划》《国家"十二五"时期文化改革发展规划纲要》《关于促进信息消费扩大内需的若干意见》《关于推动新闻出版业数字化转型升级的指导意见》《关于推动传统出版和新兴出版融合发展的指导意见》《"十三五"国家战略新兴产业发展规划》《关于推动数字文化产业创新发展的指导意见》等相继发布，对数字出版业发展提出了明确要求，旨在壮大数字出版这一新兴产业，实现我国向新闻出版强国迈进的重要任

----

① 构建互联平台：记首届中国数字出版博览会新闻发布会［EB/OL］. 人民网［2018-10-20］. http：//it. people. com. cn/GB/8219/50411/50436/3519576. html.

务，并推动经济社会持续健康发展。处于成长中的数字出版政策，数量日益增多，体系不断完善，保障更加有力，涵盖数字版权保护、数字出版人才培养、数字出版经济扶持、数字出版技术装备优化升级、数字出版"走出去"等多方面内容，在促进新闻出版业数字化转型升级、推动传统出版与新兴出版融合发展、增强我国数字出版国际竞争力上发挥着重要作用。

三、数字出版政策的制定原则

数字出版政策的制定同其他政策的制定一样，都离不开一定的基本准则或原则作指导。数字出版政策制定的基本原则是指在数字出版政策的制定工作中应当遵循的指导思想和方针，它是国家立法原则在数字出版活动领域的具体体现，反映了数字出版政策制定工作的一般规律，在数字出版政策的制定过程中起着主导作用，其准确性和客观性可以决定各项具体数字出版政策的有效性和科学性。

在数字出版政策的制定和实施中，为了保证有效开发和合理利用数字出版资源，促进数字出版事业的发展，必须坚持效益原则、吸收借鉴原则、分工协调原则、立足现实与长远发展相结合的原则，以便形成高质量、高效率的数字出版政策体系，促进数字出版事业的发展。①

（一）效益原则

效益原则既是数字出版政策制定的目的性原则，也是对其进行评价的评价原则。作为目的性原则，是指政策的制定者在制定政策时应当考虑政策制定的效益，制定相应的政策内容时均应从有利于实现该政策的效益出发。针对数字出版产业的实际，在制定数字出版政策时也应考虑其效益，否则这种制定政策的工作便是无益的，这种制定工作再多，也不能标志数字出版政策体系的完备。效益原则也表明数字出版政策的制定应当充分考虑如何通过政策手段发挥

---

① 该内容部分来自作者论文，具体参见：黄先蓉. 论出版政策与法规的制定原则 [J]. 编辑之友，2003（1）：40-43.

数字出版资源或数字出版技术本身的效益。

（二）吸收借鉴原则

包括数字出版政策在内的一切政策的制定工作，都离不开正确理论的指导，离不开对古今中外有益经验的吸收、借鉴。这一原则意味着在数字出版政策的制定过程中，既应吸收数字出版政策制定方面的直接经验，也应吸收其他政策实践方面的经验；既应吸收现代的经验，也应吸收过去的经验；既要吸收本国的经验，也要吸收外国的经验。虽然不同国家的数字出版政策受本国国情的限制，具有适应本国国情的个性，但在反映数字出版活动本身的特有规律方面是具有共性的，因此，在数字出版政策的制定中可以相互借鉴。当然，由于各国国情，特别是在文化传统、意识形态等方面存在较大的差异，不能全盘照搬。

（三）分工协调原则

数字出版政策是国家对数字出版活动进行宏观管理的重要手段。数字出版政策有不同的类型，可划分为国家数字出版政策、地方数字出版政策，也可划分为数字出版宏观指导政策、数字出版专门性政策。不同类型的数字出版政策在调节对象、内容、方式等方面具有不同特点，因此，在制定具体的数字出版政策时，应该注意调整范围和重点问题的分工。同时，数字出版政策的类型分化和功能分工必须保持总体的协调一致性，也就是各种数字出版政策之间不能互相矛盾，即在数字出版管理总体目标约束下，形成目标一致、分工协调的科学完善的数字出版政策体系。此外，在制定数字出版政策时，应注意不同类型的数字出版政策与现行社会有关法律法规的协调一致，如果出现冲突，则应及时修改调整。

（四）立足现实与长远发展相结合的原则

立足现实是指数字出版政策的制定和实施要立足于一个国家的国情，要与国家社会发展总体目标保持一致，与国家政治、经济、文化、教育、科技等各方面状况相适应。长远发展则是从辩证的角度来看问题。一方面，数字出版政策具有发展性。随着数字出版管理实践的变化，数字出版政策需要不断进行修订。如随着人工智能技术的迅速发展，人工智能创作物逐渐走进我们的生活。由机器人自主撰写运营的凤凰号"小凤百事通"，正是人工智能技术与新闻业结合的产物。而人工智能创作物的可版权性问题在一定程度上将会倒逼数字出版政策的革新。另一方面，数字出版政策应具有一定的预见性，应能适应出版业长期发展的需要。如2017年《关于推动数字文化产业创新发展的指导意见》中指出，为顺应新一轮科技革命和产业变革趋势，要超前布局前沿领域，推动智能制造、智能语音、3D打印、机器人等技术和装备在数字文化产业领域的应用。这就要求数字出版政策应尽可能避免"危机管理"，保持一定的稳定性而不致朝令夕改。

在制定数字出版政策时，应坚持立足现实与长远发展相结合的原则，制定出管理功能不断强化的数字出版政策体系，更好地促进数字出版事业的发展。这里应该注意的是：（1）在确定数字出版管理的总体目标和具体目标时，必须以社会发展总体目标为基础，明确为人民服务、为社会主义服务的基本思想；（2）实现数字出版管理各项目标的具体步骤、策略和手段应立足于本国国情，在现有数字出版管理水平基础上制定出积极、稳妥的国家数字出版政策体系；（3）以发展的眼光来看待数字出版政策，一方面对于数字出版发展中出现的新问题及时予以解决，另一方面对在管理实践中发现的有遗漏、疏忽的地方和错误、欠妥的地方及时进行相应的修订；（4）应从适应出版业长期发展的需要出发，制定出有预见性的数字出版政策，使数字出版政策在保证其针对性、有效性的基础上具有长期发展的适应能力。

四、数字出版政策的目标

数字出版政策的目标是在调整数字出版活动中的社会关系时所追求的理想目标，它是数字出版政策中最基本的要素，并且处于核心地位，数字出版政策的制定、执行和评估都是以其为导向、动力和标尺的。具体而言，应包括推动数字出版"走出去"、建设数字出版强国、维护国家文化安全三个方面。

（一）推动数字出版"走出去"

2006年，新闻出版总署发布《新闻出版业"十一五"发展规划》，明确指出要积极实施"中国新闻出版业走出去"战略，以国际汉文化圈和西方主流文化市场为重点，大力推进出版物走出去、版权走出去、新闻出版业务走出去和资本走出去，努力提高中国出版的国际竞争力和中国文化的国际影响力。2017年，文化部颁布的《"十三五"时期文化产业发展规划》明确指出"坚持开放发展，深度融入国际分工合作……提升我国文化产业国际竞争力，构建互利共赢的文化产业国际交流合作新格局"。数字出版作为文化与技术融合所催生的新业态，是文化产业的重要组成部分。推动数字出版"走出去"，是推动文化走出去的重要一环，有利于充分利用国际国内两个市场，最大限度地解放和发展文化生产力。因此，在制定数字出版政策时，应以"推动数字出版走出去"为着力点，一方面，为公益性文化单位和经营性文化企业提供良好的创作环境，激发起创作热情，创造出具有中国符号的数字出版精品，在世界文化舞台上发出中国声音，讲好中国故事，增强中华文化的穿透力；另一方面，为文化企业参与国际合作搭建平台和渠道，主动适应文化全球化，通过"一带一路"等倡议，推动数字出版产品和服务走出去，扭转我国文化贸易逆差的劣势，巩固自身文化地位。

（二）建设数字出版强国

进入21世纪以来，我国数字出版产业以井喷式的速度发展，年收入规模保持强劲的增长势头。据中国新闻出版研究院发布的《2017—2018中国数字出版产业年度报告》显示，2017年我国数字出版产业整体收入规模为7071.93亿元。① 另据国外数据统计互联网公司Statista发布的2016年全球数字出版领域（仅包括电子

---

① 张立. 2017—2018中国数字出版产业年度报告［M］. 北京：中国书籍出版社，2018：17.

书、数字期刊、数字报纸三类）报告显示，2016年全球数字出版市场规模达153亿美元，其中79.7%的市场由美国、欧洲和中国占有。① 直观的数据可以反映我国数字出版产业在国内与国际均取得了令人满意的成绩。然而将位列前三的美国、欧洲、中国进行比较可以发现，美国2016年数字出版收入达72亿美元，欧洲的这一数据为36亿美元。虽然中国的用户数是美国和欧洲用户数的两倍，但数字出版市场规模却是最小的，2016年中国数字出版收入仅为14亿美元。

目前，我国正积极从一个数字出版大国向数字出版强国转变。而"强"与"大"的显著区别在于，"强"意味着数字出版物的质量更加上乘，数字出版物的传播力和影响力进一步彰显。数字出版政策作为国家指导、协调数字出版活动的行动指南，有必要以建设数字出版强国作为其目标，通过一系列激励措施加大对数字出版物生产的引导力度，鼓励数字出版物生产者创造口碑效益双丰收的精品力作，引导、推动我国数字出版业的发展，提升我国数字出版业在国际上的影响力和竞争力。同时，数字出版产业是文化产业的重要组成部分。建设数字出版强国对于坚定文化自信、建设社会主义文化强国也具有重大意义，可以不断提升我国在国际上的文化话语权，抢占国际文化竞争制高点。

（三）维护国家文化安全

当今世界，文化的作用日益凸显，越来越成为民族凝聚力和创造力的重要源泉，文化除了为经济社会发展提供支撑外，还成为国际政治斗争和意识形态较量的主战场，越来越多的国家把提高文化软实力作为重要的发展战略。② 在经济全球化发展的浪潮下，各国

---

① 2016全球数字出版报告［EB/OL］. 人民网［2018-10-20］. http://media. people. com. cn/n1/2016/1229/c14677-28986361. html.

② 黄先蓉. 数字环境下的出版业政府规制与制度创新［C］//数字出版与出版教育（第二届数字时代出版产业发展与人才培养国际学术研讨会论文集）. 北京：高等教育出版社，2009.

之间的市场边界逐渐被打破，促进了国际文化交流，但也为西方国家推行的文化输出战略提供了温床。此外，随着数字化技术的迅猛发展，不同思想文化和价值观念的传播速度和力度都大为加强，于无形中改变着我国公民的思维方式、生活方式乃至世界观和价值观，威胁着我国的文化主权和文化安全。出版业具有强烈的意识形态属性，与国家文化安全关系密切。因此，将维护国家文化安全作为目标，也是数字出版政策制定的题中应有之义。一方面，在制定政策时，要注重中华优秀传统文化的传承和弘扬，推动中华优秀传统文化的开发和创新，如出台系列政策肯定中华优秀传统文化的重要性，推动作者、数字出版企业从传统文化中吸取精华，创造出更多具有中华文化特色的数字出版产品；另一方面，借鉴国际上加强和维护国家文化安全的宝贵经验，如法国、加拿大等国推行的"文化例外"原则，对国外文化"走进来"进行数量和质量上的严格把关，以保障本国文化的独立性和安全性。

五、数字出版政策的功能

数字出版政策的功能，是指数字出版政策在数字出版活动管理中的功效与作用。我国数字出版产业的快速发展，离不开数字出版政策为其创造的良好的发展环境，某种程度上也是政府高度重视和制定并积极实施数字出版政策的结果。具体而言，数字出版政策在数字出版产业发展过程中发挥着引导、规范和服务三项功能。

（一）引导功能

面对数字化带来的机遇和挑战，传统出版业只有主动进行转型升级，才能实现跨越式的发展。在此过程中出现的诸如出版企业对技术应用不充分、模式不清晰等问题，需要相关政策指导其解决。我国数字出版政策通过引导传统出版业数字化转型升级，推动了数字出版产业的发展。

2006年，新闻出版总署在《新闻出版业"十一五"发展规划》中指出："要积极推动用数字技术改造传统新闻出版业的生产、管理和传播方式，建设数字出版综合业务平台，提升出版产业的整体实力和核心竞争能力。"此后,《关于进一步推进新闻出版体制改革的指导意见》《关于推动新闻出版业数字化转型升级的指导意见》《关于加快新闻出版业实验室建设的指导意见》《关于征集新闻出版业数字化转型升级软件技术服务商的通知》等均对传统出版业数字化转型工作有所引导和推动。例如,2016 年,国家新闻出版广电总局面向全国开展新闻出版业数字化转型升级软件技术服务商的征集工作,以选出优质的技术服务商去指导新闻出版企业开展技术装备配备与优化工作,顺利进行数字化转型升级。2017年,为深入推进新闻出版业数字化转型升级,财政部和国家新闻出版广电总局颁布《关于深化新闻出版业数字化转型升级工作的通知》,以引导出版企业从优化软硬件装备、开展数据共享与应用、探索知识服务模式等方面继续深化数字化转型升级工作。在政策的有效指引下,通过实践探索,很多传统出版单位已经建立起数字出版部门,培养了一批专业人才队伍,聚集了相当规模的数字内容资源,并积极推出数字内容产品,在数字化转型升级的道路上取得了较为显著的阶段性成果。如中华书局推出大型古籍数据库产品——《中华经典古籍库》,并成立主营古籍数字化研发工作的古联数字公司;中国建筑工业出版社通过书网互动,为每年报考注册建造师的考生提供在线知识服务。

(二) 规范功能

公平竞争、良好有序的市场环境对于数字出版产业的健康发展具有重要意义。数字出版政策在营造数字出版市场环境、规范数字出版市场秩序方面发挥着积极作用。

当前,我国数字版权保护仍处于矛盾和纠纷高发期,为此,政府颁布了《关于规范网络转载版权秩序的通知》《关于责令网络音乐服务商停止未经授权传播音乐作品的通知》《关于规范网盘服务版权秩序的通知》《版权工作"十三五"规划》《关于规范电子版作品登记证书的通知》等一系列政策以加强数字版权保护,加大对数字版权侵权盗版行为的打击力度,积极建立司法、行政、技术和标准相结合的版权保护体系。2018 年 7 月至 11 月,国家版权局联合工业和信息化部、公安部、国家互联网信息办公室开展了第 14 次打击网络侵权专项治理 "剑网行动"，集中整治网络转载、动漫等领域侵权盗版多发态势，重点规范知识分享、有声读物等平台版权传播秩序，深入巩固网络音乐、网络云存储空间等领域的专项整治成果，营造良好的网络版权环境。此外，市场经济具有自发性。一些企业受经济利益的驱使，不惜制作血腥、暴力、色情等低俗和违法违规内容以吸引用户，给消费者尤其是未成年人的身心健康造成了不良影响，也严重制约了数字出版产业的健康发展。为切实改进和加强数字出版内容的管理，政府颁布了《关于网络音乐发展和管理的若干意见》《关于规范利用互联网从事印刷经营活动的通知》《关于改进和加强网络游戏内容管理工作的通知》《关于移动游戏出版服务管理的通知》等一系列细分领域的数字出版政策，从严格市场准入、加强内容监管、加大执法力度等方面进一步规范数字出版市场秩序，为数字出版产业的发展营造了良好的市场环境，建立了规范的市场秩序，是数字出版产业健康发展的坚实保障。

（三）服务功能

2006 年 10 月，党的十六届六中全会通过了《中共中央关于构建社会主义和谐社会若干重大问题的决定》，该决定强调要建设服务型政府，这也是我国首次在中央文件中明确提出服务型政府建设的要求。此后，建设服务型政府成为各级政府改革的重要目标。在数字出版领域，政府也出台了一系列政策为数字出版产业的发展提供服务。首先，设立专门的数字出版管理机构，为数字出版产业发展提供更好的服务。2008 年，《新闻出版总署主要职责、内设机构和人员编制规定》增设科技与数字出版司①，主要负责制定互联网和数字出版的相关行业标准，对网络和数字出版的出版内容、出版活动实施监管，拟定互联网出版和数字出版发展规划、管理措施并

---

① 2013 年《国家新闻出版广电总局主要职责内设机构和人员编制规定》中将科技与数字出版司拆分为科技司和数字出版司两个独立部门。

组织实施等工作。2010 年，《关于加快我国数字出版产业发展的若干意见》中也要求各级新闻出版管理部门设立专职的数字出版管理部门，做好对从事数字出版内容生产、加工、复制和数字出版产品销售、进出口等活动的数字出版企业的服务工作，并且要主动加强与政府相关部门的沟通合作，争取发展和改革、财政、税务、工信、科技等职能部门对数字出版工作的支持。其次，政府出台诸如《关于继续实施支持文化企业发展若干税收政策的通知》《关于继续实施文化体制改革中经营性文化事业单位转制为企业若干税政策的通知》《关于延续动漫产业增值税政策的通知》等优惠政策，配以相关专项资金，也对数字出版产业的发展起到了很好的服务和扶持作用。

第二节　数字出版政策内容研究

根据政策内容，可将我国数字出版政策分为数字出版宏观指导性政策和数字出版专门性政策两类。本节对 2006 年以来，国务院、中宣部、国家发展和改革委员会、财政部、文化部①、科技部、新闻出版总署、新闻出版广电总局、国家版权局等部门出台的数字出版相关政策进行收集与梳理，在此基础上总结我国数字出版政策的指导思想以及政府注重数字出版人才培养、积极推动技术创新和发展、利用经济手段扶持数字出版发展等主要特征，并提出提高我国数字出版政策水平的相关建议。

一、数字出版政策的指导思想

数字出版政策的指导思想是数字出版政策的内核，是制定数字出版政策时的整体方向，是政府指导数字出版业健康发展的行动指南。我国数字出版政策以坚持为人民服务、为社会主义服务的

---

① 2018 年 3 月，第十三届全国人民代表大会第一次会议批准的国务院机构改革方案将文化部职责整合，组建中华人民共和国文化和旅游部，不再保留文化部。

"两为"方针和坚持社会效益与经济效益的统一作为指导思想。

（一）坚持"两为"方针

方针，是指引导事业或工作前进的方向和目标。"两为"方针，即为人民服务、为社会主义服务，最早出现于毛泽东主席1942年在延安文艺座谈会上发表的讲话。该讲话抓住文艺工作为什么人服务以及如何服务这一根本性问题，为当时文艺运动的发展指明了方向。《在延安文艺座谈会上的讲话》明确指出，文艺是为人民大众的，是为包括工人、农民、士兵和城市小资产阶段在内的最广大的人民大众，并且要使文艺成为整个革命机器的一个组成部分，作为团结人民、教育人民、打击敌人、消灭敌人的有力武器。历经多年发展与实践检验，"两为"方针于1982年12月4日被写进《中华人民共和国宪法》，规定"国家发展为人民服务、为社会主义服务的文学艺术事业、新闻广播电视事业、出版发行事业、图书馆博物馆文化馆和其他文化事业，开展群众性的文化活动"。1983年，中共中央、国务院颁布《关于加强出版工作的决定》，对我国出版工作的性质和指导方针做出了完整的表述："我国的出版事业，与资本主义国家的出版事业根本不同，是党领导的社会主义事业的一个组成部分，必须坚持为人民服务、为社会主义服务的根本方针。"

因为方针具有抽象性，其精神需落实到具体的政策中去，以指导事业有方向、有针对性地发展。因此作为出版事业、社会主义文化事业的一部分，数字出版政策的制定也应坚持以"两为"方针为指导思想，并将其精髓和灵魂贯穿始终。如《关于加快我国数字出版产业发展的若干意见》提出"支持和鼓励出版单位、数字化公司承担和拓展数字出版公共服务项目"，"支持'农家书屋'向数字化方向发展"和"加快全民阅读工程指导性网站建设"等举措，加强了新闻出版公共服务项目的数字化建设。同时，2017年文化部《关于推动数字文化产业创新发展的指导意见》强调："要推进文化产业创新，促进产业融合发展，培育新型文化业态，满足人民群众高品质、多样化、个性化的数字文化消费需求，增强中华文化在数字化、信息化、网络化时代的国际竞争力和影响力。"此外，国家新闻出版广电总局、财政部《关于深化新闻出版业数字化转型升级工作的通知》表示："继续深入推动新闻出版业数字化转型升级……为人民群众与国民经济各领域提供资讯、数据、文献、知识的多层级信息内容服务。"

（二）坚持社会效益与经济效益的统一

出版物是含有一定知识内容的出版产品，既具有一般商品的共性，又具有区别于一般商品的特性。商品性与精神文化产品特性的统一，构成了出版物属性的重要特色。① 因此，出版物价值的实现除让渡物质载体所承载的有用性外，还需让渡其精神价值，满足公众日益增长的精神文化需要。在我国确立社会主义市场经济体制，出版单位开始自负盈亏、自我发展，实行企业化管理之后，如何正确处理社会效益和经济效益之间的关系，显得尤为紧迫。因面临生存与竞争的压力，一些出版单位往往容易忽视其肩负的社会责任，片面追求经济效益、罔顾社会效益的情况时有出现，这也导致了大量低质、低俗的出版物充斥市场，给消费者和社会带来了不良影响。

多年来，我国多部法律法规和重要文件中都强调要坚持社会效益与经济效益的统一，当两者不能兼顾与统一时，要将社会效益放在首位。数字出版政策也不例外，将坚持社会效益与经济效益的统一作为指导思想，督促出版单位在从事数字出版工作时正确处理两者的关系。如2015年新闻出版广电总局、财政部《关于推动传统出版和新兴出版融合发展的指导意见》中，要求出版单位把坚持正确政治方向和出版导向贯穿到出版融合发展的各环节、全过程，自觉体现社会主义核心价值观，始终坚持把社会效益放在首位，努力实现社会效益和经济效益的有机统一。2016年中共中央办公厅、国务院办公厅《关于进一步深化文化市场综合执法改革的意见》中提出，通过查处电子出版物和网络出版等方面的违法出版、经营活动，加强执法力度，提升执法效能，从而规范数字出版市场的秩

---

① 罗紫初. 出版学导论 [M]. 武汉：武汉大学出版社，2014：53-54.

序，推动优秀出版物的生产和传播，促进社会效益和经济效益的有机统一。为更好地平衡经济效益和社会效益之间的关系，2017年国家新闻出版广电总局颁布《网络文学出版服务单位社会效益评估试行办法》，旨在引导网络文学出版服务单位坚持以人民为中心的创作出版导向，始终把社会效益放在首位，实现社会效益和经济效益相统一。

二、我国数字出版政策的主要内容

我国已经出台的数字出版政策大致可分为两部分：一是数字出版宏观性指导政策，二是数字出版专门性政策。

（一）数字出版宏观性指导政策

数字出版宏观性指导政策，是指在宏观上对数字出版活动的健康发展予以支持和引导的政策，主要表现为国家层面的发展规划和纲要，跨信息、文化、高新技术、版权等多个领域。

从"十一五"开始，我国就把数字出版产业作为国家重要的新兴产业来发展，并出台了一系列促进数字出版产业发展的规划引导、扶持政策。2006年，《国民经济和社会发展第十一个五年规划纲要》明确指出要发展现代出版行业，积极发展数字出版。这也是我国首次将"数字出版"写进国家五年发展规划。随后颁布的《国家"十一五"时期文化发展规划纲要》《新闻出版业"十一五"发展规划》分别从文化产业、新闻出版产业角度切入，提出"发展重点文化产业，加快从主要依赖传统纸介质出版物向多种介质形态出版物共存的现代出版产业转变""积极实施数字出版战略，实现我国新闻出版业的跨越式发展"的要求，充分肯定了数字出版在文化产业和新闻出版产业发展中的重要地位。此外，《国家中长期科学和技术发展规划纲要》《关于金融支持文化产业振兴和发展繁荣的指导意见》等从技术、金融的角度为数字出版产业的发展指明方向、提供支持。

"十二五"期间，政府更深入地认识到数字出版产业强劲的生命力和重要性，不断完善数字出版政策体系，继续加大对数字出版产业发展的扶持力度。《国民经济和社会发展第十二个五年规划纲要》《国家"十二五"时期文化改革发展规划纲要》《文化部"十二五"时期文化改革发展规划》《新闻出版业"十二五"时期发展规划》《国家文化科技创新工程纲要》《信息化发展规划》等政策均强调要大力发展数字出版这一战略性新兴出版产业。同时,《新闻出版业"十二五"时期"走出去"发展规划》《关于加快我国新闻出版业"走出去"的若干意见》《关于加快发展服务贸易的若干意见》等政策相继颁布,以鼓励和支持出版企业生产更多外向型的数字出版产品,进入国际市场。

进入"十三五"以来,为深化"互联网+"、大数据、人工智能等发展战略,政府出台了一系列政策推动数字出版产业向纵深和融合化方向发展。《国民经济和社会发展第十三个五年规划纲要》《国家"十三五"时期文化发展改革规划纲要》《文化部"十三五"时期文化发展改革规划》《关于推动数字文化产业创新发展的指导意见》《关于深化新闻出版业数字化转型升级工作的通知》等文件中均明确指出要加快发展数字出版产业,推动产业转型升级、促进产业融合发展。具体内容见表6-1。

表 6-1　　　　　　　有关数字出版的宏观性指导政策

政策名称	颁布时间	颁布部门	相 关 规 定
国民经济和社会发展第十一个五年规划纲要	2006 年	全国人民代表大会	发展现代出版发行业,积极发展数字出版,重视网络媒体建设
国家"十一五"时期文化发展规划纲要	2006 年	中共中央办公厅、国务院办公厅	推动产业结构调整和升级,加快从主要依赖传统纸介质出版物向多种介质形态出版物共存的现代出版产业转变;积极发展以数字化生产、网络化传播为主要特征的数字内容产业

续表

政策名称	颁布时间	颁布部门	相 关 规 定
国家中长期科学和技术发展规划纲要（2006—2020）	2006年	国家发展和改革委员会	重点开发数字媒体内容处理关键技术，开发易于交互和交换、具有版权保护功能和便于管理的现代传媒信息综合内容平台
新闻出版业"十一五"发展规划	2006年	新闻出版总署	积极实施"数字出版"战略，大力发展以数字化内容、数字化生产和网络化传播为主要特征的新媒体；积极推动用数字技术改造传统新闻出版业的生产、管理和传播方式，建设数字出版综合业务平台；研究、制定网络出版、数字出版等前沿标准
高技术产业发展"十一五"规划	2007年	国家发展和改革委员会	重点发展教育、文化、出版、广播影视等领域的数字内容产品，培育网络游戏、动漫等新兴数字内容产业，推动传统媒体拓展网络信息内容服务
国家知识产权战略纲要	2008年	国务院	扶持新闻出版、信息网络等版权相关产业发展；有效应对互联网等新技术发展对版权保护的挑战。妥善处理保护版权与保障信息传播的关系，既要依法保护版权，又要促进信息传播
关于认定新闻出版行业高新技术企业有关问题的通知	2008年	新闻出版总署	对认定的新闻出版行业高新技术企业按15%的税率征收企业所得税；开发新技术、新产品、新工艺发生的研究开发费用，允许按国家税法规定，在计算应纳税所得额时加计扣除

续表

政策名称	颁布时间	颁布部门	相关规定
文化产业振兴规划	2009 年	国务院办公厅	加快从主要依赖传统纸介质出版物向多种介质形态出版物的数字出版产业转型；实施重大项目带动战略；积极发展纸质有声读物、电子书、手机报和网络出版物等新兴出版发行业态
关于进一步推进新闻出版体制改革的指导意见	2009 年	新闻出版总署	大力发展数字出版、网络出版、手机出版等新业态；加快实现由传统媒体为主向传统媒体与新兴媒体融合发展的转变；积极鼓励和支持新闻出版单位运用高新技术和先进适用技术改造传统生产方式和基础设施，有计划有步骤地构建覆盖广泛、技术先进的新闻出版传播渠道
关于进一步推动新闻出版产业发展的指导意见	2010 年	新闻出版总署	发展数字出版等非纸介质战略性新兴出版产业。积极推动音像制品、电子出版企业向数字化、网络化转型。积极发展数字出版、网络出版、手机出版等战略性新兴新闻出版业态
关于当前推进高技术服务业发展有关工作的通知	2010 年	国家发展和改革委员会	引导数字文化产业创新发展。加强数字动漫及数字影视、网络出版等领域关键技术开发和应用平台建设，包括数字出版服务平台、中国风格动漫技法数字化与推广应用等

续表

政策名称	颁布时间	颁布部门	相 关 规 定
关于金融支持文化产业振兴和发展繁荣的指导意见	2010 年	中宣部、中国人民银行、财政部、文化部等	积极开发适合文化产业特点的信贷产品，加大有效的信贷投放；完善授信模式，加强和改进对文化产业的金融服务，如通过开发分期付款等消费信贷品种，扩大对动漫游戏、数字产品、电子出版物、网络出版、数字出版等产品与服务的消费信贷投放；大力发展多层次资本市场，扩大文化企业的直接融资规模；积极培育和发展文化产业保险市场
国民经济和社会发展第十二个五年规划纲要	2011 年	全国人民代表大会	以高技术的延伸服务和支持科技创新的专业化服务为重点，大力发展高技术服务业；加快完善版权法律政策体系，提高版权执法监管能力，严厉打击各类侵权盗版行为；大力发展文化创意、出版发行、数字内容和动漫等重点文化产业
新闻出版业"十二五"时期发展规划	2011 年	新闻出版总署	以业态创新和服务创新为重点，加快新技术应用，大力发展数字出版等战略性新兴出版产业；鼓励和支持新闻出版企业开发拥有自主知识产权的关键技术，发展以内容生产数字化、管理过程数字化、产品形态数字化、传播渠道网络化为主要特征，以网络出版、手机出版为主要代表的数字出版等新兴业态

续表

政策名称	颁布时间	颁布部门	相 关 规 定
新闻出版业"十二五"时期"走出去"发展规划	2011 年	新闻出版总署	大力推动数字出版产品"走出去"。实施骨干带动战略，加大扶持数字出版重点企业和产业基地"走出去"的力度；在鼓励各种数字出版产品"走出去"的基础上，重点支持动漫、网络游戏、期刊数据库、电子书等数字产品进入国际市场；整合传统出版企业数字出版产品资源，提升其国际谈判能力
报刊业"十二五"时期发展规划	2011 年	新闻出版总署	运用行政、法律、经济等手段，政府、行业组织、企业及社会相关部门、单位配合，解决在标准、人才、资金、版权保护等方面制约报刊数字化转型的基础性问题，为顺利转型提供必要条件
服务贸易发展"十二五"规划纲要	2011 年	商务部、中宣部、新闻出版总署等	加大对动漫、网络游戏等新兴产业的企业海外拓展扶持力度；建设新闻出版对外投资基地、数字出版跨境服务基地等；利用网络等新的媒介和技术手段拓展海外市场，扶持重点企业的数字出版工程，培养5~10家从事大型数据库出口的网络出版企业
关于加快发展高技术服务业的指导意见	2011 年	国务院办公厅	加强数字文化教育产品开发和公共信息资源深化利用，构建便捷、安全、低成本的数字内容服务体系；促进数字内容和信息网络技术融合创新，拓展数字影音、数字动漫、健康游戏、网络文学、数字学习等服务，大力推动数字虚拟等技术在生产经营领域的应用

续表

政策名称	颁布时间	颁布部门	相 关 规 定
关于深化文化体制改革、推动社会主义文化大发展大繁荣若干重大问题的决定	2011 年	中共中央	加快发展文化创意、数字出版、移动多媒体、动漫游戏等新兴文化产业
版权工作"十二五"规划	2011 年	国家版权局	拓宽工作面，既惩治传统领域的侵权盗版行为，也打击网络和数字环境下的侵权盗版行为；有效利用各种执法资源，形成打击侵权盗版合力；运用技术手段，提高版权保护工作管理水平
国家文化科技创新工程纲要	2012 年	科技部、中宣部、财政部、文化部、广电总局、新闻出版总署	促进传统新闻出版产业的数字化转型升级，形成覆盖网络、手机以及适用于各种终端的数字出版内容生产供给体系；重点支持电子图书、数字报刊、网络原创文学、网络教育出版、数据库出版、手机出版等数字出版新兴业态，提升创新能力；研究数字版权保护关键技术，推动数字出版产业健康发展
国家"十二五"时期文化改革发展规划纲要	2012 年	中共中央办公厅、国务院办公厅	加快发展文化创意、数字出版、移动多媒体、动漫游戏等新兴文化产业；扶持国产游戏进入国际主流市场，数字出版拓展海外市场等，逐步改变主要文化产品进出口严重逆差的局面
文化部"十二五"时期文化改革发展规划	2012 年	文化部	加快发展动漫、游戏、网络文化、数字文化服务等新兴文化产业

续表

政策名称	颁布时间	颁布部门	相关规定
文化部"十二五"时期文化科技发展规划	2012 年	文化部	推进针对互联网传播秩序、新兴媒体传播、网络内容生产和服务的新技术新业务的集成应用与集成创新;提高动漫业、游戏业、网络文化业、数字文化服务业等重点产业的技术装备水平与系统软件国产化水平
文化部"十二五"时期文化产业倍增计划	2012 年	文化部	推动出台相关的政策措施,促进动漫、游戏、网络文化、数字文化服务等新兴文化业态加快发展;重点加强与新兴文化业态密切相关的数字技术、数字内容、网络技术等高新技术的研发,提升文化产品多媒体、多终端传播的制作能力;扩大网络音乐、网络动漫等在线和移动生产销售
关于鼓励和引导民间资本进入文化领域的实施意见	2012 年	文化部	鼓励和引导民间资本投资动漫、游戏、网络文化、数字文化服务等行业和领域;支持民间资本参与重大文化产业项目实施,鼓励民营文化企业跨区域、跨行业兼并重组;民间资本投资符合国家重点扶持方向和文化行业门类和领域,可通过项目补助、贷款贴息、保费补贴、绩效奖励等方式给予资金扶持
关于支持民间资本参与出版经营活动的实施细则	2012 年	新闻出版总署	继续支持民间资本投资设立网络出版包括网络游戏出版、手机出版、电子书出版和内容软件开发等数字出版企业,从事数字出版经营活动

政策名称	颁布时间	颁布部门	相 关 规 定
关于加快我国新闻出版业"走出去"的若干意见	2012 年	新闻出版总署	鼓励和扶持新闻出版企业生产更多外向型数字出版产品;实施骨干带动战略,推动数字出版重点企业和产业基地"走出去";搭建数字出版"走出去"内容平台
信息化发展规划	2013 年	工业和信息化部	加快推进信息技术与文化内容的融合,引导数字内容资源制作、传播和利用;建设数字内容公共服务平台,积极培育数字出版、数字视听、游戏动漫等新兴产业;促进数字内容与新型终端、互联网服务的结合,扩展数字内容产业链,创新经营模式和服务模式,提高数字内容产业附加值;培育壮大数字内容与网络文化产业骨干企业,鼓励创新商业模式
关于促进信息消费扩大内需的若干意见	2013 年	国务院	大力发展数字出版、互动新媒体、移动多媒体等新兴文化产业,促进动漫游戏、数字音乐、网络艺术品等数字文化内容的消费;加快建立技术先进、传输便捷、覆盖广泛的文化传播体系,提升文化产品多媒体、多终端制作传播能力;加强数字文化内容产品和服务开发,建立数字内容生产、转换、加工、投送平台,丰富信息消费内容产品供给;加强基于互联网的新兴媒体建设,实施网络文化信息内容建设工程,推动优秀文化产品网络传播,鼓励各类网络文化企业生产提供健康向上的信息内容

续表

政策名称	颁布时间	颁布部门	相 关 规 定
关于推动新闻出版业数字化转型升级的指导意见	2014 年	财政部、国家新闻出版广电总局	再造数字出版流程、丰富产品表现形式，提升新闻出版企业的技术应用水平；实现行业信息数据共享，构建数字出版产业链，初步建立起一整套数字化内容生产、传播、服务的标准体系和规范；促进新闻出版业建立全新的服务模式，实现经营模式和服务方式的有效转变
关于推动传统媒体和新兴媒体融合发展的指导意见	2014 年	中央全面深化改革领导小组	坚持先进技术为支撑、内容建设为根本，推动传统媒体和新兴媒体在内容、渠道、平台、经营、管理等方面的深度融合，着力打造一批形态多样、手段先进、具有竞争力的新型主流媒体，建成几家拥有强大实力和传播力、公信力、影响力的新型媒体集团，形成立体多样、融合发展的现代传播体系
关于推进文化创意和设计服务与相关产业融合发展的若干意见	2014 年	国务院	推动文化产品和服务的生产、传播、消费的数字化、网络化进程；支持利用数字技术、互联网、软件等高新技术支撑文化内容、装备、材料、工艺、系统的开发和利用；推进数字绿色印刷发展，引导印刷复制加工向综合创意和设计服务转变，推动新闻出版数字化转型和经营模式创新

续表

政策名称	颁布时间	颁布部门	相 关 规 定
关于继续实施支持文化企业发展若干税收政策的通知	2014 年	财政部、中华人民共和国海关总署、国家税务总局	对从事文化产业支撑技术等领域的文化企业，按规定认定为高新技术企业的，减按 15% 的税率征收企业所得税；开发新技术、新产品、新工艺发生的研究开发费用，允许按照税收法律法规的规定，在计算应纳税所得额时加计扣除
关于推动传统出版和新兴出版融合发展的指导意见	2015 年	国家新闻出版广电总局、财政部	立足传统出版，发挥内容优势，运用先进技术，走向网络空间，切实推动传统出版和新兴出版在内容、渠道、平台、经营、管理等方面深度融合，实现出版内容、技术应用、平台终端、人才队伍的共享融通，形成一体化的组织结构、传播体系和管理机制
关于印发三网融合推广方案的指导意见	2015 年	国务院办公厅	大力发展数字出版、互动新媒体、移动多媒体等新兴文化产业，促进动漫游戏、数字音乐、网络艺术品等数字文化内容的消费；加强数字文化内容产品和服务开发，建设数字内容生产、转换、加工、投送平台，鼓励各类网络文化企业生产提供弘扬主旋律、激发正能量、宣传社会主义核心价值观的信息内容产品
关于加快发展服务贸易的若干意见	2015 年	国务院	积极推动文化艺术、新闻出版、教育等承载中华文化核心价值的文化服务出口；大力促进文化创意、数字出版、动漫游戏等新型文化服务出口

277

续表

政策名称	颁布时间	颁布部门	相 关 规 定
国民经济和社会发展第十三个五年规划纲要	2016 年	全国人民代表大会	加快发展网络视听、移动多媒体、数字出版、动漫游戏等新兴产业，推动出版发行、影视制作等传统产业转型升级；推动传统媒体和新兴媒体深度融合，建设"内容+平台+终端"的新型传播体系，打造一批新型主流媒体和传播载体；加强网络文化建设，丰富网络文化内涵
关于进一步深化文化市场综合执法改革的意见	2016 年	中共中央办公厅、国务院办公厅	重点查处图书、音像制品、电子出版物等方面的违法出版活动和印刷、复制、出版物发行中的违法经营活动，查处非法出版单位和个人的违法出版活动；查处著作权侵权行为；查处网络文化、网络视听、网络出版等方面的违法经营活动
"十三五"国家战略性新兴产业发展规划	2016 年	国务院	强化高新技术支撑文化产品创作的力度，提高数字创意内容产品原创水平，加快出版发行、影视制作、演艺娱乐、艺术品、文化会展等行业数字化进程，提高动漫游戏、数字音乐、网络文学、网络视频、在线演出等文化品位和市场价值。鼓励多业态联动的创意开发模式，提高不同内容形式之间的融合程度和转换效率，努力形成具有世界影响力的数字创意品牌，支持中华文化"走出去"

政策名称	颁布时间	颁布部门	相关规定
国家"十三五"时期文化发展改革规划纲要	2017年	中共中央办公厅、国务院办公厅	加快发展网络视听、移动多媒体、数字出版、动漫游戏等新兴产业，推动出版发行、影视制作等传统产业转型升级；建立国家知识服务平台，搭建新闻出版内容生产与分销等平台；支持发展绿色印刷、纳米印刷
文化部"十三五"时期文化发展改革规划	2017年	文化部	加快发展动漫、游戏、创意设计、网络文化等新型文化业态；落实国家战略性新兴产业发展的部署，加快发展以文化创意为核心，依托数字技术进行创作、生产、传播和服务的数字文化产业
文化部"十三五"时期文化科技创新规划	2017年	文化部	加强文化企业、高校、科研院所等协同创新；聚焦文化建设重大需求，制定文化科技融合重大项目指南，加强文化领域战略性前沿技术布局；建设文化科技成果转化平台，推动科技成果转化，推进先进技术应用于文化领域；完善人才培养模式
文化部"十三五"时期文化产业发展规划	2017年	文化部	加快发展以文化创意内容为核心，依托数字技术进行创作、生产、传播和服务的数字文化产业，提升动漫、游戏、网络文化等新兴文化产业发展水平；促进高新科技在传统文化行业中的应用，推进传统文化行业创新，推动线上线下融合发展

续表

政策名称	颁布时间	颁布部门	相 关 规 定
关于推动数字文化产业创新发展的指导意见	2017 年	文化部	着力推动动漫产业提质升级，推动游戏产业健康发展，丰富网络文化产业内容和形式；发挥高新技术对内容创作、产品开发、模式创新的支撑作用；深化"互联网+"，深度应用大数据、云计算、人工智能等科技创新成果，促进创新链和产业链有效对接；积极建立数字文化知识产权保护体系，完善知识产权快速维权机制，加大管理和执法力度，打击数字文化领域盗版侵权行为
国家技术标准创新基地建设总体规划（2017—2020 年）	2017 年	国家标准化管理委员会	增强文化产品和服务有效供给、推进文化服务与科技融合发展、构建现代文化服务体系，重点在网络视听、移动多媒体、数字出版、动漫游戏、网络文化等新兴领域，出版发行、影视制作、广播电影电视等传统领域布局创新基地
版权工作"十三五"规划	2017 年	国家版权局	修改完善《著作权法》，健全著作权登记制度、网络环境下确权、授权和交易规则等顶层设计；将网络作为履行版权监管职责的重要阵地，不断净化网络版权环境；加强对网络文学、音乐、影视、游戏、动漫、软件等重点领域的监测监管，及时发现和查处侵权盗版行为；把智能移动终端第三方应用程序（App）、网络云存储空间、网络销售平台等新型传播方式纳入版权有效监管

政策名称	颁布时间	颁布部门	相 关 规 定
新闻出版广播影视"十三五"发展规划	2017 年	国家新闻出版广电总局	大力发展图书报刊、数字出版、影视剧等产品市场；深入推进新闻出版广播影视标准化建设，建设数字出版标识符体系，推进《中国出版物在线信息交换（CNONIX）》、《数字版权唯一标识符（DCI）》、电子书内容、绿色印刷等新闻出版领域相关标准的应用；在教育、专业、大众出版领域和全民阅读及信息服务等领域，开展数字出版模式创新
关于深化新闻出版业数字化转型升级工作的通知	2017 年	国家新闻出版广电总局、财政部	推动新闻出版企业加快完成数字化转型升级，包括完成技术装备优化升级，建设知识服务模式等；建成支撑新闻出版业数字化转型升级的行业服务体系，包括继续推进数字出版标准化工作，建设新闻出版业数据体系，实现行业数据交换、共享与应用等

（二）数字出版专门性政策

数字出版专门性政策，是政府专门针对数字出版的发展所制定和颁布的政策，包括数字出版整体性指导政策和数字出版各行业政策。

1. 数字出版整体性指导政策

2010 年，新闻出版总署出台《关于加快我国数字出版产业发展的若干意见》，强调了发展数字出版产业，对于转变出版业发展方式，提升我国文化软实力，推动文化产业乃至国民经济的持续发展都具有重要意义。该意见提出了加快我国数字出版产业发展的十项主要任务：加快推动传统出版单位数字化转型；加快推动音像电子出版单位数字化升级；加快推动传统印刷复制企业数字化改造；大力增强网游动漫出版产品的创作和研发能力；切实加强新闻出版公共服务项目的数字化建设；加快国家数字出版重点科技工程和重大项目建设；加快推进数字出版相关标准研制工作；推动数字出版产业聚集区建设；支持非公有制企业从事数字出版活动；推动数字出版"走出去"。同时从加强组织领导、发挥部门合力、优化资源配置、加大投入力度、搭建交流平台、加强版权保护、强化网络监管、完善法规体系、健全考评体系、加快人才培养等十个方面为数字出版业的发展提供保障。

2011 年颁布的《数字出版"十二五"时期发展规划》，在全面分析"十一五"时期我国数字出版产业的发展现状及存在问题和"十二五"时期面临的机遇和挑战的基础之上，提出了包括积极推动传统出版企业向数字出版转型、发展壮大优势产业、提升数字出版版权保护水平、建立海量数字内容转换和加工中心、建设布局合理和类型多样的数字出版产业基地、构建公共数字出版服务体系、积极实施数字出版"走出去"战略在内的重点任务。此外，该规划还对国家数字出版内容资源建设工程、《中国大百科全书》数字化工程等多项"十二五"时期数字出版业发展的重点项目予以了明确。

数字出版在"十二五"时期迅猛发展，2015 年营业收入超过4400 亿元，成为新闻出版业的第二大产业，其作为战略性新兴产业和新闻出版业主体产业的重要地位日益凸显。与此同时，针对产品数量多、精品少，专门人才和高端复合型人才缺乏等问题，国家新闻出版广电总局印发《新闻出版业数字出版"十三五"时期发展规划》，明确了数字出版在"十三五"时期的重点任务，包括全面完成传统新闻出版业数字化转型升级、初步实现传统媒体与新兴媒体融合发展、大力提升数字出版产品质量、基本建成数字出版公共文化服务体系、努力拓展数字出版服务领域、积极探索新兴管理体制机制、继续推动数字出版"走出去"、加强数字出版人才队伍建设等，以推动数字出版业健康、可持续发展，加快我国向新闻出版强国迈进的步伐。

2. 数字出版各行业政策

本书将针对数字出版细分领域制定和颁布的各项政策也视为数字出版专门性政策。目前，我国数字出版政策主要集中于电子书、网络动漫和手机动漫、网络游戏和移动游戏、网络音乐和移动音乐、网络文学等领域。

（1）有关电子书的政策。

针对电子书，新闻出版总署于2010年发布了《关于发展电子书产业的意见》，旨在促进电子书产业更好地发展，带动数字出版产业发展，推动新闻出版业结构调整和发展方式转变。该意见提出了多项重点任务：一是丰富电子书内容资源，支持和鼓励传统出版单位发挥资源优势，应用高新科技，积极开展出版内容资源的数字化加工制作，形成传统出版单位与电子书生产单位及著作权人之间的良性合作机制，促进传统优质出版资源转化为电子书内容资源。二是搭建电子书内容资源投送平台，推动传统出版单位、发行单位、数字化技术提供商，依托各自资源优势，联合搭建内容丰富、质量优良、版权清晰、使用便捷、服务周到、利益兼顾的国家级电子书内容资源投送平台。除上述两项外，优化传统出版资源数字化转换质量，提高电子书生产技术水平，实施电子书产业重大项目，落实电子书品牌战略，加快电子书标准制定，依法依规建立电子书行业准入制度等也作为重点任务被提出。

（2）有关网络动漫和手机动漫的政策。

2006年，财政部、科技部、新闻出版总署等部门出台《关于推动我国动漫产业发展的若干意见》，将"动漫产品"界定为包括基于现代信息传播技术手段的动漫新品种在内的动漫直接产品和与动漫形象有关的衍生产品。该意见指出，发展动漫产业对于满足人民群众精神文化需求，促进社会主义先进文化和未成年人思想道德建设，推动文化产业发展，培育新的经济增长点具有重要意义。科技、信息产业等部门要通过现有渠道加大对动漫产业发展中基础性、战略性和前瞻性核心技术的研发和产业化支持力度，积极推动动漫技术设备和公共技术平台支撑服务体系与共享机制的建立。此外，中央财政要设立扶持动漫产业发展专项资金，用于支持优秀动漫原创产品的创作生产、民族民间动漫素材库建设，以及建立动漫公共技术服务体系等动漫产业链发展的关键环节。为此，2007年新闻出版总署成立"推动动漫产业发展工作领导小组"，负责组织和指导新闻出版动漫产业的发展工作。

2008年，文化部颁布《关于扶持我国动漫产业发展的若干意见》，明确提出要大力发展网络动漫、手机动漫，充分利用数字、网络等核心技术和现代生产方式，改造传统的动漫生产和传播模式，推动传统动漫产业升级，延伸产业链条；鼓励经营性互联网文化单位从事网络动漫业务及开展动漫版权代理，将动漫网站打造成网络动漫产业发展的重要平台；引导财政资金、社会资金支持网络动漫相关技术的研发和应用，推动基于新技术、新平台的动漫制作、传播和消费。

2009年，财政部、国家税务局《关于扶持动漫产业发展有关税收政策问题的通知》，按照《动漫企业认定管理办法（试行）》的规定，对经认定的动漫企业的增值税、企业所得税、营业税和进口关税、进口环节增值税等事项予以明确。对属于增值税一般纳税人的动漫企业销售其自主开发生产的动漫软件，按17%的税率征收增值税后，对其增值税实际税负超过3%的部分，实行即征即退政策。动漫软件出口免征增值税。经认定的动漫企业自主开发、生产动漫产品，可申请享受国家现行鼓励软件产业发展的所得税优惠政策。对动漫企业为开发动漫产品提供的动漫脚本编撰、形象设计、动画制作、画面合成、音效合成、压缩转码（面向网络动漫、手机动漫格式适配）劳动，减按3%税率征收营业税。确需进口的相关商品也可享受免征进口关税和进口环节增值税的优惠政策。2018年《关于延续动漫产业增值税政策的通知》中将征收动漫企业销售其自主开发的动漫软件增值税调整至16%，实际税负超过3%的部分，即征即退。国家通过颁布相关税收政策，以促进我国动漫产业健康快速发展，增强我国动漫产业的自主创新能力。

（3）有关网络游戏和移动游戏的政策。

有关网络游戏的政策涉及多方面内容。例如，为对进口网络游戏的报审工作进行完善和规范，文化部和新闻出版总署分别发布《关于规范进口网络游戏产品内容审查申报工作的公告》《关于加强对进口网络游戏审批管理的通知》；为规范网络游戏内容，文化部发布《关于改进和加强网络游戏内容管理工作的通知》，从建立网络游戏经营单位自我约束机制、完善网络游戏内容监管制度、强化网络游戏社会监督与行业自律等三个方面提出具体要求；为解决网络游戏经营单位运营责任不清、变相诱导消费、用户权益保护不力等问题，文化部颁布《关于规范网络游戏运营加强事中事后监管工作的通知》，以明确网络运营范围，规范网络游戏虚拟道具发行服务，加强网络游戏用户权益保护和网络游戏运营事中事后监管。此外，有关网络游戏的政策也注重对未成年人的保护。2007年，新闻出版总署联合中央文明办、教育部等部门发布《关于保护未成年人身心健康实施网络游戏防沉迷系统的通知》，要求在全国网络游戏中推行防沉迷系统，有效解决未成年人过度沉迷网络游戏的社会问题。2011年，《关于启动网络游戏防沉迷实名验证工作的通知》中指出，实施防沉迷实名验证有利于防止未成年人盗用或使用虚假成年人身份信息，规避网络游戏防沉迷系统的限制。该通知还明确规定了新闻出版管理部门、公安部门、网络游戏运营企业等在推进网络游戏防沉迷实名验证工作中的具体任务，让其切实履行保护未成年人身心健康的社会责任。

在移动游戏政策方面，国家新闻出版广电总局于2016年出台《关于移动游戏出版服务管理的通知》。该通知规定，未经总局批准的移动游戏，不得上网出版运营。为进一步规范移动游戏出版服务管理秩序，提高移动游戏受理和审批工作效率，该通知还对申请出版国产移动游戏、境外著作权人授权的移动游戏的办理程序和审批手续予以了明确。

（4）有关网络音乐和移动音乐的政策。

2006年，文化部为提高我国网络音乐原创水平、促进网络文化产业的健康发展，制定了《关于网络音乐发展和管理的若干意见》。该意见提出，要推动技术和内容融合，培育网络音乐市场，注重利用数字技术和网络技术改造提升传统音乐产业；鼓励和支持数字技术、网络技术以及硬件企业投资、兼并、收购文化内容经营企业，形成以资本为纽带、技术为支撑、内容为核心的网络文化企业集团。2011年，文化部办公厅在《关于清理违规网络音乐产品的通告》的附件中列举了100首违规网络音乐产品，并表示将持续清理未经内容审查或备案的违规网络音乐产品，加强对网络音乐市场秩序的整顿。2015年，国家版权局发布《关于责令网络音乐服务商停止未经授权传播音乐作品的通知》，责令各网络音乐服务商停止未经授权传播音乐作品，并将侵权作品全部下线，此举加强了对网络音乐服务商的版权执法监管力度，有利于建立良好的网络音乐版权秩序和运营生态。此外，国家新闻出版广电总局发布《关于大力推进我国音乐产业发展的若干意见》，鼓励音乐企业与通信运营商、网络运营商进行全方位合作，拓展互联网、无线通信网、有线电视网、卫星直投网等数字传播渠道，开发以手机、移动多媒体终端以及移动硬盘、集成电路卡、数据库等为载体和表现形式的多种音乐出版发行形式，实现数字音乐在互联网条件下的获取更加便利、传播更加广泛、付费更加规范。

（5）有关网络文学的政策。

近年来，网络文学发展迅速，已成为我国数字出版产业的重要组成部分，在满足人民群众的精神文化需求、增强国家文化软实力等方面发挥了积极作用。与此同时，网络文学领域仍然存在片面追求经济利益、盗版侵权现象频发、监管不完善等诸多问题。为此，国家新闻出版广电总局于2014年颁布了《关于推动网络文学健康发展的指导意见》，以切实加强对网络文学工作的指导和扶持。该意见明确了网络文学发展的八项重点任务，即把握正确导向、实施精品工程、不断提升作品质量、健全编辑管理机制、建立完善作品管理制度、推动内容投送平台建设、大力培育市场主体和开展对外交流，并指出要从开展网络文学评论引导、发挥科技创新引领作用、切实加强版权保护、依法规范市场秩序、加大政策扶持力度、加快人才培养、加强行业自律等方面为网络文学的健康发展提供保障措施。

为加强网络文学作品版权管理，进一步规范网络文学作品版权秩序，2016 年国家版权局发布了《关于加强网络文学作品版权管理的通知》。该通知对不同类型网络服务商的主体责任和注意义务予以了明确，如通过信息网络提供文学作品的网络服务商，应当依法履行传播文学作品的版权审查和注意义务，建立版权投诉机制等；提供信息存储空间服务的网盘服务商，应主动屏蔽、删除侵权文学作品，防止用户上传、存储并分享侵权文学作品。同时，该通知指出，国家版权局应建立网络文学作品版权监管"黑白名单制度"；各级版权行政机关也应当加强执法监管力度，依法查处盗版侵权行为，保障网络文学作品版权秩序。

（三）数字出版政策特征

回顾我国数字出版政策，可以发现，其主要体现了政府注重数字出版人才培养、积极推动技术创新和发展、利用经济手段扶持数字出版发展等特征。

1. 注重数字出版人才培养

高层次、复合型人才的缺乏在很大程度上制约着数字出版业的发展。政府也深刻意识到发展数字出版，人才培养为先。因此，无论是在数字出版宏观性指导政策还是专门性政策中，政府都强调了人才培养的重要性，代表性的政策有《关于加快出版传媒集团改革发展的指导意见》《关于加快我国数字出版产业发展的若干意见》《数字出版"十二五"时期发展规划》《新闻出版业数字出版"十三五"时期发展规划》等。其中，《新闻出版业数字出版"十三五"时期发展规划》将加强数字出版人才队伍建设作为重点任务，提出要综合运用政府机关、高校、科研机构和社会力量，创新数字出版人才培养模式，加大培养力度；推动传统出版企业改革引进人才、使用人才、培养人才和留住人才的制度，创新考核激励机制，吸引并留住优秀高端人才；推动互联网企业与传统出版企业的人才流动和交流，改变数字出版复合人才短缺的现状；大力推进数字编辑职称资格考试，推动数字编辑职称评定体系建设。此外，该规划还将数字出版千人培养计划列入重点发展项目，支持各类型高等院校开办层次各异的数字出版专业；鼓励出版单位与研究机构、高等院校联合开展数字出版人才培养；研究制定数字出版人才培养方案和选拔方案，在书报刊和音像电子出版领域分别遴选一批一线骨干从业人员，进行定向培养，丰富数字出版人才体系；建立数字出版高端人才和专业人才数据库，开展年度例行培训。

2017 年 9 月，国家新闻出版广电总局发布《关于开展"数字出版千人培养计划"试点培训工作的通知》，强调实施"数字出版千人培养计划"，既是提升目前新闻出版从业人员综合素质的有力举措，也是深化新闻出版业数字化转型升级工作的重要内容，更是确保新闻出版业在数字化时代继续保持平稳快速发展，巩固意识形态和宣传文化阵地的必然选择。培养工作包括三个阶段：第一阶段是在经新闻出版广电总局遴选确定，并且具有数字出版相关专业和课程设置的高等院校集中脱产学习；第二阶段是进入在市场领先的相关互联网企业实训，深入了解学习互联网企业先进成熟的运作模式；第三阶段是境外学习交流，进一步强化素质，拓宽视野。根据部署，2017 年以图书出版单位为主进行试点，完成了高校脱产学习阶段的任务。在 2018 年全国新闻出版单位数字出版工作交流会上，新闻出版广电总局表示在 2018 年全面实施"数字出版千人培养计划"，完成试点企业实训、国外研究两个阶段的任务。同时，研究制定《数字出版千人培养计划课程体系》，建立集政产学研于一体的师资队伍，征集遴选互联网实训企业。① "数字出版千人培养计划"分年度、分类别、分层次地开展，以此为书报刊三类新闻出版企业培养高端复合型战略人才和精通专业技能的骨干人才，推动数字出版在新时代实现新作为。

2. 积极推动技术创新和发展

技术是人类在利用自然、改造自然的过程中，积累起来的知识、经验、技巧和手段。毋庸置疑，在数字出版业的发展中，技术扮演着重要的角色，这也是数字出版和传统出版的主要区别之一。自"十一五"以来，我国政府出台了多项政策，积极推动技术创

① 今年全面实施"数字出版千人培养计划"［EB/OL］.［2018-10-31］.
http：//www.chinaxwcb.com/2018-03/15/content_368625.htm.

新。如《国家中长期科学和技术发展规划纲要（2006—2020）》《高技术产业发展"十一五"规划》《关于当前推进高技术服务业发展有关工作的通知》《国家文化科技创新工程纲要》《文化部"十三五"时期文化科技创新规划》等政策，在顶层设计上引导出版业采用高新技术。出版行政管理部门依据国家关于促进高新技术发展的宏观指导思想，也出台了相关的配套政策。如《新闻出版业"十一五"发展规划》指出，要组织高等院校、科研机构等有关方面力量加强对影响我国新闻出版业发展的关键领域和关键技术进行攻关。《关于加快我国数字出版产业发展的若干意见》明确我国数字出版发展的战略目标之一是要自主创新，研发数字出版核心技术，推动出版传播技术升级换代。再如，《新闻出版业数字出版"十三五"时期发展规划》将利用大数据以及数据挖掘、语义分析、高性能计算和物联网等新兴技术，开展出版物智能选题、自动生产、协同编辑、精准发行和个性化定制试验作为重点任务，同时强调要建立数字出版技术研发服务中心，建设国家数字出版技术服务平台。此外，《关于加快新闻出版业实验室建设的指导意见》指出，通过建设实验室，全面推进行业共性关键技术研发，提升行业科技成果的应用水平。以上政策的出台，推动了高新技术的创新和发展，提升了技术在出版业中的应用程度，有利于支撑、带动数字出版产业的发展。

3. 利用经济手段扶持数字出版发展

从数字出版宏观性指导政策和专门性政策来看，为促进数字出版发展，政府出台了一系列经济政策。如在上述提及的推动技术创新和发展的过程中，新闻出版总署就于 2008 年发布了《关于认定新闻出版行业高新技术企业有关问题的通知》，对认定的新闻出版行业高新技术企业，减按 15% 的税率征收企业所得税；开发新技术、新产品、新工艺发生的研究开发费用，允许按国家税法规定，在计算应纳税所得额时加计扣除。此外，《关于鼓励和引导民间资本进入文化领域的实施意见》《关于支持民间资本参与出版经营活动的实施细则》《关于继续实施支持文化企业发展若干税收政策的通知》《关于扶持动漫产业发展有关税收政策问题的通知》《关于延续动漫产业增值税政策的通知》《关于金融支持文化产业振兴和发展繁荣的指导意见》等政策，均从投资、税收、金融等方面对数字出版的发展予以扶持。同时，政府还设立了相关专项资金，用以扶持数字出版业发展。据统计，2014 年文化产业专项资金 800 项支持项目中，77 项为新闻出版业数字化转型升级重大项目，占全部支持项目的 9.6%。①

三、提高我国数字出版政策的水平

我国数字出版政策虽然在促进产业发展上发挥了积极的作用，但由于自身发展历程较短，面对的环境也较为复杂，其水平有待进一步提高。因此提出以下建议，以期提高我国数字出版政策的水平，更好地促进数字出版产业的发展。

（一）完善数字出版政策体系

从数字出版产业内部结构来看，目前我国数字出版各行业的发展尚不平衡。2017 年，我国数字出版产业整体收入规模达 7071.93 亿元。② 其中，互联网广告、移动出版、在线教育、网络游戏位居前四位，合计 6648.2 亿元，占总收入的 94%。而作为传统新闻出版单位主营业务的图书、报纸、期刊，其数字化收入占比增幅依然呈现下降态势。此外，我国东、中、西部数字出版产业发展不平衡的状况也一直存在，尤其是西部偏远地区发展较为落后。诸如此类的问题都制约着我国数字出版产业的发展。因此，健全与完善数字出版政策体系是必要之举。例如，从产业结构、产业布局等方面出发，建立一套系统的、有机的数字出版政策体系。在产业结构方面，根据数字出版内部各行业的特色制定相关政策，协调产业内部结构的比例。如针对传统书报刊数字化收入占比增幅依然呈下降态

---

① 胥力伟 . 加快数字出版产业发展的财税政策研究［J］. 科技与出版，2016（11）：81-84.

② 张立 . 2017—2018 中国数字出版产业年度报告［M］. 北京：中国书籍出版社，2018：17.

势这一现象，可通过制定相关政策促进电子书、互联网期刊等内容产业的发展，提高传统出版业数字化转型后的竞争力；在产业布局方面，制定数字出版政策时要注意统筹东、中、西部地区间数字出版产业均衡发展。例如，为西部地区提供更多的优惠政策，鼓励其开发具有地区或民族特色的数字出版产品，逐渐缩小其与东、中部地区的差距。

（二）理顺政府管理体制，建立数字出版政策制定的组织体系和监督体系

政府管理体制的核心在于管理机构的设置、管理机构的职权和管理机构之间的相互协调，它在整个管理过程中起着至关重要的作用，直接影响到管理的效率和效能。数字出版是出版产业和技术产业结合的新兴业态，跨行业、跨领域，需要归口到多个部门进行管理。当前，我国数字出版政策的颁布主体涉及国家新闻出版署、国家版权局、文化和旅游部、公安部、工业和信息化部等部门，可见，多个部门参与、多个部门管理是数字出版管理工作的一大特点。然而，多头管理易导致部门职责不清甚至相互推诿的情况出现，不利于数字出版管理工作的效能发挥。网络游戏《魔兽世界》一案就充分暴露了此弊端。2009 年 9 月 19 日，上海网之易科技发展有限公司在《魔兽世界》获得文化部审批但尚未通过新闻出版总署前置审批的情况下重新正式运营，引发了文化部与新闻出版总署关于网络游戏审批权的争议。

因此，理顺政府管理体制，明确各部门分工，是促进数字出版产业发展的关键。党的十七届二中全会审议通过的《关于深化行政管理体制改革的意见》中指出，要合理界定政府部门职能，明确部门责任，确保权责一致。理顺部门职责分工，坚持一件事情原则上由一个部门负责，确需多个部门管理的事项，要明确牵头部门，分清主次责任，健全部门间协调配合机制。这对建立数字出版政策制定的组织体系和监督体系、提高数字出版政策水平也同样适用。首先，制定数字出版政策时，应由一个主管部门统一领导，负责牵头工作，根据确定的数字出版发展战略和方针制定相应的政

策；其次，应设立相应的政策监督委员会，其独立于数字出版政策的制定和执行部门，负责对数字出版政策的决策、制定、实施等整个过程进行评估并实施监督。①

（三）大力培养数字出版政策体系中的管理人才

前文提到，我国数字出版政策的特征之一是注重对数字出版人才的培养。这里的"数字出版人才"主要是指数字出版实践领域里的专业人才。与之同样重要且不容忽视的，还有数字出版政策体系中的管理人才，主要包括数字出版政策的制定者和执行者。政策在付诸实施之前只是一种具有观念形态的分配方案，它的效能在执行过程中才得以发挥，有效的执行可以保证政策目标的实现。同时，政策执行本身也是一个极为复杂的过程，最终的执行效果往往会受到来自诸多方面的影响和制约，政策制定的科学与否就是其中至关重要的一个因素。② 因此，为切实提高数字出版政策的水平，一方面需要提高政策制定者的水平，加强他们对于产业政策理论基础和数字出版专业知识的了解，以结合理论与实践，学习国内外先进政策经验，制定出合理、明晰、具有前瞻性、可操作性强的数字出版政策；另一方面，需要提高政策执行者的工作能力，强化他们对政策的理解与把握，并且结合实际情况将政策落到实处。

第三节 数字出版政策与数字出版法律法规的关系

数字出版政策与数字出版法律法规是两个既有联系又有区别的概念。两者有很多共同点，但本质属性和基本功能有所不同，同时由于政治、经济、文化等因素影响，数字出版政策和数字出版法律

---

① 黄先蓉，赵礼寿，甘慧君. 提高我国出版政策水平的思考 [J]. 科技与出版，2011（3）：75-78.

② 丁煌. 政策制定的科学性与政策执行的有效性 [J]. 南京社会科学，2002（1）：38-44.

法规在制定的机关和程序、表现形式、调整范围和方式、作用时效和稳定性方面也存在较大区别。此外，数字出版政策和数字出版法律法规还互为补充，数字出版政策是数字出版法律法规制定的依据，数字出版法律法规是数字出版政策得以实现的重要工具。因此，两者协调发展会更好地促进数字出版产业健康有序地发展。

一、数字出版政策与数字出版法律法规的联系

数字出版政策与数字出版法律法规两者之间具有密切的联系，存在着很多共同点，同时又互为补充。作为对数字出版活动进行管理的两种形式，数字出版政策和数字出版法律法规均承担着各自的职能，发挥着不可替代的作用。

（一）数字出版政策和数字出版法律法规有很多共同点

数字出版政策与数字出版法律法规的基本内容相同，都是社会主义经济基础的反映，体现工人阶级以及广大劳动人民的意志和利益；政治方向相同，都是以坚持党的四项基本原则为前提；服务对象相同，都是为广大人民群众服务、为社会主义服务；社会作用相同，都是为了巩固人民民主专政、发展社会主义经济和建设社会主义精神文明。

（二）数字出版政策是数字出版法律法规制定的依据

数字出版政策对一切数字出版物的编辑出版、复制发行活动进行指导，数字出版立法作为数字出版活动的重要组成部分，当然离不开数字出版政策的指导。数字出版政策是数字出版法律法规制定的依据。在数字出版立法过程中，无论立法动议的提出，还是法律草案的起草，都应当考虑国家和执政党数字出版政策的总体精神。与此同时，许多行之有效且有长远价值的数字出版政策逐渐被固定下来，成为数字出版法律法规。因此可以说，数字出版法律法规的制定必须以党和国家的数字出版政策为依据，数字出版法律法规在适用过程中，也必须以党和国家制定的数字出版政策为指导，这样才能更好地实施。

（三）数字出版法律法规是数字出版政策得以实现的重要工具

数字出版法律法规由国家强制力保证实施，能够建立良好的数字出版关系和数字出版秩序，保证数字出版政策的贯彻执行。

数字出版政策是数字出版法律法规所体现的一般原则、精神和内容，数字出版法律法规是国家数字出版政策和执政党数字出版政策的定型化、条文化。因此，一方面，数字出版政策对数字出版法律法规具有指导作用；另一方面，数字出版法律法规对数字出版政策的贯彻落实也有很大的作用。数字出版法律法规是实现国家数字出版政策和执政党数字出版政策的最为重要的手段。如前所述，数字出版法律法规具有强制性，而数字出版政策则不具备这一属性，因此，如果没有数字出版法律法规的体现和贯彻，仅仅依靠数字出版政策本身的力量和资源，往往达不到它所要达到的经济、政治目的。当然，实现数字出版政策的形式有很多，数字出版法律法规只是其中的一种，它只有同贯彻数字出版政策的其他形式相互配合，才能发挥更大的作用。

二、数字出版政策与数字出版法律法规的区别

数字出版政策与数字出版法律法规在制定机关和程序、表现形式、调整范围和方式、稳定程度以及本质属性和功能等方面存在区别。

（一）两者的制定机关和程序不同

数字出版政策是由政党、国家有关组织和部门制定的，是一种行政手段，它往往代表着政治组织的意志和利益，不具备强制力，其制定的程序相对比较简单，内容原则以及解释余地广泛。我国的数字出版政策既有国务院、国家新闻出版署、其他各部委制定的关于数字出版编辑、出版、复制、发行等方面的政策，也有各地方省、市、自治区等制定的地方数字出版政策。

数字出版法律法规是由国家制定或认可的，具有国家意志的属性。数字出版法律法规由国家专门的立法机关即全国人民代表大会

及其常务委员会，或者拥有立法权能的机关如国务院及其各部委等依照法律程序而创制，其立法权限和创制程序均有严格而复杂的规定。

（二）两者的表现形式不同

在我国，数字出版政策经常以国家机关制定和颁布的决定、决议、命令、规则、规定、意见以及通知、领导人讲话、会议纪要、号召等形式出现。如《国民经济和社会发展第十一个五年规划纲要》《文化产业振兴规划》《关于加快我国数字出版产业发展的若干意见》《关于发展电子书产业的意见》《新闻出版业"十二五"时期发展规划》《关于推动传统出版和新兴出版融合发展的指导意见》《新闻出版业数字出版"十三五"时期发展规划》等。

数字出版方面的法律法规通常采用制定法的形式。已经出台的有关数字出版的法律法规主要有《中华人民共和国刑法》《中华人民共和国民法典》《中华人民共和国行政许可法》等，以及一些单行法律（如《中华人民共和国著作权法》《中华人民共和国反不正当竞争法》等）和一些单行法规（如《计算机软件保护条例》《信息网络传播权保护条例》等）。

（三）两者的调整范围、实施方式不同

从范围上看，数字出版政策所调整的社会关系要比数字出版法律法规广泛得多，它大到关于数字出版产业的发展、培育和规范数字出版市场、数字出版授权和使用机制，小到关于加强数字出版物的质量管理、打击侵权盗版行为、数字出版环境下未成年人保护等，涉及数字出版的方方面面。而数字出版法律法规所调整的，则往往是那些在数字出版活动中对国家、社会有较大影响的社会关系领域，如数字出版管理关系、数字出版活动中的违法犯罪行为及其惩罚、计算机软件的保护等。

从方式上看，数字出版政策是应对的手段，它不仅要处理既有的问题，而且要对正在形成或将要出现的问题作出反应，因此它偏重采取灵活多样的措施，以适应社会形势不断发展变化的需要。而数字出版法律法规一般调整较为稳定的社会关系，所以它偏重对既有的社会关系的确认、保护或控制。

（四）两者的作用时效和稳定程度不同

数字出版政策作为数字出版活动的指导原则，往往是宏观的方针性号召，在执行过程中允许有灵活性，而且随着数字出版环境的变化要不断地修正、补充和完善，由于动态性较大，因此时效较短。而数字出版法律法规一般都是在数字出版政策长期实施以后取得一定经验的基础上确立下来的、比较具体的行为规范，时效较长，而且它的制定、修改或废止都要经过严格复杂的法定程序，具有较强的稳定性。

（五）两者的本质属性和基本功能不同

数字出版政策代表的是政治组织的利益和意志，不具备强制力的属性；而数字出版法律法规代表的是国家的利益和意志，具有强制力的属性。数字出版政策只有通过特定程序，被国家机关制定或认可为数字出版法律法规，才能获得国家强制力的保证，成为人人必须遵守的规范。

从功能上讲，数字出版政策的基本功能是"导向"，即运用行政手段，原则性地规定或号召、鼓励、支持数字出版活动，以达成数字出版政策的目标；而数字出版法律法规的基本功能是"制约"，运用法律手段，规定人们应该做什么、能够做什么、不能做什么，限制和约束人们的数字出版行为，以保护数字出版业的健康发展。

三、推动数字出版政策与数字出版法律法规的协调发展

在对我国数字出版产业发展进行指导与规范的过程中，迫切需要将"刚性"的数字出版法律法规和"柔性"的数字出版政策结合，不断协调发展，不断完善，形成完整的、合理的数字出版法律制度体系。

（一）数字出版政策与数字出版法律法规协调发展的措施

如何推动数字出版政策和数字出版法律法规协调发展，更好地促进我国数字出版产业的发展，主要从以下三方面进行探讨。

1. 理顺两者间的关系

准确把握、理顺数字出版政策与数字出版法律法规之间的关系，是推动数字出版政策与数字出版法律法规协调发展的基础，对我国数字出版产业的指导和管理工作大有裨益。如前文所述，数字出版政策和数字出版法律法规两者既有联系，又存在区别。两者皆有自己独特的优点和缺陷，在调节数字出版活动的过程中都是不可或缺的力量，可谓"和而不同""殊途同归"。因此，在认识和处理数字出版政策和数字出版法律法规的关系时，我们需要意识到两者是相互独立的存在，具有差异性，不能将两者简单等同，同时也不能夸大两者之间的差异性来割裂两者之间的联系，将其完全对立起来。值得注意的是，由于我国数字出版正处于快速发展阶段，数字出版政策和数字出版法律法规也将不断跟进与调整。如何进一步推动两者协调发展，还需要学界对数字出版政策和数字出版法律法规的内涵与外延作出合理界定，并对两者之间的逻辑关系进行进一步探讨。此外，国家可以大力资助数字出版法律法规和数字出版政策方面的科研项目，加强理论基础研究，从而发挥其在理顺两者关系中的作用。

2. 提高数字出版政策水平，为数字出版法律法规提供指导

数字出版政策往往为数字出版法律法规的制定和修订提供较为丰富的文本内容和施行经验，提高数字出版政策水平有助于推动数字出版政策和数字出版法律法规协调发展。提高数字出版政策水平，应从完善数字出版政策体系、建立数字出版政策制定的组织体系和监督体系、大力培养数字出版政策的管理人才三个方面着手，以保证数字出版政策的科学性和合理性。尤其数字出版政策的制定，它并不是恣意而为的，其内容不能与现行的数字出版法律法规相违背。另外，在数字出版政策的制定过程中贯彻法治思维，把政策的制定建立在民主、科学和法治的基础上，也可以更好地为数字

出版法律法规提供指导。如在制定数字出版政策时，把"公众参与、专家论证、风险评估、合法性审查、集体讨论决定"作为必经程序，做到依法制定政策；同时政府可建立法律顾问制度，让法律顾问为制定规范性文件提供法律意见，用以保证政策的制定质量和水平。

3. 完善数字出版立法，为数字出版政策的有效实施提供保障

我国数字出版立法正处于起步阶段，法律的制定还是"摸着石头过河"，之前存在的数字出版法律位阶太低、保护力度弱、缺乏前瞻性、操作性不强等问题依旧存在。① 这些因素制约着其为数字出版政策的实施提供更加强劲的保障。因此，完善数字出版立法，使之有效促进数字出版政策的贯彻执行，也是推动数字出版政策和数字出版法律法规协调发展的建设性意见之一。例如，首先增强立法的科学性与前瞻性，以保证数字出版法律法规的稳定性。立法者在全面掌握现实情况的基础上，还要对数字出版的发展趋势有所了解，为未来可能出现的新问题及其解决对策留足空间。其次增强数字出版法律法规的可操作性。立法过程中，立法者应细化、明确每一条法律条文，使其能顺利应用于具体实践中，也为防止曲解法律条文甚至"钻法律空子"的现象发生。通过完善数字出版立法，建立良好的数字出版关系，规范数字出版市场秩序，保证数字出版政策得以有效地贯彻执行。

（二）数字出版政策与数字出版法律法规协调发展的意义

数字出版政策与数字出版法律法规不断协调，共同向"善策"与"良法"的方向发展，有利于构建科学的数字出版法律体系，有利于提升数字出版领域的法治化水平，有利于引导数字出版产业的健康有序发展。

1. 有利于构建科学的数字出版法律体系

目前，我国已形成包括法律、行政法规、地方性法规、行政规

---

① 黄先蓉. 中外数字出版法律制度研究 [M]. 武汉：武汉大学出版社，2017：296.

章和其他规范性文件、法律解释、国际条约及协定等在内的数字出版法律体系基本框架，这对数字出版产业的发展起到了规范和保障的重要作用。然而，法律制度不够健全、法规政策之间配合不够紧密甚至相互冲突等问题，在一定程度上也影响了数字出版产业的发展。面对日益变化的数字出版环境，无论是数字出版法律法规还是数字出版政策，都需要不断完善，并相互借鉴、协调发展。数字出版法律法规和数字出版政策的协调，意味着在实践过程中，两者都会服务于数字出版产业发展这一目标，会坚持各自制定和发展的科学性和合理性，以减少二者之间的摩擦、抵触和矛盾。二者的良性互动有利于构建科学的数字出版法律体系。

2. 有利于提升数字出版领域的法治化水平

数字出版现在是我国出版业管理的重点领域，提升数字出版领域法治化水平对于加快数字出版产业发展、推进全面依法治国具有重要意义。当前，数字出版产业作为朝阳产业，发展迅猛，与之同时，面临的问题也日益凸显。尤其在利益关系复杂、矛盾比较集中的数字版权方面，相应的法规和制度建设还不完善，管理行为也不够规范，法治思维仍然缺失。这种情况下，将数字出版发展纳入法治化轨道，通过法治化途径规范数字出版发展，就显得尤为重要。数字出版政策与数字出版法律法规协调发展，有利于构建科学的数字出版法律体系，使数字出版管理工作有法可依，这是提升数字出版领域法治化水平的前提条件。同时，数字出版管理部门是否依法办事，也影响着数字出版领域的法治化进程。作为一种行为准则，法律法规具有强制性和稳定性，通过对执法人员的职能范围和执法的程序及方式作出具体限定，有利于克服人治的随意性和无序性，提升执法人员的执法效能；而利用数字出版政策的引导功能，积极开展数字出版领域内的法治教育和宣传活动，有利于强化执法人员的法治观念和法律意识，提升其运用法治思维和法治方式管理数字出版工作的能力和水平。此外，数字出版政策与数字出版法律法规协调发展，有利于数字出版企业在出版活动中明确自己的权利、义务和违法行为应承担的法律责任，从而提升企业自律的自觉性与主动性，切实做到遵法、学法、守法、用法，确保每一项数字出版活动都在数字出版政策和法律法规规定的范围内有序进行。

3. 有利于引导数字出版产业的健康有序发展

由于开展数字出版立法与修订工作须经过特定的程序、花费大量的时间，数字出版法律法规很难对日益更新的数字出版环境作出及时回应。而数字出版政策的灵活性和适应性可以对此进行弥补，它能快速对数字出版产业发展过程中出现的新问题、新挑战加以制度上的回应与调整，甚至能预见性地对将要发生的情况做出反应。此外，数字出版法律法规的强制性是数字出版政策顺利且有效实施的重要保障。因此，为解决数字出版领域不断出现的新问题，数字出版政策和数字出版法律法规需要处于协调发展的状态，相互补充，克服各自的局限性。协调发展状态下的数字出版政策和数字出版法律法规，能够为数字出版活动提供完备的行为准则，也有利于政府及时、高效地调节、化解数字出版产业发展中面临的各种纷繁复杂的问题，有利于引导数字出版产业朝着健康有序的方向发展。

第七章　数字出版标准

根据 GB/T 20000.1—2014《标准化工作指南 第 1 部分：标准化和相关活动的通用术语》中的定义，标准是指"为了在一定范围内获得最佳秩序，经协商一致制定并由公认机构批准，共同使用的和重复使用的一种规范性文件"。由此可知，标准制定的基础是科学、技术和经验的综合成果。标准被制定并使用的动力来源于市场需求与共同的利益，这一动力促使利益各方聚在一起形成各类标准，同时也促使各方自愿使用标准。标准是一个行业有序健康发展的重要保障，其能促进技术交流与创新发展，提高劳动生产率，并能规范产业链，提高产业效能。

在我国，出版业标准化意识的萌芽始于两千多年前出版业的形成初期，当时秦朝推行"书同文"的制度，出现了中国最早的出版标准化行为。中华人民共和国成立后，我国先后出台了一系列规范出版活动的相关文件，使出版业在版本、排版形式、图书出版统一编号和定价方面迅速实现了标准化。改革开放后，随着与国际市场的接轨，出版业开始重视采用国际标准，比如连续出版物号标准、国际书号标准、书号条码标准、音像制品编码标准等。此外，我国的许多出版、印刷、发行单位还积极引入 ISO 9001 国际质量管理体系等国际标准，提高了经营管理水平和出版物质量，也为出版物的国内外市场销售提供了标准技术支持。①

最近几年，数字出版产业蓬勃兴起。在我国，目前已经形成了包括电子图书、数字报纸、数字期刊、网络原创文学、网络教育出版物、网络地图、数字音乐、网络动漫、网络游戏、数据库出版

---

① 华夏. 数字出版标准建设发展研究［D］. 北京印刷学院，2014.

物、手机出版物等形态在内的数字出版产品。这些出版物形态的丰富与多样化不仅对人们的生活方式产生了巨大影响，也对出版业的管理与发展造成强烈冲击。整体而言，数字出版产业的发展离不开数字出版标准的确立。从微观角度来看，数字出版标准能够使得出版机构参与数字出版的成本降低，内容的数据交换与共享更加便捷；从宏观角度来看，数字出版标准是我国从出版大国向出版强国迈进的重要基础条件。面对新的形势，我国的相关机构对数字出版标准体系的建立进行了很多有益的尝试，既吸取采纳了很多国际通用的标准，也自主研发了新的标准，不断推动我国数字出版产业向前迈进。

第一节　数字出版标准概述

数字出版标准，是数字出版各个环节和相关行业为了实现最佳秩序而对数字出版发展中现存的或可能产生的问题制定的需共同遵守和重复使用的规则。数字出版标准化的意义在于通过开放、统一的标准降低行业整体的成本，用有限的资源获取效益的最大化，实现技术兼容、内容共享以及数字出版产业链条上各方的利益均衡。

一、我国数字出版标准化概况

这里主要从我国数字出版标准化机构和数字出版标准的主要类别出发，对我国数字出版标准化概况做简单介绍。

（一）我国数字出版标准化机构

1. 标准化管理机构

我国标准化工作的主管机构是国家标准化管理委员会，由国务院授权履行行政管理职能，统一管理全国标准。国家新闻出版署统一管理新闻出版行业标准化工作，下设的数字出版司科技与标准管理处是新闻出版标准化工作的主管部门。各省、自治区、直辖市及市、县质量监督局也设有标准化管理机构，统一管理本行政区域的标准化工作。

2. 专业标准化技术委员会

专业标准化技术委员会是在某一领域从事标准化活动的技术组织，肩负着标准制定、宣贯和组织实施的职责，上接标准化和行业主管部门，下对产业与市场，在标准化工作中占据着核心的位置。[1] 目前，我国共有五个标准化技术委员会分别从出版、印刷、发行、信息和版权领域开展数字出版的标准化工作。

（1）全国新闻出版标准化技术委员会。2012 年 1 月成立，该组织是由国家标准化管理委员会直接管理的一级国家标准化技术委员会。其秘书处承担单位为中国新闻出版研究院标准化研究所。其负责新闻传播领域与出版业务相关的标准化工作，涵盖传统出版和数字出版国家标准和行业标准的制定、修订及宣传贯彻工作，具体包括书、报、刊、音像电子出版物、数字出版物、网络出版物领域的国家标准制定、修订工作。

（2）全国印刷标准化技术委员会。1991 年 6 月成立，是唯一与国际标准化组织印刷技术委员会（ISO/TC 130）对应的中国印刷标准化机构。2008 年后，其秘书处承担单位由中国印刷科学技术研究所调整为中国印刷技术协会。其代表我国参与国际印刷标准制修订工作，负责全国印刷领域的标准化工作，包括按产品划分的书刊印刷、报纸印刷、包装印刷等领域的国家标准和行业标准制定、修订及宣传贯彻工作。其制定的标准涉及印刷流程的印前、印刷、印后处理，印刷技术的凹印、胶印、网印、柔印、数字印刷等种类。

（3）全国出版物发行标准化技术委员会。成立于 2004 年 6 月，并于 2010 年成为国家级标准化技术委员会。其秘书处承担单位为新华书店总店。负责出版物发行领域的相关标准化工作，包括出版物发行术语、出版物发行信息分类与编码、出版物发行物流技术、出版物发行电子商务、出版物发行作业和流程规范、出版物发

---

[1]　国家新闻出版广电总局数字出版司．新闻出版标准化工作手册[M]．北京：中国标准出版社，2015.

行服务及管理等方面标准制定、修订及宣传贯彻工作。

（4）全国新闻出版信息标准化技术委员会。成立于 2007 年 8 月，2014 年 12 月实现了由行业级标委会向国家级标委会的升格。定位于总揽全行业信息标准化工作全局，承担并协调新闻出版行业信息化建设中的标准体系建设、标准立项和标准制修订等管理工作。其主要职能和任务是根据新闻出版行业信息化建设工作的实际，按照国家出版主管部门制定的一系列信息化发展规划的有关要求，在新闻出版电子政务和电子业务、商务多个领域积极开展标准化工作，从标准体系和技术上保证新闻出版产业链的上中下游信息类标准的统一和规范。

（5）全国版权标准化技术委员会（行业）。2013 年 12 月由国家新闻出版广电总局批准成立，其秘书处承担单位为中国版权保护中心，属于行业级标准化技术委员会。主要工作任务是提出版权标准化工作的方针、政策和技术措施的建议，负责版权相关标准的研究，组织制定版权标准体系表，提出本专业制定、修订国家标准和行业标准的规划、年度计划及采用国际标准的建议等。

3. 标准化支撑机构

（1）标准化研究机构。中国新闻出版研究院标准化研究所是国内唯一的国家级新闻出版领域标准化研究机构。它的研究范围包括新闻出版业标准化宏观战略政策、体系规划、基础理论、高新技术、国际标准、符合性测试等不同方面，涉及出版、印刷复制、发行传播、版权等多个领域。旨在通过标准化研究，为新闻出版各级行政管理机构加强行业管理提供科学依据和手段，为规范市场秩序、推动先进技术应用、引导产业发展提供支撑，为提升业内企业的管理水平和产品、服务质量提供指导，为了解和借鉴国外先进标准提供窗口和渠道。近年来，标准化研究所承担了科技部、国家社科基金、国家质检公益专项等一批国家级、署部级重要课题的研究任务。出版标委会已经发布和正在组织制定的标准超过 60 项，涉及基础通用、数字出版、动漫、游戏、版权保护等领域，并成功申报立项了我国新闻出版领域首个标识符国际标准《国际标准文档关联编码（ISDL）》。①

（2）标准注册机构。我国主要有四个标准注册机构，分别是中国 ISBN 中心、中国 ISRC 中心、中国图书在版编目（CIP）中心和中国 MPR 注册中心。

中国 ISBN 中心成立于 1982 年。2003 年 4 月，根据政府职能的转变和调整，新闻出版总署将"中国 ISBN 中心"划归新闻出版总署条码中心管理。2010 年 5 月，中国版本图书馆加挂新闻出版总署条码中心牌子。ISBN 中心的主要职能是：负责中国标准书号国家标准的修订和实施；负责全国出版者、出版物数据库和元数据的建立、管理和维护，定期编制和草拟向新闻出版广电总局、国际 ISBN 中心报送的有关数据及工作报告；负责图书出版单位、音像出版单位、电子出版单位和单项电子出版物出版者前缀的登记、管理及图书、音像、电子出版物书号的发放和打印；负责中国标准书号使用情况的监督检查，定期提出综合分析报告；负责向有关出版、发行、图书资料单位和出版管理部门提供关于使用中国标准书号的技术咨询、信息服务，以及相关业务培训；代表国内所有出版者与国际 ISBN 中心联系；负责 ISBN 业务系统的运转和维护工作；负责 ISBN 网站的业务建设、相关资源开发利用及网站维护；协调解决出版、发行、图书、情报各部门在使用书号时遇到的问题。

中国标准录音制品编码（ISRC）中心，2011 年 1 月 18 日经国家新闻出版总署正式批准，由中国版权保护中心筹备成立。作为 2009 年 9 月 30 日新修订发布的中国标准录音制品编码（GB/T13396—2009）的执行机构，负责中国 ISRC 编码的分配、管理与维护以及相关数据库的建立和运维；作为国际 ISRC 中心承认的中国国家注册中心，遵守国际 ISRC 中心章程，履行相应职责。中国 ISRC 中心作为新闻出版管理部门批准成立的国家标准执行机构，在保护相关权利人的合法权益，促进录音制品和音乐录像制品的传播，推动音乐相关制品的输出和引进，实现与国际音乐产业界良好

---

① 中国新闻出版研究院．标准化研究所简介［EB/OL］．［2020-04-13］．http：//cips. chinapublish. com. cn/kybm/bzhyjs/.

的衔接和交流，提高国产音乐的国际市场竞争力等方面发挥着重要作用。

图书在版编目中心（CIP）的主要业务职能是按国家标准完成出版单位在版编目数据的生成与管理；定期完成在版编目数据的网上发布与数据维护；负责培训行业在版编目工作人员；推进图书出版行业的标准化、规范化进程；为政府管理部门和行业提供数据服务；接受行业和社会的专题资讯服务；为相关业务部门提供数据服务。图书在版编目中心开发了计算机网络编目操作系统和出版社专用软件，实现了数据的申报、接收、核定、标引、审订、发布等工作程序的计算机网络化。

中国 MPR 注册中心是经国家新闻出版总署批准、由中国音像协会于 2014 年 8 月筹备组建的 MPR 注册机构。该中心为中国音像与数字出版协会内设机构，接受国家新闻出版广电总局和协会的领导，在国家新闻出版广电总局数字出版司的指导下开展工作。2014年 4 月，该中心被列为第一批社会管理和公共服务综合标准化试点单位之一。中心的宗旨是：以《MPR 出版物》国家标准的贯彻实施为基础，提供 MPR 编码管理的公共服务，促进 MPR 国家标准的推广和应用，推动我国出版产业数字化转型升级。

（3）标准实验测试机构。我国主要有四家标准实验测试机构，分别是数字出版标准符合性测试实验室，DCI（Digital Copyright Identifier）技术联合实验室、中国 ONIX（Online Information Exchange）标准应用研发联合实验室和 CNONIX（China Online Information Exchange）国家标准应用与推广实验室。

数字出版标准符合性测试实验室设在中国新闻出版研究院。其主要职责是瞄准国际数字内容标准符合性测试发展前沿，针对新闻出版及数字出版发展的重要科技领域和方向，开展数字出版内容测试前沿性和前瞻性科学问题的创新性研究，开展数字出版标准符合性测试技术与方法研究、数字出版标准研究，进行新闻出版标准符合性测试。

DCI 技术联合实验室设在北方工业大学。其主要职责是在 DCI 核心技术研究、标准制定、系统开发和应用推广方面开展工作，使其成为我国数字版权公共服务的技术研发和实验基地，为国家培养复合型版权服务高级人才。

中国 ONIX 标准应用研发联合实验室设在北方工业大学，主要职责是保障《中国出版物在线信息交换》国家标准的研究、应用与推广工作顺利推进；保障 CNONIX 标准的先进性，掌握国际 ONIX 标准发展动态。

CNONIX 国家标准应用与推广实验室设在北方工业大学，主要职责是在融合网络环境下，研究出版信息传播与营销分析，数据管理与运营、知识挖掘与服务、标准符合性测试等关键技术。

（二）我国数字出版标准主要类别

国际标准化组织（ISO）和国际电工委员会（IEC）将标准分为两种：第一种是可公开获得的标准，指国际标准、国家标准和地方标准等；第二种是其他标准，指企业标准、公司标准。根据《中华人民共和国标准化法》的规定，我国标准分为国家标准、行业标准、地方标准和企业标准四级。这里仅介绍数字出版国家标准和数字出版行业标准。

1. 数字出版国家标准

数字出版国家标准是指由国家标准化管理委员会批准、发布，在全国范围内统一和适用的标准。国家标准的编号由国家标准的代号、国家标准发布的顺序号和国家标准发布的年代号（四位数字）构成。国家标准的代号，由大写的汉语拼音字母 GB（强制性）、GB/T（推荐性）和 GB/Z（指导性）构成。标准顺序号用阿拉伯数字，后面加"—"，再加发布年号。在制定程序方面，根据 GB/T 16733—1997《国家标准制定程序的阶段划分及代码》，国家标准制定程序通常情况下分为九个阶段：预阶段、立项阶段、起草阶段、征求意见阶段、审查阶段、批准阶段、出版阶段、复审阶段、废止阶段。在 GB/T 16733—1997 中也规定了标准制定可采用快速程序，国家质量技术监督局于 1999 年颁布了《采用快速程序制定国家标准的管理规定》，对快速程序的管理作了进一步规范。快速程序是在正常标准制定程序的基础上省略起草阶段或省略起草阶段和征求意见阶段的简化程序。快速程序适用于已有成熟标准草案的项目，如等同、修改采用国际标准的标准制定、修订项目，或者修订现有国家标准、我国其他各级标准的转化项目。快速程序特别适用于变化快的技术领域（如高新技术领域）。①

2. 数字出版行业标准

数字出版行业标准是指国家新闻出版署对行业范围内需要统一的对象所制定的标准。行业标准的编号由行业标准代号、标准顺序号及发布年号组成。行业标准的代号由大写的汉语拼音字母构成。新闻出版行业标准的代号为 CY（强制性）、CY/T（推荐性）、CY/Z（指导性）等。行业标准制定程序的原则和要求基本与国家标准相同。行业标准的制定包括立项、起草、审查、报批、批准公布、出版、复审、修订、修改等工作。

二、我国数字出版标准化发展趋势

国际上，数字出版标准的竞争越来越白热化，发达国家利用承担国际标准化组织秘书处的优势，抢先把国内标准发展为国际标准。例如 PDF 标准是 Adobe 公司研发的企业标准，该标准从 2005 年至 2012 年陆续通过 ISO/TC130（印刷）发布为 ISO 国际系列标准。在国内，在标准制定落后于国际发展的局面下，我国不断对内借鉴国外经验，建立起政府引导和市场驱动相结合的标准体系，对外鼓励国内社会组织和企业参与国际标准竞争，争取承担更多国际标准组织技术机构和领导职务，增强国际话语权。近几年我国数字出版标准化发展呈现出良好势头，标准化组织机构建设趋于完善，信息化建设不断增强，参与标准制定的企业越来越多，企业对数字出版标准化工作的认识和积极性不断提高。总体来看，我国的数字出版标准化发展趋势主要体现在如下三个方面：

---

① 《国内外标准、专利概要》编写组. 国内外标准、专利概要 [M]. 北京：中国标准出版社，2006.

（一）团体标准、行业标准、国家标准协调发展

根据我国目前推出的标准化改革方案，未来我国制定的数字出版国家标准和行业标准将侧重于基础和管理性标准，数量增加将放缓，而产品标准和服务标准将制定为团体标准，其数量将逐渐增多。同时将逐步缩减现有推荐性标准的数量和规模，其推荐性国家标准的制定重点是基础通用与强制性国家标准配套的标准，推荐性行业标准的制定重点是本行业领域重要产品、工程技术、服务和行业管理标准，培育发展团体标准。另外，在国家有关部门必要的规范、引导、监督下，增加标准的有效供给，对团体标准不设行政许可，鼓励社会组织和产业技术联盟协调相关市场主体制定满足市场新需要且可自由选用的标准。国家新闻出版署对新闻出版业的国家标准、行业标准、团体标准进行合理规划，通过出台相关管理条例推动其相互协调、共同发展。

（二）加强对国际标准的跟踪与合作，推动我国标准走出去

国际标准的制定与一国在国际上的话语权相伴而生。当前国际上标准竞争越来越激烈，我国政府也逐渐认识到标准制定的重要性，不断支持和鼓励参与国际标准化活动。2011 年，全国出版物发行标委会首次成为欧洲电子数据交换组织（EDItEUR）的会员，并以中国国家工作组的身份成为其下出版物在线信息交换标准（ONIX）国际指导委员会的成员之一，参与国际书业标准的工作与讨论并行使投票权。2013 年我国通过积极争取与自身多年经验，成为国际标准化组织印刷标准化技术委员会（ISO/TC 1300）秘书处承担国。2015 年，我国印刷领域还积极推动了由我国主导制定的 ISO 16762《印刷技术 印后加工 一般要求》、ISO 16763《印刷技术 印后加工 装订产品》两项国际标准的制定。此外，在多年跟踪和积累的基础上，在国家标准化管理委员会和国家新闻出版广电总局的大力支持下，2015 年由我国主导制定的《国际标准关联标识符（ISLI）》在 ISO 正式出版，打破了英、美、德、法在国际标识符领域长期的垄断地位。但是我国当前对于 ISO/TC46/SC4（技术

互操作）、ISO/TC46/SC8（质量统计和绩效评估）、ISO/TC46/SC10（文件储存和保存条件的要求）、SC11（档案/报告管理）制定的标准不熟悉。对国际标准化组织和国际电工委员会联合第一工作组（ISO/IEC JTC 1，信息技术标准化技术委员会）制定的多项数字出版标准也没有跟踪和参与。[1] 因此，我国应该密切关注国际上的标准化组织与发达国家内部制定的标准，了解其动向，进行跟踪和研究，鼓励国内社会组织和企业积极参与其中，推动我国先进标准走出去。

（三）完善建设数字出版标准符合性测试和认证机构

标准符合性测试是指测量产品或系统的功能、性能、安全性等指标，并比较其与相关国家标准或行业标准所规定的指标之间符合程度的测试活动。认证是指由国家认可的认证机构证明一个组织的产品、服务、管理体系符合相关标准、技术规范或强制性要求的合格评定活动。因为数字出版的强技术性特征，所以需要仪器和设备对数字出版产品或服务进行检测和检验，才能判定它们是否符合标准要求。整个程序是：标准制定—标准实施—产品标准符合性测试—产品认证认可。如前所述，中国新闻出版研究院已经成功建立数字出版标准符合性测试实验室。但是，相关标准的研制开发、对行业需求的研究、专业技术人员的配备、行业宣传还远远不够，在未来还需要不断完善，以推动行业健康发展。

第二节　数字出版标准内容研究

根据数字出版标准内容类别的划分，这里简单地介绍具有重要影响的主要数字出版标准，对数字出版标准存在的问题进行分析，并提出制定数字出版标准的原则。

---

① 张立. 2015—2016 中国数字出版产业年度报告［M］. 北京：中国书籍出版社，2016：292.

一、我国数字出版主要标准

按照数字出版标准的基本内容，可以对数字出版标准进行如下分类：

（一）标识符标准

标识符标准是新闻出版业的基础标准，是对内容资源进行管理和应用的基石，也是国内外数字出版标准化的首要任务。在数字出版环境下，对数字出版内容和相关参与方进行唯一标识，有利于海量资源的检索、利用和提升版权保护的力度。目前，我国共有七种与数字出版相关的标识符类标准：中国标准书号、中国标准连续出版物号、中国标准录音制品编码、新闻出版数字资源唯一标识符、中国标准名称标识、中国标准乐谱出版物号、中国标准关联标识符。这些标准分别对内容资源、内容提供者、相关机构进行编码和标识，共同构成相互支撑的标准体系。

（二）描述型元数据标准

描述型元数据标准是指对出版物内容资源的各方面属性进行描述的标准，使其在交流、传送过程中畅通无阻，实现数据共享和交易。目前描述型元数据标准有很多种，其中最传统的是 MARC 标准，最早它是国际图书馆协会联合会（IFLA）于 1977 年主持制定的《国际机读目录格式》（UNIMARC），是一种国际通用格式，能解决机读书目数据和内容标识符不统一的问题，从而可以在国际范围内交换书目数据。我国于 1999 年发布了《中国机读目录格式》（CNMARC）行业标准，规定全国公共图书馆都采用 CNMARC 进行文献编目。此外，应用非常普遍的有都柏林核心元数据，是由都柏林核心元数据计划组织（DCMI）制定的。我国在 2010 年发布实施了 GB/T 25100—2010《信息与文献 都柏林核心元数据元素系》，该标准是对国际标准的修改和采用，已推广至我国的出版与图书馆领域。除此之外，我国还将国外的在线信息交换标准（ONIX）转化为国家标准应用于出版全流程，并制定实施了图书在版编目数据、中文图书标识规则、图书流通信息交换规则等元数据标准。

（三）出版格式标准

出版格式标准是指对数字出版物的格式从不同层面进行规范，实现数字产品的更大范围共享的标准。目前，由全国新闻出版信息标准化技术委员会制定，2013 年由国家新闻出版广电总局发布的《数字内容对象存储、复用与交换规范》系列行业标准是我国的主要数字出版格式标准。它包括三个部分：《数字内容对象存储、复用与交换规范 第 1 部分：对象模型》《数字内容对象存储、复用与交换规范 第 2 部分：对象封装、存储与交换》《数字内容对象存储、复用与交换规范 第 3 部分：对象一致性检查方法》。此外，正式发布的还有《数字阅读终端内容呈现格式》《电子图书内容格式基本要求》等行业标准。

（四）版权系列标准

版权系列标准是为了解决互联网数字内容侵权盗版等一系列难题，实现版权相关产业的长足发展的目标而制定的。目前，全国版权标准化技术委员会联合多家单位组织制定，并于 2015 年正式颁布的有五项基础性标准：《数字版权唯一标识符》《版权权利描述元数据》《版权服务基础代码集》《版权服务基础数据元》《嵌入式服务接口规范》。此外，在新闻出版广电总局报批的其他版权行业标准有《平台外部数据交换接口规范》《嵌入式版权服务流程规范》《数字作品版权登记档案数据规范》《数字作品版权登记业务流程规范》等十项。

（五）数字发行标准

制定数字发行标准是为了规范我国出版物流通领域数字产品信息描述与交换格式。当前我国最主要的数字发行标准，是由全国出版物发行标委会组织制定的《中国出版物在线信息交换》标准（简称 CNONIX），该标准于 2013 年 6 月发布时为行业标准，12 月升级为国家标准。此外，该标准采用了最新版的国际上的《在线信息交换》（ONIX）标准，确定了我国传统出版和数字出版与出版发行业务相关的核心元数据，满足了出版者向发行者、图书馆等图书销售价值链上的伙伴传递产品信息，提供信息统一数据格式的需要。2015年，基于该标准的进一步实施，全国出版物发行标委会又组织制定了多项行业标准，如《基于CNONIX的图书产品信息采集规范》《CNONIX标准符合性测试规范》《书业电子商务流程规范》等。

（六）数字印刷标准

数字印刷标准的制定是为了满足印刷技术日新月异所带来的新领域对标准的需求。比如，全国印刷标准化技术委员会积极推进的《胶印数字化过程控制（多部分）》《数字印刷纸张印刷适性及检验方法》《数字印刷油墨要求及检验方法》《数字印刷品质量要求及检验方法》《数字硬打样样张质量要求及检验方法》等多项数字印刷国家标准和行业标准。

（七）统计标准

数字出版中统计标准的制定是为了适应新媒体及其内容形式的发展，为我国政府和行业的统计工作提供技术支撑和参考。我国最早的有关数字出版的统计标准是2009年全国新闻出版标准化技术委员会制定的《中国图书、报纸、期刊和电子出版物的出版和发行统计》行业标准。之后，2013年全国新闻出版标准化技术委员会启动《数字出版统计》系列标准制定工作，拟分为《数字图书统计》《数字期刊统计》《数字报纸统计》《数据库统计》等标准。目前，除《数字期刊统计》外，其他标准还在制定过程中。

二、我国数字出版标准存在的问题

如前文所述，在政府的支持和多方推动下，我国数字出版标准制定领域不断拓展，标准体系不断完善并初具规模，但是我国的数字出版标准现在仍存在一些问题，主要体现在如下三个方面：

（一）标准制定的质量和水平不高

虽然我国政府大批立项研制数字出版标准，但是大多数标准的承担单位和起草人并不了解如何编写标准，也不熟悉标准化程序，所以需要在标准起草过程中花费时间和精力普及相关标准化知识和标准编写方法，导致标准的颁布时常延期，标准的质量和水平缺乏保证。而且数字出版技术发展的速度又很快，标准制定的周期延长也会导致标准跟不上产业进步的步伐。标准的质量影响标准的实施甚至整个行业的发展，所以必须重视标准的制定问题，在不断学习和发展中提升标准的质量和水平。

（二）标准制定工作程序不规范

按照 GB/T 16733—1997《国家标准制定程序的阶段划分及代码》，我国国家标准制定划分为预阶段、立项阶段、起草阶段、征求意见阶段、审查阶段、批准阶段、出版阶段、复审阶段、废止阶段。但在实际的标准制定中，各阶段存在一些不规范的现象。比如，预阶段还未科学论证就开始研制标准，导致多次更改名称或内容；起草阶段的不充分讨论导致工作组内意见存在分歧；征求意见阶段没有充裕的时间和全面的调查范围，沟通不及时，反馈意见处理不科学等；审查阶段邀请专家较草率，不能尊重持不同意见的代表。这些问题的存在使得标准的适用性存在很大的疑问。

（三）标准实施情况堪忧

"重制定，轻实施"的现象在标准化工作领域长期存在。除开政府文件或规定的支持，大多数数字出版标准因为不具备强制性的效力因而很少被采用。此外，很多标准在制定完成后并没有相关部门开展培训和广泛的监督检查，所以并不清楚出版单位对标准的使用情况。标准的推广和实施往往需要花费比制定时更多的精力与时间。比如1972年发布的国际标准书号（ISBN），也经历了40多年的推广才覆盖到全世界200多个国家和地区。目前，我国已制定完成的数字出版标准多达50多项，但是在行业内发挥很大作用的标准却不多，所以标准的监督、推广和实施仍然是我国数字出版标准工作中的一大问题。

三、我国数字出版标准制定应坚持的原则

数字出版标准包含大量的先进技术、复杂的工艺以及科学成果，具有灵活性和广泛的可接受性。制定数字出版标准的目的是在数字出版领域内获得最佳秩序和最佳的共同效益。现阶段，我国数字出版标准制定首先应从实际出发，结合行业发展现状，先制定一批基础、急用标准，对行业起到一定规范和引导的作用。其次，在我国数字出版市场不断国际化的今天，也要把握好引进与自力更生相结合的标准制定原则。

（一）积极推动标准国际化，但不盲目采用国外标准

国际标准的竞争不仅仅是技术问题，必须把参与制定国际标准竞争提升到战略竞争的高度。2013 年，第 93 届国际标准化组织理事会会议通过决议，增加对 ISO 贡献率第六位的国家，我国成功成为 ISO 技术管理局的常任成员，这是我国继 2008 年成为 ISO 常任理事国、2011 年成为 IEC 常任理事国之后，在国际标准化工作中再次取得的重大突破，为我国的数字出版标准化工作创造了良好的条件。2016 年 9 月，第 39 届国际标准化组织大会在我国顺利召开，并且签署了 ISO 历史上第一个和主办方合作的宣言——《北京宣言》，进一步提升了我国标准国际化的水平和影响力。

一方面，随着数字出版在全球范围内的强劲发展，利用标准占领国际数字出版贸易竞争的制高点，是确保数字出版产业在我国健康、可持续发展的重要目标。为此，政府在研制各项数字出版标准时，应注重参考发达国家的标准化经验和国际上先进的技术标准。数字出版标准研制和实施不能只停留在满足国内市场需求的层面，还要以世界市场的需求为导向和参考，推进数字出版标准的国际化。另一方面，信息技术时代，标准与专利的结合不可避免，新技术的掌握者大多寻求以知识产权保护自己的技术。数字出版物具有信息技术产品的特性，因此数字出版标准就很容易成为拥有"专

利灌丛"的载体。因此在制定数字出版标准的过程中，应特别注意国外标准中的知识产权与专利问题，不可盲目采用，避免落入"专利陷阱"。

（二）积极制定具有自主知识产权的标准，构筑产业"安全墙"

一方面，国外的标准和技术未必能完全满足我国数字出版的发展现状和技术需求，如中文电子书的信息符号、编排格式，读者的阅读习惯等都跟国外有很大区别。国外标准中所含的技术规范在我国也未必完全适用，这需要和国内市场上能够普遍适用的技术相匹配。另一方面，在数字出版核心的、关键性的技术标准制定中，建议不采用国外标准，而应积极制定具有我国自主知识产权的技术标准，防止和避免网络媒体传播的西方价值观念潜移默化地动摇我国人民的行为准则，进而对我国进行文化和经济渗透，因此，应以立足国内为本，积极制定并采用拥有我国自主知识产权的技术和标准，构建"产业安全墙"，对国内数字出版产业以及数字文化形成有效的保护。

第三节　数字出版标准与数字 出版法律法规的关系

数字出版标准与数字出版法律法规有着密切的关系。数字出版标准涉及数字出版产业的各个环节，是保证数字出版物产、供、销获得最佳秩序的规则。数字出版法律法规是规范数字出版活动的法律规范，是行政管理部门依法管理的依据。两者在为数字出版行业的发展创造良好的竞争环境和运行秩序方面具有公共目的的一致性。在实践中，它们会表现出良性、中性或恶性三种互动关系。

一、数字出版标准与数字出版法律法规的构成及功能特征

数字出版标准包含大量的先进技术、复杂的工艺以及科学成

果，具有灵活性和广泛的可接受性。而数字出版法律法规是由国家强制力保证实施的、具有普遍约束力的社会规范，具有稳定性和不可抗性。

（一）数字出版标准的构成与功能特征

数字出版标准的构成要素包括：第一，保证数字出版物产、供、销获得最佳的秩序和效果；第二，在协商一致的基础上制定；第三，可以共同和重复使用。

数字出版标准的功能特征包括：第一，生产属性。根据新闻出版标准的技术性文件或管理规则来组织生产，不仅可以保障数字出版产品的质量和性能，还可以最大限度地降低生产成本，提高生产力和管理水平。第二，技术性和可操作性。数字出版标准的技术要求和性能指标是以满足生产和使用要求为基础的，经过生产实践的数字出版标准符合技术先进原则，能具体地指导生产活动。第三，经济性。当前，标准不仅是控制生产的手段，而且已经发展为调节贸易的手段。数字出版标准化的主要目的就是提高服务质量，实现生产高质量和高效率所带来的经济效益、社会效益和环境效益等。

（二）数字出版法律法规的构成与功能特征

数字出版法律法规的构成要素包括：第一，法律明晰的权限；第二，调整数字出版活动中所产生的各种社会关系；第三，国家强制力保证实施。

数字出版法律法规的功能特征包括：第一，强制性。数字出版法律法规是由国家强制力保证实施的、具有普遍约束力的社会规范。第二，管理性。数字出版法律法规是由国家明确规定的有关数字出版事业及其从业人员的权利与义务的规范，包括了管理数字出版事业的各项要求。第三，稳定性。数字出版法律法规是由国家制定或认可的有关数字出版活动的行为规范，其制定和修改都有严格的程序，具有较好的稳定性。

二、数字出版标准与数字出版法律法规的比较

只有厘清数字出版标准与数字出版法律法规的共性与差异，才能更好地在实践中运用数字出版标准和履行数字出版法律法规所规定的权利与义务。

（一）数字出版标准与数字出版法律法规的共性

数字出版标准与数字出版法律法规的共性主要体现在公共目的的一致性上，都是为了在数字出版行业的发展过程中创造良好的运行秩序与竞争环境。数字出版标准是为了在数字出版领域内获得最佳的秩序和促进最佳的共同效益，对数字出版活动规定共同的和重复使用的规则；而数字出版法律法规作为规范数字出版活动中所产生的社会关系的手段，是通过对社会主体之间的利益平衡和保护来实现行业发展的正常秩序。

（二）数字出版标准与数字出版法律法规的差异

第一，本质属性不同。数字出版标准的自然属性为自愿性，而数字出版法律法规属于法律范畴，具有法定性和强制性。这是二者的本质区别。

第二，规范对象不同。数字出版标准是对数字出版产业链所涉及的各个环节，包括产、供、销等活动进行规范和协调；而数字出版法律法规是对数字出版活动中所产生的各种社会关系的行为规范进行协调。

第三，主要内容不同。数字出版标准的内容主要包含数字出版、印刷、发行等一系列过程所应遵循的普遍的技术要求和具体的技术细节。数字出版法律法规则是侧重于规定有关数字出版事业及其从业人员的权利与义务，保护国家利益和社会公共利益的内容。

第四，制定程序不同。在我国，新闻出版行业国家标准和行业标准的制定应按照《国家标准制定程序的阶段划分及代码》的有关规定进行。具体而言，标准一般由企业、科研单位负责或组织工作组制定，由专业标准化技术委员会或专业标准化技术归口单位组

织审查。而法律是由全国人民代表大会或全国人民代表大会常务委员会制定；行政法规由国务院制定、发布；行政规章由国务院各部委以及其他直属机构在自己的职权范围内，按照法定程序制定、发布等。

三、数字出版标准与数字出版法律法规的关系模式

受数字出版标准的市场适应性、数字出版法律法规制度的发展、政府职能及相关制度的转变等因素的影响，数字出版标准与数字出版法律法规之间通常会表现出良性、中性、恶性三种关系模式。

（一）良性互动关系

表现为数字出版标准与数字出版法律法规能够形成一种协调一致、相辅相成的关系。一方面，是数字出版标准对数字出版法律法规的补充作用。数字出版标准包含了大量的先进技术、复杂的工艺以及科学成果，经过市场检验的数字出版标准具有广泛的可接受性。我国在制定数字出版法律法规的过程中遇到技术问题时，就可以借助有关标准来解决，即引用能满足立法需求的数字出版标准。这样，立法部门既有效地解决了技术问题，又充分利用了标准的技术性。标准配合法规对市场进行调节，也保障了数字出版法律法规执行的可操作性。另一方面，数字出版法律法规对数字出版标准的推动和保障作用。数字出版法律法规为了保障所引用标准的有效实施，规定违反标准造成不良后果者，要追究其法律责任，通过强制性手段规范实施数字出版标准的行为，从而有效地防范违法行为对社会政治经济秩序以及安全等可能构成的危害，维护公共利益。同时，这样也保障执法机关依法行使监督标准实施的职权，促使标准实施主体能够自觉地遵守标准。

（二）中性互动关系

表现为数字出版标准与数字出版法律法规在制定和实施过程中一定的互动关系，但是相互之间并没有产生积极或消极的影响。我

国的标准体系采用强制性标准与推荐性标准相结合的模式，标准一开始就从形式上进行区分。数字出版标准与数字出版法律法规在制定和实施过程中形成了一定的互动，如 MPR 出版物标准。但是由于数字出版标准与数字出版法律法规关系没有理顺等原因，造成了数字出版标准在行业内应用不足，数字出版法律法规缺乏具体的可操作性等问题。

（三）恶性互动关系

数字出版标准与数字出版法律法规的关系还取决于数字出版标准的水平和市场适应性。数字出版法律法规具有强制性，如果所引用标准的内容不够科学合理，市场适应性不足，反而会影响数字出版法律法规的实施。目前，虽然我国数字出版行业的标准化意识有所提高，但数字出版标准的制定仍然存在着企业参与度不够以及标准发布后宣传力度不够等问题。而在国外，标准制定有严格的、科学公正的程序，标准制定要求广泛参与、协商一致、公开和透明，以相关利益各方为制定主体，确保标准的科学性、合理性和可行性。

第四节　数字出版标准与数字出版 法律法规的协调发展

数字出版标准与数字出版法律法规建设是保障我国新闻出版业健康、持续发展的重要基础性工作。两者的协调发展，不仅能有力推动数字出版业更好地适应经济全球化的快速发展，实现生产、服务和管理的高质量和高效率，而且能有力推动数字出版业国际化的发展进程，增强其国际竞争力。

一、协调发展的必要性

数字出版法律法规的实施能够保障和促进数字出版标准的广泛应用，而技术的快速发展也使数字出版法律法规迫切需要通过引用标准以提升其技术性和适应性。

（一）适应 WTO/TBT 即《技术性贸易壁垒协定》的需要

2001 年我国加入世界贸易组织，数字出版标准与数字出版法律法规与国际接轨已是必然趋势。在这种大趋势的驱动下，数字出版标准与数字出版法律法规的协调发展也是应有之义。我国数字出版标准与数字出版法律法规都是在计划经济背景下逐渐建立起来的。我国数字出版标准体系与国际相关标准体系有所不同。我国标准从一开始就在形式上分为强制性标准和推荐性标准，并且均由政府主导制定。而 WTO/TBT 规定，标准是被公认机构批准的、非强制性的、为了通用或反复使用的目的，为产品或其加工或生产方法提供规则、指南或特性的文件。世界贸易组织大多数成员国的标准也是在协商一致的基础上制定并具有自愿性，需要强制的有关内容由技术法规直接规定或者法规通过引用相关标准赋予其强制性。作为世界贸易组织成员方，我国数字出版标准与数字出版法律法规要协调发展，并与国际接轨，客观上要求我们必须遵守国际惯例，建立数字出版标准与数字出版法律法规良性的互动关系。

（二）市场经济的内在要求

标准作为一种自愿遵守的规范性文件，之所以在市场经济国家产生，是由于市场的需要，出于减少无谓消耗的考虑。立法机关在制定技术法规时会尽可能引用相关标准，被引用的标准具有强制属性。标准是协助法律法规来调节和规范市场的，标准与法律法规相辅相成，配套实施。市场经济体制下，标准应该由市场的相关方主体制定，由公认机构发布，供市场各方自愿使用。标准要依靠自身良好的适用性逐步确立它的权威性，并扩大其影响力。政府应着重于法律法规的制定和实施，通过法律法规对市场进行宏观调节，这样才符合市场经济的要求。数字出版标准是调节数字出版市场的技术手段，为了适应市场经济体制需要，应与数字出版法律法规建立恰当的联系，实现与数字出版法律法规的协调发展。

（三）技术快速发展的需求

随着技术的进步，数字出版法律法规更多地涉及技术问题的解决，而引用标准成果，使数字出版标准成为数字出版法律法规的支撑，可以有效地解决这类问题。数字出版法律法规的制定有严格而复杂的程序，修订也需要很长的审批时间，因此现有的数字出版法律法规难免存在一些适应性较差和可操作性不强等问题。而数字出版标准的制定相对灵活，修订周期也比较短。数字出版标准是科学、技术和经验的综合成果，通过生产实践和市场检验的数字出版标准，符合技术先进原则。数字出版法律法规要提高其市场适应性，实现可操作性，就需要引用相关标准成果。采用不注明日期引用标准的模式，被引用标准的最新修订版本将会自动适用于法规。标准能够充分反映最新的技术成果，及时反映市场的需求和变化。法规的内容也因适应了市场技术的最新发展而变得具有可操作性。

二、协调发展应解决的主要问题

数字出版标准与数字出版法律法规协调发展应解决的主要问题，不仅包括各自本身的问题，还包括两者在发展互动过程中的规范与系统性问题，以及管理部门之间的协调问题。

（一）数字出版强制性标准的法律属性问题

我国的标准体系是计划经济体制下建立的，一开始就将标准从形式上区分为强制性标准和推荐性标准。1988 年实施的《中华人民共和国标准化法》（以下简称《标准化法》）第 7 条明确规定："国家标准、行业标准分为强制性标准和推荐性标准。保障人体健康，人身、财产安全的标准和法律、行政法规规定强制执行的标准是强制性标准，其他标准是推荐性标准。"第 14 条规定："强制性标准，必须执行。"1988 年《标准化法》中强制性标准的内涵和属性都与国际上的"技术法规"有相似之处，"强制性标准"在某种程度上扮演了"法规"的角色。但是强制性标准与法规在主要内容、制定主体、制定程序和执行效力等方面都有很大的差异。

WTO/TBT 协定即《技术性贸易壁垒协定》也明确规定："标准是被公认机构批准的、非强制性的……"需要强制的有关内容由技术法规直接规定或法规通过引用相关标准赋予其强制性，因此，将强制性标准混同于法规的做法是不合理的。我国作为世界贸易组织成员方，数字出版标准体系要争取与国际接轨，应尽早恢复"强制性标准"的自愿属性，这样才有利于进一步促进数字出版标准与数字出版法律法规的协调发展。

（二）数字出版标准市场适应性问题

标准具有良好的市场适应性和实用性，是标准为立法所用的前提条件之一。法律法规具有强制性，如果所引用标准不具有足够的市场适应性，就会造成法律法规的不适用，这对于社会所产生的负面影响是不可估量的。例如美国在立法中对于是否要引用某一标准，是需要相关机构对要引用的标准进行评定的，评定人员包括行政工作人员、法律代表、经济学家、技术专家以及其他相关团体代表，由他们共同参与评定。如果标准能够达到立法目标，就在技术法规中直接引用；如果标准评定委员会发现标准在某些方面不能满足立法所需或者适用性不足，一般就会采取修改引用。由此可见，标准是否被法律所引用，是与标准的市场适应性和标准对立法目标的适用性密切相关的。因此，要构建数字出版标准与数字出版法律法规的协调发展，要解决的问题之一就是提高数字出版标准的市场适应性。

（三）数字出版标准与数字出版法律法规相协调的规范性问题

在构建数字出版标准与数字出版法律法规良性互动关系的过程中，要注意解决协调发展的规范性问题。建议政府主管部门通过专门的行政法规来约束数字出版标准与数字出版法律法规协调发展体系的制定和实施，这一行政法规必须明确以下几点：第一，明确数字出版标准与数字出版法律法规协调发展的相关组织机构及其权限。第二，明确数字出版标准与数字出版法律法规相协调的目的及其涉及的内容。第三，数字出版法律法规引用数字出版标准化成果的程序要规范，包括立项、起草、标准论证、意见征询、修改、审查、通报、审议、批准发布、实施、复审等程序。如标准论证阶段需要规范评定委员会的人员组成、主要职责、论证程序等。评定委员会的人员结构要合理，应该包括标准化专家、法律专家、技术专家、行政工作人员以及企业代表等其他相关利益方代表。第四，要规范数字出版法律法规引用相关标准化成果的模式、格式和编号规则等。在国外，技术法规引用标准的模式通常有三种：一是注明日期引用，二是不注明日期引用，三是普遍性引用。同时，也可以借鉴欧盟指令的做法，按统一的编号规则对所有的已引用标准的法规进行编号，这样有利于引用标准的法规查询、管理和修订等。此外，还要注意规范法律法规引用标准的文本格式。

（四）数字出版标准与数字出版法律法规相协调的系统性问题

系统论认为，任何事物都存在于一定的系统之中。在数字出版标准与数字出版法律法规协调发展中，标准与法律法规之间存在着内在有机的联系。只有通过系统的方法、结构、程序等，才能实现体系最优系统效应的目标。第一，在系统功能上，需要明确数字出版标准与数字出版法律法规在市场经济条件下的各自功用，之后建立起它们之间一种恰当的联系，以使数字出版标准与数字出版法律法规更加适应市场经济发展的规律，并在其中充当恰如其分的角色。即通过数字出版法律法规对市场进行宏观管理，数字出版标准则负责对微观经济的调控，再将两者统一起来——数字出版标准支撑数字出版法律法规，实现对于数字出版市场的综合调控。第二，数字出版标准与数字法律法规协调发展体系是由每个单一的对象（一部引用数字出版标准的数字出版法律法规为一个单一的对象）组成的，在系统结构上，应该根据每一个对象的适用范围来确定其应属于哪一层级。根据法的效力和适用范围的差别，我国数字出版法律法规体系纵向上可分为宪法、法律、行政法规、行政规章、地方性法规规章、国际条约、法律解释七个层级，而对应着每一个层级，在横向上又可根据立法目标或调节对象的不同划分成不同的类别。第三，数量比例上，首先需要明确的是，标准是否以法律形式强制实施，应该根据标准的性质、社会工业化程度、现行法律和客观情况等慎重考虑，并不是所有的标准都需要通过法律形式强制实施。另外，在系统中引用标准化成果的法律法规形式也要有一定的比例控制，如果在横向上法规调整内容一致，在纵向上法规级别不一致，较高级别法规已经引用相关标准化成果，那么就应避免或者尽量减少下一级别法规再次引用，以免造成系统臃肿。

（五） 数字出版标准与数字出版法律法规部门的协调问题

数字出版标准与数字出版法律法规的协调发展关系到社会政治、经济、贸易以及新闻出版事业发展等方方面面，涉及从中央到地方政府各部门的职能。数字出版标准与数字出版法律法规协调发展的具体内容制定和实施，需要标准与法律法规部门充分沟通，统一完成。只有法律法规制定部门和标准化组织之间形成合作参与关系，才能做好两者的协调发展工作。因此，数字出版法律法规制定部门和标准化组织应共同成立一个专门的协调发展部门，下设若干工作组，具体负责协调发展有关项目的立项、标准论证、意见征询、修改、申报等工作。同时，协调发展部门还负责监管数字出版法律法规引用标准后的市场反应以及意见反馈、对于被引用标准的跟踪审查（如此标准是否已修改、是否已废止、是否被替代等）。协调发展部门充当的就是数字出版法律法规部门和数字出版标准化组织之间的桥梁，保证立法部门和标准机构能够充分交换意见，使立法和相关标准的制定形成合力。

第八章　数字出版法律制度的完善

　　法律变革的历史表明，几乎所有的法律准则均是以法律的形式表现了社会的经济生活条件。当技术创新成为推动社会进步和经济发展的主要力量时，调整社会经济关系的法律制度必须对此作出回应。

　　数字信息时代是一个从原子到比特世界的转变时代，数字技术与互联网技术已经逐步发展成为广泛渗透到社会各个领域的信息基本技术，并在现实物理空间之外不断拓展出虚拟现实的数字化网络空间，而这一数字化生存空间对法律提出新的要求，即工业社会立法向后现代立法转移，主要特征是规范无形产权和非现实社会关系的法律规范。随着信息化的推进与信息技术的延伸，出版产业与网络科技、数字信息融合加速，其形态也在向数字化快速转型。相比于传统出版，数字出版更完美地融合了技术和内容，成为未来出版产业的一种主要趋势和发展方向。与此同时，在传统印刷条件下建立起来的出版法律制度由于数字出版本身的复杂性而受到极大冲击。法律环境是出版产业稳定发展的重要前提和保障，因此，为发展数字出版这种由新技术产生的新兴产业，积极完善或修订现有出版法律制度以寻求制度创新是必然之道。在前文梳理我国数字出版领域法律制度建设现状的基础上，以跟随我国数字出版法律制度建设与创新的实然趋势，本章内容确立了完善我国数字出版法律制度的整体思路，并从基本制度和具体制度层面对我国数字出版法律制度的完善提出建议，希冀以此为我国数字出版产业的快速、高效发展保驾护航。

第一节 技术发展与法律制度的关系

在社会发展中，科学技术的发展起着非常重要的作用，是在一定的生产过程中总结出来的，其在协调生产关系各要素的同时，提高了社会生产力发展水平。与此同时，技术的变革在影响和改变经济基础的同时作用于上层建筑——法律。法律作为上层建筑，是在一定经济基础之上形成并为之服务的，因此法律作为经济基础的产物，也就决定了它的性质。

经济基础决定上层建筑，上层建筑反作用于经济基础，这一规律现如今已被大众广泛接受。作为主要生产力的技术在这一规律指引下，必将与上层建筑外延所涵盖的广阔内容发生密切关联。与此同时，法律制度作为上层建筑的重要组成部分，亦必然遵循历史规律，与技术之间拥有复杂而又清晰的双向互动关系。技术的发展需要制度创新的保障，技术融合更需要制度融合作为先导。法律制度是一个国家或地区的所有法律原则和规则的总称。因此，探究技术发展与法律制度二者间关系的关键在于厘清技术与法律的本质联系。通常情况下，社会发展必然会带来技术进步，技术进步是推动社会发展的再生动力，而在此过程中，技术进步需要法律的保障和推进才能够发挥其功效。二者会针对彼此的变化作出相应的理性回应，进而保持密切的互动关系。

一、技术与法律的本质冲突与协同共进

技术与法律都是人理性与经验的产物和表现，又都是现代社会重要的社会和文化现象。二者间基于相通和互别而呈现出的冲突与协同，就是在它们都作为现代社会重要的社会力量和社会构成机制的意义上被阐释的。并且其相互间的冲突和协同或许是最本质性的联系。从法律与技术各自具备的特性而言，技术和法律在本质上存在与生俱来的冲突，这种冲突表现为两个或者两个以上的主体相互影响、相互干扰、相互对立的一种状态。但回顾历史，我们认识到法律完善和技术发展之间亦存在密切的相关性，具体表现为二者间

327

的协同演进。

（一）技术与法律的本质冲突

技术的本质在于实现个人与自然关系中的充分自由，且在科技与市场的共同作用下处于持续进步与发展中。① 法律的本质在于通过声称权威促进社会成员之间的容忍义务、合作与协调，阻碍人们完全按照自我意识进行自由行动，而这种权威声称的基础在于以明文规定的方式面向公众服务。② 由此，我们不得不承认，技术和法律在本质上存在与生俱来的冲突性，具体表现在以下几个方面：

首先是技术私益性与法律公益性的冲突。技术意味着给拥有者带来直接的经济效益，其效益的获取不必依赖于其他个人与集体的配合，对其效益的享用具有排他性，且技术主体以自身利益的最大化为最终追求。法律则以维持公众利益与私人利益的最佳平衡状态为出发点，代表社会分配利益和负担，如何分配总有一定的利害计算和价值考量，更多基于社会性与公益性的考量去处理复杂的经济关系，保障和发展全社会的共同利益。

其次是技术变动性与法律稳定性的冲突。技术变动性是技术发展和进步的本质属性，具体表现为在市场刺激中行为主体引发的技术不间断创新。其与法律的稳定性品格相左，正如亚当·斯密所言："法律与政府的自然进步要比技术的自然进步缓慢。"③ 法律不能对技术进步作出即时的反应，表现出一定的滞后性，使得一些涉及技术的领域出现法律空白地带。

再次是技术持续复杂性与法律控制有限性的冲突。伴随技术的实体部件、环节与外部环境的关联程度逐渐增加，技术被理解和被应用的领域更加宽泛，技术体系与社会之间的相互作用表现出更为

---

① 陈凡. 论技术的本质与要素 [J]. 自然辩证法研究，1988（1）：61-67.

② 罗时贵，郑双玉. 法律的本质：基于法实证主义与自然法之间展开 [J]. 广西社会科学，2017（2）：93-98.

③ ［英］亚当·斯密. 国民财富的性质和原因的研究（下卷）[M]. 郭大力，王亚南，译. 北京：商务印书馆，1974.

复杂的关系。而面对不间断变化的、复杂的现代技术，法律的控制力量显得力不从心，无法顾及现有社会关系的方方面面，实现全方位、无纰漏的调控。

最后是技术的高度确定性与法律的相对不确定性。精确严密的标准化追求是技术的内在本质，其在已有创新基础上进行的突破所具有的可计量性与可预测性程度极高，引致的社会经济变革现象的确定性极为明显。虽然法律也要求具备一定的确定性和可预测性，但是由于法律总要涉及很多复杂的利益和价值选择与平衡，因此其本质上存在着较多的不确定因素，比如其所借助语言表达中出现的歧义性，立法者以及司法者的法律条文解读能力、认知能力以及职业素质等方面的局限，甚至是司法体制层面的原因，法律不可能达到如技术那般的绝对确定的标准化要求。

（二）技术与法律的协同共进关系

在技术成为第一生产力的今天，其通过社会经济基础的作用改变着社会的整个面貌，在技术与法律等上层建筑的关系中，尽管二者之间存在诸多的价值冲突，但二者间相互促进、相互作用的关系是现实存在的。

一方面，技术的发展需要法律予以支持，法律保障和促进了科学技术的发展，通过立法使其朝着规范化、合法化的方向发展，促进了科技成果的顺利转化，从而保证其最终实现经济效益和社会效益的双重目标。目前，世界各国都在通过法律来确认科学技术的发展在国家各项事业中的优先战略地位，通过法律的普遍性、强制性以及权威性等特点，通过立法的形式来确保技术研发活动的持续性发展，从而动员国家资源来促进技术发展。在此过程中，法律成为进行技术研发、组织、管理以及协调的准绳，调节着技术成果应用中产生的利益关系，从而保证促进技术成果的合理使用和推广。

另一方面，技术是法律产生和发展的一个重要基础，法律因为技术的发展而扩展到更为广泛的领域，不断地以新的东西来完善和充实其内容，进而完善法律体系构建。由于技术的发展，在人们的法律意识中曾经根深蒂固的神权法学已经完全退出了历史的舞台，唯心主义的法律观也已经基本得以清除，法律越来越显示出理性和实证的特性，并逐渐延伸和渗透到社会生活的方方面面，内化为法律的制度和程序设计体系。而技术的发展使人们改造客观世界的能力增强，新的法律议题不断地产生于人类的社会实践活动中，针对原有社会关系和法律定义提出一系列新的问题，从而构建出新的立法领域，促进着法律制度体系的完善。

由上可知，技术的发展和法律的进步在一定程度上是密不可分的，技术对法律有决定性的作用，法律对技术也有能动的反作用，二者在这样的辩证关系中不断地相互促进、相互作用、协同发展。在二者的互动过程中，任何一方发展的滞后或者脱节，都会影响技术系统、法律系统甚至是整个社会系统的健康运转。因此，在现实社会中，必须要坚持技术发展与法律演进的协调性与一致性，真正将技术与法律当作社会这个统一的有机系统中两大子系统，使其能够在彼此作用中充分发挥各自的最大潜能。

二、法律制度对技术进步的保障作用

著名经济学家吴敬琏先生曾经指出：推动技术发展的主要力量，不是技术自身的演进，而是有利于创新的制度安排。[①] 通过确立相关法律制度以保障技术进步的实现，源于技术发展所衍生的社会关系，技术进步所引致的新型社会关系需要完善相关法律制度予以调整，并以强制性的手段抑制其朝着负面方向发展。

（一）技术进步中的新型社会关系需要通过完善法律制度加以调整和确认

技术是引起社会变革的动因，影响着社会结构的形成与社会关系的变动。在市场经济条件下，技术活动所涉及的各种社会关系，如劳动生产中的雇佣关系、协同合作中的合伙关系等，均需要相应

---

① 袁国顺，袁晓苗. 我国科技立法的六大误区——兼议《科学技术进步法》的缺陷 [J]. 中国科技论坛，2002（1）：68-69，76.

的法律规范加以及时调整。技术的进步会带来新型社会关系的出现，若新型社会关系中出现新的矛盾与冲突解决需求，就需要完善相关的法律制度予以调整。比如当今最热门的信息技术研究开发、信息基础设施的建设和使用过程中产生的新型社会关系，信息市场各主体之间以及网络环境中衍生的新型社会关系，以及信息资源的共享与信息保密、网络安全与信息安全、信息垃圾等新问题均需要通过完善现有的法律制度予以调控。

此外，现实生活中，人们享有的任何权利都需要通过制定相关法律来予以确认和保护，义务的履行也需法律予以强制性保障，以此来给人们提供明确的行为模式，保证社会系统的平稳运行。随着科学技术生产力逐渐取代物质生产成为社会第一生产力，生产关系尤其是生产资料所有制关系随之发生巨大变化，① 新的经济基础结构与新的权利义务关系由此形成。比如商业管理数字化带给企业主体以及相关人员新的权利以及行为约束义务，这些新权利与义务的出现需要通过完善现有的法律制度予以确认与保护，这是法律制度内在功能价值的突出表现，使得新技术环境下的技术使用行为有法可依。

（二）通过法律制度的强制性要求对技术成果的不当使用进行规范和引导

技术发展是一把双刃剑，具有正面和负面的作用，它既可以推动社会生产和人类文明的进步，带来巨大的物质财富和精神财富，也可能引起种种社会公害，继而阻碍社会的顺利运转。爱因斯坦曾说过，科学技术是一种强有力的工具，怎样使用它，给人类带来幸福或是带来灾难，完全取决于人类自己。技术本身是无害的，但其效益的评判最终取决于它的驾驭者。对技术成果的误用、滥用，非道德、非法使用均会给人类社会带来极大的危害性。由于法律对人的行为具有指导和规范作用，因此通过建立健全相关法律制度能够

① 蔡宝刚.知识经济社会的权力转移与法律发展走势探析［J］.理论与改革，2003（1）：3.

防范主体人对技术成果的不当使用，在一定程度上对潜在的社会问题起到预防和抑制作用。①

　　法律的一个重要特征就是国家强制力保证实施，因而，法律制度的确立本质上等同于形成一套完整的刚性管理制度，即通过使用国家强制力规范科学研究和发明创造活动，解除非良性制度的干涉，从而为技术进步营造一个自由、宽松的社会氛围，维持公平、有序的技术竞争环境。如我国《科学技术进步法》第 107 条规定："禁止危害国家安全、损害社会公共利益、危害人体健康、违背科研诚信和科技伦理的科学技术研究开发和应用活动。"针对同一技术而言，不同主体人会有不同的价值判断，但若技术主体均基于"私益"的价值选择肆无忌惮地开展技术利用行为，虽在短期内可以增加个人的收益，但长期来看无疑会严重阻滞社会的价值增长。因此，作为"公益"表现形式的法律制度的确立和完善，能够以其对技术使用者行为的强制性规定来解决技术进步和防止技术滥用之间的矛盾，通过制度安排为其设置一个利用的均衡点，从而促进技术成果的合法与高效应用。

三、技术进步对法律制度演进的重大影响

　　技术是法律产生的一个重要基础，又不断丰富着法律的内容，支持法律制度的完善和演进。现实社会中，人们之间存在的法律关系并不完全或者自动由自然的因果关系所决定，但是人们对某些自然现象或者是社会现象中存在的一些因果关系的确认往往会影响法律制度的运作。因此，若是认定技术发展是基于试验、观察、发现因果关系的一种系统努力，那么由技术发展而引发的对现实生活中新型因果关系的认定、理解和把握，通常会对法律制度的进一步发展和完善产生重大影响。而技术发展对法律制度的这种影响，并不仅仅表现在立法层面，也表现在司法与执法层面。

---

　　① 刘远碧. 科技进步与法律制度［J］. 四川师范学院学报（哲学社会科学版），2001（4）：5-8.

（一）技术进步影响法律的调整范围，促进法律制度的完善

法律必须注重连续性和稳定性，以实现其维护社会秩序的价值。从社会学的角度来理解法律，法律的主要功能或许在于建立和保持一种大致可以确定的预期，以便利人们的相互交往和行为，从这个意义上讲，法律从来都是社会上一种比较保守的力量，而不是一种具有自我变革驱动力的力量。① 因此，促使法律制度演进的动力并不在于法律本身，而在于适应技术发展引发的社会环境变迁。美国革命家、思想家托马斯·杰斐逊指出，每一部法律的自然有效期不应超过 19 年，上一代人制定的法律必须经下一代人的同意才能产生约束力。② 这种主张的本质在于伴随不断变化的社会生活环境，法律制度也应当随之发生变化以服从社会发展所提出的正当要求。

由此可知，技术进步带来的人类活动的新领域以及由此产生的新型社会关系促使法律内容的进一步丰富和发展，影响法律的调整范围。同时，技术也会针对现有法律制度范围内产生的一系列新问题对传统法律内容进行改进，例如各国著作权法在最初的立法中并未涉及艺术作品的数字版权保护问题，但是随着信息技术的进步和数字出版的蓬勃发展，针对作品设置数字版权保护成为一个亟待解决的问题，因而各国著作权法针对此类问题进行修订，这反映出技术发展对于现有法律制度的内容完善。

（二）技术进步带来立法与司法模式更新，保障法律制度的确立与灵活应用

立法是一种专业性、技术性很强的操作过程，其专业性、技术性程度与社会文明进步的水平成正比，当然也就与技术发展的水平成正比。技术进步带来的立法模式更新主要表现在科学技术对法律

---

① 苏力. 法治及其本土资源［M］. 北京：中国政法大学出版社，1996.

② ［英］亚当·斯密. 国民财富的性质和原因的研究（下卷）［M］. 郭大力，王亚南，译. 北京：商务印书馆，1974.

渊源与传播方式的影响。在法产生的早期阶段，习惯法是法的主要渊源，法的传播形式是口头传播。而伴随文字的产生、印刷术与造纸业的发展，成文法普及成为可能，由此发生后来的习惯法向成文法变迁，最终促使成文法成为法的主要渊源。而如今的纸质载体向数字化载体的转变必然带来法律传播与呈现形式的改变，法律的传播速度更加快捷，宣传更为广泛和精确，从而为立法的公开化、民主化实现创造了前提条件。

同样的，从古代"神判""天罚"到运用机械物理破案，再到电脑鉴别微量物证破案等，无不印证了技术发展对司法模式的影响。技术的不断发展与更新为法律提供了更加科学、更加严谨、更加有效的司法措施，技术越来越广泛地融入司法过程中的事实认定、法律适应以及法律推理环节，如 1905 年英国伦敦警察局通过指纹鉴别技术成功破获一起凶杀案，成为世界上公认的第一起司法机关利用新技术来确定犯罪事实的案例。当代甚至出现了"计算机法官""计算机律师"和"电子测谎仪"等高科技法用器械和新型犯罪预防器具，大大提高了司法的效率与力度，也不断为司法自动化作出重大的贡献。

第二节　技术发展与出版法律制度演进

作为传播与传递人类文明最重要的方式，出版活动始终为满足与引导人们在各个层面对信息、知识与其他精神产品的需求而不断探索。在此过程中，围绕出版活动的"编、印、发"环节形成了推动出版产业发展的技术体系，出版活动的变迁史逐渐演变为与技术进步互动发展的动态进化过程。而出版活动作为一种推进知识经济社会发展的技术应用与商业化活动，其顺利开展需要相关法律制度的建立、规划、完善与约束。技术进步带来的出版活动变革离不开出版法律制度的保障，从印刷技术到电子技术，再到数字技术，其均为出版活动的开展与出版产业的发展提供了巨大推动力，尤其是当今迅猛发展的数字信息技术更使得出版产业在接受助力的同时面临着前所未有的冲击力。每一种技术进步在给出版活动带来深刻影响的同时，也促进了以出版活动相关主体、客体、内容为调节对象的出版法律制度的变革，这一点在复制技术与版权保护法律制度二者的关系上体现得更为明显。

一、技术影响下的出版活动与出版法律制度肇始

人类社会以文字为载体的交流活动起始于人类社会产生文字之时，而近现代意义上以文字为核心的出版活动则是国家形式出现之后的事。作为在人类社会生活中传播思想、普及知识、积累文化的活动，出版活动是人类文明的一种高级形式，也是保存和传承文明的重要载体。出版活动的起源、演进与技术发展息息相关。而在此过程中，伴随出版活动的不断升级，以规范调整出版活动所衍生的社会关系为核心要义的出版法律制度以国家强制力保障为坚实后盾也得以初步构建。

（一）技术发展视角下的出版活动溯源与发展

出版技术之于出版活动的开展就如同翅膀之于飞鸟、沃土之于森林。出版技术本身是一个集合概念，主要包括制版、排字、插图、装帧、装订等专业技术，此外还受到造纸、制造以及能源技术发展水平的制约。因此，出版技术的发展与革新并不是一蹴而就的，其过程是分项目、分阶段独立、渐次地发展和完善的。① 追溯出版活动的发展历程，我们认为文字的发明和印刷技术的发展是出版活动产生的前提和基本条件，其中，印刷技术自其问世之日起，它的每一次进步与创新都会带来出版业的巨大变革和人类文明的极大飞跃，马克思喻其为科学复兴的重要手段，是为精神发展创造必要前提、推动人类文明发展的强大杠杆。因此，可以说要研究出版活动的源起与发展，就不能忽视印刷技术的巨大作用。

在印刷术尚未问世的时代，书籍均以手抄复制的方法为少数读者提供阅读服务，这是出版活动的原始形态。在此期间，造纸技术

---

① 王清．技术因素对现代出版的作用与评价［J］．新闻出版交流，2001（2）：7-9.

的出现与改进改善了书籍的载体材料，增加了平民抄书读书的机会，为图书的流通提供了条件。但与金文、石刻相同，手抄复制只能算作极其原始的出版行为，还不是正式的出版活动。我国最早的出版活动可追溯到唐明宗长兴三年（932）"敕令国子监博士儒徒"以雕版印刷技术对儒家经典西京石经本印行。雕版印刷技术是在中国古代图章盖印和刻石拓碑的基础上发展起来的，其克服了抄本复制的缺点，开创了依照一个版本原样进行复制的图书生产技术，加快了图书生产速度，满足了出版活动兴起的基本条件。至宋代活字印刷技术的出现，出版活动日趋发达，开始出现接受委托、从事刻印或出售书籍的书商，以书籍印刷活动为核心的出版活动商业化趋势逐渐凸显。而真正的"出版活动"概念形成始于西方铅字排版、机械印刷技术传入之后，近代民族出版业的兴起和中国出版业的建立和发展都是以此为基础的，伴随区别于手工化出版程序的新式印刷、装订、排字等先进技术的逐渐应用以及出版设备的机械化、电子化、数字化发展趋势，现代意义上的出版活动正式形成。

纵观出版活动的发展历程，其整体呈现为一种"技术决定论"的发展趋势，因此，若按照技术给出版物生产方式尤其是出版物的复制方式带来的影响来划分出版活动发展的全部历史过程，则可划分为出版的起源、手工抄写出版、手工印刷出版、机械印刷出版以及现代化技术制作出版五个发展时期。

（二）近代出版法律制度之初构

印刷技术的出现对于近代出版法律制度的产生有着极其重要的意义。正如许多学者的考证结果，有关出版的法律规范并没有因为人类创作第一部作品而产生，而是在印刷技术的广泛应用带来出版活动不断活跃的条件下，规范调整出版活动中所产生的各种社会关系的出版法律制度雏形才得以逐渐形成，并呈现出与技术影响下的出版活动升级、转型如影随形的发展趋势，可以说是现代意义上印刷技术的出现和普遍使用促进了我国近代出版法律制度的建立和发展。

真正意义上的出版法律制度初构始于"清末修律"过程中涌

现出的一批新闻出版法律法规，如 1906 年《大清印刷物专律》、1908 年《大清报律》、1910 年《大清著作权律》，其为之后北洋政府和国民党政府时期《出版法》《报纸法》《管理新闻营业条例》《宣传品审查标准》等的制定起到了一定的示范作用，亦为后来我国出版法律制度的形成和完善提供了一个可供借鉴的范本。晚清出版立法产生于一个较为特殊的社会历史时期，可称之为中国历史上的"千古未有之大变局"时期，统治阶级面临的是一个内外交困的局面。西方出版自由理念强势入侵引致民间办报风潮骤然兴起，其与统治阶级所主张的言论控制观念之间存在许多尖锐的矛盾和激烈的冲突。在中西、新旧两种出版理念的激烈碰撞与交融中，我国出版法律制度体系得以孕育。

从现有资料看，清末政府并未制定一部专门的出版法，而是以各种例令、专折以及相应的具体规定来对当时的出版活动加以规制，且规制的对象大多为各类教科书的编撰、翻印以及审定活动，比如《学部奏简易识字课本编竣折》《学部第一次审定教科书凡例》等。但是考虑到出版活动并不是局限于教科书的审定、复制和发行，针对报纸等其他出版物的发行监管，清政府又从三个方面来弥补当时出版法规存在的不足：一是制定了对一般印刷物进行管理的专门法律——《大清印刷物专律》，设立了印刷物的主管机关，实行印刷物的注册登记制度，规定了诽谤的几种情形以及需要承担的相应法律责任；二是针对新闻传播活动的监管制定专门法律——《报章应守规则》《大清报律》，明确了报刊禁止事项和开办报馆需要呈交批准的相关要求，并对出版物的进口活动作出规定；三是制定对作品权利主体合法权益进行保护的专门法律——《大清著作权律》，其对著作权的概念、作品的范围、作者的权利、取得著作权的程序、著作权的期限、著作权的限制等问题均作出了相应的规定。

虽然晚清出版立法存在一些缺陷，如作为封建上层建筑的晚清出版立法目的在于从法律层面巩固和发展封建社会经济基础，立法者依然无法摆脱传统法制思维的影响，并未使我国出版事业走向真正的法治道路，但是在一定程度上而言，晚清的出版立法构建起了我国出版法律制度的最初框架，从法律的角度确认了出版事业的合法地位以及公民在一定范围内的出版自由权利，针对印刷技术环境下的出版活动立法规制初步形成了一个较为完整的出版法律体系，较为清晰地勾勒出晚清时期的出版法律制度框架，代表了近代中国出版法律制度的萌芽阶段。

二、技术发展背景下的出版法律制度演进

从长远来看，我们认为是传播媒介本身而不是内容的传播在根本上影响着人们对于现实生活的感知、理解和价值判断。① 随着不同时代的媒介的变迁，人类知识生产的方式以及出版物本身的存在形式将会发生重大的转变，由此还会引发相应的人类社会结构的极大变革，由此产生的新型社会关系与经济行为则需要相应的法律制度变革予以规制。媒介变迁的根本推动力在于技术的持续革新，因此，从出版技术尤其是印刷技术变迁的角度来分析出版法律制度演进，有助于我们全面把握现代出版法律制度的历史进程与完善动力。出版法律制度是一种外在的激励与调节机制，其发端于出版物的生产和流通，伴随知识经济发展与出版技术应用而不断完善。若参照出版活动演变过程中较为显著的出版技术变革，则可认为出版法律制度以印刷技术为基础形成，之后电子技术、数字技术带来的出版技术变革进一步促使其不断演进与完善，整体经历了"告别铅与火、走过光与电、迎来数与网"三个完整的发展阶段。

（一）印刷技术时代的出版法律制度

印刷技术的本质在于储存信息并进行信息的大量复制。印刷术的广泛应用标志着知识普及时代的来临，知识传递从口传时代到文字印刷时代的转变过程中，其载体经由气态到固态的本体转向，至此，书籍成了新的知识的主要载体，这对于人类精神生活和知识生产而言产生了巨大影响。不论是手工还是机械印刷时代，复制技术一直都是出版技术体系的核心，从雕版印刷、活字印刷一直到机械

---

① 胡潇. 媒介认识论［M］. 北京：人民出版社，2012：402.

印刷,其技术水平的发展与提升主要体现在工具、机械等物质形态上。在此阶段,围绕印刷出版物的生产、传播与消费环节,我国逐步形成一个以文化建设为引领、以法治建设为根本的出版法律制度和发展体系。

印刷技术时代的出版法律制度构建集中出现在中华人民共和国成立之后。我国围绕出版活动的立法工作虽不乏坎坷与曲折,但整体上呈现为一种波澜壮阔的历史进程。中华人民共和国成立初期到中共八大召开这段时期是党和政府探索出版立法的开端,这期间制定实施了《关于处理违法的图书杂志的规定》《全国报纸杂志登记暂行办法草案》《管理书刊出版业印刷业发行业暂行条例》等行政法规对出版活动的各个主要环节进行全方位监管。此后,"文化大革命"时期的十年立法停滞期一直到党的十一届三中全会召开才得以打破,《出版管理条例》《印刷业管理条例》《报纸出版管理规定》《期刊出版管理规定》等法律法规的颁布实施标志着我国出版立法工作的进一步迈进,法律制度体系基本完善。

至此,针对出版发行市场规制、出版行业管理、著作权保护等方面存在的问题,以《宪法》《刑法》《民法典》《著作权法》《广告法》等为主要出版法律渊源,以《出版管理条例》《印刷业管理条例》《报纸出版管理规定》《著作权法实施条例》《图书出版管理规定》《期刊出版管理规定》等行政法规和部门规章为核心的印刷时代的出版法律制度得以健全。

(二)电子技术时代的出版法律制度

20世纪50年代末,随着电子技术在内容写作、编辑、排版、制作、传输、读取过程中的应用,只读光盘(CD-ROM、DVD-ROM等)、一次性写入光盘(CD-R、DVD-R等)、可擦写光盘(CD-RW、DVDRW等)、软磁盘、硬磁盘、集成电路卡等通过电子阅读、显示,播放设备读取使用的电子出版物出现,其以数字代码方式将知识性、思想性内容的信息编辑加工后存储在固定物理形态的磁、光、电等介质上,有别于传统出版物的固定生产模式。电子出版物的出现对印刷技术条件下构建的出版法律制度约束力形成挑战，如电子出版物的制作和使用过程会涉及复杂的版权关系，其既要保证作者的合法权利受到尊重和保护，又要方便需要大量使用他人不同类型作品的电子出版物出版者获得作者授权，面临来自文字、声音、图像、视频影像、各种制作工具层面的版权压力。

以约束电子出版物的制作、出版、进口经营活动中出现的新型社会关系为目的，1996年3月，新闻出版署初次颁布了《电子出版物管理暂行规定》，对电子出版物的出版、制作、复制、进口、批发、零售和出租等作出了明确的规定，使得电子出版走上了规范化、制度化、法制化的发展轨道。此后，为了进一步保障电子出版业的健康与蓬勃发展，国家出版管理部门不断推进电子出版业法律规章的建立和完善。2007年新闻出版总署颁布《电子出版物出版管理规定》以进一步发展和繁荣我国电子出版物出版事业，加强对电子出版物的管理，与此同时，《音像制品管理条例》《音像制品出版管理规定》《〈中国标准录音制品编码〉国家标准实施办法》《音像电子出版物专用书号管理办法》《关于明确电子出版物属于软件征税范围的通知》等一系列出版法律法规的出台，为新兴的电子出版产业发展创造了较为规范的制度环境。此外，就电子技术环境下出现的著作权作品类型增多、作者权利扩大、新型权利主体出现等问题对《著作权法》进行修订，修订后的《著作权法》完善了权利内容，调整了权利限制，增加了网络环境下的著作权保护。

至此，按照依法治国、依法行政的要求，根据新技术条件下的出版改革发展新情况，我国形成了以《中华人民共和国著作权法》《出版管理条例》《音像制品管理条例》《印刷业管理条例》《中华人民共和国著作权法实施条例》《计算机软件保护条例》"一法五条例"为主，以《图书质量管理规定》《图书、期刊、音像制品、电子出版物重大选题备案办法》《音像制品出版管理办法》《电子出版物管理规定》《出版物市场管理规定》等配套部门规章为辅的出版管理体系。电子技术的发展进一步推动了当代出版法律制度的历史性变革。

（三）数字技术时代的出版法律制度

数字技术的兴起革新了信息获取、传播、记录和解释的方式，大幅降低了社会个体与组织间协作的成本，且根本性地改变了整个社会的生产、社交和娱乐、文化消费的组织方式。从一定层面上而言，数字技术具有全面改造社会经济与社会活动的巨大潜力。根据"摩尔定律"，数字技术每隔 18~24 个月便会出现新的或者大幅度改进性能的产品迭代。① 由此可知，以数字技术为底层结构的经济和社会活动的本质演变成了一个庞大且快速进化的生态体系。这一生态体系不断突破既有边界，从消费、贸易、服务到生产均日益数字化，传统产业也不断被改造。

在此背景下，新的技术革命再一次给出版活动带来翻天覆地的变化，"数字出版"这一新兴概念开始出现。数字出版作为一种新型出版方式，其主要特征为内容生产数字化、管理过程数字化、产品形态数字化和传播渠道网络化，其有别于电子出版的地方在于其所具备的"数字化"与"互联网传播"特征。数字技术及与其关联的互联网服务的架构设计改变进一步突破了电子技术时代出版经济活动的组织方式，打破了原有出版经济活动的边界。因此，在数字技术时代，围绕数字作品生产、流通、消费等环节，积极构建数字出版法律制度以保障数字技术环境中出版活动的顺利开展，成为完善当前我国出版法律制度的应有之义。

随着数字技术和网络信息技术的飞速发展，一系列与数字出版有关的法律法规逐渐颁布实施。国务院相继出台《著作权集体管理条例》《信息网络传播权保护条例》，使得原有的"一法五条例"扩展成为"一法七条例"，特别是《信息网络传播权保护条例》的出台为数字版权保护及数字出版的发展提供了保障。此外，出版管理部门针对数字网络环境中出版活动的新特征修订了《出版物市场管理规定》《图书质量管理规定》《期刊出版管理规定》《报纸

---

① 赵鹏. 数字技术的广泛应用与法律体系的变革［J］. 中国科技论坛，2018（11）：18-23.

出版管理规定》《图书出版管理规定》《电子出版物出版管理规定》《复制管理办法》等多项法规，颁布了《网络出版服务管理规定》《互联网著作权行政保护办法》《互联网等信息网络传播视听节目管理办法》《关于规范网络转载版权秩序的通知》《数字印刷管理办法》等法规，出台了《关于加快我国数字出版产业发展的若干意见》《关于推动新闻出版业数字化转型升级的指导意见》《关于推动传统媒体和新兴媒体融合发展的指导意见》《关于推动传统出版和新兴出版融合发展的指导意见》等行政指导意见，从总体目标、主要内容和保障措施三方面保障了数字技术环境中出版活动的顺利开展，进一步完善了我国出版法律制度体系。

第三节　技术发展背景下的数字出版法律制度完善

随着全球信息化进程的不断推进以及数字技术、网络技术在各个领域的持续延伸，数字出版表现出了强劲的发展势头和巨大的产业潜力，成为出版业的战略新兴产业和主要发展方向。我国出版产业与数字技术、信息网络技术的加速融合为数字出版拓展了前所未有的生存和发展空间，整个数字出版业的发展呈现出一种产业不断深化、技术不断创新、产业形态日趋完善的新态势。在此背景下，越来越多的主体介入数字出版产业，数字出版物的内容集成更加丰富，数字出版领域也面临越来越复杂的法律问题。法律环境对于一个行业的健康、稳定和可持续发展具有重要的规范和保障作用，因此，我国数字出版产业的进一步发展需要完善的数字出版法律制度予以保驾护航，协调和规范这一新型业态中衍生的各种社会关系，以保证我国数字出版产业在高速崛起中有章可循、有法可依。

一、我国数字出版法律制度的构建现状

随着数字出版产业发展势头的日益强劲，我国数字出版法律制度也在不断的构建和完善之中。从现已出台的与数字出版相关的法规和规范性文件中可看出，我国数字出版法律制度的构建主要集中在三个方面：一是针对数字作品的版权保护制定并完善相关法律法

规；二是在方向性、原则性指导意见的引领下，各部门针对数字出版主体及其行为活动的管理制定、颁布新的法规和一系列规范性文件；三是针对数字作品的内容规范问题出台相关法规和标准。在2009—2018年近十年颁布的有关图书、报刊、印刷、音像电子与网络出版、发行、著作权、扫黄打非、出版改革、公共服务、内容监管、项目基金、标准规范等方面180余个出版政策法规中，与数字出版类相关的政策法规占比接近60%。① 由此看出，我国政府部门对于发展数字出版产业的高度关注和大力支持。但就目前数字出版法律制度的建设现状而言，依然存在一些问题需要解决，具体表现在以下几个方面。

（一）数字版权法律制度尚未健全

目前，数字出版已经成为名副其实、高速发展的朝阳产业，与此同时，有关数字出版的版权纠纷也不断出现，"数字出版热，版权纠纷多"是世界范围内数字出版产业发展中面临的一大难题。版权保护问题是数字出版产业发展的关键所在，面对新技术环境带来的版权保护新问题，我国针对数字版权的立法整体上表现为一种积极应对的态度，如在2001年《著作权法》的第一次修订中增设了信息网络传播权，2006年专门颁布《信息网络传播权保护条例》。

2020年11月11日，第十三届全国人民代表大会常务委员会第二十三次会议对《著作权法》进行了第三次修正。修正后的《著作权法》主要从以下几个方面加大著作权保护力度，促进全社会形成尊重创新、保护原创的氛围：一是修改"作品"定义和类型，扩大著作权保护范围。此次修改首次以法律的形式明确了作品的定义、将"类电作品"改为"视听作品"，并将"法律、行政法规规定的其他作品"这一兜底条款修改为"符合作品特征的其他智力成果"，突破作品类型法定原则，形成作品客体类型开放的格

---

① 包韫慧，何静.我国出版政策法规40年回顾［J］.出版广角，2018（17）：15-19.

局。二是合理扩张广播权和广播组织权范围，从"无线广播+以有线或无线方式转播"扩大为"以有线或无线的方式传播或转播"，将网络非交互式传播行为囊括进广播权的规制范围，打击网络直播侵权乱象。三是通过提高法定赔偿额、建立惩罚性赔偿制度来提高盗版侵权成本。四是对合理使用具体情形的前置限定性条件加以规定，避免影响作品正常使用和版权人合法权益被不合理地损害。五是明确著作权集体管理组织为非营利法人及其权利义务、法律地位与监督机制，有效解决著作权保护问题。六是将著作权管理工作权限由省级下放到县级，为加大著作权行政保护力度提供法律依据。此外，针对技术变革背景下网络媒体、网络音乐、网络文学等出版新业态产生的著作权问题，国家版权局及时发布了一系列政策文件予以规制，具体如表8-1所示。

表 8-1　　　　　　　　　　有关数字出版的版权保护政策

年份	颁布主体	文 件 名 称
2015	国家版权局	《关于规范网络转载版权秩序的通知》
2015	国家版权局	《关于责令网络音乐服务商停止未经授权传播音乐作品的通知》
2015	国家版权局	《关于规范网盘服务版权秩序的通知》
2016	国家版权局	《关于加强网络文学作品版权管理的通知》
2017	国家版权局	《关于规范电子版作品登记证书的通知》

　　《著作权法》的修订针对数字技术环境中的出版活动提出相关规范要求。但就整体的立法规模和数字版权保护体系完善程度而言，目前我国数字版权保护法律制度依然不够健全，数字版权保护法律环境混乱，导致了较多的版权纠纷问题。主要表现在：一是数字版权保护缺乏专门立法，数字版权保护的主要法律依据依然是《著作权法》《信息网络传播权保护条例》，辅之以若干的著作权行政法规和司法解释、部门规章等；二是法律更新速度缓慢，不能及时反映数字出版活动中版权纠纷问题的现实变化；三是现有版权法

律位阶较低，目前数字出版法律中的国家法律只有《著作权法》一部，其余均是由国务院出台的行政法规，或是由国家新闻出版署等颁布的部门规章，或是最高人民法院、最高人民检察院的司法解释，有关版权的法律位阶较低会影响其权威性与规制力度的发挥。因此，针对现有数字版权法律制度中存在的问题，努力构建更为科学、完备的数字版权法律制度成为当前我国数字出版产业发展的现实需要。

（二）现有法律制度的可操作性不强

相比于国外的数字出版立法，我国数字出版现有法律法规表现出一种以宏观的原则性指导为主、具体细节的应用规定涉及较少的特点，继而导致诸多法律规定的可操作性不强。比如，有关作品合理使用的判定标准，我国立法并未涉及，以致学界众说纷纭，司法界莫衷一是。《著作权法》《信息网络传播权保护条例》仅以列举的方式简单列举了属于合理使用的情形，没有规定其合理使用的范围，在实际操作的过程中根本难以找到合适的准绳，由此导致实践中对于作品合理使用行为的判定问题重重。再如，2006年颁布的《信息网络传播权保护条例》中规定的"避风港"原则，对于网络服务提供商的侵权认定判定依据为"明知则侵权，反之，不明知则可以豁免"，其仅仅提供了宏观的判定原则，至于明知与不明知则缺乏一定的判断方法，在具体的司法实践中可操作性不强，致使一些网站将该规则作为发布未经授权影视作品的保护伞，逃避主动审核的责任。此外，有关数字网络空间作品拥有者身份的确定、"临时复制"等法律规范也存在着法律条文模糊、界定不清等问题，这给在实践中处理有关数字版权纠纷带来极大的困难。

（三）缺乏统一的数字出版标准

数字出版标准是规范、推动数字出版行业健康有序、快速发展的重要保障。随着数字出版业的持续发展，数字出版的形式更加多元化，各类数字出版物的格式与技术标准难以在实践中得以统一，这与出版界所追求的"一次制作、一次发布、多终端应用"的良好初衷背道而驰。导致这种现象的根本原因在于统一的数字出版标准的缺失。一是缺乏统一的格式标准，现在业界广泛使用的格式标准包括方正的 CEB、书生的 SEP、超星的 PDG、Adobe 的 PDF、知网的 CAJ、中文在线的 OEB 等共计 20 余种，不同格式的内容无法兼容，导致错行、乱码、无法打开等问题普遍存在，读者用户必须下载安装不同的阅读器或者进行烦琐的格式转换。二是缺乏统一的行业技术标准。各大数字出版商自行其道，按照自我意愿制定元数据、编码、作品格式等环节的技术标准，使得行业运作混乱且效率低下。就现已出台的相关技术标准而言，其约束力仅限于"国家推荐使用、鼓励使用"，并没有上升至强制性使用的层次。统一的数字出版标准缺失不仅给读者带来了不便，提高了阅读成本，而且增加了企业的制作成本和费用，严重制约了数字出版业的产业化发展。

二、完善数字出版法律制度的整体思路

整体思路的确立是在实践中制定具体措施的根本保障。因此，针对上述提及的数字出版法律制度构建中存在的问题制定相关完善措施，首先要从探讨完善我国数字出版法律制度的整体思路出发，以保障数字出版法律法规的制定和完善依然能够遵循原有的价值取向。

（一）以实现数字出版活动中各方主体利益均衡为目标

数字技术在推进出版变革的同时也招致诸多纠纷，其背后真正的症结在于数字出版链条上各方利益失衡导致的出版市场混乱。因此，以规范、约束、协调数字出版活动中新型社会关系为目的的数字出版法律制度的构建与完善，其主要目标首先依然在于寻求新的平衡点以实现数字出版活动中各方参与主体的利益均衡，重塑数字出版产业发展的基本规则。其中，在考量固有的各方利益诉求的基础上，密切关注新加入者的利益诉求，最终实现相关企业、作者与读者/用户的多方共赢是实现利益均衡的主要基点。其次，新型技

术环境中的私人利益与公共利益的博弈体现在权利人与读者/用户之间的博弈，能否确切地把握二者间的利益均衡点已成为判定数字出版法律制度是否成熟与完善的关键指标之一。

（二） 以促进技术发展与版权保护相协调为重心

出版法律制度自建立以来，一直伴随着科学技术的发展而不断地完善自身的制度体系建设，并调整着自身运转以适应出版活动的发展需求。而出版法律制度的这种不断变革，在技术与版权制度的关系上体现得更为明显。回顾版权发展历史，版权制度的发展与技术的进步一路走来，如影随形。从技术发展对版权制度的影响角度来看，版权制度是追随着技术进步的脚步而不断地加以修订和调整。版权作为出版生产的核心资源，是出版产业发展的核心动力，在一定程度上而言，数字技术环境下的版权保护问题成为制约数字出版产业发展的瓶颈。因此，在新制度建设和完善的过程中，充分考虑到版权法律制度对数字出版产业发展的巨大影响力，建立科学、合理、规范的版权法律制度体系，进而促进数字技术发展与版权保护相协调，成为完善数字出版法律制度的核心所在。

三、完善数字出版法律制度的具体建议

数字出版在我国发展势头强劲，健全的法律环境是保障我国数字出版实现健康、稳定、可持续发展的基础。目前，我国数字出版法律制度还未能完全胜任数字环境下出版产业发展的现实需要。当务之急是立足现实问题、借鉴国外经验，构建与我国数字出版发展相适应的、完善的法律制度，以保障数字出版在快速发展中有章可循，有法可依。

（一） 健全数字版权保护制度

数字出版环境下，信息传播的速度越来越快，传播方式日益丰富，数字作品版权所有者的利益更容易受到侵犯。为了进一步维护版权所有者的合法权益，政府部门应该重点完善数字出版法律制度中的数字版权保护制度。完善的数字版权立法使得版权利益关系中

各方权利和义务更加明晰，能够为数字出版产业健康、良性发展提供良好的法律保障。首先，要通过修订或者颁布新型法律法规来适应数字技术环境下的版权保护，如针对数字出版中出现的技术保护措施、规避技术措施、技术措施的限制等问题作出具体规定。我国2020年修订的《著作权法》第49条第3款将"技术措施"定义为"用于防止、限制未经权利人许可浏览、欣赏作品、表演、录音录像制品或者通过信息网络向公众提供作品、表演、录音录像制品的有效技术、装置或者部件"。《著作权法》第49条第1、2款明确规定："为保护著作权和与著作权有关的权利，权利人可以采取技术措施。未经权利人许可，任何组织或者个人不得故意避开或者破坏技术措施，不得以避开或者破坏技术措施为目的制造、进口或者向公众提供有关装置或者部件，不得故意为他人避开或者破坏技术措施提供技术服务。但是，法律、行政法规规定可以避开的情形除外。"其次，完善版权确权程序，通过构建权威的数字版权服务体系，增强数字版权登记、内容取证的便易性，有效化解数字版权管理与保护难题。最后，提升版权立法和修订频率，以保证数字版权保护法律法规的颁布能够及时对产业发展中的不法行为作出反应，进而形成良好的法律修订联动机制。

（二）加强现有数字出版法律制度的可操作性

数字出版立法不能局限于从宏观层面作原则性的解释，而应该为满足具体司法实践的需要使法律条文进一步细化、明确，以保证数字出版法律法规的可操作性，避免出现因操作性不强难以取证而导致的数字出版相关法律条文形同虚设的情况，使得数字出版活动的参与主体无所适从。首先，数字出版法律制度设计时要注意少用原则性、提倡性、宣示性的条款，相关法律条文的设定要力求明确、具体，比如数字出版活动参与主体权利义务的设定、违法的具体表现形式以及处罚的具体措施等内容须清晰且具有针对性，尽量避免模糊性的表达方式。

此外，要进一步规范不同法律法规内容之间的统一性与严谨性问题。我国的数字出版法律法规由不同政府部门分别制定，这就不可避免地会出现后法与前法规定不一致、此法与彼法规定不一致的情况。一个权威且严谨的法律制度体系必须要求在这个体系中不能存在过多有明显冲突的法律规范，因为一个逻辑上无法自洽的体系无法满足形式正义的要求，一方面它会使得这个体系中的经济行为实施主体无所适从，陷入"做某事且不做某事""禁止做某事且允许做某事"的永误境地。另一方面，它也会造成群体行动者之间的冲突与对抗。①

尽管有"后法优于前法""特别法优于一般法"的原则，但司法过程中不同主体基于各自的利益主张，会选择对于自己有利的规范性依据来采取行动，进而会产生不同的标准，而现代社会利益的分化，则可能造成遵循相互矛盾的规范性依据时的行动分歧与对抗，进而影响数字出版法律制度的严肃性。尽管这种法律条文未能统一现象的存在，目前可能尚不足以影响整个数字出版法律制度体系的实效性，但这种状态的长期积累很可能会危及数字出版法律制度体系之于社会的一个基本功能，即整合社会行动与形成社会秩序。因此，在有关数字出版立法或修法过程中，应就该法内容与其他机构及时沟通，从源头上保证法律的协调性，防止出现不同位阶的法规发生冲突，甚至同一位阶的法规之间相互冲突的现象，造成法律适用与具体实践操作上的困境。对于那些偶然存在的法律规范相互冲突的情况，数字出版法律制度体系本身也须预先提供足以解决这些冲突的形式准则或程序性规定。

（三）加快数字化标准建设

在出版产业的数字化转型升级中，标准的制定既是技术创新成果在出版活动实践应用过程中的经验总结，亦是技术创新推动新一轮出版产业创新的重要动力。在出版业的发展进程中，基于出版活动的各个重要环节，各国在达成共识的前提下形成了国际书号标准、连续出版物号标准等一系列国际标准。在数字出版时代，拥有

---

① 雷磊. 融贯性与法律体系的建构——兼论当代中国法律体系的融贯化［J］. 法学家，2012（2）：1-16.

统一的数字化标准是实现数字内容资源顺畅流通和数字出版市场规范发展的前提。因此，为使出版产业的发展在数字时代依然能够保持旺盛的生命力，要坚持数字出版活动的开展中"标准先行"的基本原则。在数字化标准的建设过程中，应该把握好以下几点：一是积极研究和借鉴国际范围内较为成熟的先进标准，以消除数字出版物在国际贸易中的技术壁垒；二是以政府部门为核心，发挥各方合力，积极寻求与企业、出版行业专家、技术专家、标准化专家等的合作，在数字出版物生产、交换、流通、版权保护等过程中建立起符合行业规范的数字出版业标准化体系，创造公平规范的市场竞争环境。

参 考 文 献

一、著作类

[1] ［美］劳伦斯·M. 弗里德曼（Lawrence M. Friedman）. 法律制度 ［M］. 李琼英，林欣，译. 北京：中国政法大学出版社，2004.

[2] ［英］麦考密克（N. MacComick），［奥］魏因贝格尔（O. Weinberger）. 制度法论 ［M］. 周叶谦，译. 北京：中国政法大学出版社，1994.

[3] 吴汉东. 著作权合理使用制度研究 ［M］. 北京：中国政法大学出版社，1996.

[4] 郑思成. 知识产权法 ［M］. 北京：法律出版社，1997.

[5] 韦之. 著作权法原理 ［M］. 北京：北京大学出版社，1998.

[6] 陈传夫. 高新技术与知识产权法 ［M］. 武汉：武汉大学出版社，2000.

[7] 苏东水. 产业经济学 ［M］. 北京：高等教育出版社，2000.

[8] 沈仁干. 版权论 ［M］. 深圳：海天出版社，2001.

[9] 全国出版专业职业资格考试办公室. 出版专业理论与实务（初级）［M］. 武汉：崇文书局，2004.

[10] 杨坚争. 经济法与电子商务法 ［M］. 北京：高等教育出版社，2004.

[11] 李扬. 数据库法律保护研究 ［M］. 北京：中国政法大学出版社，2004.

[12] 吴汉东. 知识产权法 ［M］. 北京：法律出版社，2005.

[13] 戴维森. 数据库的法律保护 ［M］. 北京：北京大学出版社，

2007.

[14] 杨延超. 作品精神权利论 [M]. 北京：法律出版社，2007.

[15] 冯洁. 图书出版附属贸易的理论和实践 [M]. 哈尔滨：黑龙江人民出版社，2007.

[16] 丛立先. 网络版权问题研究 [M]. 武汉：武汉大学出版社，2007.

[17] 郝振省. 2005—2006 中国数字出版产业年度报告 [M]. 北京：中国书籍出版社，2007.

[18] 郝振省. 2008 中国数字版权保护研究报告 [M]. 北京：中国书籍出版社，2008.

[19] 寿步. 网络游戏法律政策研究：2009——网络虚拟物研究 [M]. 上海：上海交通大学出版社，2009.

[20] David Bainbridge. Intellectual property [M]. London：Pearson，2010.

[21] 全红霞. 网络环境著作权限制的新发展 [M]. 长春：吉林大学出版社，2010.

[22] 孙南申. 美国知识产权法律制度研究 [M]. 北京：法律出版社，2012.

[23] 孙广芝，邢立强，张保玉. 数字出版元数据基础 [M]. 北京：电子工业出版社，2013.

[24] 方卿，曾元祥，敖然. 数字出版产业管理 [M]. 北京：电子工业出版社，2013.

[25] 黄先蓉. 出版法规及其应用 [M]. 苏州：苏州大学出版社，2013.

[26] 寿步. 网络游戏法律理论与实务 [M]. 上海：上海交通大学出版社，2013.

[27] 张立. 2013—2014 中国数字出版产业年度报告 [M]. 北京：中国书籍出版社，2014.

[28] 罗紫初. 出版学导论 [M]. 武汉：武汉大学出版社，2014.

[29] 徐丽芳，刘锦宏，丛挺. 数字出版概论 [M]. 北京：电子工业出版社，2014.

[30] 张新华．数字出版产业理论与实践［M］．北京：知识产权出版社，2014.

[31] 张立．数字出版学导论［M］．北京：中国书籍出版社，2015.

[32] 国家新闻出版广电总局数字出版司．新闻出版标准化工作手册［M］．北京：中国标准出版社，2015.

[33] 国家新闻出版广电总局出版专业资格考试办公室．数字出版基础（2015 年版）［M］．北京：电子工业出版社，2015.

[34] 熊琦．数字音乐之道：网络时代音乐著作权许可模式研究［M］．北京：北京大学出版社，2015.

[35] 张新新．变革时代的数字出版［M］．北京：知识产权出版社，2016.

[36] 张立．2015—2016 中国数字出版产业年度报告［M］．北京：中国书籍出版社，2016.

[37] 梅术文．网络知识产权法：制度体系与原理规范［M］．北京：知识产权出版社，2016.

[38] 侯欣洁．中国数字出版产业政策研究［M］．北京：中国传媒大学出版社，2016.

[39] 黄孝章．北上广地区数字出版政策及实施效果比较研究［M］．北京：知识产权出版社，2017.

[40] 黄先蓉．中外数字出版法律制度研究［M］．武汉：武汉大学出版社，2017.

[41] 张立．2017—2018 中国数字出版产业年度报告［M］．北京：中国书籍出版社，2018.

[42] 林毅夫，张军，等．产业政策：总结、反思与展望［M］．北京：北京大学出版社，2018.

二、论文类

[1] 陈凡．论技术的本质与要素［J］．自然辩证法研究，1988（1）.

[2] 郝晓峰．中国数据库业发展的现状及有关法律法规［J］．科技与法律，1994（1）.

[3] 陈光祚. 我国电子出版物与全文数据库建设 [J]. 中国图书馆学报（双月刊），1995（5）.

[4] 丁煌. 政策制定的科学性与政策执行的有效性 [J]. 南京社会科学，2002（1）.

[5] [法] 安娜·勒帕热. 数字环境下版权例外和限制概况 [J]. 刘板盛，译. 版权公报，2003.

[6] 张离. 网络环境下著作权的合理使用与法定许可 [J]. 西南政法大学学报，2003（1）.

[7] 黄先蓉. 论出版政策与法规的制定原则 [J]. 编辑之友，2003（1）.

[8] 曹胜亮，段葳. 著作权限制制度的比较研究 [J]. 西南民族大学学报，2004（7）.

[9] 徐跃权，徐兆英. 数字环境中图书馆与出版发行活动的行业关系构建 [J]. 图书馆杂志，2003（7）.

[10] 张今，杜晶. 数字环境下的合理使用制度论要 [J]. 科技与法律，2005（3）.

[11] 李辉. 论数据库的法律保护 [J]. 现代情报，2005（8）.

[12] 张冬梅，王韬，侯景辉. 数字签名技术的研究与改进 [J]. 科学技术与工程，2006（6）.

[13] 丛立先. 论网络版权中的法定许可 [J]. 辽宁大学学报（哲学社会科学版），2006（6）.

[14] 张立. 数字出版相关概念的比较分析 [J]. 中国出版，2006（12）.

[15] 张晓玲. 我国网络文化产业相关法律制度的完善 [J]. 情报杂志，2007（1）.

[16] 任锦鸾，吕永波，郭晓林. 提高我国创新政策水平的综合思考 [J]. 科技进步与对策，2007（2）.

[17] 万辉，杨红平. 数字音乐版权研究 [J]. 科技情报开发与经济，2007，17（21）.

[18] 张心全. 著作权自动产生的正当来源 [J]. 电子知识产权，2008（10）.

[19] 张立．数字出版产业规模、态势及政策法规研究［C］// 中国科学技术协会，新闻出版总署，中国科学技术期刊编辑学会．2008 年第四届中国科技期刊发展论坛论文集，2008：1.

[20] 周艳敏，宋慧献．版权制度下的"孤儿作品"问题［J］．出版发行研究，2009（6）.

[21] 黄先蓉．数字环境下的出版业政府规制与制度创新［C］// 数字出版与出版教育（第二届数字时代出版产业发展与人才培养国际学术研讨会论文集）．北京：高等教育出版社，2009.

[22] 刘瑾．中国现当代出版法规研究［D］．太原：山西大学，2010.

[23] 刘祥国，李正生．数字化时代中国版权制度的现状及挑战［J］．社会科学家，2010（10）.

[24] 徐丽芳，方卿，邹莉，丛挺．数字出版物研究综述［J］．出版科学，2010，18（5）.

[25] 孙洁，徐庆宁．我国数据库法律保护制度及其司法实践述评［J］．图书情报工作，2010，54（15）.

[26] 梁飞．网络环境下数字音乐作品著作权的法律保护［D］．长春：吉林大学，2011.

[27] 蒋志培．对著作权法修改的几点意见［J］．中国版权，2011（2）.

[28] 黄先蓉，赵礼寿，甘慧君．提高我国出版政策水平的思考［J］．科技与出版，2011（3）.

[29] 黄先蓉，赵礼寿，刘玲武．数字技术环境下的出版产业政策调整——基于 2000 年—2010 年数字出版的政策分析［J］．编辑之友，2011（7）.

[30] 施勇勤，张凤杰．数字版权概念探析［J］．中国出版，2012（5）.

[31] 王春杰．数据库法律保护模式的构建［D］．济南：山东大学，2012.

[32] 黄先蓉，郝婷．数字出版标准与法规体系建设研究［J］．科

技与出版，2012（3）.

［33］陈文倩.我国数字出版产业政策研究［D］.武汉：武汉理工大学，2013.

［34］黄先蓉，郝婷.我国数字出版标准制定应注意的问题［J］.编辑之友，2013（1）.

［35］李诗苗，王一华.我国数据库评价研究现状与发展趋势［J］.图书馆学研究，2013（16）.

［36］周艳敏.我国数字出版产业政策法规回顾与展望［J］.中国出版，2013（21）.

［37］于晓艨.论我国网络游戏运营的行政监管［D］.北京：中国地质大学，2014.

［38］黄敏.我国音乐作品著作权集体管理制度研究［D］.西安：西北大学，2014.

［39］韩笑.数字时代的独创性理论研究［D］.济南：山东大学，2014.

［40］谭冰.数字出版，政策源动力——我国数字出版产业相关政策分析［J］.出版广角，2014（2）.

［41］吴洁明，王帅.基于 DCI 的数字作品版权保护设计与研究［J］.计算机工程与科学，2015（8）.

［42］孙司芮，刘亚娜.我国网络游戏监管模式问题研究［J］.理论月刊，2015（10）.

［43］张帅.一种基于身份认证的可信时间戳服务体系研究［D］.北京：中国科学院大学，2016.

［44］龚琳.自制视频作品的著作权冲突和利益平衡路径［J］.三明学院学报，2016，33（1）.

［45］吴江文.我国数字出版产业政策内涵与体系［J］.科技与出版，2016（9）.

［46］冯潇洒.对网络运营者的安全保护义务设定分析［J］.中国信息安全，2016（9）.

［47］胥力伟.加快数字出版产业发展的财税政策研究［J］.科技与出版，2016（11）.

［48］张新新．"十三五"的数字出版人才政策与实践研究——以
政产学研一体化为视角［J］．出版广角，2016（19）．

［49］郑贺秀．我国数字出版法律制度问题研究［J］．法制博览，
2016（35）．

［50］梁徐静．法制视角下我国数字版权保护问题研究［J］．广东
第二师范学院学报，2016，36（1）．

［51］陈党．我国网络游戏监管模式问题研究［J］．岭南师范学院
学报，2016，37（2）．

［52］孙晓翠．数字版权产业运营平台的构建和运维分析［J］．南
京理工大学学报（社会科学版），2017，30（5）．

［53］罗时贵，郑双玉．法律的本质：基于法实证主义与自然法之
间展开［J］．广西社会科学，2017（2）．

［54］李龙，李慧敏．政策与法律的互补谐变关系探析［J］．理论
与改革，2017（1）．

［55］刘海涛．网络运营者的安全责任与义务界定［J］．社会治理，
2017（4）．

［56］敬力嘉．信息网络安全管理义务的刑法教义学展开［J］．东
方法学，2017（5）．

［57］郭剑，徐晨霞．我国数字出版产业政策绩效评估研究［J］．
编辑之友，2017（5）．

［58］龙卫球．我国网络安全管制的基础、架构与限定问题——兼
论我国《网络安全法》的正当化基础和适用界限［J］．暨南
学报（哲学社会科学版），2017，39（5）．

［59］李永升，袁汉兴．信息网络安全管理义务及其正当化根据
［J］．现代传播（中国传媒大学学报），2017，39（7）．

［60］王冬．互联网+背景下网络动漫产业发展探究［J］．新闻战
线，2018（1）．

［61］张以一．音乐类出版物数字版权保护的制度性应对措施［J］．
编辑学刊，2018（4）．

［62］李红伟．数字出版健康发展亟待解决的问题［J］．新媒体研
究，2018，4（10）．

［63］尹培培．网络安全行政处罚的归责原则［J］.东方法学，2018（6）.

［64］马忠.《网络安全法》中等级保护对互联网发展的意义［J］.信息技术，2018（6）.

［65］陈绮.关于加强未成年人网络游戏监管的建议［J］.上海人大月刊，2018（11）.

［66］李云亚，陈大文，李盛民.基于网络安全法的等级保护工作开展研究［J］.无线互联科技，2018，15（19）.

［67］包韫慧，何静.我国出版政策法规40年回顾［J］.出版广角，2018（17）.

［68］王锐.推动数字音乐产业有序发展——以网络"毒歌"事件为切入点［J］.人民论坛，2018（17）.

［69］余洪.网络生态视域下的动漫游戏传播管控体系研究［J］.大众文艺，2018（23）.

［70］郭荣隆，张志勋.论数字音乐作品的著作权保护［J］.江西社会科学，2018，38（9）.

［71］谢永江.论网络安全法的基本原则［J］.暨南学报（哲学社会科学版），2018，40（6）.

三、新闻及网站类

［1］方圆.时间戳：版权保护的新途径［N］.中国新闻出版报，2008-07-04（07）.

［2］屈爱红.数字版权亟待保护［N］.吉林日报，2009-12-30（5）.

［3］郭虹，温潇.网络动漫游戏：又一免费大餐？［N］.光明日报，2011-12-21（014）.

［4］鲁楠.文化部整治暴恐动漫引热议［N］.新华书目报，2015-04-10（A04）.

［5］音乐该如何健康发展［N］.新华每日电讯，2015-08-13（006）.

［6］周玮.网络音乐内容管理新政出台［N］.团结报，2015-11-21

（005）.

［7］祖铁刚. 网络游戏审读监管"平台"建设意义［N］. 中国出版传媒商报，2016-05-31（011）.

［8］杨建顺. 网络运营者应依法履行信息规制义务［N］. 检察日报，2017-11-01（007）.

［9］翁一. 网络游戏监管任重而道远［N］. 深圳特区报，2018-09-11（B11）.

［10］构建互联平台：记首届中国数字出版博览会新闻发布会.［EB/OL］. 人民网［2018-10-20］. http：//it. people. com. cn/GB/8219/50411/50436/3519576. html.

［11］"六强三抓"强力推进数字集团建设.［EB/OL］. 中国出版集团［2018-10-22］. http：//www. cnpubg. com/news/2016/1212/32088. shtml.

［12］2016 全球数字出版报告［EB/OL］. 人民网［2018-10-22］. http：//media. people. com. cn/n1/2016/1229/c14677-28986361. html.

［13］今年全面实施"数字出版千人培养计划"［EB/OL］. 国家新闻出版广电总局［2018-10-31］. http：//www. sapprft. gov. cn/sapprft/govpublic/6954/362232. shtml.

［14］2017 年数字出版产业总收入突破 7000 亿元［EB/OL］. 新华网［2018-11-07］. http：//www. xinhuanet. com/zgjx/2018-07/25/c_137346760. htm.

［15］Wong M W S. The next ten years in copyright law：An Asian perspective［EB/OL］.［2007-02-08］. http：//ssrn. com/abstract=1017144.

［16］谷歌公司与王莘侵害著作权纠纷上诉案［EB/OL］. 网络知识产权委员会官方网站［2018-11-20］. http：//www. netip. org. cn/newsDetail_442. html.

［17］劳动部、人事部关于颁发《职业资格证书规定》的通知［EB/OL］. 中华人民共和国人力资源和社会保障部［2018-12-24］. http：//www. mohrss. gov. cn/SYrlzyhshbzb/zcfg/flfg/

gz/201705/t20170522_271141. html.

[18] 中共中央办公厅 国务院办公厅印发《关于深化职称制度改革的意见》［EB/OL］. 中国政府网［2018-12-25］. http：//www. gov. cn/xinwen/2017-01/08/content_5157911. htm#1.

[19] 全国首批数字编辑职称证书颁发［EB/OL］. 光明日报［2018-12-25］.http://www. cpta. com. cn/n1/2017/0220/c360341-29093161. html.

[20] 数字出版编辑将纳入北京市职称序列并入中国职业大典［EB/OL］. 网 易［2018-12-25］. http：//news. 163. com/15/0107/19/AFCNL7NJ00014AED_mobile. html.

[21] 李明远.《新闻出版广播影视从业人员职业道德自律公约》在京发布 50 家行业社团签署自律公约［EB/OL］. 国家新闻出版广电总局［2018-12-27］. http：//www. gapp. gov. cn/news/1658/264947. shtml.